Silke Einacker

Goldene Regeln im Schach

Mit Taktik und Strategie erfolgreich Schach spielen

humboldt

1 INHALT

VORWORT

*„Das Schachspiel hat wie die Liebe, die Musik,
die Fähigkeit, den Menschen glücklich zu machen."*

Siegbert Tarrasch

Ich bin glücklich, wenn ich Schach spiele, am liebsten direkt am Brett gegen liebe Schachfreund*innen. Corona hat diese schönen wie aufregenden Stunden im Schachklub zunächst gestoppt, mir und Millionen Schachbegeisterten auf dieser Welt jedoch auch gezeigt, dass selbst das anonyme Spielen im Internet überaus faszinierend sein kann. Die schnell wechselnden Gegner mit ihren jeweils eigenen Ideen sorgen für eine hohe Abwechslung und spannende Schachpartien. Zu jeder Zeit finde ich die passenden Gegner und kann meiner Spielfreude nachgehen. Langeweile? Gibt es selbst in der Corona-Zeit nicht. Auch bei Regen und Sturm gibt es keine Einschränkungen beim Schach spielen. Es ist ein wohltuendes Gefühl zu wissen: Schach gibt mir einfach immer gute und positive Empfindungen. Denken macht ungeheure Freude!

Schon mit 6 Jahren haben mich diese unschuldig aussehenden Figuren auf dem schwarz-weißen Brett mit ihren überaus vielfältigen wie wunderschönen Möglichkeiten magisch angezogen. Nachdem ich einige Jahre Kadertraining genossen hatte, durfte ich mit Anfang 20 selbst das NRW-Kadertrainerteam verstärken, die Mädels U12 trainieren und zu deutschen Meisterschaften begleiten. Es ist so schön zu beobachten, wie das Selbstbewusstsein mit den Erfolgen im Schach wächst. Gewinner werden überall respektiert und geschätzt.

Ich bin glücklich, wenn ich Schach erklären kann. Egal, ob am Brett oder online, ich trainiere gerne Schachbegeisterte. Ich liebe den Moment, in dem ich das Erkennen von Lösungen im Aufleuchten der Augen meiner Schüler*innen bemerke.

Jetzt gibt es für mich die Chance, euch begeisterten Hobbyschachspieler*-innen **das Grundsätzliche in Taktik und Strategie** näher zu bringen. Ich darf den Weg für euer besseres Verständnis dieses schönen Spiels ebnen. Mit großer Freude möchte ich euch in euren Ideen und eurem Denken bereichern, langfristigen Input geben, der euch auf dem Brett zu Gewinnern machen wird.

Die Idee zu diesem Buch entwickelte sich in den letzten Jahren während des Trainings meiner Schüler*innen. Sehr schnell werden die Eröffnungsgrundsätze verstanden, die ich hier in kurzen, gut zu merkenden Faustregeln zusammenfassen werde. Schwierig wird es meist für die Lernenden, Ideen im Mittelspiel und im Endspiel zu finden. Karpows Konzept, wonach aus der richtigen Stellungsbeurteilung der richtige Plan abgeleitet werden kann, ist für fortgeschrittene Einsteiger häufig zu komplex. Deshalb hoffe ich, dass meine in den Kapiteln 2–4 aus Karpows Konzept abgeleiteten Faustegeln, denen man im praktischen Spiel leicht folgen kann, hilfreich für diese Phasen des Spiels sind. Das Buch startet mit den ersten beiden Kapiteln für Einsteiger, die die Regeln beherrschen, leicht verständlich. Das dritte Kapitel über das Mittelspiel taucht schon tiefer in das positionelle Spiel ein, es kann euch als Ratgeber für eine längere Zeit begleiten.

Schach ist zu komplex, um es mit einfachen Regeln zu erklären. Aber ich bin sicher, dass diese Goldenen Regeln eine gute Orientierung sein können, eine Art Navi im Variantendschungel und euch helfen werden, mit etwas Übung dieses wunderbare Spiel besser zu verstehen.

1 TAKTIK

Die meisten Partien werden durch taktische Motive entschieden! „Schach ist zu 99 % Taktik“ ist ein gern zitierter Satz, der dem deutschen Schachmeister Richard Teichmann zugeschrieben wird.

Taktische Motive verbergen sich in einer Stellung, wenn durch eine konkrete Berechnung von Zügen kurzfristig ein Materialvorteil erzielt werden kann, den der Gegner bei bestem Spiel nicht abwenden kann. Deshalb werdet ihr noch mehr Freude beim Schach spielen haben, wenn ihr die wichtigsten taktischen Motive kennt. Was nützt uns eine nach den Eröffnungsregeln schön aufgebaute Stellung oder das Wissen, dass wir stärkere Läufer haben als der Gegner, wenn wir ein Matt in drei Zügen übersehen?

Ich zeige euch zunächst das taktische Motiv, das auch bei stärkstem Spiel des Gegners zu einem schnellen Materialgewinn führt, in einer übersichtlichen Übungsstellung. Kennt ihr die Motive, versteht ihr die folgenden, schwierigeren Aufgaben anschließend sicher schnell und könnt sie auch in euren Partien anwenden.

Taktische Motive werden euch auch in allen weiteren Kapiteln dieses Buches begegnen.

1.1 Grundlegende Taktiken

Wir beginnen direkt mit der wichtigsten Regel:

GOLDENE REGEL IM SCHACH

Beachtet die Drohungen eurer Gegner.

Diese Regel gilt in allen Phasen einer Partie: In der Eröffnung, im Mittelspiel und im Endspiel. Der Gegner spielt auch mit! Er stellt Drohungen auf und verfolgt eigene Pläne. Nach jedem Zug eures Gegners können deshalb taktische Motive drohen. Hiermit sind Drohungen gemeint, die einen Materialgewinn in wenigen Zügen zur Folge haben.

Jeder Zug eures Gegners sollte genau nach einem direkten Angriff auf euer Material oder nach einem mehrzügigen taktischen Motiv hinterfragt werden.

Ich stelle euch die wichtigsten taktischen Motive jetzt vor.

In den Diagrammen seht ihr rote Pfeile, die auf Besonderheiten der Stellung aufmerksam machen sollen. Zum Beispiel habe ich Gegenüberstellungen von Figuren, die taktisch ausgenutzt werden können, mit einem roten Pfeil gekennzeichnet, aber auch Angriffe von Figuren oder Bauern.

Grüne Pfeile zeigen Verteidigungslinien oder auch einfach Züge an.

1.1.1 Der Doppelangriff

Ein Doppelangriff ist ein zweifacher Angriff von Bauern oder Figuren auf Figuren oder Felder und häufig spielentscheidend, weil der Gegner nicht beide Angriffe gleichzeitig abwenden kann.

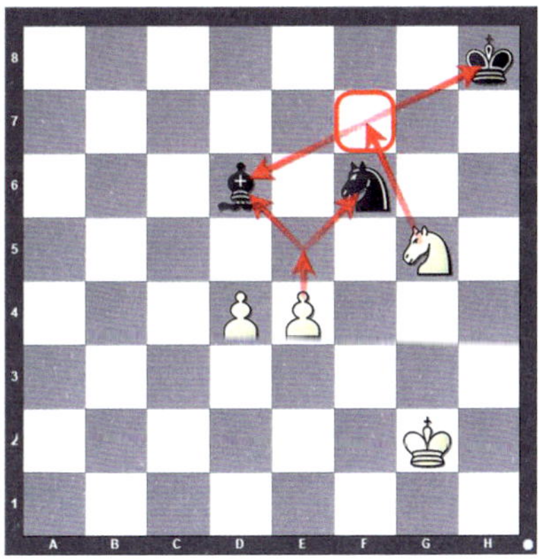

1. e4-e5

greift gleichzeitig den Läufer d6 sowie den Springer f6 an. Schwarz kann nicht beide Figuren gleichzeitig retten und verliert eine Figur.

Ein Doppelangriff mit einem Bauern nennt man auch Bauerngabel.

Weiß könnte noch stärker einen Doppelangriff mit seinem Springer (= Springergabel) starten:

1. **Sg5-f7+** **Kh8-g7**
2. **Sf7×d6**

Im folgenden Beispiel richtet sich der Doppelangriff auf eine Figur und ein Feld:

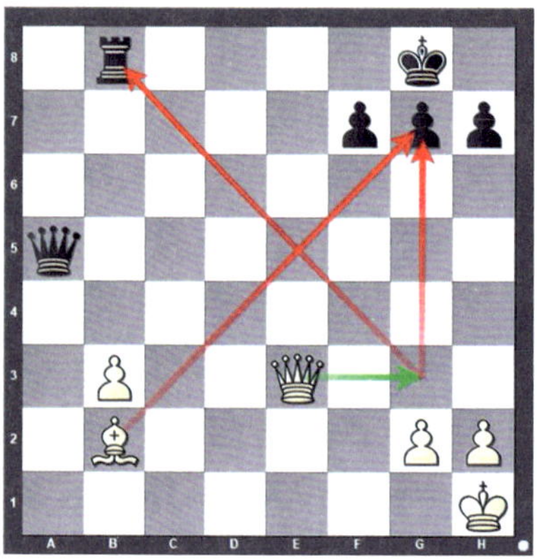

Hier gewinnt der Doppelangriff der weißen Dame auf den schwarzen Turm und das Feld g7:

1. **De3-g3** **Kg8-f8**
2. **Dg3×b8+**

oder

1. **...** **Tb8-a8**
2. **Dg3×g7 matt (#).**

Schwarz kann nicht gleichzeitig seinen Turm retten und das Matt decken, er verliert den Turm.

Es folgt ein einfaches Beispiel für einen Doppelangriff auf zwei Figuren:

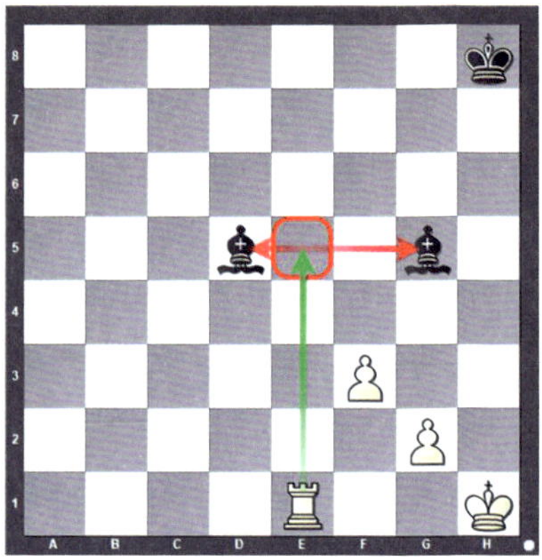

1. **Te1-e5**

Der Doppelangriff des Turmes gewinnt einen der beiden Läufer.

Es ist also etwas ungeschickt und sollte möglichst vermieden werden, zwei ungedeckte Figuren auf eine Reihe, eine Diagonale oder auf eine Linie zu stellen. Dies erhöht die Wahrscheinlichkeit eines Doppelangriffes.

Spielt der Gegner stärker und lässt keine einzügigen Doppelangriffe zu, könnt ihr Ausschau nach Doppelangriffen halten und sie vielleicht mehrzügig herbeiführen.

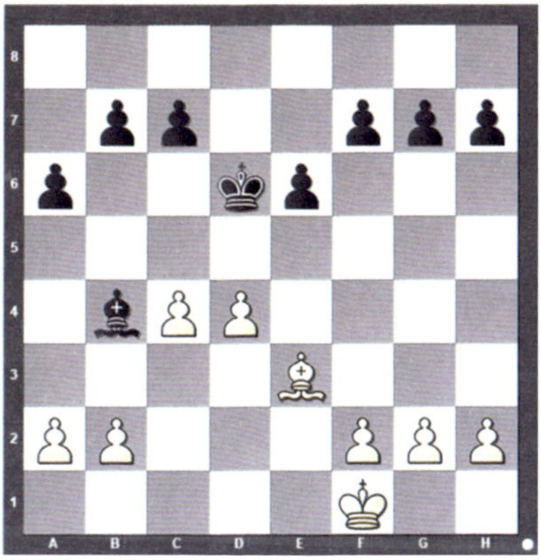

In dieser Übungsstellung ist die Bauerngabel nicht so offensichtlich. Weiß kann jedoch zwangsläufig den Läufer gewinnen.

1.	a2-a3	Lb4-a5
2.	b2-b4	La5-b6
3.	c4-c5+	

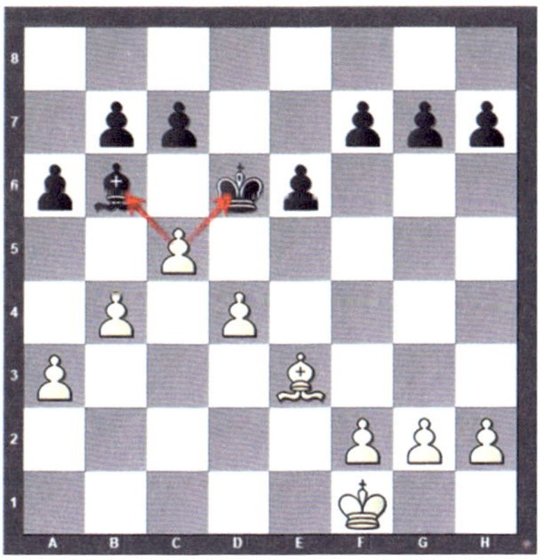

Diese Bauerngabel ist ein gleichzeitiger Angriff auf den Läufer und den König. Weiß erobert den schwarzen Läufer.

In der folgenden Stellung Anisheva, Varvara (2092) – Brandt, Carina (2060), Frauenbundesliga 2019, gewann Schwarz eine Figur mit:

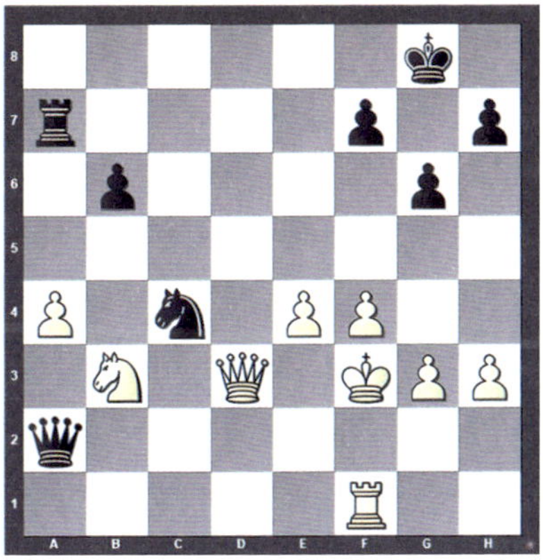

1.	...	Da2×b3!
2.	Dd3×b3	

Schwarz lenkt die weiße Dame direkt in eine Springergabel.

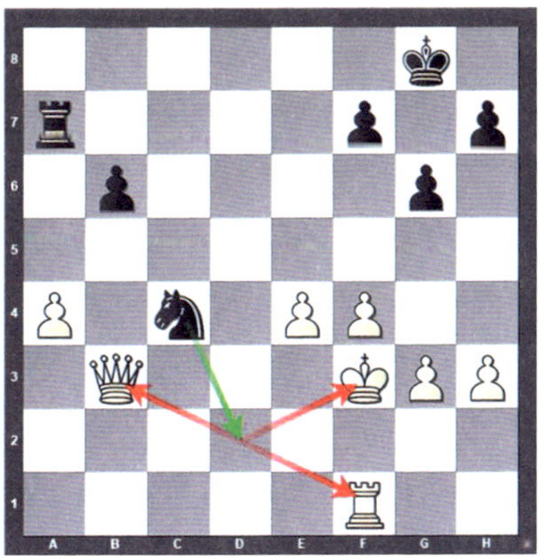

2.	...	Sc4-d2+

So gewinnt Schwarz die Dame zurück und verbleibt mit einer Mehrfigur.

3. **Kf3-e3** **Sd2×b3**

Schwarz gewann dieses Endspiel ohne weitere Probleme.

TIPP

Ein Doppelangriff nutzt das schlechte Zusammenspiel der Figuren aus. Vermeidet ungedeckte Figuren, denn sie werden schnell das Ziel von Doppelangriffen.

1.1.2 Der Abzugsangriff

Ein Abzugsangriff ist eine spezielle Form eines Doppelangriffes, der die **Gegenüberstellung von Figuren** ausnutzt. Dadurch ist ein Materialgewinn möglich.

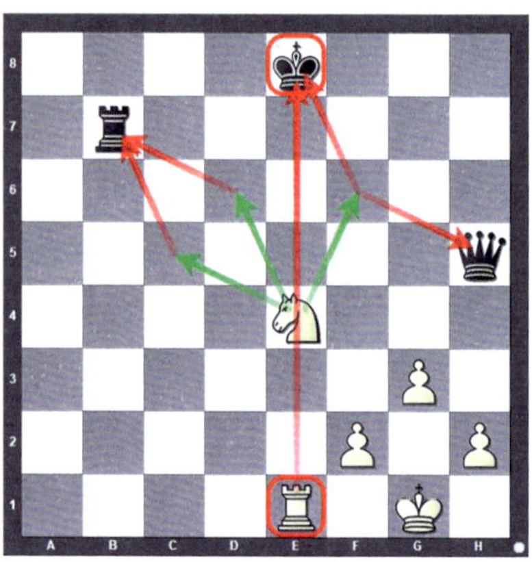

Hier stehen sich der weiße Turm und der schwarze König auf der e-Linie gegenüber (roter Pfeil). Der Springer e4 verstellt die e-Linie momentan. Zieht Weiß seinen Springer, steht der schwarze König im Schach. Demzufolge ist es schlau, den Springer so abzuziehen, dass er eine Figur angreift, die sich aufgrund des Schachgebotes nicht wehren kann. Diese Form des Doppelangriffes, hier sogar in der speziellen Form eines Doppelschachs zu sehen, nennt man auch **Abzugsschach**.

Weiß kann sich aussuchen, welche schwarze Figur er gewinnen möchte. Nach

1. **Se4-f6+!** **Ke8-d8**
2. **Sf6×h5**

gewinnt er die Dame.

Auch auf Diagonalen funktionieren Abzugsangriffe.

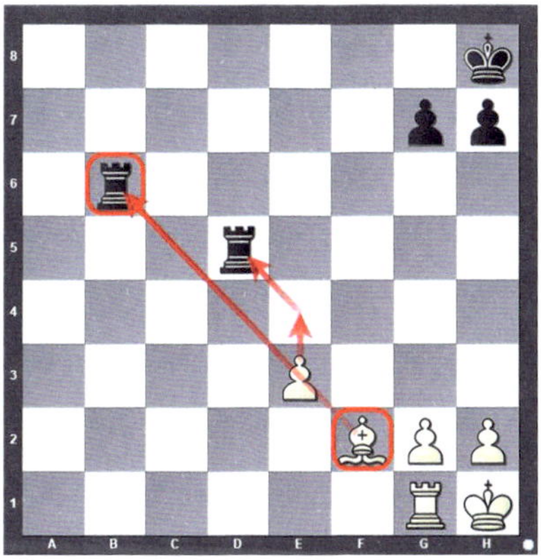

Hier stehen sich der weiße Läufer und der schwarze Turm b6 auf einer Diagonalen gegenüber. Der Bauer e3 verstellt die Läuferdiagonale noch. Mit

1. **e3-e4!**

greift der Bauer den Turm d5 an und der Läufer gleichzeitig den Turm auf b6. Schwarz kann nur einen seiner angegriffenen Türme retten. Der Abzugsangriff geht von zwei Steinen aus, dem Läufer und dem Bauern e3.

Aus der russischen Verteidigung ergibt sich nach den folgenden Zügen eine bekannte Eröffnungsfalle:

1. **e2-e4**	**e7-e5**
2. **Sg1-f3**	**Sg8-f6**
3. **Sf3×e5**	**Sf6×e4**
4. **Dd1-e2**	**Se4-f6??**

(besser Dd8-e7)

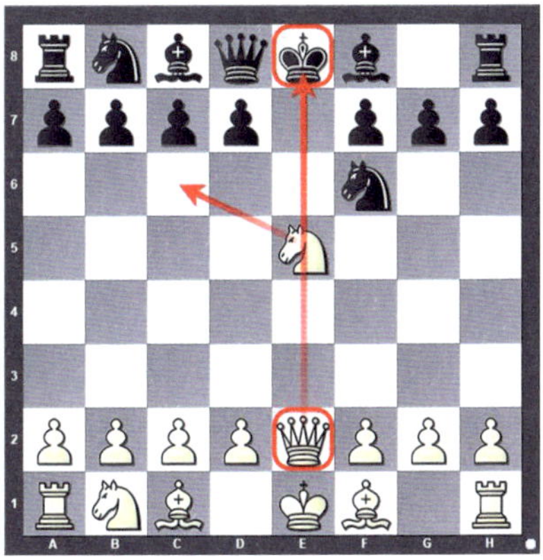

Die weiße Dame und der schwarze König stehen sich gegenüber. Nach

5. **Se5-c6+!**

gibt die weiße Dame ein Abzugsschach, gleichzeitig greift der Springer die schwarze Dame an.

Schwarz verliert die Dame. Sie kann zwar auf e7 das Schach abdecken, wird dort aber vom Springer c6 geschlagen.

In der Onlinedatenbank von ChessBase finden sich 95 Partien, in denen Weiß auf diese Weise Material gewann.

Mehrzügige Abzugsangriffe ergeben sich durch eine Kombination verschiedener taktischer Motive.

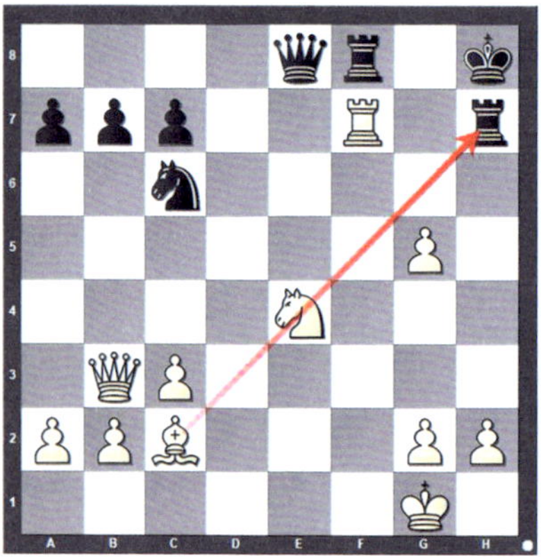

Weiß kann eine gefährliche Gegenüberstellung mit seinem Läufer c2 und dem schwarzen König auf der Diagonalen b1-h7 herbeiführen.

1. **Tf7×h7+** **Kh8×h7**

und das Abzugsschach

2. **Se4-f6+** oder
2. **Se4-d6+** gewinnt die Dame e8.

Der Großmeister David Navara (2675) gewann seine Partie bei der Europameisterschaft (Reykjavik 8/2021) gegen Laura Unuk (2407) dank eines Doppelangriffes, der einen Abzugsangriff vorbereitet. Navara spielte:

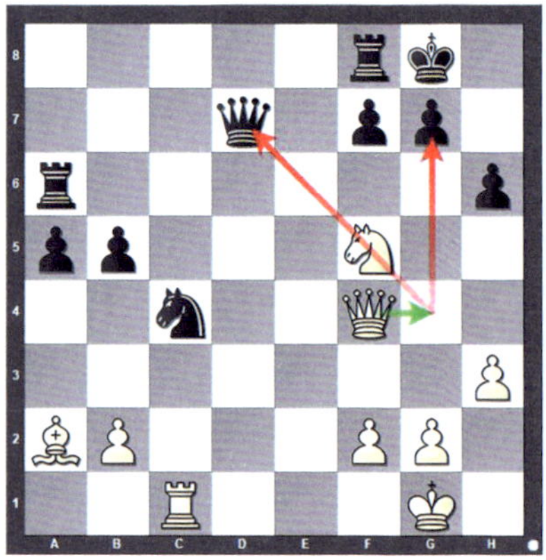

1. **Df4-g4!**

Der weißen Dame stehen nun die schwarze Dame ungedeckt auf der Diagonalen c8-h3 und der König auf der g-Linie gegenüber. Der Bauer g7 ist gefesselt. Es droht das Matt mit Dg4×g7 und außerdem der Abzugsangriff Sf5×h6+. Schwarz konnte nicht beide Drohungen abwehren und gab nach

1. **...** **Ta6-g6**
2. **Sf5×h6+** **g7×h6**

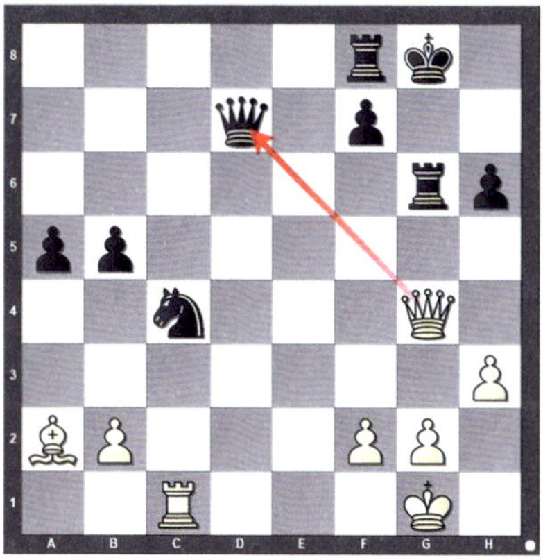

3. Dg4×d7

die Partie auf.

Der Materialvorteil von Weiß ist zu groß.

TIPP

Vermeidet Gegenüberstellungen von Dame und König mit gegnerischen Figuren (Dame, Turm bzw. Läufer) auf Linien oder Diagonalen.

1.1.3 Die Fesselung

Auch die Fesselung basiert auf einer Gegenüberstellung von Figuren. Eine gegnerische Figur ist gefesselt, wenn sie sich zwischen einer wertvollen gegnerischen Figur oder einem wichtigen Feld und einer eigenen fesselnden Figur (Angreifer) befindet. Springer und Bauern können keine Fesselung aufstellen.

TIPP

Figuren, die gefesselt sind, haben wenig oder gar keine Kraft.

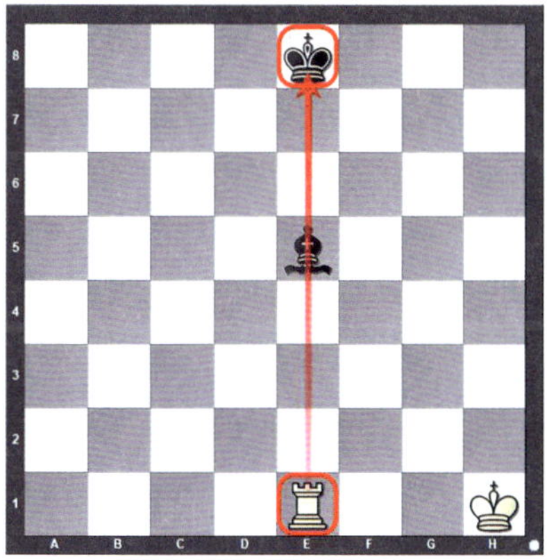

Der Läufer e5 darf nicht ziehen, weil er gefesselt ist. Dies ist eine echte Fesselung, weil ein Läuferzug gegen die Regeln verstoßen würde. Der weiße Turm ist hier der Angreifer, er fesselt den Läufer e5. Diese Fesselung ist vorteilhaft für Weiß, weil der Turm im nächsten Zug den Läufer erobern kann.

Wie können wir mit einer Fesselung Material gewinnen, wenn die gefesselte Figur gedeckt werden kann? Dann greifen wir die gefesselte Figur ein zweites Mal an, und zwar am besten mit einem Bauernzug:

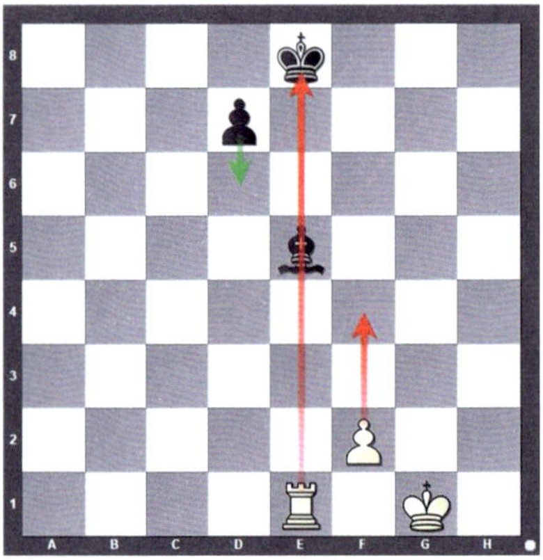

1. … d7-d6

Schwarz deckt seinen Läufer. Weiß kann die Fesselung ausnutzen, indem der Läufer noch einmal angegriffen wird:

2. f2-f4

Im nächsten Zug kann der f-Bauer den Läufer schlagen.

Weiß am Zug gewinnt die Dame:

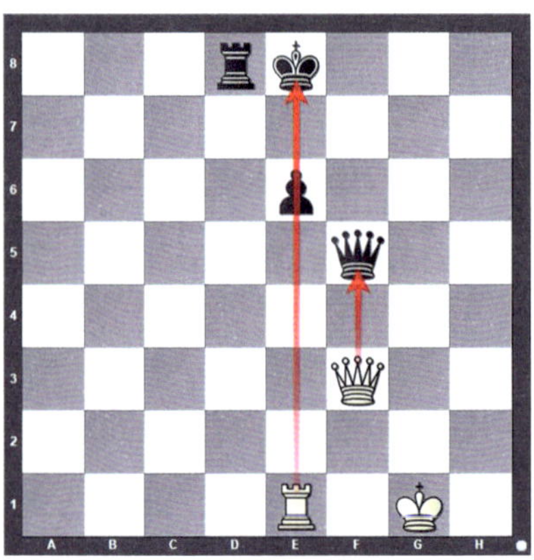

1. **Df3×f5**

Der Bauer e6 darf nicht zurückschlagen, weil er gefesselt ist.

Dies ist wieder eine echte Fesselung, weil der Bauer e6 nicht schlagen **darf.**

Eine unechte Fesselung liegt vor, wenn die gefesselte Figur theoretisch ziehen darf, weil nicht der König hinter der gefesselten Figur steht, sondern eine wichtige Figur, wie z. B. die Dame.

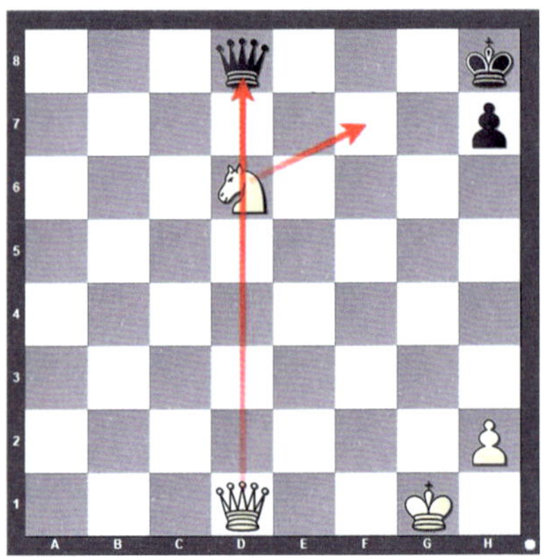

So kann es zu unangenehmen Überraschungen kommen, wie hier im Diagramm. Schwarz hat gerade mit seiner Dame den Springer gefesselt. Aber der Springer darf ziehen, es ist nicht gegen die Regeln, deshalb gewinnt

1. **Sd6-f7+**

mit einem schönen Doppelangriff die schwarze Dame.

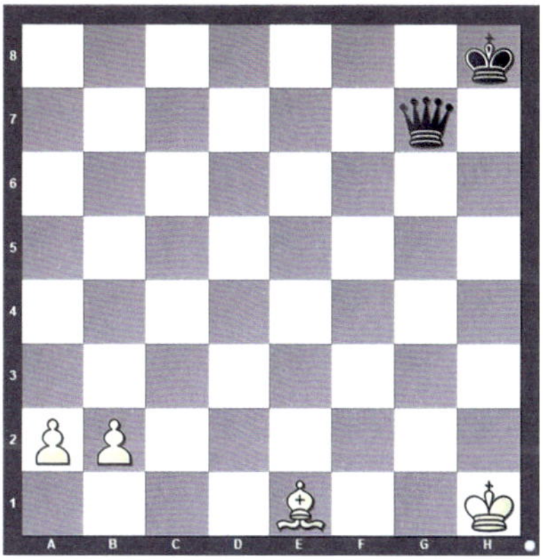

Schwarz hat in dieser Stellung viel mehr Material. Aber Weiß fesselt mit

1. **Le1-c3**

die schwarze Dame. Die Dame darf die Diagonale nicht verlassen, weil hinter ihr der König steht. Also bleibt für sie nur, den Läufer zu schlagen, der weiße Bauer schlägt anschließend zurück. Weiß steht auf Gewinn. Einer der beiden weißen Bauern wird sich in eine neue Dame verwandeln.

Eine zweizügige Taktik sehen wir in der Partie zweier Großmeister Jeffery Xiong (2710) – Sam Shankland (2709), GCT St Louis Rapid 2021.

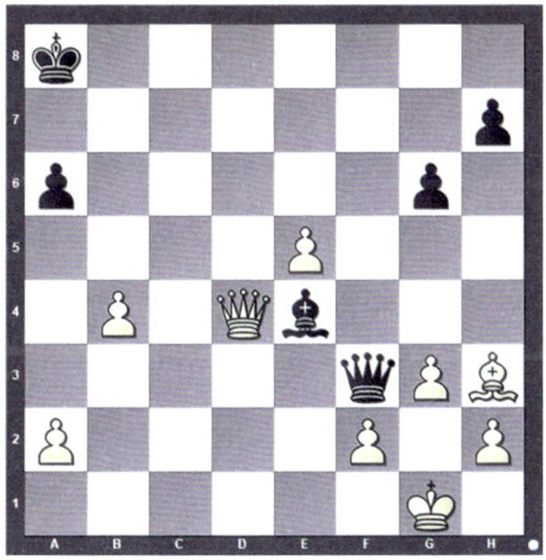

Schwarz droht matt mit Df3-h1. Weiß löst dieses Problem, indem er eine Fesselung auf der langen Diagonalen vorbereitet.

1. **Dd4×e4+!**

Schwarz gab auf. Weiß gewinnt zwar kein Material, aber er verhindert das Matt und wickelt in ein leicht gewonnenes Bauernendspiel ab:

1.	...	**Df3×e4**
2.	**Lh3-g2**	

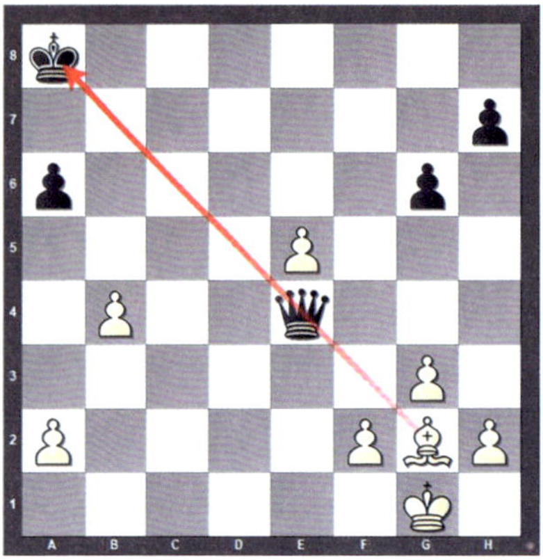

Die Dame e4 ist gefesselt. Die beste Antwort von Schwarz ist nun:

2. … **De4×g2+**
3. **Kg1×g2**

Das entstehende Bauernendspiel mit drei Mehrbauern ist leicht gewonnen für Weiß.

Im nächsten Beispiel verbindet S. Vidit (2726) in seiner Partie gegen L. Aronian (2782), Aimchess US Rapid 8/2021, das taktische Motiv Fesselung mit einem Abzugsangriff.

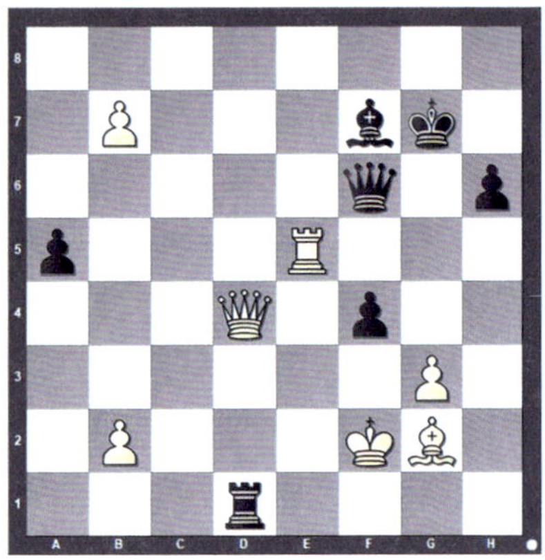

Weiß besitzt einen gefährlichen Freibauern auf b7. Doch die weiße Dame ist bedroht und der weiße König steht unsicher. Schwarz droht außerdem ein Abzugsschach mit f4×g3+ und weiteren Angriffszügen.

Auf 1. Dd4×f4 folgt Df6-b6+ und Schwarz kann den Freibauern aufhalten. Zwingender ist:

1. **Te5-g5+**

Die schwarze Dame ist jetzt nach dem Abzug des Turmes durch die weiße Dame gefesselt und darf den Turm nicht schlagen. Weiß kann den Damentausch somit erzwingen. Schwarz gibt auf. Er ist chancenlos nach:

1. ...	h6×g5
2. Dd4×f6+	Kg7×f6
3. b7-b8D,	

denn er hat nur einen Turm gegen die weiße Dame.

Wie können wir eine Fesselung aufheben?

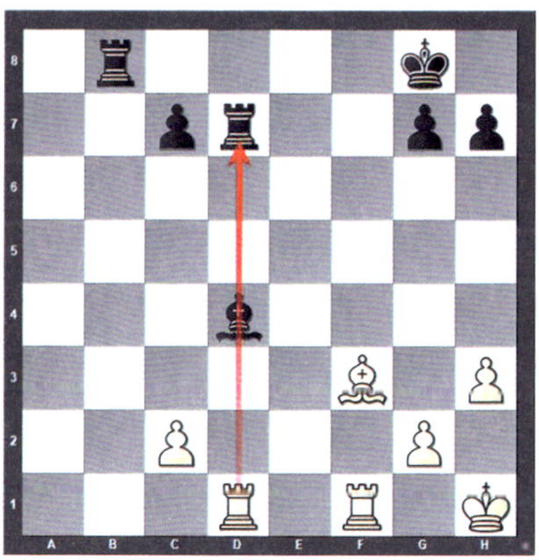

Der schwarze Läufer d4 ist gefesselt, er sollte nicht ziehen, weil Weiß sonst den ungedeckten Turm auf d7 schlagen kann. Weiß droht den Läufer mit c2-c3 zu erobern. Schwarz hat mehrere Möglichkeiten, die Fesselung aufzuheben.

Grundsätzlich gibt es folgende Möglichkeiten, eine Fesselung aufzuheben:

- Aufheben des Fesselungsgrundes, z. B. die ungedeckte Figur schützen, den König aus der Gegenüberstellung mit der angreifenden Figur ziehen oder das bedrohte Feld (z. B. das Mattfeld) decken
- Schlagen der fesselnden Figur
- Angriff auf die fesselnde Figur

1. ... Td7-d6 oder **1. ... Tb8-d8** heben im letzten Beispiel den Fesselungsgrund auf: Es gibt keine ungedeckte Figur mehr und der Läufer kann wieder ziehen.

TIPP

Versucht zu verhindern, dass der Gegner eure Figuren fesseln kann. Sind Figuren oder Bauern bereits gefesselt, überlegt, ob ihr die Fesslung aufheben könnt. Grundsätzlich kann ich euch empfehlen, Gegenüberstellungen von König oder Dame mit Türmen und Läufern zu vermeiden. Anders herum gedacht stehen Türme und Läufer oft stark der gegnerischen Dame oder dem König gegenüber – auch, wenn noch andere Steine dazwischen stehen.

1.1.4 Die Ablenkung

Eine Ablenkung einer Figur kann zu Materialgewinn oder Matt führen, wenn diese Figur eine wichtige Figur oder ein wichtiges Feld deckt. Die schützende Figur wird im ersten Zug von ihrer Hauptaufgabe abgelenkt und im zweiten Zug erfolgt eine Gewinnkombination.

Ich zeige euch zunächst eine Ablenkung einer Figur vom Schutz eines wichtigen Feldes:

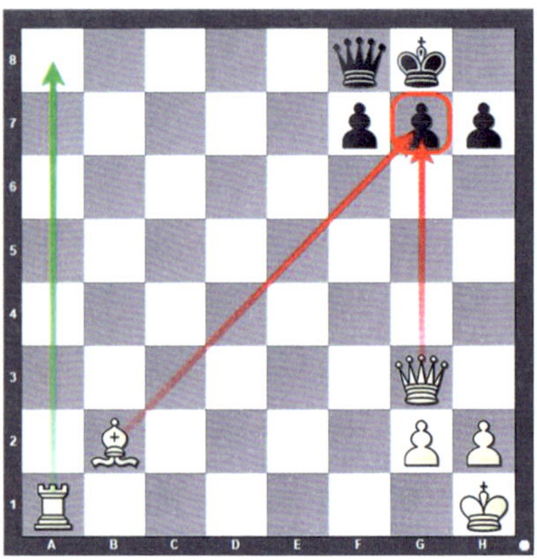

Die weiße Dame und der Läufer auf b2 bilden zusammen ein starkes Team und drohen Matt auf g7. Die schwarze Dame schützt das wichtige Feld g7. Deshalb gewinnt

1. **Ta1-a8!**

sehr schnell durch die Ablenkung der Dame. Schlägt die Dame den Turm, kann Weiß auf g7 matt setzen.

1.	...	**Df8×a8**
2.	**Dg3×g7#**	

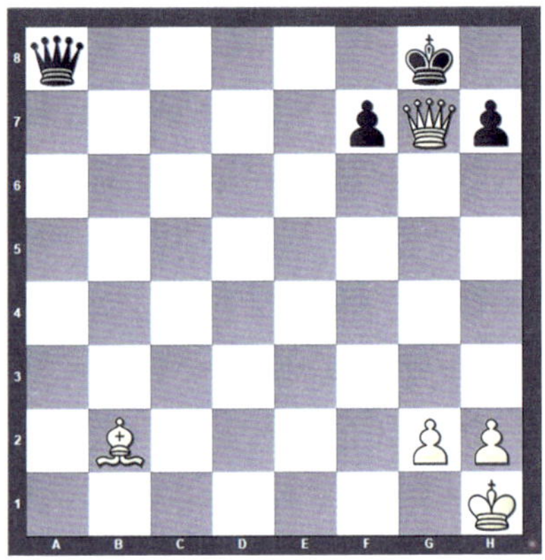

Schwarz könnte alternativ das Matt decken, nach:

1.	...	**f7-f6**
2.	**Ta8×f8**	**Kg8×f8**

dauert die Partie einige Züge länger, ist die Stellung aber auch verloren.

Im nächsten Beispiel wird eine Figur vom Schutz einer wichtigen Figur abgelenkt:

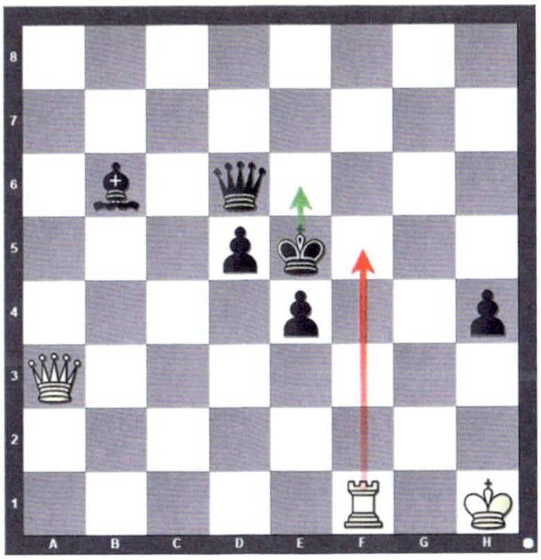

Der schwarze König deckt die Dame. Der Turm f1 lenkt den König in zwei Zügen vom Schutz der Dame ab:

1. **Tf1–f5+** **Ke5–e6**
2. **Tf5–f6+**

Jetzt muss der König den aufdringlichen Turm schlagen und Weiß erobert die schwarze Dame.

In dieser zweizügigen Ablenkung wird der Springer vom Schutz des Feldes h7 abgelenkt:

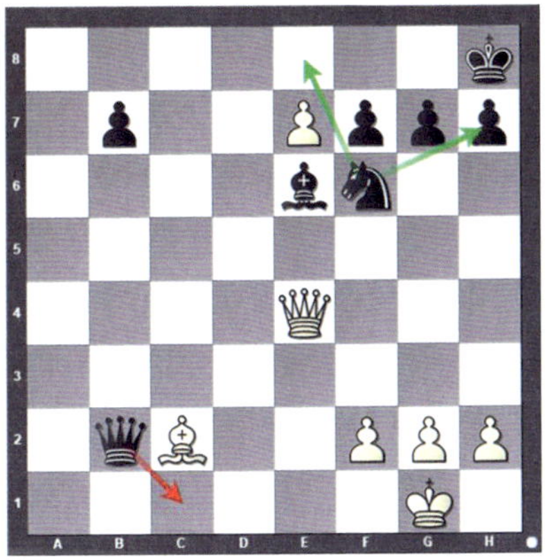

Schwarz droht Matt in drei Zügen auf der Grundreihe: Nach einem Schach mit der Dame auf c1 kann Weiß nur noch den Läufer und die Dame auf die Grundreihe ziehen, die aber geschlagen werden. Außerdem ist die weiße Dame bedroht. Weiß muss schnell handeln. Er plant ein Matt mit der Dame auf h7, jedoch deckt der Springer f6 das Feld h7 noch. Der Springer müsste verschwinden! Diese Gedankenkette bringt uns auf den Zug:

1. **e7–e8 D+!**

Das lenkt den Springer zwingend vom Schutz des Feldes h7 ab.

1. ... **Sf6×e8**
2. **De4×h7#.**

Der Großmeister Wesley So (2770) verknüpfte die taktischen Motive Fesselung und Ablenkung in seiner Partie gegen den Großmeister Maxime Vachier-Lagrave (2760) (Paris, 6/2021) eindrucksvoll.

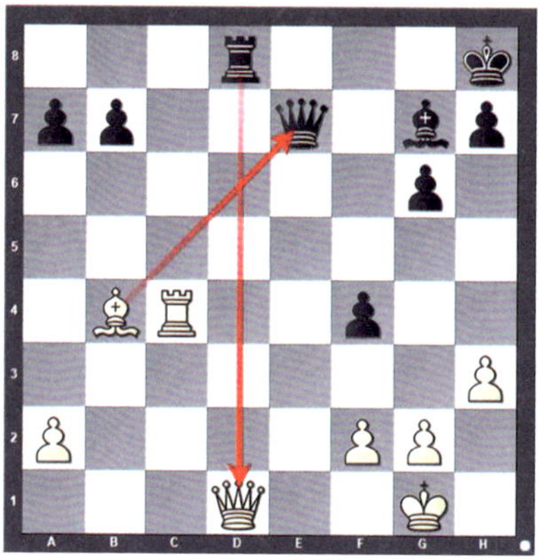

Weiß am Zug greift die schwarze Dame an, während gleichzeitig die weiße Dame bedroht ist. Ein Tausch der Damen bringt Weiß keinen Vorteil. Der clevere Zug

1. Tc4-c8!

nutzt nicht nur aus, dass der Turm d8 aufgrund der Fesselung auf der achten Reihe die weiße Dame nicht schlagen darf. Der Turm d8 wird außerdem von der d-Linie und damit von der Bedrohung der weißen Dame abgelenkt. Schwarz gab auf, denn nach

1. ... Td8×c8
2. Lb4×e7

gewinnt die Dame leicht gegen den schwarzen Turm.

TIPP

Überlastet eure Figuren nicht mit zu vielen wichtigen Aufgaben.

1.1.5 Beseitigung der Verteidigung

Eng verwandt mit der Ablenkung ist die Beseitigung der Verteidigung von Figuren oder Bauern, die zwei Funktionen gleichzeitig erfüllen, zum Beispiel eine wichtige Figur oder ein Feld decken.

Dieses Motiv ist wie die Ablenkung mindestens zweizügig. Im ersten Zug wird die verteidigende Figur oder der Bauer geschlagen, anschließend folgt ein Matt oder ein Figurengewinn.

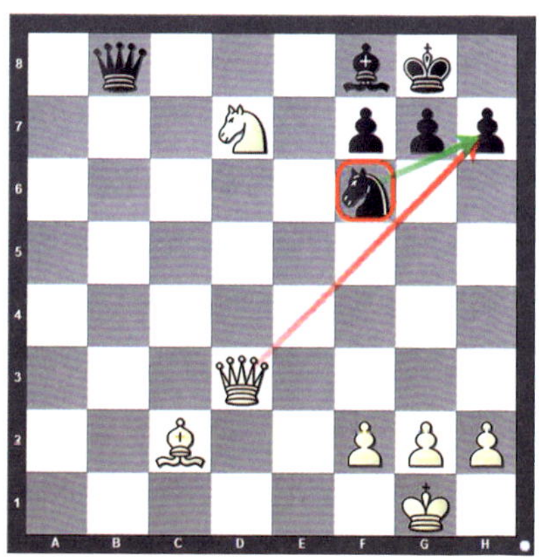

Dieses Diagramm ähnelt dem letzten Übungsbeispiel, damit der Unterschied zur Ablenkung deutlich wird.

Weiß könnte matt setzen, wenn der Springer f6 nicht wäre. Deshalb schlägt der Springer d7 nicht die Dame b8, sondern leitet ein zweizügiges Matt durch

1.	**Sd7×f6+**	**g7×f6**
2.	**Dd3×h7#**	

ein.

Weiß verknüpft hier das Motiv des Doppelangriffs mit der Beseitigung der Verteidigung:

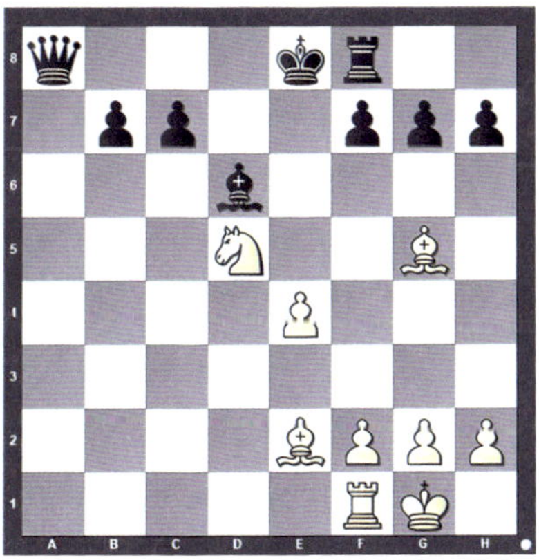

1. **Sd5×c7+!**

bedroht gleichzeitig Dame und König und beseitigt den wichtigen Bauern c7. Zieht der König aus dem Schach, geht die Dame verloren. Auf

1.	…	**Ld6×c7**

folgt das seltene Matt mit zwei Läufern:

2. **Le2-b5#**,

weil der Bauer c7 nicht mehr auf c6 dazwischen ziehen kann. Hier erkennen wir schon, wie wichtig es ist, die Mattmotive zu kennen, die häufig das Ziel einer gewinnbringenden Taktik sind.

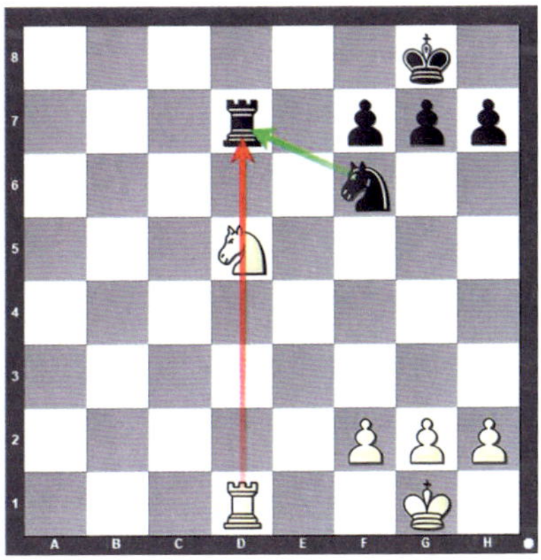

Hier liegt eine unechte Fesselung vor: Der weiße Springer d5 ist gefesselt, da nach einem Wegzug (z.B. nach b6) der weiße Turm auf d1 fällt. Weiß könnte die Fesselung mit einem Wegzug des Springers nach e3 aufheben, da der Springer von dort den Turm deckt. Stärker ist jedoch:

1. **Sd5×f6+**

Der Springer zieht mit einem Tempozug, also mit einem Schach, ab (Abzugsangriff). Er beseitigt den Springer f6, der den Turm auf d7 deckt. Wird der Springer geschlagen, hängt der Turm d7:

1. ... g7×f6,
2. Td1×d7

mit einem leicht gewonnenen Endspiel für Weiß.

Mountain_lion_hh (2178) – michel (2267). In dieser Stellung ist Schwarz auf den alles verteidigenden Springer auf f8 angewiesen. Das nutzt Weiß aus:

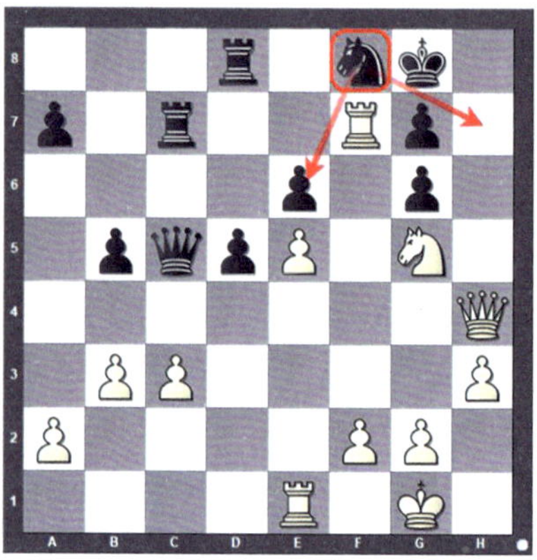

1. **Tf7×f8+!** Kg8×f8

Das Schlagen 1. ... Td8xf8 scheitert an 2. Dh4-h7#. Jetzt kann Weiß allerdings den Bauern e6 mit Schach und einer vierfachen Springergabel schlagen.

2. **Sg5×e6+**

Schwarz gab auf.

Häufig wird diese Taktik angewendet, um einen Bauern auf die gegnerische Grundreihe zu bringen. Die Figuren, die den Bauern aufhalten, werden beseitigt und der Weg für den Bauern ist frei:

Hahn – Tarrasch, S. (Halle, 1883)

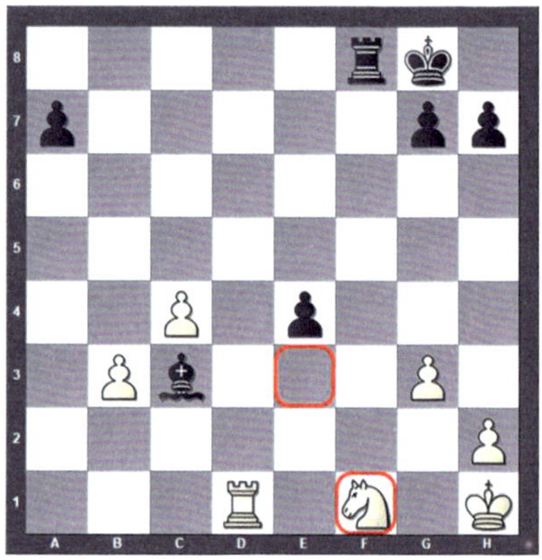

Der Springer f1 kontrolliert den schwarzen Freibauern. Allerdings nicht zuverlässig!

1. ... Tf8×f1+
2. Te1×f1 e4-e3

Schwarz steht auf Gewinn. Er wird auf e1 den Turm für den Bauern geben müssen.

TIPP

Erkennt Abhängigkeiten der gegnerischen Figuren und versucht, diese auszunutzen.

1.1.6 Der Zwischenzug

Ein Zwischenzug ist eine verblüffende Erwiderung, die Material gewinnen kann, eine Mattkombination startet oder einfach nur die Initiative erobert. So wird eine Drohung des Gegners zum Beispiel nicht beachtet, sondern eine noch stärkere Drohung aufgestellt.

Beim Tausch einer Figur muss nicht zwingend sofort zurückgenommen werden. Gerade beim Blitzen wird oft schnell zurückgeschlagen, statt nach Alternativen gesucht. Den Zwischenzug kann man dabei schnell übersehen.

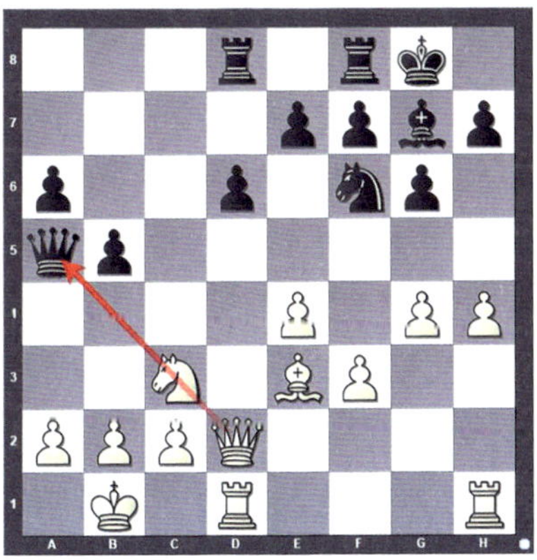

Ein typisches, taktisches Motiv für Weiß in der Sizilianischen Verteidigung (die mit **1.** e2-e4 c7-c5 beginnt) nutzt die Gegenüberstellung der Damen aus, denn die schwarze Dame auf a5 steht ungedeckt.

1. Sc3-d5 Da5×d2

Die „automatische" Antwort wäre nun ein Schlagen der schwarzen Dame mit dem Turm. Stärker ist jedoch der Zwischenzug – das Zwischenschach –

2. Sd5×e7+

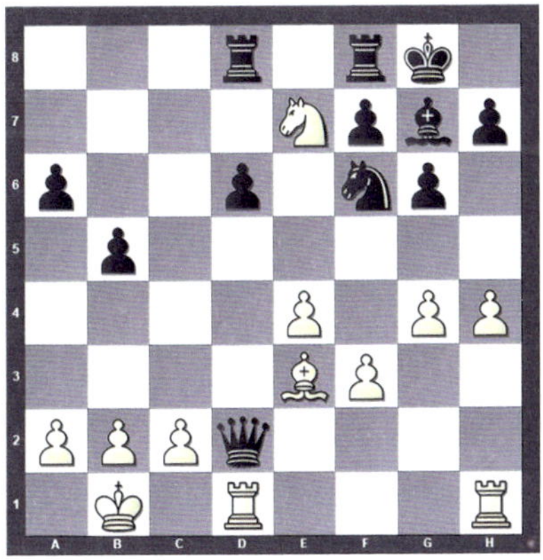

2. … Kg8-h8

und erst jetzt

3. Td1×d2.

Es ist der wichtige Bauer e7 gefallen. Die Stellung ist klar besser für Weiß.

Schwarz hatte in der folgenden Stellung eine Figur auf c2 genommen und wollte auf Td2xc2 den Turm auf b4 schlagen.

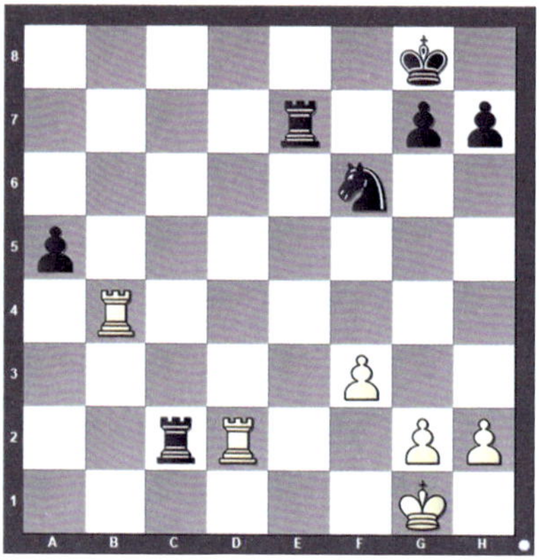

Der Turm b4 rettet sich aber mit dem Zwischenzug:

1. **Tb4-b8+! Te7-e8**
2. **Tb8×e8+ Sf6×e8**

Anschließend nimmt Weiß den Turm zurück und verbleibt mit einem Materialvorteil:

3. **Td2×c2**

Kommen wir zu komplexeren Beispielen aus der Praxis.

Kojovic, Dragan (2272) – Svane, Frederik (2577) Europameisterschaft 2023

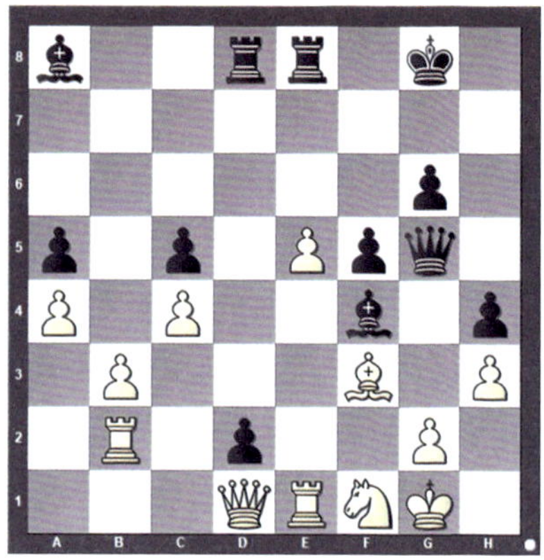

Der Turm auf e1 ist angegriffen, er hat allerdings kein sicheres Feld, weil Te1-e2 an La8xf3 scheitert. Der weiße g-Bauer ist gefesselt und kann den Läufer auf f3 nicht zurückschlagen. Weiß schlug an dieser Stelle den Läufer auf a8. Nach Td8xa8 könnte der angegriffene Turm e1 nach e2 ziehen. Dazu kam er jedoch nicht:

1. **Lf3×a8 d2×e1D!**

Schwarz schlägt den La8 noch nicht zurück, sondern nimmt stärker zuerst den Turm auf e1 (der von Weiß nicht berechnete Zwischenzug) und holt sich eine neue Dame.

2. **Dd1×e1 Td8×a8**

Weiß hatte keine Zeit, den Läufer a8 zu retten und gab auf.

Ein verpasster Zwischenzug hätte die sechste Partie im WM-Kampf (11/2014) zwischen Magnus Carlsen und Vishy Anand drehen können. Schwarz am Zug:

An dieser Stelle habe ich zum ersten Mal einen QR-Code hinterlegt. Scannt ihr diesen Code mit eurem Smartphone oder einem Tablet, gelangt ihr im Internet zu meinem Beispiel und den Analysen, die ihr dann bequem durchspielen könnt.

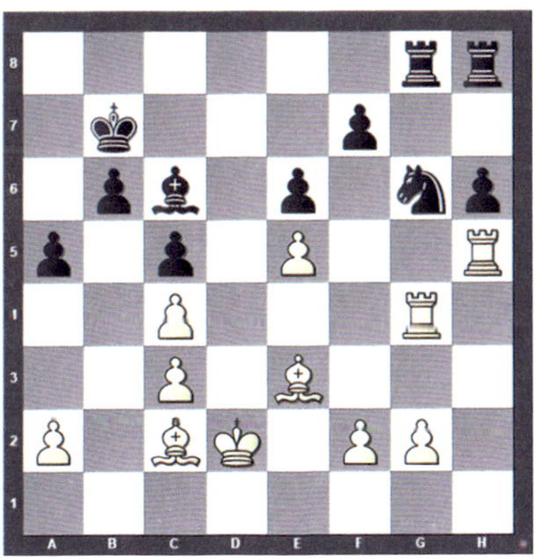

1. ...	Sg6×e5!
2. Tg4×g8	

Schlägt Schwarz jetzt Th8xg8, fällt der Se5: Th5xe5. Doch der Springer kann sich mit einem Zwischenzug retten, denn er schlägt den Bauern c4 mit Schach!

2. ...	**Se5×c4+!**
3. **Kd2-d3**	**Sc4-b2+**

Ein weiterer Zwischenzug des Springers, der sich damit aus dem Schlagbereich des weißen Königs entfernt.

4. **Kd3-d2**	**Th8×g8**

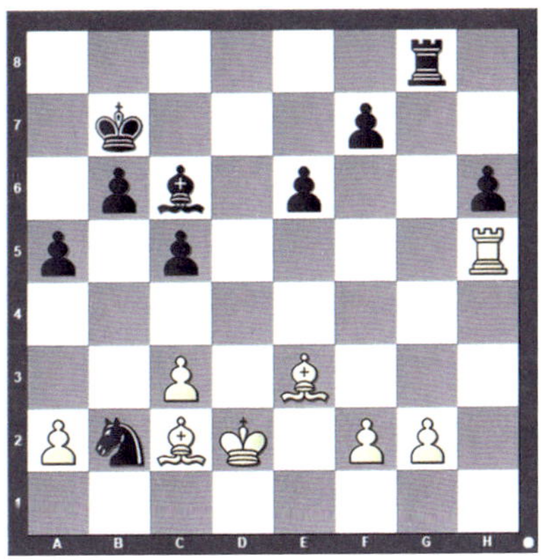

Schwarz hat zwei Bauern gewonnen und steht klar besser.

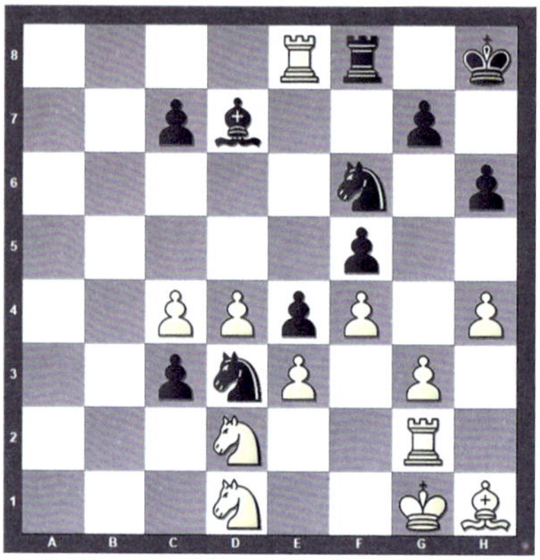

In der berühmten Partie Bogoljubow – Aljechin, Hastings 1922, hat Weiß gerade auf e8 einen schwarzen Turm geschlagen. Der spätere Weltmeister Alexander Aljechin erkennt, dass er den Turm nicht zurücknehmen sollte, weil danach sein Trumpf, der Bauer c3, fällt und eher Weiß besser steht. Also opferter den Turm f8 gleich hinterher und entkorkt:

1. ... c3-c2!

Weiß schlägt auch noch mit Schach:

2. **Te8×f8+** **Kh8-h7**

Weiß hat im Moment zwar zwei Türme mehr, kann nun aber nicht mehr verhindern, dass Schwarz im nächsten Zug eine neue Dame erhält, die sehr unangenehm im schwarzen Lager steht. Aljechin gewann diese Partie und damit das Turnier in Hastings.

Der Rest dieser beeindruckenden Partie kann über den QR-Code nachgespielt werden.

TIPP

Hinterfragt auch scheinbar offensichtliche Züge. Es könnte auch ein „Zwischenmatt geben".

1.1.7 Der Spieß

Ein Läufer, ein Turm oder eine Dame können Material erobern, indem sie ausnutzen, dass Figuren des Gegners auf einer Linie oder Diagonale stehen. Durch eine Bedrohung der vorderen Figur muss diese ausweichen und die hintere Figur kann nicht gerettet werden.

Im Unterschied zur Fesselung steht die wertvollere Figur beim Spieß vorn.

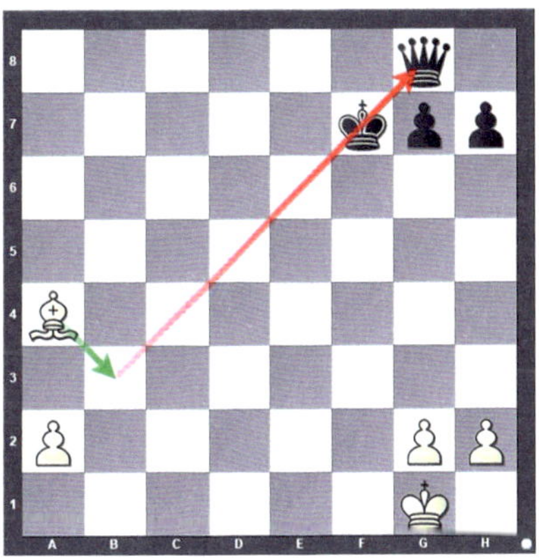

König und Dame von Schwarz stehen auf einer Diagonalen. Dies kann Weiß ausnutzen:

1. **La4-b3+**

Der König muss jetzt auf das Schach reagieren und die schwarze Dame fällt.

1. **...** **Kf7-f8**
2. **Lb3×g8**

Weiß hat ein gewonnenes Bauernendspiel mit einem entfernten Freibauern auf a2 erreicht.

Im nächsten Beispiel sind die schwarzen Figuren schlecht koordiniert. Weiß gewinnt Material:

1. **Ta1-d1**

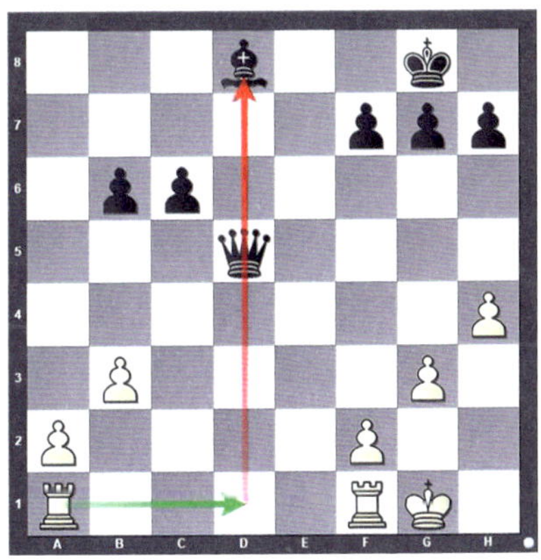

Die schwarze Dame ist angegriffen. Sie hat jetzt ein akutes Problem, denn hinter ihr steht recht unglücklich der Läufer auf d8, den sie nicht decken kann. Das Beste wäre noch ein Tausch gegen den Turm d1, aber dieses Endspiel ist auch verloren.

In der folgenden mehrzügigen Taktik werden taktische Motive miteinander verknüpft:

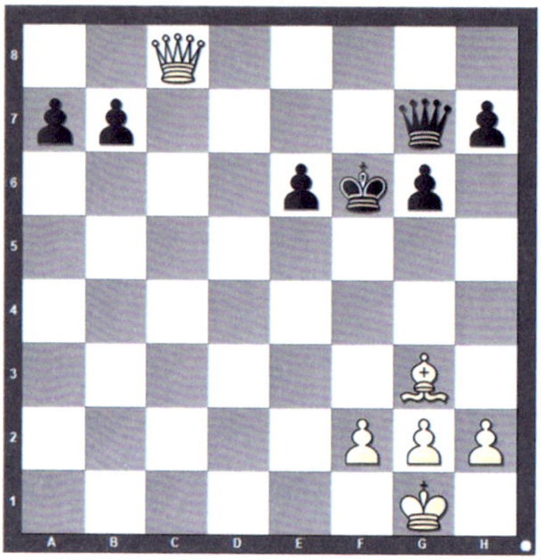

Weiß zwingt den schwarzen König mit einer Hinlenkung (siehe auch nächstes Kapitel) in einen Spieß:

1. **Lg3-e5+**

Schwarz muss den Läufer schlagen, sonst ist die Dame sofort weg.

1. ... **Kf6×e5**

und es folgt kräftig:

2. **Dc8-c3+**

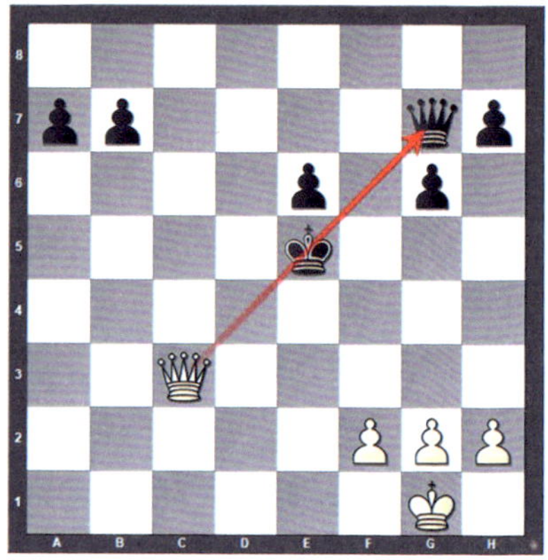

Der schwarze König muss aus dem Schach ziehen, kann aber die hinter ihm stehende Dame nicht decken.

2. ... **K beliebig**
3. **Dc3×g7**

Schauen wir uns ein praktisches Beispiel an. Es ist auf den ersten Blick nicht offensichtlich, aber auch hier versteckt sich ein Spieß.

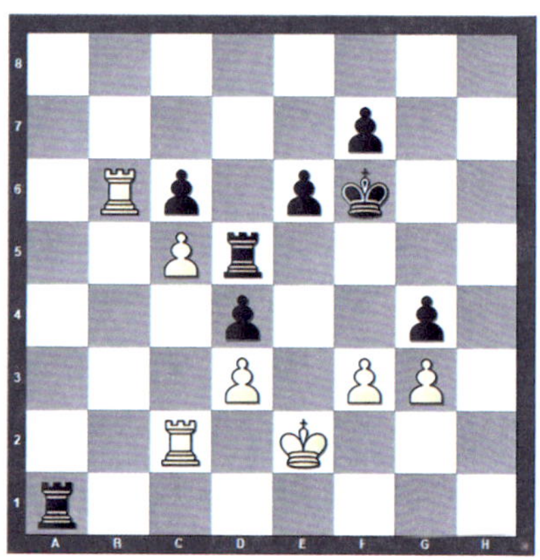

Im Goldmoney Asian Rapid spielt der Großmeister (GM) Peter Swidler (2714) im letzten Zug den Bauern nach f3. Dabei übersieht er die starke Erwiderung seines Gegners GM A.R. Saleh Salem (2682)

1. ... Td5-h5!

und gibt sofort auf. Der Doppeldrohung Turmverlust durch einen Spieß nach

2. f3×g4 Th5-h2+

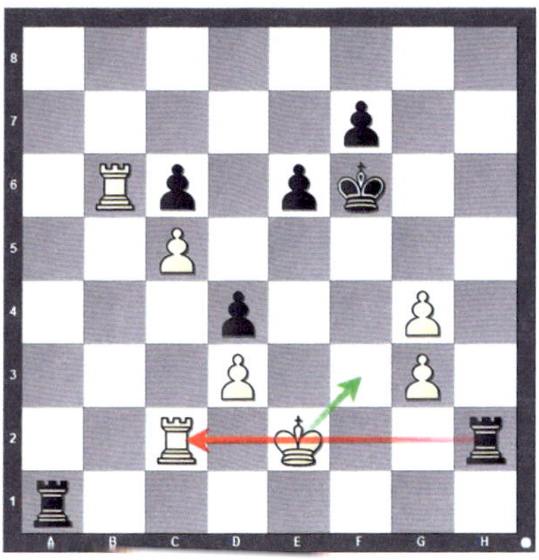

oder Matt, falls sich der Turm rettet, kann nicht sinnvoll begegnet werden.

2. Tc2-c4 Th5-h2#.

TIPP

Achtet auf Figuren, die auf einer Linie oder Diagonale stehen, sie können leicht aufgespießt werden.

1.1.8 Die Hinlenkung

Eine Hinlenkung einer gegnerischen Figur oder eines Bauern auf ein bestimmtes, ungünstiges Feld wirkt sich auf den Gegner nachteilig aus. Er wird zum Beispiel matt gesetzt oder verliert Material, etwa durch einen Abzugsangriff oder wie im nächsten Beispiel durch einen Doppelangriff. Die Hinlenkung erfolgt zum Beispiel durch ein Schachgebot oder eine Drohung, hier werden taktische Motive miteinander verknüpft.

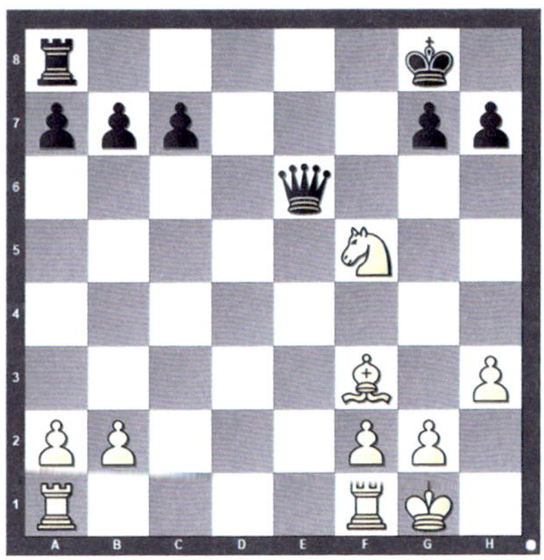

1. Lf3-d5!

Weiß fesselt die Dame und lenkt sie auf ein ungünstiges Feld, direkt in eine Springergabel.

1. ... De6×d5

Was sonst?

2. **Sf5-e7+**

mit Damengewinn.

Es folgt ein weiteres Beispiel für eine Hinlenkung.

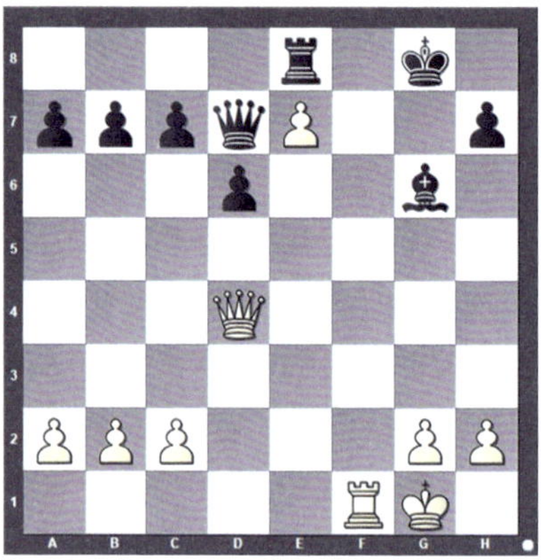

Der weiße Bauer auf e7 hängt, anschließend hätte Schwarz gute Chancen, seinen Materialvorteil zu verwerten. Eile ist geboten! Mit

1. **Tf1-f8+**

lenkt Weiß den schwarzen Turm auf das vom Bauern bedrohte Feld f8.

1. ... **Te8×f8**

ist erzwungen. Jetzt folgt die Ablenkung des Königs vom Schutz des Turmes mit

2. **Dd4-h8+!**

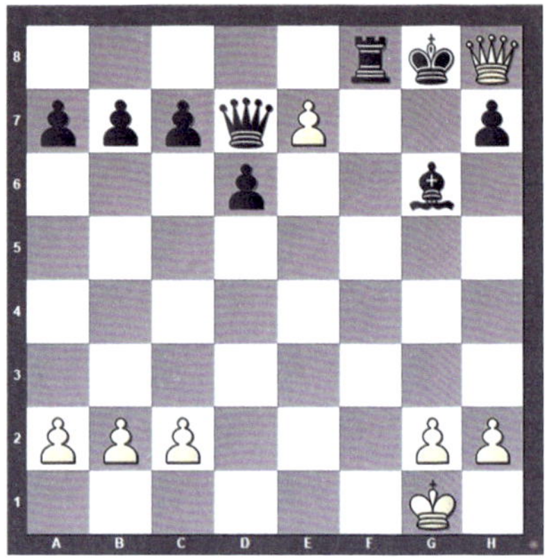

Es wird entweder Matt mit 3. e7×f8D, falls der König die Dame schlägt oder nach

2. ... **Kg8-f7**

wandelt sich der Bauer in eine zweite Dame um:

3. **e7×f8D +.**

Der schwarze König wird im Kreuzfeuer der beiden Damen nicht lange überleben.

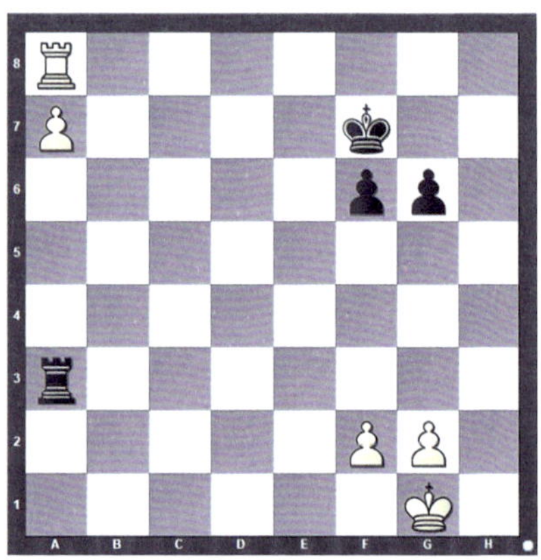

Dies ist ein typisches Motiv aus einem Turmendspiel mit einem Freibauern auf der 7. Reihe. Schwarz sollte mit seinem König entweder auf den Feldern g7 und h7 bleiben oder kein Schach des Turmes zulassen (steht z. B. der König auf e6, folgt Te8+ nebst Umwandlung des Bauern).

1. **Ta8-h8** **Ta3×a7**

erzwingt die Hinlenkung des schwarzen Turmes nach a7, da sonst der Bauer umgewandelt wird.

2. **Th8-h7+** **K beliebig**

Ein Spieß gewinnt den Turm a7.

3. **Th7×a7**

Ein typisches Beispiel für eine Hinlenkung ist auch folgende Kombination im Mittelspiel, die zunächst den König auf das Feld e8 lenkt, direkt hinein in einen tödlichen Abzugsangriff:

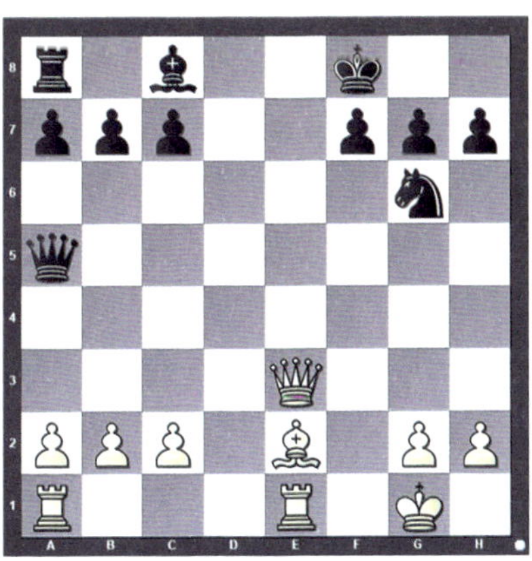

1. **De3-e8+!** **Kf8×e8**
2. **Le2-b5+**

Doppelschach mit dem Läufer b5 und dem Turm e1, gleichzeitig ein Abzugsangriff! Auf ein Doppelschach muss immer der König ziehen.

2. ... **Ke8-f8 (d8)**
3. **Te1-e8#**

Die folgende mehrzügige Hinlenkungskombination ist das Finale einer Studie von A. Kazantsev aus dem Jahr 1964.

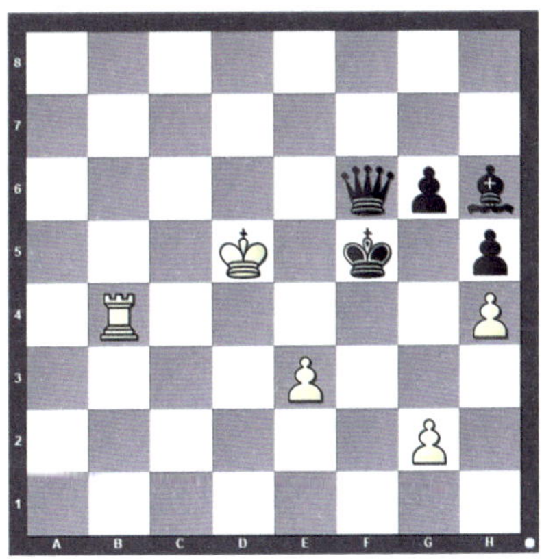

Weiß am Zug

Der schwarze König steht sehr eingeengt, deswegen nützt Schwarz sein Materialvorteil nichts. Es folgt ein Matt in drei Zügen.

1. **g2-g4+!**

nimmt dem König das potenzielle Fluchtfeld g4 weg.

1. ... h5×g4

ist erzwungen, wonach sich auch noch der weiße Turm opfert:

2. Tb4-f4+! Lh6×f4

Widerwillig schlägt der Läufer den Turm und versperrt das letzte Fluchtfeld für den König. Jetzt setzt der Bauer e3 matt:

3. e3-e4#

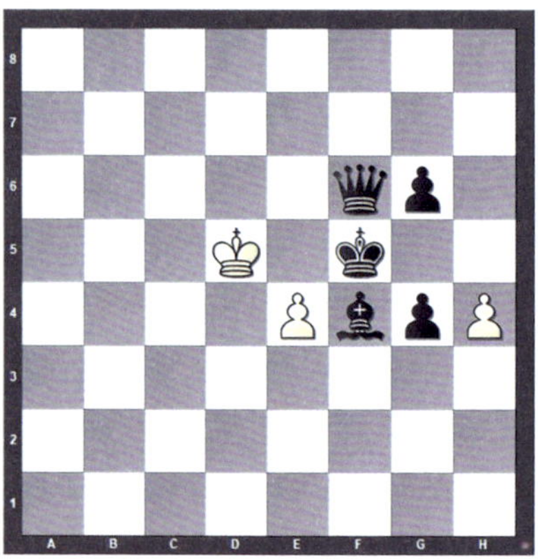

Was für ein schönes Matt!

TIPP

Haltet Ausschau nach taktischen Motiven und fragt euch, wo eine Figur stehen müsste, damit das taktische Motiv funktioniert. Vielleicht kann dieser Wunsch durch eine Hinlenkung realisiert werden.

1.1.9 Der Zugzwang

Das taktische Motiv Zugzwang ist mein persönliches Lieblingsmotiv, mir gefällt die subtile Stärke dieses Manövers.

Zugzwang liegt vor, wenn ich meinen Gegner zwingen kann, einen Zug auszuführen, den er nicht machen möchte und ihn jeder beliebige, mögliche Zug in Nachteil bringt. Die Schachregeln bestehen jedoch auf abwechselnder Zugpflicht.

Zugzwang kommt am häufigsten im Endspiel vor.

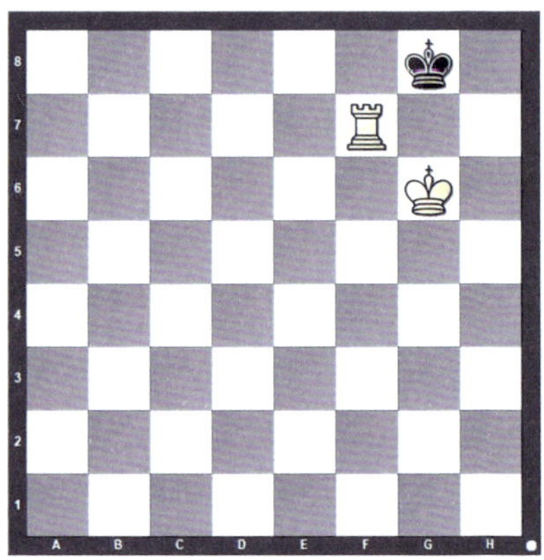

Hier ermöglicht das Motiv Zugzwang die Mattführung. Der schwarze König ist schon an den Rand gedrängt. Ein Zug auf der siebten Reihe mit der Idee, auf der achten Reihe matt zu setzen, lässt den König aber zunächst nach f8

entwischen. Stärker zieht der Turm deshalb auf der f-Linie, jedoch natürlich nicht nach f8:

1. **Tf7-f1**

Schwarz befindet sich im Zugzwang. Der schwarze König möchte am liebsten stehen bleiben und das Feld f8 weiter kontrollieren, aber Aussetzen gibt es nicht.

1. … **Kg8-h8**
2. **Tf1-f8#.**

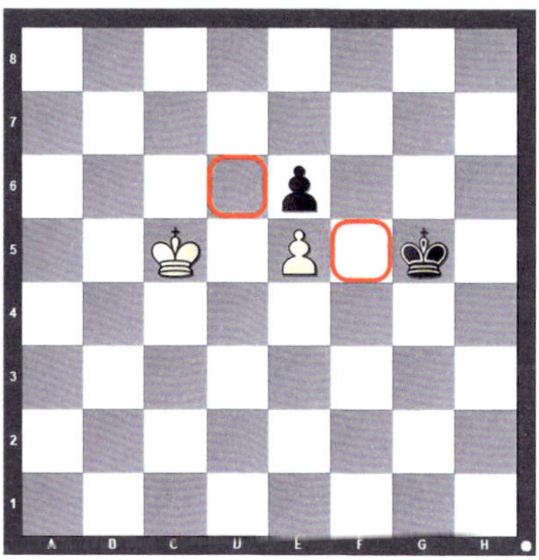

Auch in Bauernendspielen ist Zugzwang ein häufiges Motiv. Ich zeige euch im vierten Kapitel dazu weitere wichtige Stellungen.

Bei richtigem Spiel (zum Beispiel 1. … Kg5-f4 2. Kc5-d4 Kf4-f5 3. Kd4-d3 Kf5×e5 4. Kd3-e3!) ist diese Stellung remis.

Ein Fehler wäre es, den weißen Bauern direkt anzugreifen:

1. … **Kg5-f5??.**

Nach

2. **Kc5-d6!**

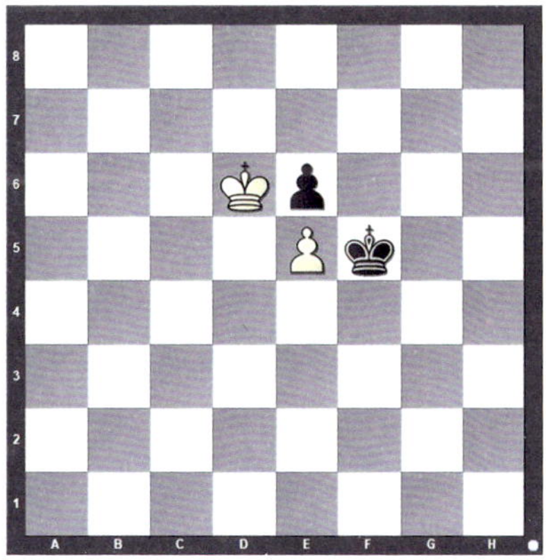

ist Schwarz im Zugzwang.

Schwarz muss ziehen und damit die Verteidigung seines Bauern aufgeben.

2. … **Kf5-f4**
3. **Kd6×e6**

Der weiße Bauer wird sich in eine Dame verwandeln dürfen.

In Bauernendspielen spielt Zugzwang eine so große Rolle, dass ich diesem Thema ein eigenes Kapitel gewidmet habe (4.2.2).

Das Endspiel König und Turm gegen König und Springer ist bei richtiger Verteidigung remis, wenn der Springer in der Nähe des Königs bleiben kann. Schwarz am Zug:

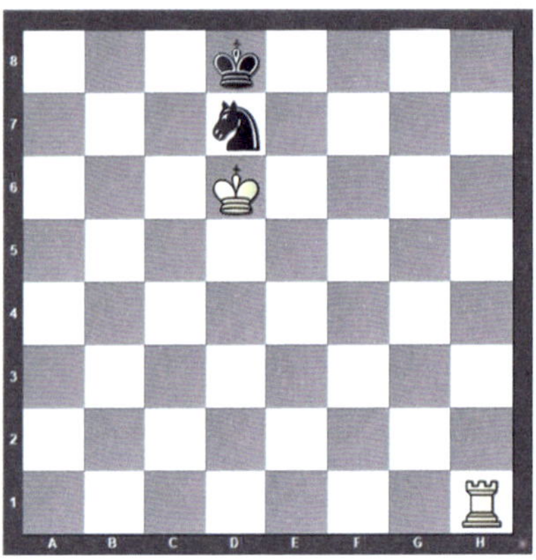

Hier remisiert 1. ... Sd7-f8 2. Th1-h8 Kd8-e8 =.

Nach

1. ... **Sd7-f6??**

ist die Stellung verloren. Es ergibt sich die folgende Zugzwangstellung:

2. **Th1-h8+** **Sf6-e8+**
3. **Kd6-e6!**

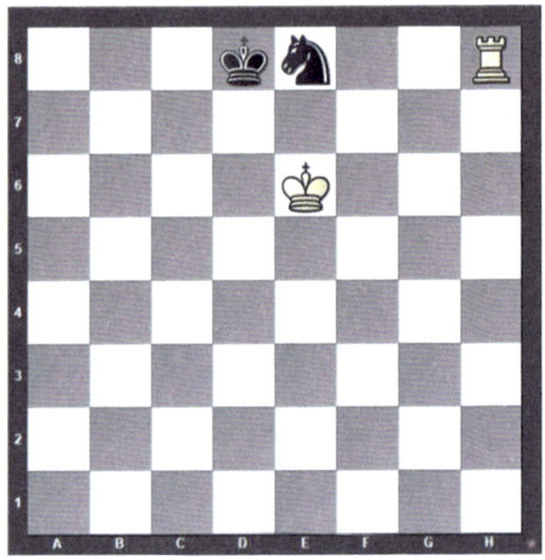

Schwarz muss schweren Herzens seiner Zugpflicht nachkommen und den Schutz des Springers aufgeben:

3. ... **Kd8-c7**
4. **Th8×e8**

Weiß steht auf Gewinn.

Dr. A. W. Galitzky zeigte in seiner Studie aus dem Jahr 1900 eine schöne Aufgabe (Matt in 4 Zügen) von Weiß mit Hilfe des Motivs Zugzwang. Weiß opfert seinen vorletzten Bauern, um einen schwarzen Bauern nach h4 zu lenken und den schwarzen König am Rand einzusperren:

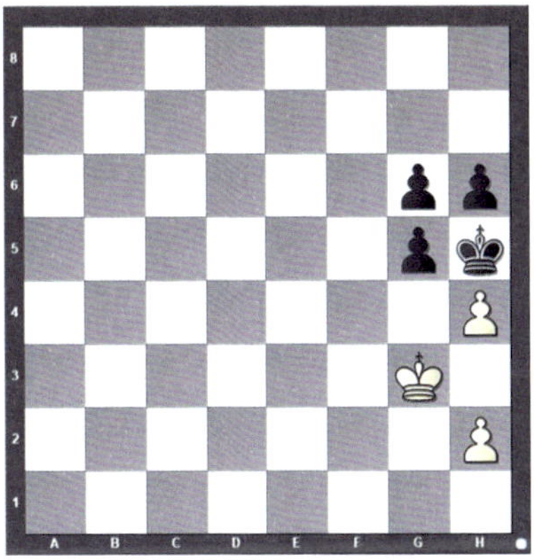

1. **h2-h3!** g5×h4+

(Auf 1. ... g5-g4 wird Schwarz sofort matt: 2. h3xg4#)

2. **Kg3-f4** g6-g5

Schwarz hat hier und in der Folge nur einen möglichen Zug.

3. **Kf4-f5** g5-g4

Zugzwang. Schwarz muss den g-Bauern nach g4 stellen, ob er will oder nicht. Danach kann Weiß mit seinem letzten Bauern matt setzen:

4. **h3×g4#**

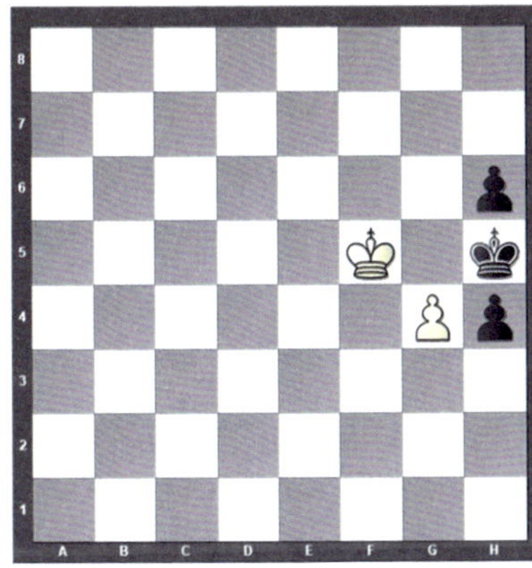

Im Mittelspiel ist das Motiv Zugzwang selten anzutreffen, zu vielfältig sind meist die Möglichkeiten. Die Partie F. Sämisch – A. Nimzowitsch, Kopenhagen 1923, ist ein berühmtes Beispiel dafür.

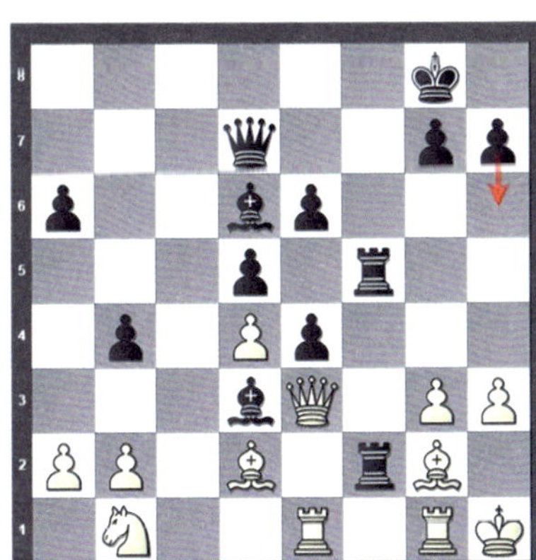

Schwarz (am Zug) steht drückend überlegen. Obwohl Weiß noch sieben Figuren besitzt, können diese aufgrund ihrer Verteidigungsaufgaben sowie des Raumnachteils nicht ziehen, ohne die Stellung von Weiß zu verschlechtern. Also zog Nimzowitsch hier ganz cool:

1. ... h7-h6!

Zugzwang könnt ihr mit einfachen Wartezügen ausnutzen!

Schauen wir uns verschiedene Möglichkeiten an.

Sinnvolle Bauernzüge gibt es nicht: Auf 2. g3-g4 folgt Tf5-f3 und Verlust der weißen Dame. Weitere Möglichkeiten sind:

2. Te1-d1 Tf2-e2
 mit Damenfang
2. Ld2-c1 Ld3×b1
 mit Figurenverlust
2. Kh1-h2 Tf5-f3!
 mit Damenverlust:

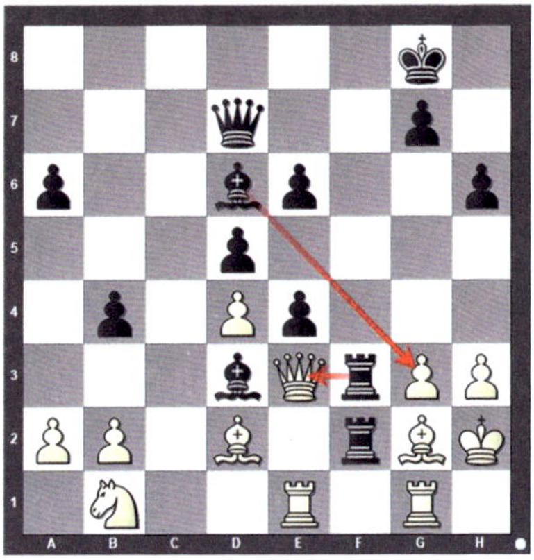

Der Läufer g2 darf aufgrund seiner Fesselung auf f3 nicht schlagen. Weiß gab auf.

Stehen die Figuren im Zugzwang, retten Bauernzüge nicht, weil der Gegner einfach ruhige Abwartezüge spielt, bis die Bauern nicht mehr ziehen können.

TIPP

Vermeidet Abhängigkeiten und eine eingeschränkte Wirkung eurer Figuren. Achtet darauf, dass eure Figuren genug Raum haben.

1.1.10 Die Räumung

Eine Räumung liegt vor, wenn Felder, Linien oder Diagonalen freigemacht – geräumt – werden, damit diese von einer anderen Figur besetzt werden können. Muss schnell gehandelt werden, wird das ersehnte Feld, die Linie oder Diagonale mit einem Opfer und eventuell einem Schachgebot für eine andere Figur geräumt.

Die Räumung gewinnt also Zeit für ein anderes taktisches Motiv oder für ein Matt.

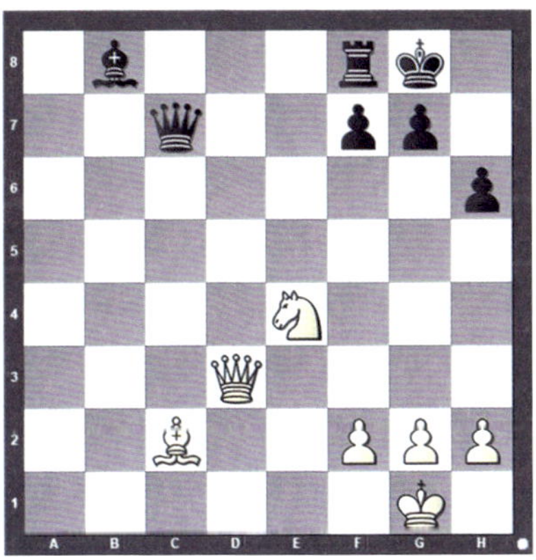

Schwarz droht Matt mit Dc7×h2.

Weiß könnte selbst mit der Dame auf h7 matt setzen, wenn nur der Springer auf e4 nicht dazwischen stehen würde! Deshalb gewinnt die Räumung der Diagonalen b1-h7 mit einem Springerschach:

1. Se4-f6+ g7×f6
2. Dd3-h7#.

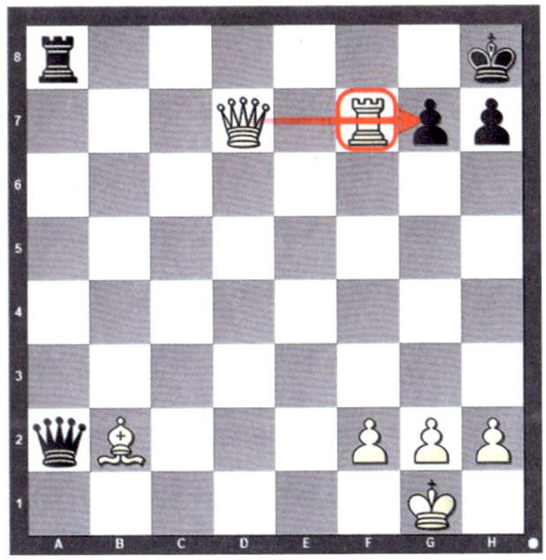

Auch hier droht Schwarz, nämlich ein Grundreihenmatt beginnend mit Db1. Nur der Läufer b2 und die Dame d7 können noch dazwischen ziehen, werden aber von der Dame geschlagen.

Würde kein Turm auf f7 stehen, könnte Weiß auf g7 matt setzen. Der Tempozug

1. Tf7-f8+

räumt die siebte Reihe für die weiße Dame. Schwarz muss den Turm schlagen

1. … Ta8×f8
2. Dd7×g7#.

Schwarz (Kobalia, M. (2577) – Shevchenko, K. (2668, Europameisterschaft 3/23) hatte die Dame für einen Turm geopfert, um jetzt das Feld e4 für einen entscheidenden Doppelangriff räumen zu können:

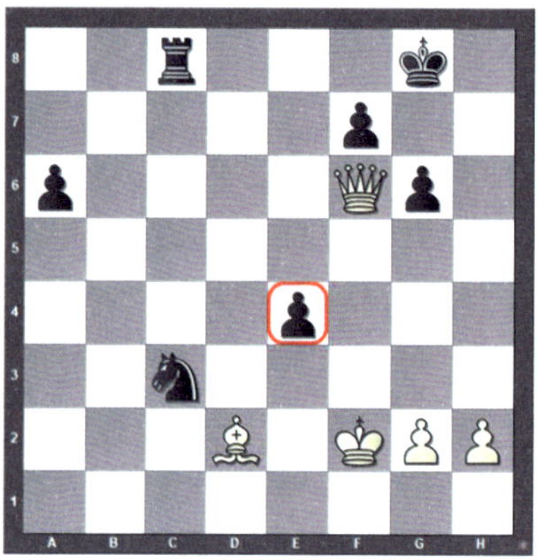

1. …	e4-e3+!

Weiß gab auf. Schlägt er auf e3 mit dem Läufer, besetzt der Springer das geräumte Feld e4 mit Springergabel und Damengewinn: 2. Ld2xe3 Sc3-e4+, nimmt er den Bauern e3 mit dem König, folgt 2. … Sc3-d5+ (Doppelangriff und Damengewinn). Keine Rettung bringt 2. Kf2-e1 e3xd2+ 3. Ke1xd2 (sonst läuft der Bauer ins Ziel) Sc3-e4+ mit Springergabel.

Die Idee der Räumung, verknüpft mit dem Motiv Zugzwang, wird sehr gut im Finale einer Studie von Siegbert Tarrasch aus dem Jahr 1921 deutlich.

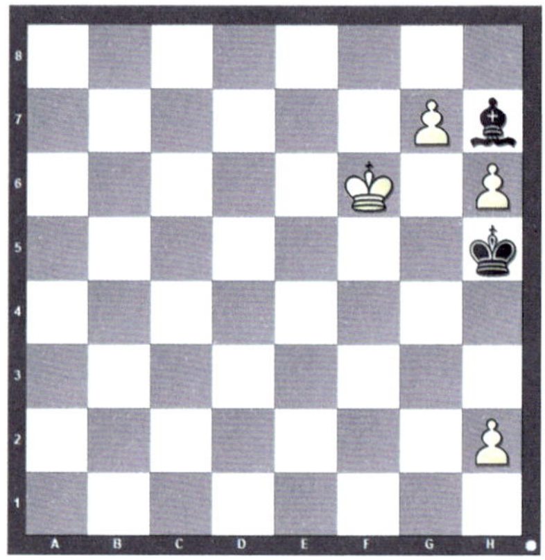

Weiß am Zug gewinnt. Schwarz droht, den Bauern h6 zu schlagen, deswegen wäre **1.** Kf6-f7 nur Remis.

1. g7-g8D!

räumt das Feld g7, das der weiße König anschließend direkt betreten kann.

1. …	**Lh7×g8**
2. Kf6-g7	**Kh5-g5**

Schlägt Weiß den Läufer g8, endet das Spiel unentschieden, weil der schwarze König die Randbauern schlagen wird. Mit dem subtilen Wartezug

3. h2-h3!

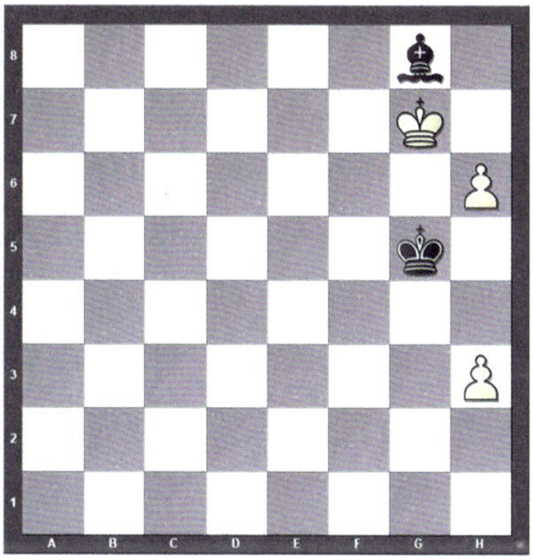

bringt Weiß den Gegner nach

3.	...	Kg5-h5
4.	h3-h4	

in Zugzwang:

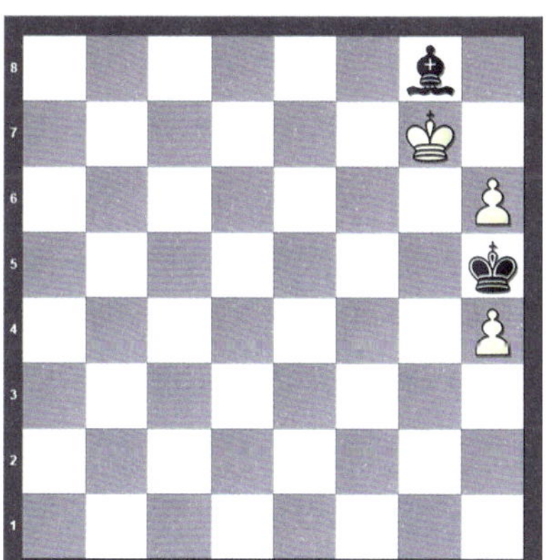

Schwarz würde am liebsten beide Figuren stehen lassen: Zieht der Läufer, gelangt der Bauer h6 entscheidend nach h7, zieht der König, kann er den Bauern h6 nicht weiter angreifen und Weiß gewinnt Zeit, den Läufer zu schlagen. Anschließend geht der Bauer h6 zur Dame. Weiß gewinnt.

TIPP

Fehlt euch ein Tempo für eine taktische Kombination, kann euch die Räumung dabei helfen, die Initiative zu behalten.

1.1.11 Die Unterbrechung

Eine Unterbrechung liegt vor, wenn die Verteidigungslinie zwischen zwei Figuren oder zwischen einer Figur und einem wichtigen Feld unterbrochen wird.

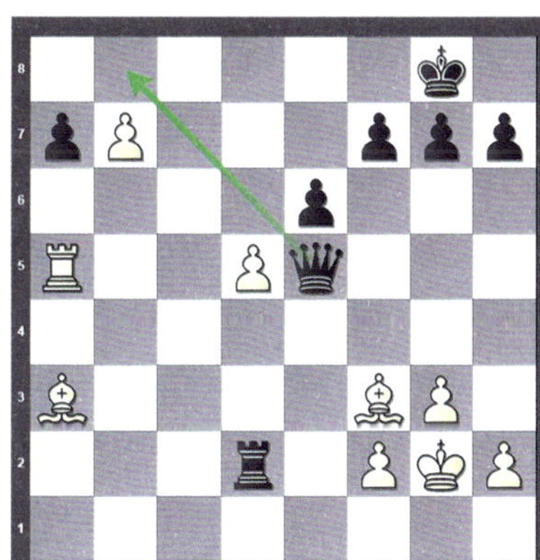

Weiß hat Materialnachteil, er besitzt nur zwei Läufer für die Dame, dafür aber einen starken Freibauern auf b7. Die schwarze Dame auf e5 verhindert die Umwandlung des Bauern auf b8.

1. d5-d6!

unterbricht die Diagonale h2-b8, die Dame kann das Feld b8 nicht mehr decken, gleichzeitig wird sie vom Turm auf a5 angegriffen. Der stärkste Zug wäre jetzt, mit der Dame den vom Läufer a3 gedeckten Bauern d6 zu schlagen, aber das hilft nur kurzfristig. Weiß steht auf Gewinn.

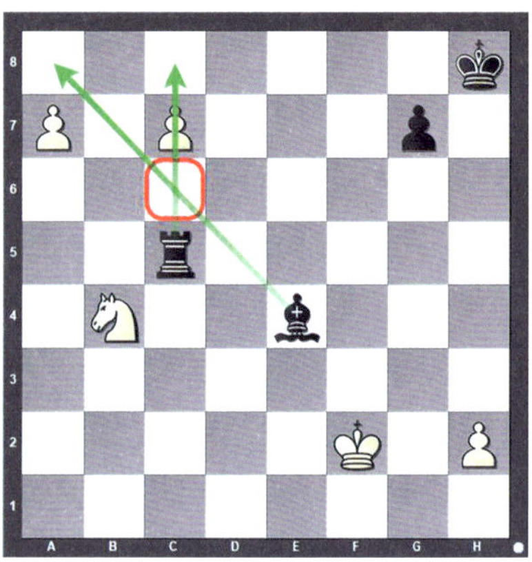

Finale einer Studie von A.O. Herbstmann aus dem Jahr 1928

Weiß gewinnt mit einer Unterbrechung der Verteidigungslinien des Läufers, der den Bauern a7 aufhalten muss, sowie des Turmes, der den Bauern c7 bewacht. Auf c6 schneiden sich die Wirkungslinien von Turm und Läufer, die das folgende Springeropfer genau dort unterbricht.

1. Sb4-c6!

Einer der beiden Bauern marschiert auf die Grundreihe, je nachdem, welche Figur den Springer schlägt:

1. ... Tc5×c6

Jetzt zieht der a-Bauer ein, weil die Läuferdiagonale unterbrochen wurde. Auf

1. ... Le4×c6

gewinnt dagegen die Umwandlung des c-Bauern auf c8 in eine Dame. Großartig!

Es folgt ein Beispiel aus der Praxis, bei dem mit Hilfe der Unterbrechung eine Bauernumwandlung vorbereitet wird.

Der junge deutsche Großmeister Vincent Keymer (2602) gewann bei der Europameisterschaft 2021 in Reykjavik gegen Daniele Vocaturo (2630) mit einer Unterbrechung und schloss damit zum Spitzenreiter auf:

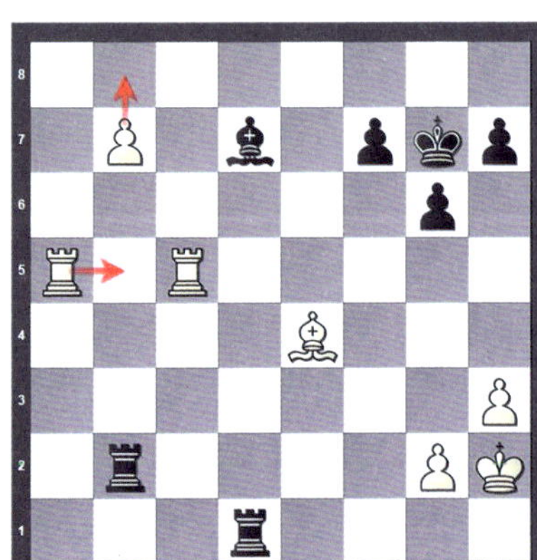

1. Ta5-b5

Dieser Turmzug unterbricht die Verteidigungslinie des Turmes b2 auf der b-Linie und droht, den Bauern nach b8 zu bringen. **1.** Tc5-b5 gewinnt mit der gleichen Idee. Schwarz gibt auf. Nach

1.	...	**Tb2×b5**
2.	**Tc5×b5**	**Ld7×b5**
3.	**b7-b8D**	

hat Weiß einen zum Gewinn ausreichenden Materialvorteil.

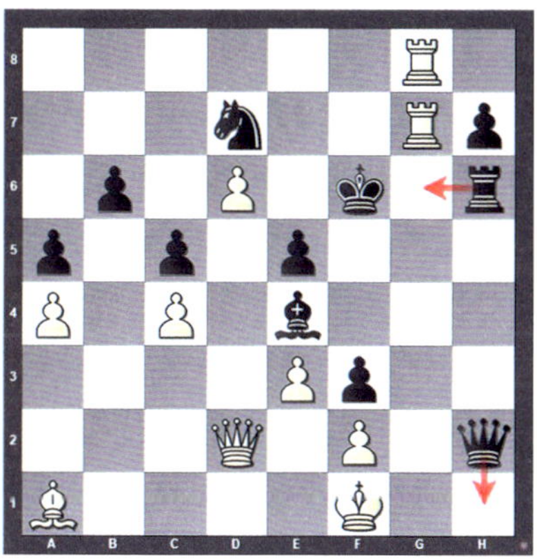

Ein weiteres Beispiel aus der Praxis zeigt die Partie zwischen G. Kaidanov (2594) – V. Akobian (2625), Saint Louis USA, 5/2012. Schwarz würde gerne mit Dh2-h1 matt setzen, aber momentan herrschen die weißen Türme auf der g-Linie, der Turm g7 könnte auf g1 dazwischen ziehen. Die Unterbrechung der g-Linie durch

32. ... Th6-g6

(32. ... Le4-g6 unterbricht die g-Linie ebenso und gewinnt.)

bringt Weiß schnell dazu, aufzugeben:

33. Tg7×g6+ h7×g6

0:1

Weiß kann das drohende Matt durch Dh2-h1 nicht sinnvoll verteidigen. Das taktische Motiv Unterbrechung bereitete ein bekanntes Mattbild vor, das Grundreihenmatt, direkt ein Beispiel für das nächste Kapitel.

1.2 Mattbilder

Das Ziel einer Schachpartie ist es, den gegnerischen König matt zu setzen. Ein Matt können wir auch als Mattbild bezeichnen. Je mehr Mattbilder ihr kennt, desto leichter wird euch das Matt setzen fallen.

Die elementaren Matts mit der Dame, dem Turm und mit zwei Läufern gegen den König sind euch bekannt.

Ich zeige euch in diesem Kapitel nicht nur typische Mattbilder, die immer wieder auftauchen, sondern auch passende Methoden, diese Matts zu erreichen. Darüber hinaus kommt es häufig vor, dass wir ein Mattbild erahnen können und es stört nur noch eine schützende Figur, die das Matt deckt oder ein letztes Fluchtfeld für den König. Jetzt schlägt die Stunde der Taktik. Taktische Motive werden umso wichtiger, je stärker der Gegner spielt und je mehr eurer Drohungen er erkennt und abwehrt. Einzügige Matts werden deshalb seltener. Eure Spielstärke wird steigen, wenn ihr in der Partie auch zwei- und dreizügige Matts seht. Kennt ihr das Ziel – das Mattbild –, fällt euch der Weg dorthin nicht mehr schwer. Und dieser Weg wird mit Hilfe taktischer Wendungen vorbereitet.

1.2.1 Das Grundreihenmatt

Das Grundreihenmatt ist das häufigste Matt, das aus dem Spiel heraus schon im Mittelspiel geschieht. Es liegt vor, wenn eine Schwerfigur auf die nicht ausreichend geschützte Grundreihe des Gegners vordringen kann, den König bedroht und dieser nicht ausweichen kann.

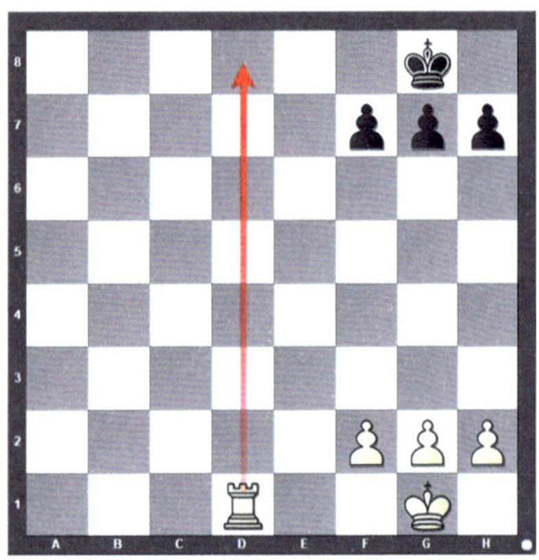

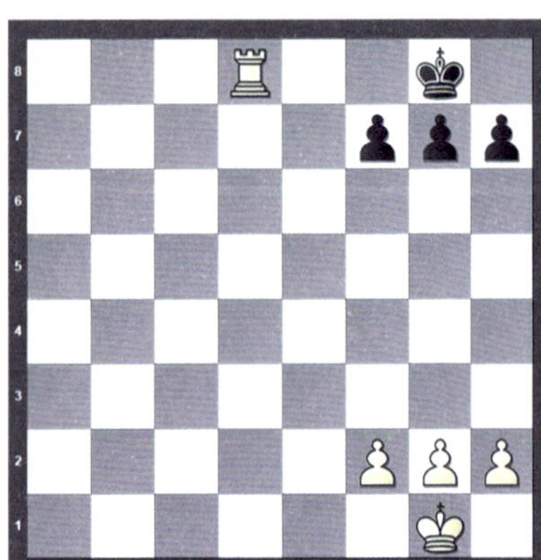

1. **Td1-d8#**

Der weiße Turm setzt den König auf der Grundreihe matt.

In Endspielen, vor allem in Schwerfigurenendspielen (in denen nur noch die Könige, Bauern, Türme und Damen auf dem Brett sind), beugt man diesem Matt häufig durch ein „Luftloch“ vor, z. B. mit h7-h6. So müssen die Schwerfiguren die Grundreihe nicht bewachen, was ihre Wirksamkeit einschränken würde.

Das Grundreihenmatt ist oft das Ziel und das Ergebnis mehrzügiger taktischer Kombinationen.

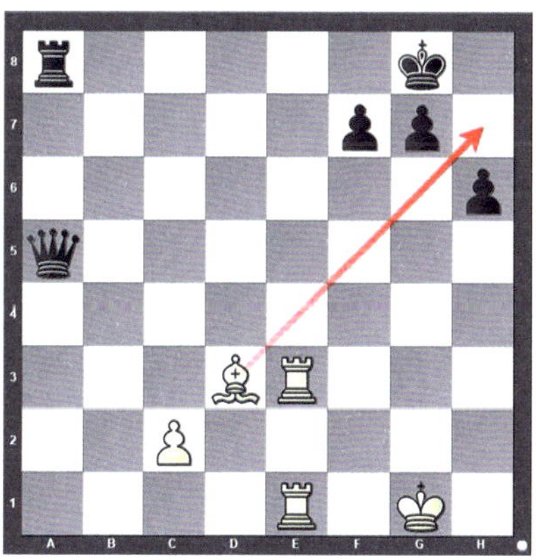

Der schwarze König hat zwar ein Luftloch auf h7, aber da der Läufer d3 dieses Feld bedroht, hilft das nichts. Weiß kann mit

1. **Te3-e8+** **Ta8×e8**
2. **Te1×e8#**

matt setzen.

Bei einem weißfeldrigen Läufer, wie dem Ld3, wäre ein Luftloch mit g7-g6 angebracht.

Im folgenden Beispiel wird zunächst der schützende Läufer beseitigt und der König auf ein ungünstiges Feld hingelenkt:

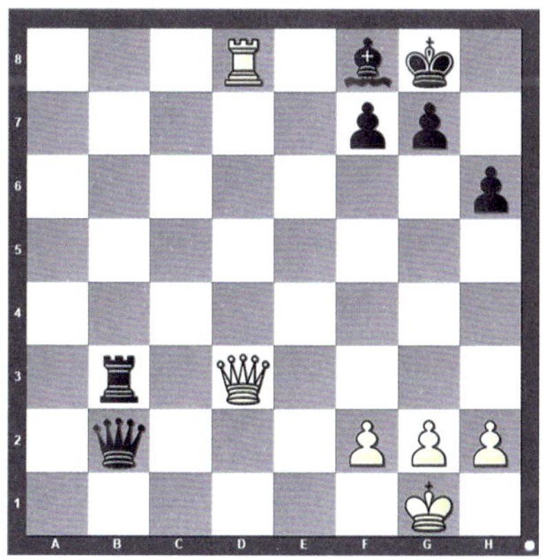

1. **Td8×f8+** **Kg8×f8**
2. **Dd3-d8#**

Schauen wir uns drei Beispiele aus der Praxis an.

Eine der spannendsten Partien der Blitzweltmeisterschaft des Jahres 2022 zwischen Weltmeister GM Magnus Carlsen und GM Richard Rapport endete mit einem glücklichen Sieg von Magnus Carlsen, der damit zum Führenden, GM Hikaru Nakamura, aufschloss.

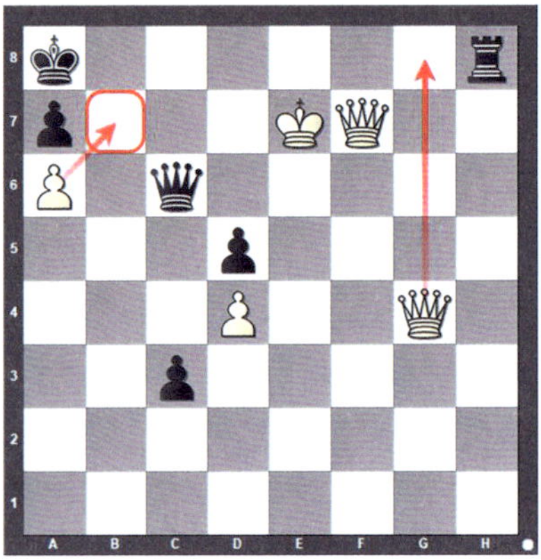

Der schwarze König steht eingeengt durch seinen eigenen Bauern a7 und den weißen Bauern a6, der das Feld b7 kontrolliert, in der Ecke. Der Zug

1. Dg4-g8+

nutzt diese eingeengte Position aus. Schwarz gab auf, es folgt ein Grundreihenmatt in zwei Zügen:

1.	**...**	**Th8×g8**

(Auf 1. ... Dc6-c8 folgt 2. Df7xd5+ Ka8-b8 3. Dd5-b7#.)

2.	**Df7×g8+**	**Dc6-c8**
3.	**Dg8×c8#**	

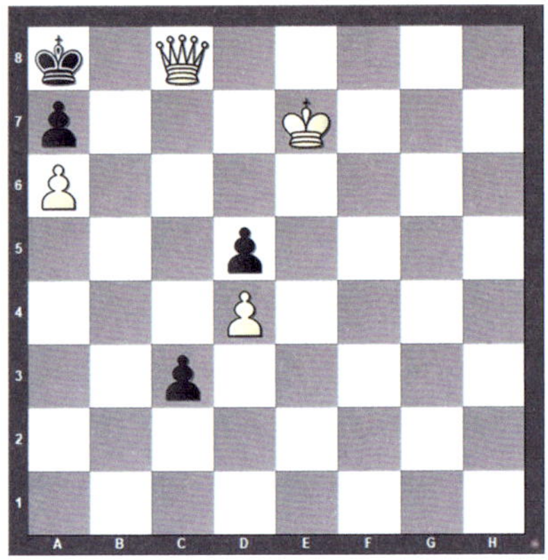

Carlsen spielte die letzten Partien befreit auf und wurde Blitzweltmeister.

GM Elisabeth Pähtz drohte während der Blitzweltmeisterschaft (12/2022) der Frauen ein unabwendbares Grundreihenmatt gegen WGM Nino Batsiashvili:

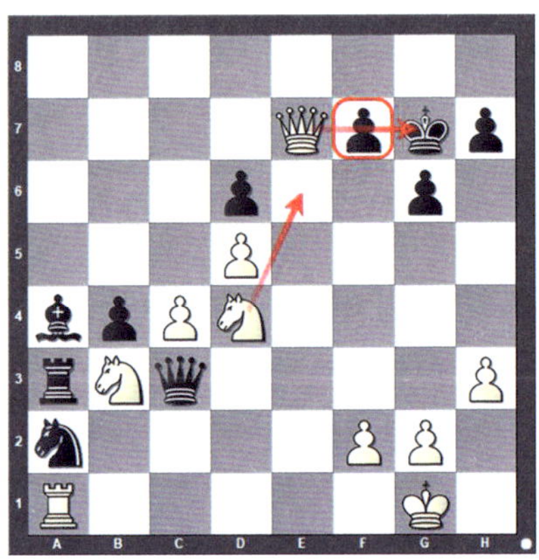

1. Sd4-e6+!

Schwarz gab sofort auf, ohne sich das einzügige Matt nach

1. ... **Kg7-g8**
2. **De7-f8#**

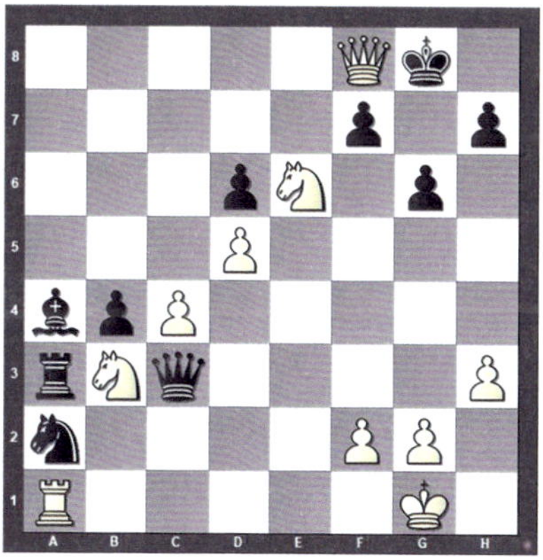

zeigen zu lassen. (Auf 1. ... Kg7-h6 folgt 2. De7-h4# oder 2. De7-g5#)

Elisabeth hatte gesehen, dass nach 1. Sd4-e6+ der Springer nicht vom schwarzen Bauern f7 geschlagen werden kann. Aufgrund der Gegenüberstellung der weißen Dame auf e7 und dem schwarzen König auf g7 ist der schwarze Bauer f7 gefesselt und darf nicht gezogen werden.

Im nächsten Beispiel gewinnt Weiß Material mit Hilfe eines geschickten Springermanövers, welches zwei verschiedene Mattdrohungen ausnutzt:

Carlsen, Magnus (2847) – Tari, Aryan (2639), FIDE World Cup Sochi 2021

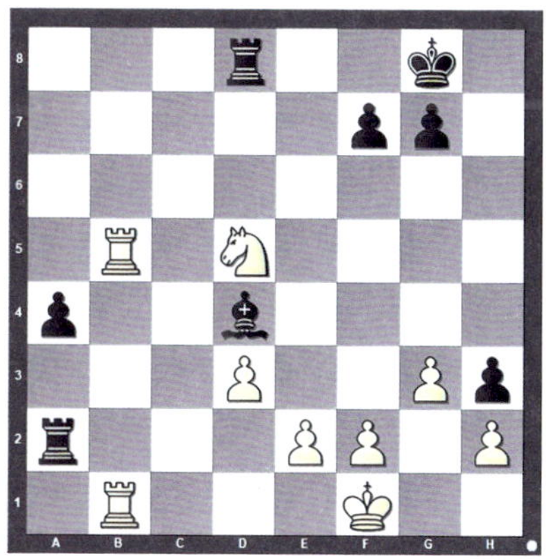

Nach

1. **Sd5-e7+**

gab Schwarz schon auf. Schwarz kann mit seinem König nicht auf die h-Linie zurückweichen, wegen Matt durch Tb5-h5. (Dem sogenannten Anastasias Matt begegnen wir auch noch.)

1. ... **Kg8-f8**
2. **Se7-c6**

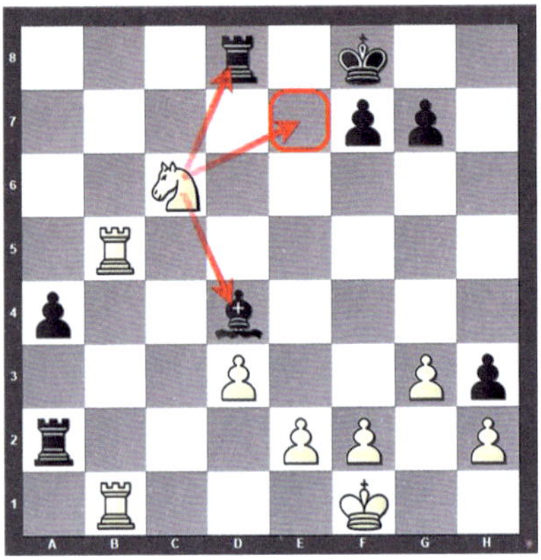

Der Turm d8 kann den Läufer d4 auf der d-Linie wegen Grundreihenmatts nicht verteidigen, z. B.:

2.	…	**Td8-d7**
3.	**Tb5-b8+**	**Td7-d8**
4.	**Tb8×d8#**	

Schwarz verliert daher Material.

TIPP

Achtet darauf, dass eure Grundreihe ausreichend geschützt ist oder euer König das richtige Luftloch hat.

1.2.2 Das Arabische Matt

Das Arabische Matt, das durch gute Teamarbeit von Springer und Turm gekennzeichnet ist, kann aus vielfältigen Kombinationen hervorgehen.

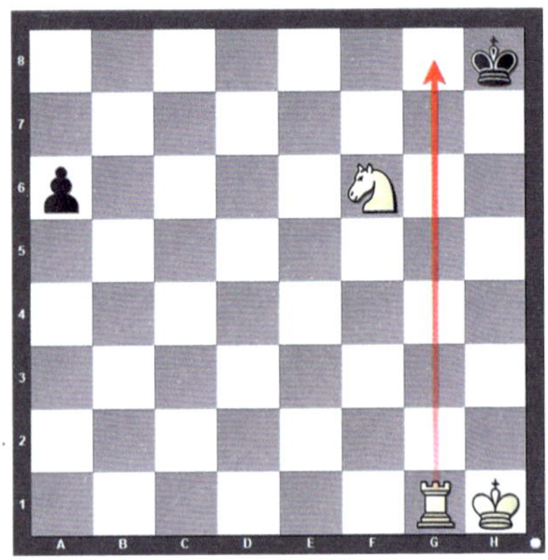

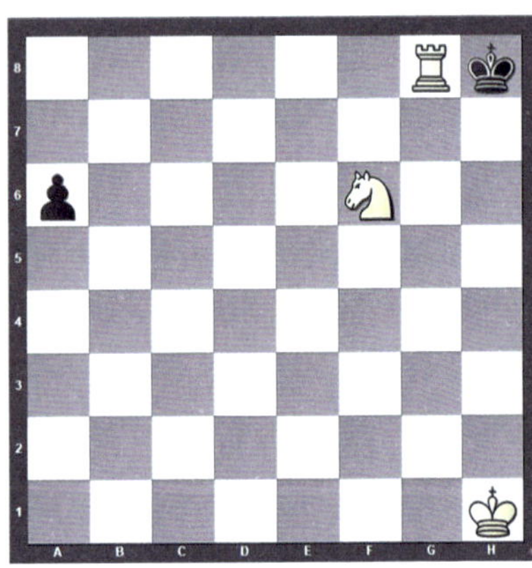

Der Springer steht zwei Felder diagonal zum gegnerischen König und deckt das Mattfeld g8.

1. **Tg1-g8#**

Meist wird der König in der Ecke matt gesetzt.

Wenn die gegnerischen Figuren schlecht stehen, können wir das Arabische Matt auch auf anderen Feldern verwirklichen:

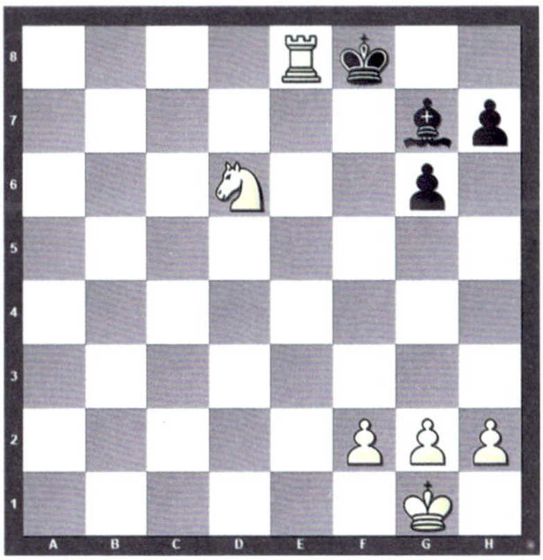

In diesem Übungsbeispiel nimmt der Läufer g7 dem König ein Fluchtfeld weg.

Auch hier steht der Springer zwei Felder diagonal zum gegnerischen König und deckt den matt setzenden Turm.

Im folgenden Beispiel werden die taktischen Motive Fesselung und Ablenkung miteinander verknüpft und führen zum Arabischen Matt:

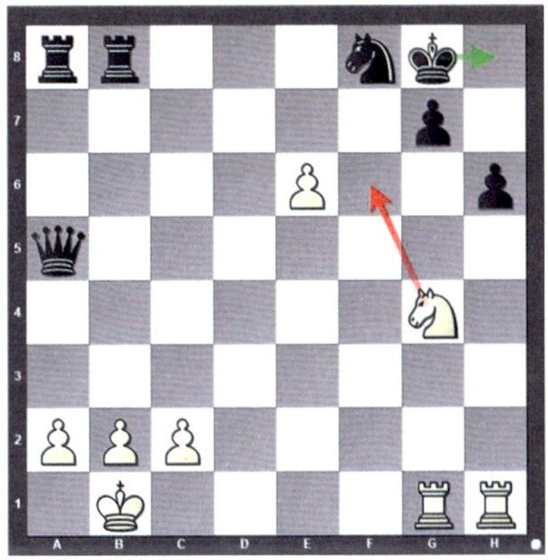

1. Sg4-f6+

Der Springer nutzt aus, dass der Bauer g7 durch die Gegenüberstellung von Turm und König auf der g-Linie gefesselt ist und ihn nicht schlagen darf.

1. ... Kg8-h8

Einziger Zug.

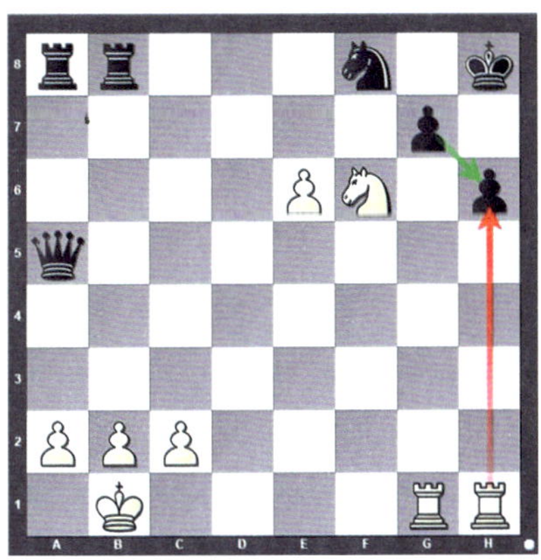

Nun wird der Bauer g7 abgelenkt:

2. **Th1×h6+** **g7×h6**

Der Bauer muss den Turm schlagen.

3. **Tg1-g8#**

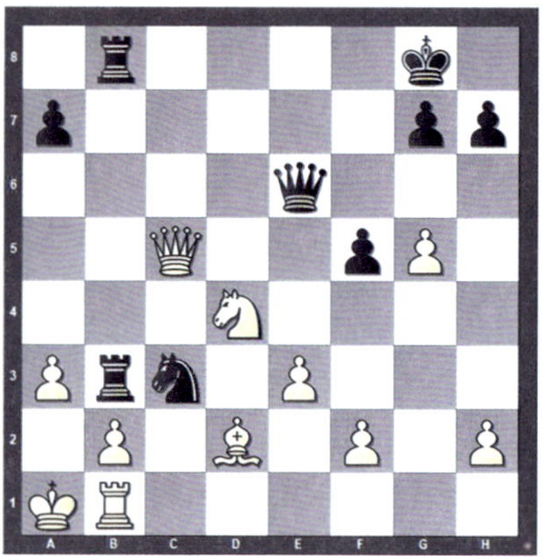

In dieser Stellung (Gelfand, Boris (2665) – Kramnik, V. (2765) EU Cup, 1996, Berlin) steht der Springer schon auf dem richtigen Feld, er wird aber vom Läufer d2 angegriffen. Deshalb muss Schwarz entschieden handeln:

1. ... **Tb3×b2!**

Jetzt droht Matt auf a2 und b1. Der Springer c3 darf wegen Tb2×b1# nicht geschlagen werden.

2. **Tb1×b2** **De6-a2+**

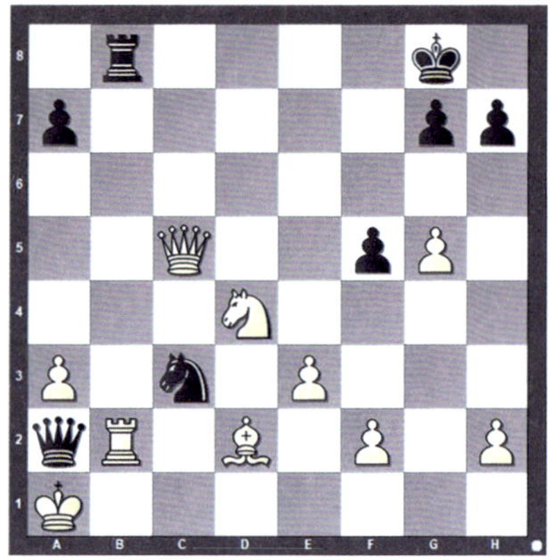

Das Damenopfer lenkt den Turm b2 vom Schutz des Feldes b1 ab.

3. **Tb2×a2** **Tb8-b1#**

TIPP

Behaltet eure Grundreihe und taktische Motive, die zu einem Arabischen Matt führen könnten, im Auge.

1.2.3 Matt auf der siebten Reihe

Gelingt es euch, zwei Schwerfiguren auf die gegnerische Grundreihe zu bringen, könnt ihr kräftig angreifen. Nicht selten gelingt ein Mattangriff wie im folgenden Diagramm, weil der Turm f8 den Ausweg für den König verstellt:

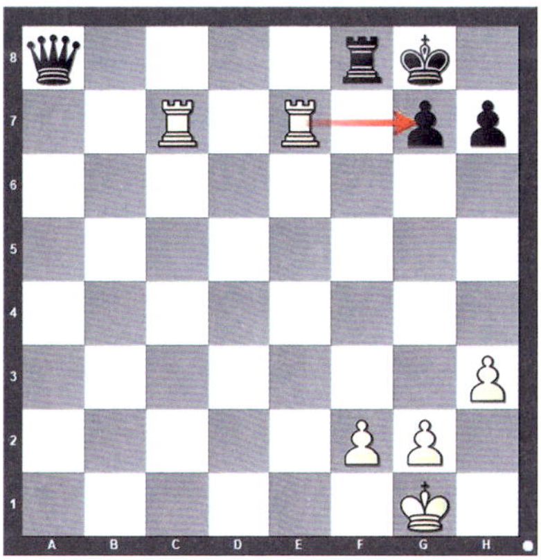

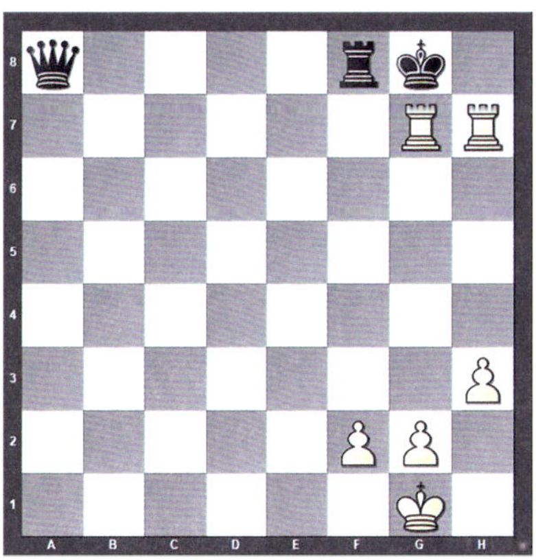

1.	**Te7×g7+**	**Kg8–h8**
2.	**Tg7×h7+**	**Kh8–g8**
3.	**Tc7–g7#!**	

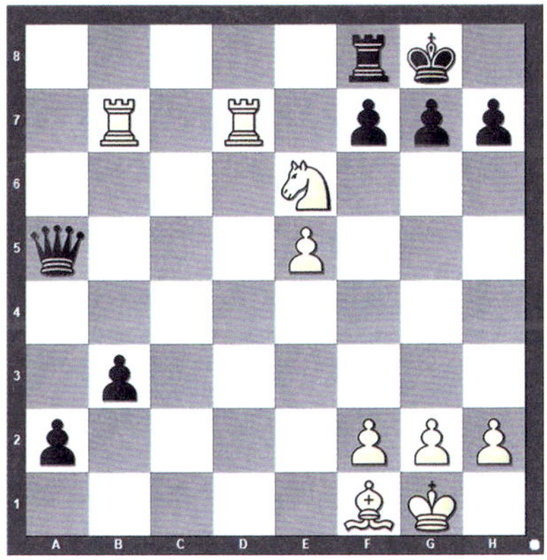

In diesem Übungsbeispiel droht Schwarz, sich eine zweite Dame zu holen. Weiß kennt aber das Arabische Matt sowie das Matt auf der siebten Reihe und zieht unbeeindruckt

1. **Td7×f7.**

Es droht das Arabische Matt: Tf7×f8#.

Schwarz hat zwei Möglichkeiten, das Matt in einem Zug zu verhindern.

1. Zieht der Turm f8 auf der achten Reihe weg, z. B.:

1. … **Tf8–c8,**

folgt das bekannte Matt auf der siebten Reihe nach den Zügen

2. **Tf7×g7+**	**Kg8-h8**
3. **Tg7×h7+**	**Kh8-g8**
4. **Tb7-g7#.**	

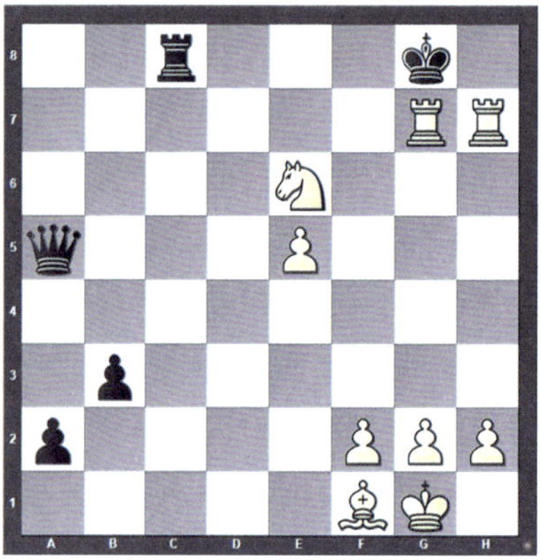

2. Schlägt der Turm f8 den Turm auf f7:

1. ... **Tf8×f7,**

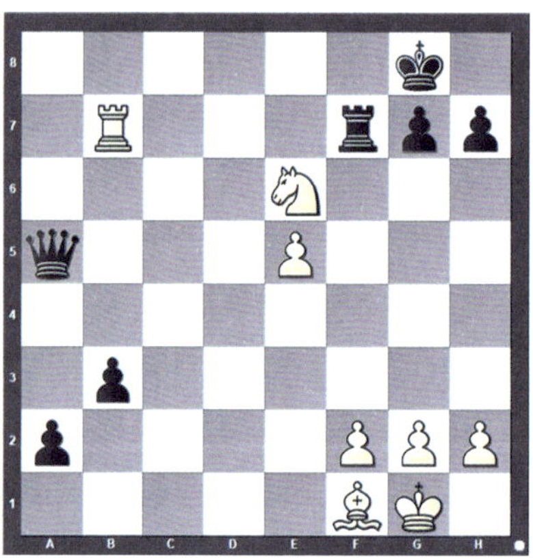

folgt

2. **Tb7-b8+.**

Die schwarze Dame muss sich auf d8 opfern, es folgt ein Matt des Turmes auf f8, das an das Arabische Matt erinnert – dieses Mal wird der König nicht in der Ecke matt gesetzt:

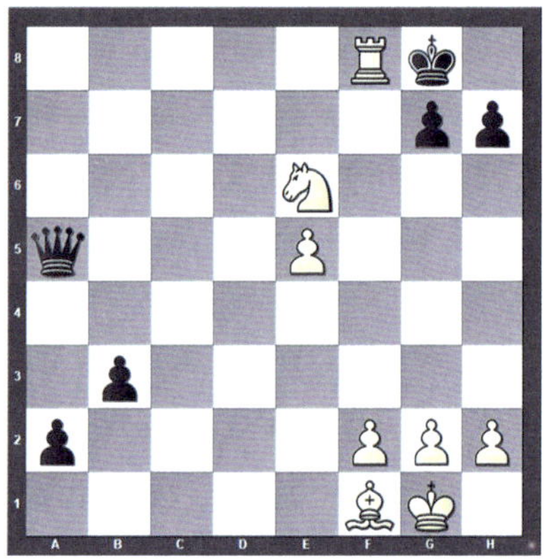

Die Mattkombination aus der Partie Hartston, William – Whiteley, Andrew Jonathan, Middlesex 1974, zeigt ein praktisches Beispiel für ein Matt auf der siebten Reihe:

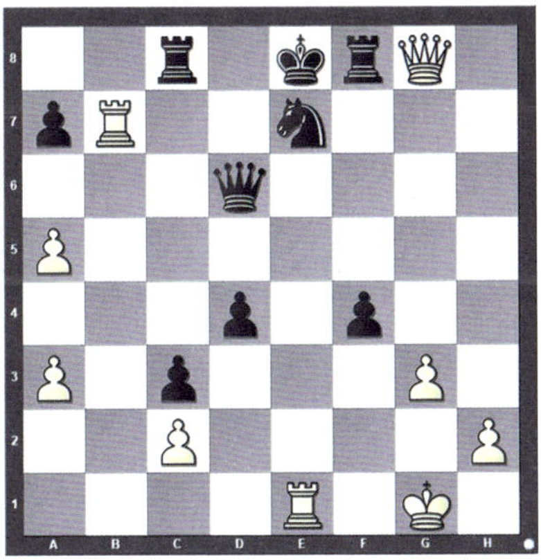

In dieser Stellung nützt Schwarz die Mehrfigur auf e7 nichts, denn die weißen Schwerfiguren stehen ideal und der schwarze König findet in der Brettmitte kein sicheres Versteck. Die schwarze Dame ist an die Deckung des Springers e7 gebunden. Daher:

1. **Dg8-g6+!**

Ein kraftvolles Damenopfer, welches die Dame d6 vom Schutz des Feldes e7 ablenkt. Nimmt Schwarz die weiße Dame nicht, verliert er selbst die Dame.

1.	**...**	**Dd6×g6**
2.	**Te1×e7+**	**Ke8-d8**
3.	**Tb7-d7#**	

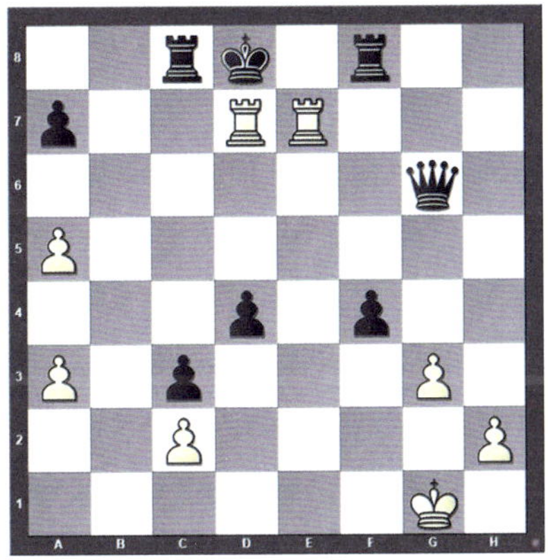

TIPP

Zwei Schwerfiguren auf der siebten (von Schwarz aus gesehen auf der zweiten) Reihe kompensieren so manchen Materialnachteil. Doppelturmendspiele mit Bauernnachteil können auf diese Weise häufig remis gehalten werden. Erobert euch die siebte Reihe für eure Türme!

1.2.4 Lollis Matt

Lollis Matt, benannt nach dem italienischen Schachspieler Giambattista Lolli (1698–1769), nutzt Schwächen in der gegnerischen Rochadestellung aus. Ein weißer Bauer und die weiße Dame stehen auf f6 und h6, anschließend setzt die Dame auf g7 matt:

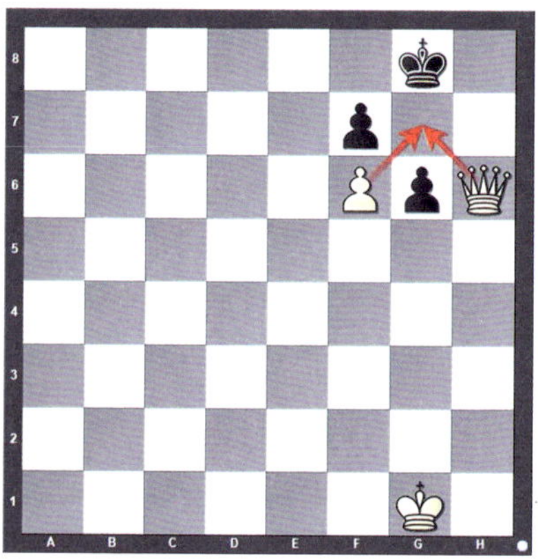

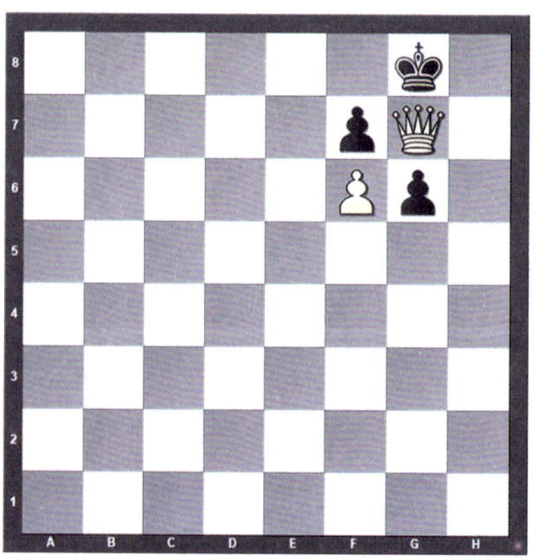

1. **Dh6-g7#:**

Wie erreichen wir Lollis Matt? Schauen wir uns ein Beispiel an:

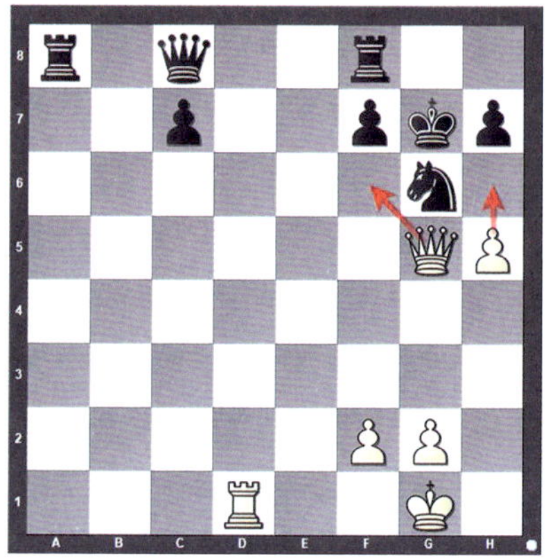

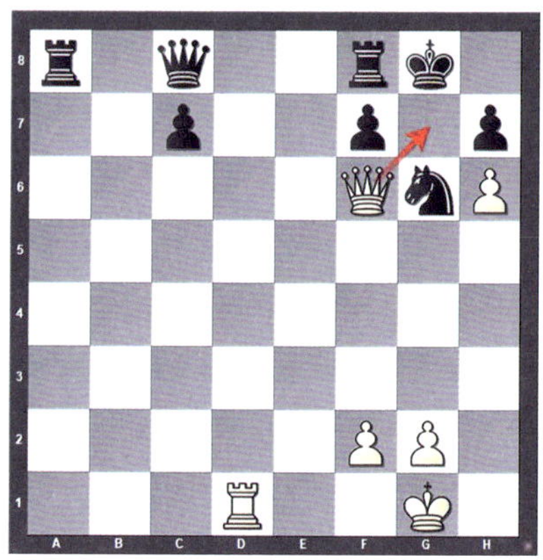

1.	**h5-h6 +**	**Kg7-g8**
2.	**Dg5-f6**	

und das Matt auf g7 ist nicht mehr zu decken.

Ich möchte euch an dieser Stelle ein ähnliches Matt zeigen, das wahrscheinlich noch häufiger in der Praxis vorkommt. Es hat keinen so schönen Namen, kann euch aber genauso Ideengeber sein:

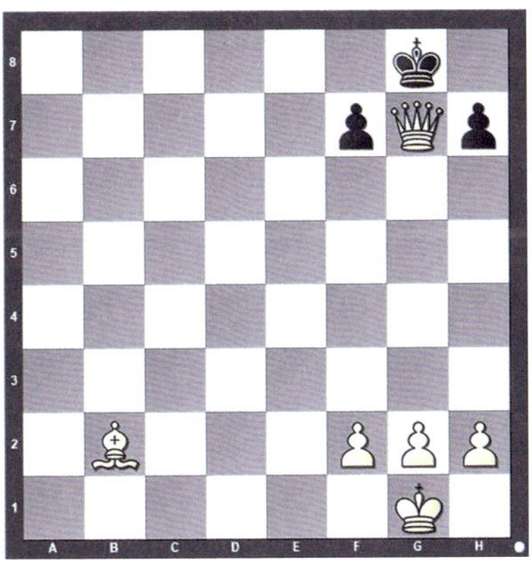

Ein Läufer auf der langen Diagonalen (oder auf h6) kann den Bauern f6 oder h6 in Lollis Matt ersetzen.

Im Finale des Aimchess US Rapid (9/2021) gelang GM Magnus Carlsen (2847) mit Schwarz ein Sieg gegen GM Vladislav Artemiev (2707) mit diesem Mattbild.

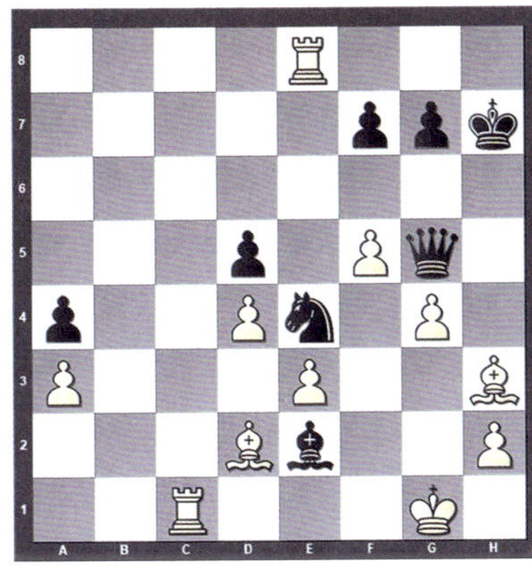

Weiß hatte gerade die Dame für die gegnerischen Türme geopfert. Schwarz könnte jetzt mit dem Springer den Läufer d2 schlagen, aber daraufhin erhält Weiß Gegenspiel auf der achten Reihe mit Tc1-c8.

Schwarz nutzt besser die Schwächen in der weißen Königsstellung aus:

1\. … **Le2×g4!**
2\. **Lh3-g2**

(2. Lh3×g4 wird einige Züge später Matt.)

2\. … **Lg4-f3**

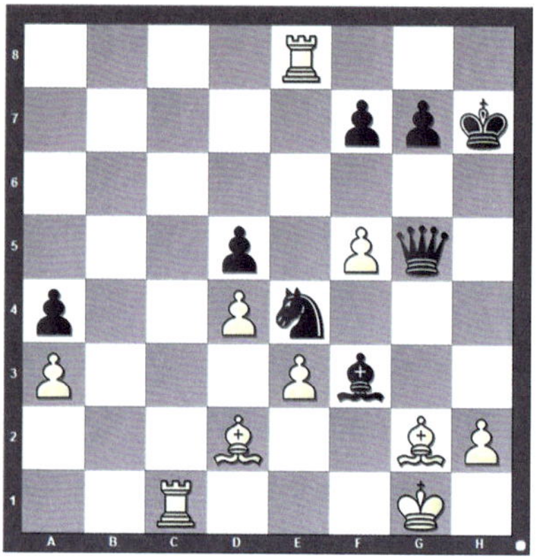

Weiß gibt auf, er will sich das Matt nicht mehr zeigen lassen. Der Läufer g2 ist gefesselt und kann nicht mehr verteidigt werden.

Z. B.

3. Tc1-c8 Dg5×g2#

Auch in der folgenden Stellung (Froewis, Georg (2434) – Sandhoefner, Florian (2301), Niederösterreich Landesliga, 02/2016) braut sich Unheil auf der langen Diagonalen zusammen.

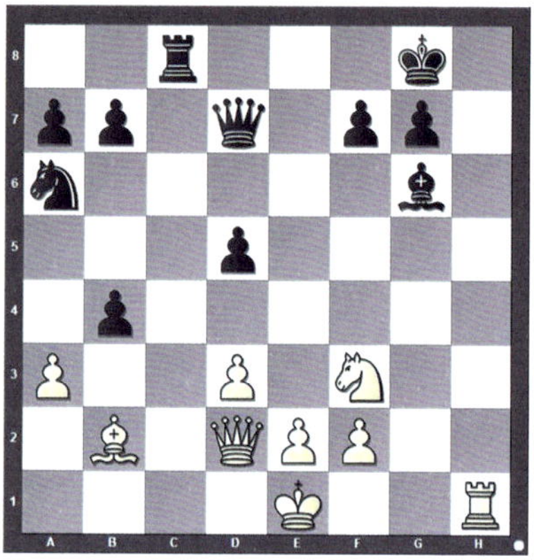

Weiß setzt in drei Zügen Matt:

1. Th1-h8+

Schwarz gibt auf. Das Turmopfer lenkt den König in die Gegenüberstellung mit dem weißen Läufer b2. Der Bauer g7 ist nun gefesselt und es würde folgen:

1.	...	Kg8×h8
2.	Dd2-h6+	Kh8-g8
3.	Dh6×g7#	

TIPP

Vermeidet schwache Felder in der Königsstellung und nach Möglichkeit gegnerische Bauern, die auf die dritten (sechsten) Reihe vorrücken. Figuren, wie Läufer und Springer, können notfalls den Schutz der schwachen Felder übernehmen.

1.2.5 Morphys Matt

Bei Morphys Matt – benannt nach dem amerikanischen Schachgenie Paul Morphy (1837–1884) – arbeiten Läufer und Turm zusammen. Der Turm sperrt dem König die Linie ab und der Läufer setzt matt:

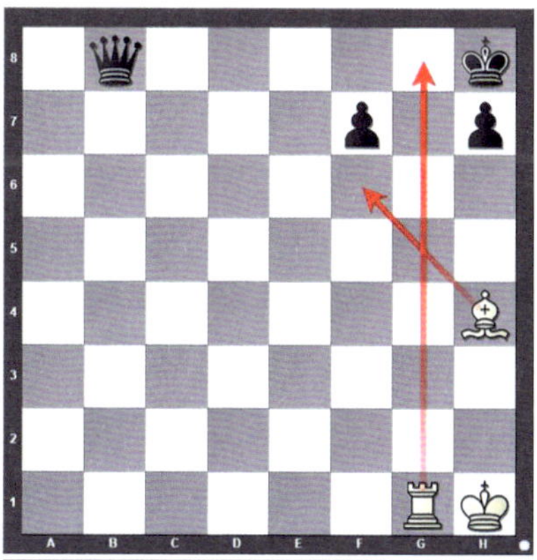

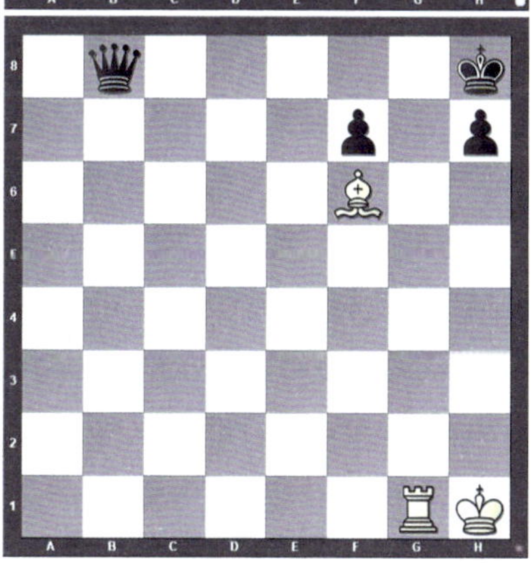

1. Lh4-f6#

Aaron Nimzowitsch, ein dänisch-russischer Schachmeister (1886–1935), zeigte Morphys Matt 1930 in Kopenhagen während einer Simultanveranstaltung gegen V. Nielsen:

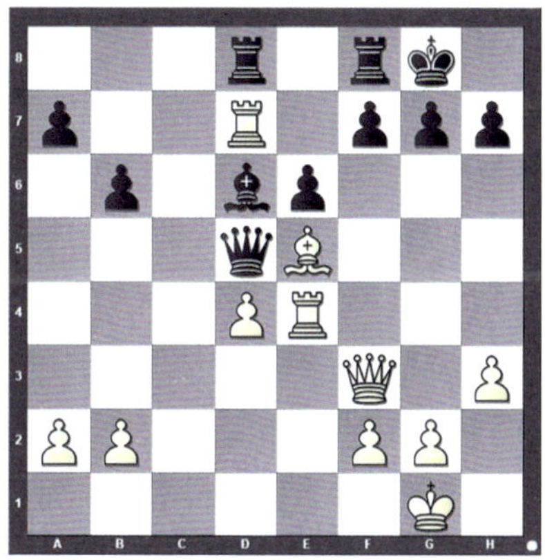

1. Td7×d6 Td8×d6
2. Df3-f6!

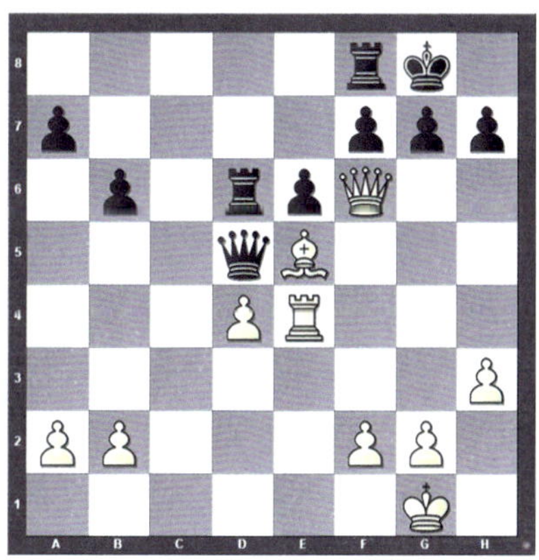

Ein herrliches Damenopfer! Es droht Matt auf g7.

2. ... g7×f6
3. Te4-g4+ Kg8-h8
4. Le5×f6#

Entwickelt Weiß seinen Läufer b1 nach b2, droht analog zu Lollis Matt auf der langen Diagonalen a1-h8 häufig Gefahr:

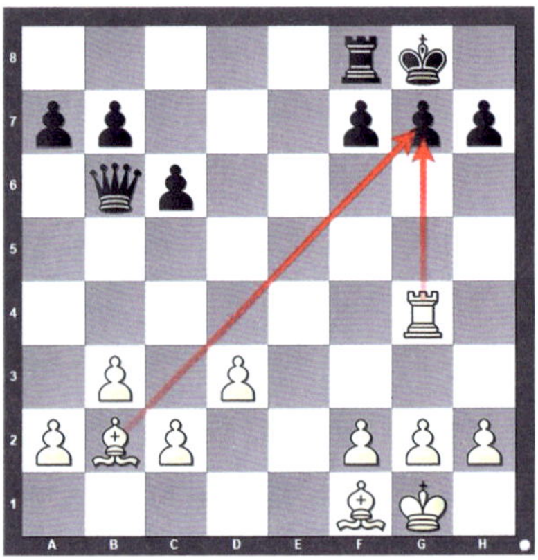

Weiß hat nur zwei Läufer und einen Bauern für die Dame, aber sein Läufer b2 und sein Turm arbeiten perfekt zusammen. Die folgende Methode, den König in ein Abzugsschach zu treiben, den f-Bauern zu vernichten und zwangsläufig matt zu setzen, ist sehr lehrreich:

1. Tg4×g7+ Kg8-h8

Dem König bleibt keine Wahl.

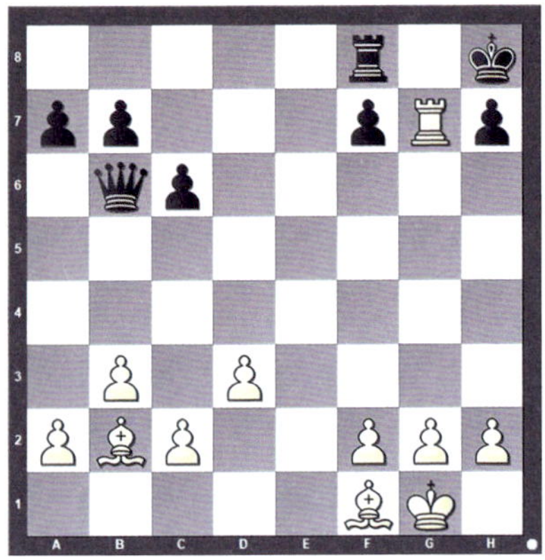

2. Tg7×f7+!

Der Turm beseitigt den wichtigen f-Bauern, der nach einem Abzug des Turmes auf der g-Linie die Diagonale a1-h8 verstellen könnte.

2. ... Kh8-g8
3. Tf7-g7+ Kg8-h8

Und wieder wird der König in die Ecke gedrängt.

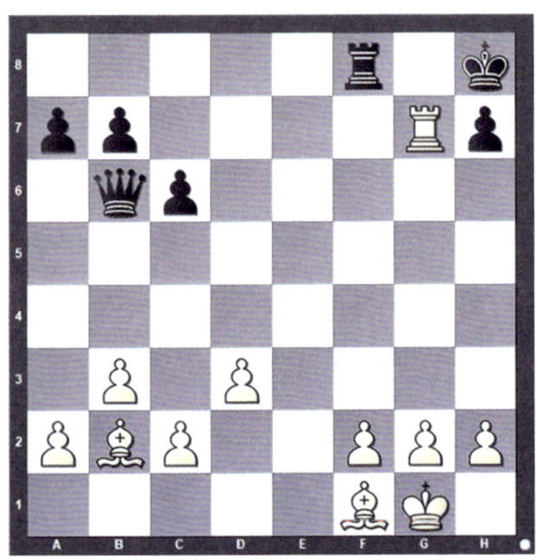

Der weiße Turm könnte nun den Bauern b7 und im nächsten Zug die Dame schlagen, aber der schnellste Weg zum Gewinn führt über ein Turmschach auf der g-Linie

4. **Tg7-g3+** (oder Tg4, Tg5, Tg6)

zu einem Matt in zwei Zügen. Nur ein Opfer der Dame auf d4 sowie des Turmes auf f6 schieben das Matt noch auf.

Eng verwandt mit Morphys Matt ist folgendes Mattbild mit Turm und Läufer:

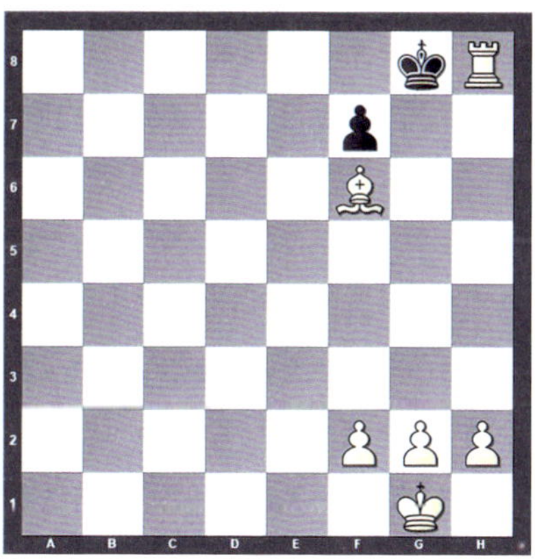

In diesem Fall ist die Aufgabenverteilung anders herum: Der Läufer sperrt die Diagonale ab (das Feld g7), deckt den Turm, während der Turm matt setzt. Der Turm dringt über die Randlinie in die schwarze Stellung ein und setzt den König auf der Grundlinie matt.

Sehen wir uns ein praktisches Beispiel dazu an.

Das 13-jährige Talent FM Royal Shreyas (2435) erspielte sich bei der 25. Offenen Bayerischen Meisterschaft (11/2022) eine erste GM-Norm. Für diesen Erfolg mit entscheidend war das folgende Finale seiner Partie gegen Christian Köpcke (2301).

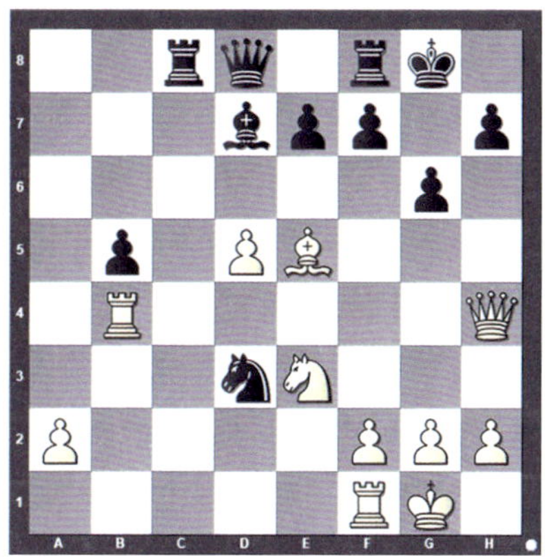

Vier weiße Figuren haben Angriffspositionen bezogen, der schwarzen Königsstellung mangelt es an Schutz. Vor allem fehlt der schwarze Läufer auf g7, der die schwarzen Felder schützt.

1. **Dh4×h7+!**

Mit dem Damenopfer öffnet Weiß die h-Linie, lenkt den König auf die offene Linie und ermöglicht es dem Turm auf b4 mit Tempo – mit Schach - am Mattangriff teilzunehmen. Schwarz gab auf, es folgt ein Matt in zwei Zügen: 1. ... Kg8xh7 2. Tb4-h4+ Kh7-g8 3. Th4-h8#

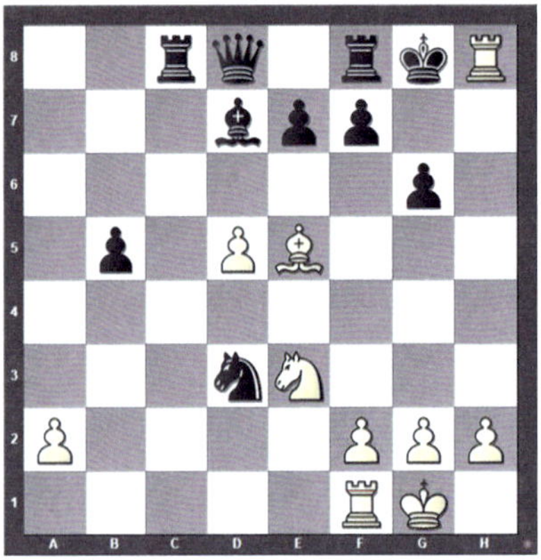

Natürlich funktionieren Mattbilder mit Turm und Läufer genauso mit der Dame, die den Turm oder den Läufer ersetzen könnte.

TIPP

Achtet auf den Schutz eurer Königsstellung und unterbindet möglichst das Zusammenspiel der gegnerischen Figuren.

Jetzt zeige ich euch Mattbilder, die ihr mit typischen Methoden erreichen könnt.

1.2.6 Das Treppenmatt

Das Treppenmatt ist nicht nur ein Mattbild, sondern auch eine leicht zu lernende Methode, den gegnerischen König mit zwei Schwerfiguren (Dame oder Turm) am Brettrand matt zu setzen. Sie findet meist im Endspiel Anwendung.

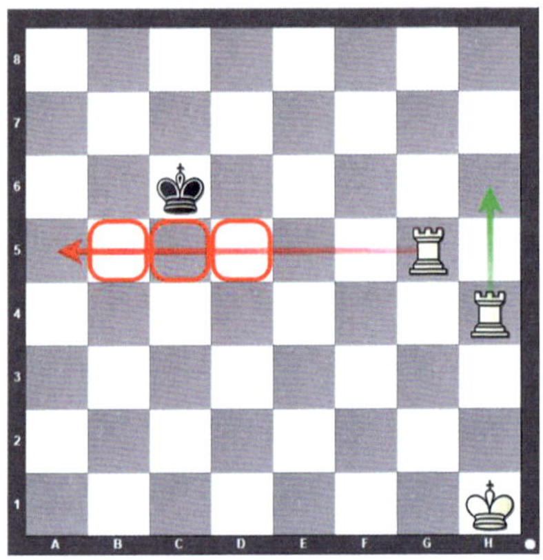

Beim Treppenmatt geben die versetzt stehenden Türme abwechselnd ein Schach. Hier sperrt der Turm auf g5 den König auf der fünften Reihe ab. Der zweite Turm geht am absperrenden Turm vorbei, wie auf einer Treppe nach oben (nach h6). Der schwarze König muss auf die siebte Reihe zurückweichen.

1. Th4-h6+ Kc6-d7

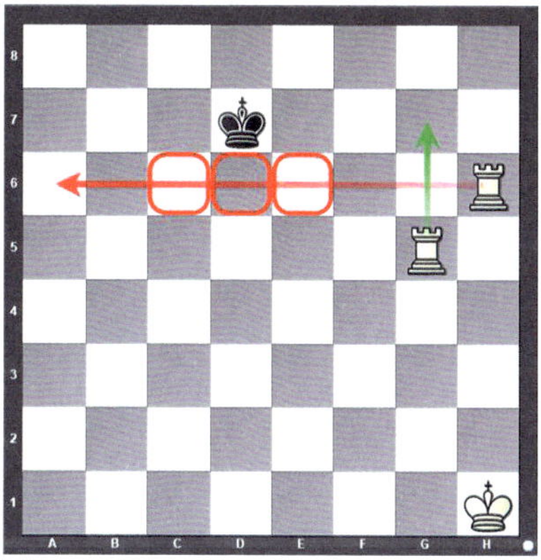

Jetzt ist der Turm auf h6 der absperrende Turm, er passt auf, dass der König nicht wieder ins Zentrum wandert. Deshalb zieht der andere Turm, sodass der König weiter auf die achte Reihe zurückweichen muss.

2. Tg5-g7+ Kd7-e8

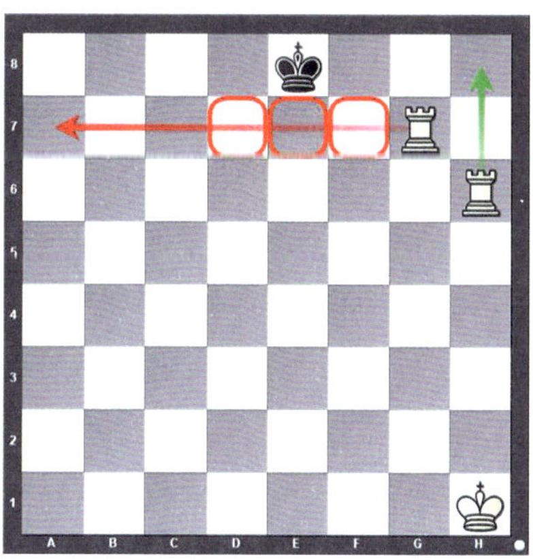

Der König ist da angekommen, wo wir ihn haben wollen: am Rand. Dort könnt ihr ihn leicht matt setzen:

3. Th6-h8#!

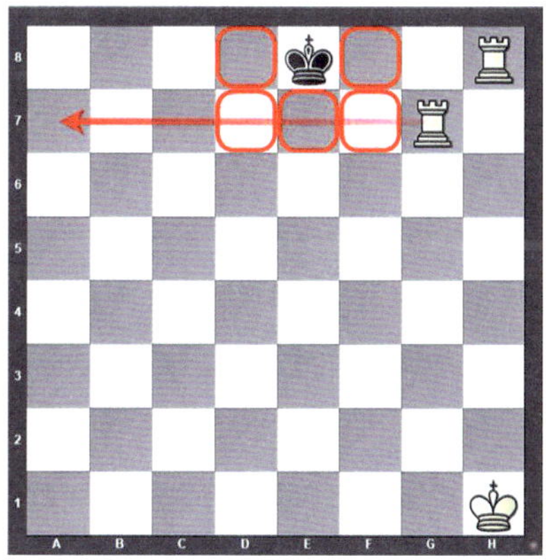

Die Türme sind immer abwechselnd, wie auf einer Treppe, Richtung Brettrand gezogen.

Diese Methode funktioniert auch, wenn noch andere Figuren oder Bauern auf dem Brett sind und ebenso auf anderen Linien. Hauptsache, euer Turm kann vom König nicht geschlagen werden. **Falls der König einen Turm angreift, zieht dieser Turm auf der gleichen Reihe auf die andere Seite des Brettes.**

Das Treppenmatt geschieht auch sehr häufig aus dem Spiel heraus, z. B. gewann H. Nakamura (2775) eine sehr schöne Angriffspartie gegen R. Hess (2635) in Saint Louis USA, 8.5.2012 mit diesem Mattbild im Sinn.

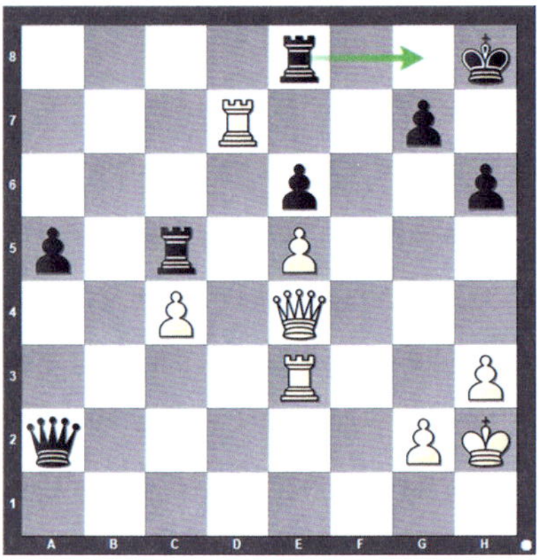

Schwarz hat gerade den König nach h8 gezogen, um auf 31. De4-g6 den Bauern g7 mit Te8-g8 decken zu können.

Nakamura, auch heute einer der stärksten Großmeister der Welt, beseitigt mit einem Turmopfer knallhart die Verteidigung des Königs, den Bauern g7:

31. Td7×g7! Kh8×g7
32. Te3-g3+

Der weiße Turm schaltet sich mit einem Schachgebot in den Angriff ein.

32. ... Kg7-f8

(Auf 32. ... Kg7-h8 folgt 33. De4-g6 nebst Matt in wenigen Zügen.)

33. De4-h7

Schwarz gab auf, denn das Treppenmatt Tg3-g8 ist nicht zu verteidigen.

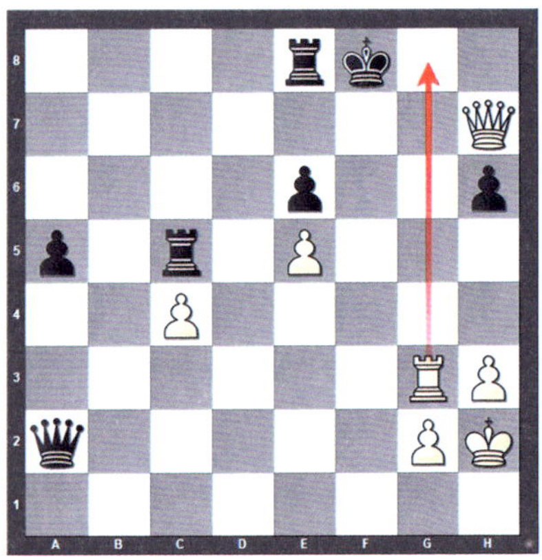

In der folgenden Stellung, die in der Bundesliga (02/2023) zwischen GM Ante Saric (2510) und FM Andreas Ciolek (2301) gespielt wurde, konnte Saric (am Zug) ein Treppenmatt in drei Zügen erreichen.

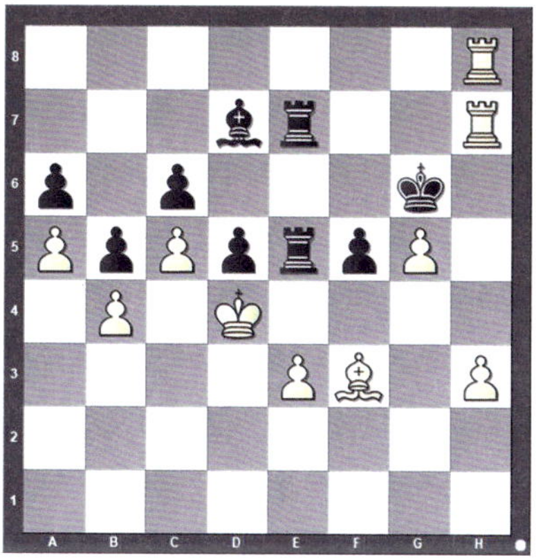

1. Lf3-h5+ Kg6×g5

Mit dem Schlagen des Bauern g5 öffnet Schwarz die g-Linie, aber es gab keine Alternative.

2. Th8-g8+ Kg5-h4

(Auf 2. ... Kg5-f6 setzen die Züge 3. Tg8-g6# oder 3. Th7-h6# matt.)

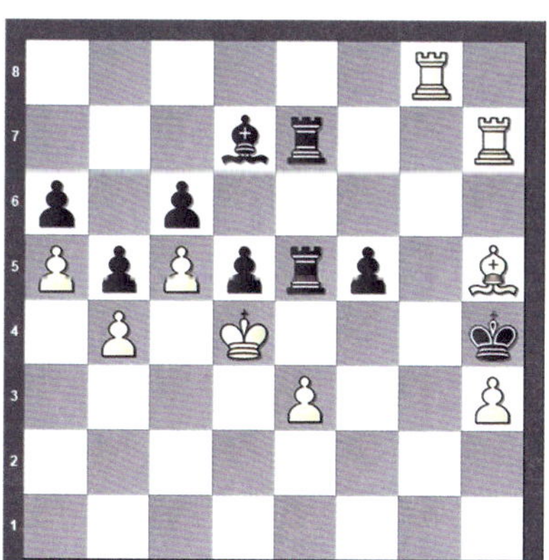

3. Lh5-f7#.

Der Läufer, der auf h5 zwischen weißem Turm und schwarzem König steht, gibt ein Abzugsschach. Es gibt mehrere Möglichkeiten für ein Abzugsschach, aber nur der Läuferzug nach f7 ist richtig, denn dort verstellt er die f-Linie und unterbricht damit den Angriff des schwarzen Turmes e7 auf den Turm h7.

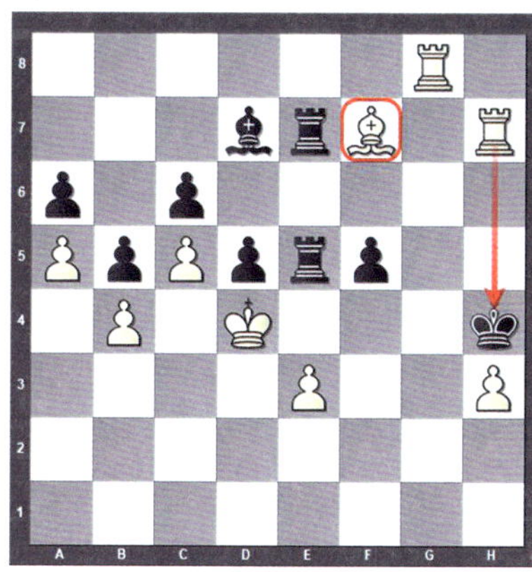

Weiß nutzte das taktische Motiv „Unterbrechung" (vgl. Kapitel 1.1.11), um seine mattsetzende Figur zu schützen.

Der usbekische GM Nodirbek Abdusattorov (2713), der schon als 17-jähriger Schnellschachweltmeister (2021) wurde, zählt wie sein Gegner, GM Arjun Erigaisi (2722), zur absoluten Weltspitze. Im Tata Steel Masters im Januar 2023 kam es zu dieser Stellung mit Schwarz am Zug:

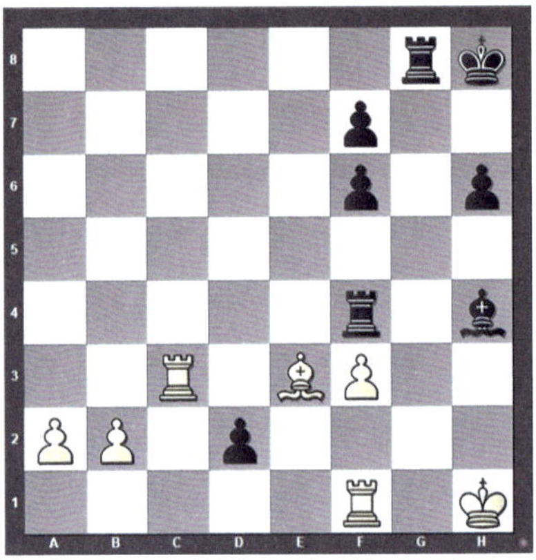

Schwarz besitzt zwei Mehrbauern, doch der wertvolle Freibauer auf d2 und der Turm auf f4 sind angegriffen. Die aktiven schwarzen Figuren und die ungünstige Stellung des weißen Königs ermöglichen einen forcierten Gewinn mit:

1. ... Tf4×f3!

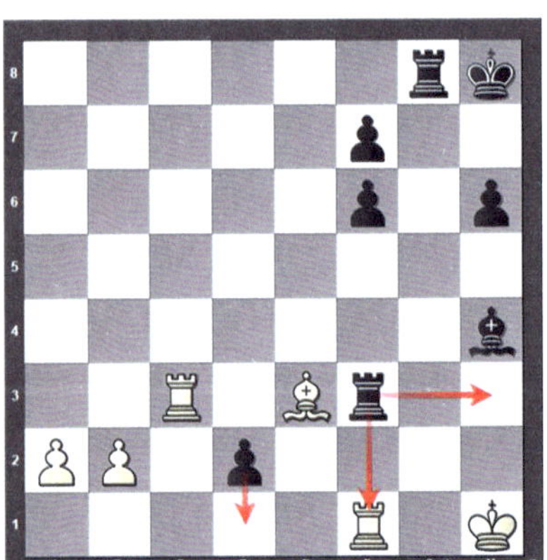

Weiß gab auf.

Schwarz droht Treppenmatt mit Tf3-h3 sowie Turmgewinn Tf3xf1, deshalb kann der Läufer e3 nicht den Bauern d2 schlagen und den Turm c3 die dritte Reihe verteidigen lassen. Der weiße Turm ist an die Grundreihe gefesselt, weil sich Schwarz sonst eine neue Dame holt: 2. Tf1xf3 d2-d1D+ 3. Kh1-h2 Dd1xf3 und Matt in wenigen Zügen. Verteidigt der weiße Turm die Grundreihe, z. B. 2. Tf1-d1 folgt 2. Tf3-h3# mit Treppenmatt:

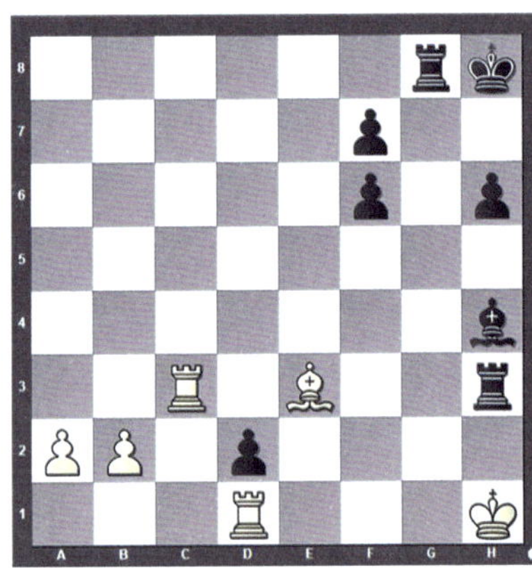

TIPP

Beim Treppenmatt drängen die Türme den gegnerischen König wie auf einer Treppe, Schritt für Schritt, an den Rand. Sie stehen versetzt und geben abwechselnd Schach.

1.2.7 Ersticktes Matt

Beim erstickten Matt ist der gegnerische König so sehr von seinen eigenen Figuren eingeengt, dass ihm kein Fluchtfeld bleibt. Der matt setzende Springer bedroht ihn über seine eigenen Leute hinweg.

Häufig ermöglicht eine Fesselung das erstickte Matt.

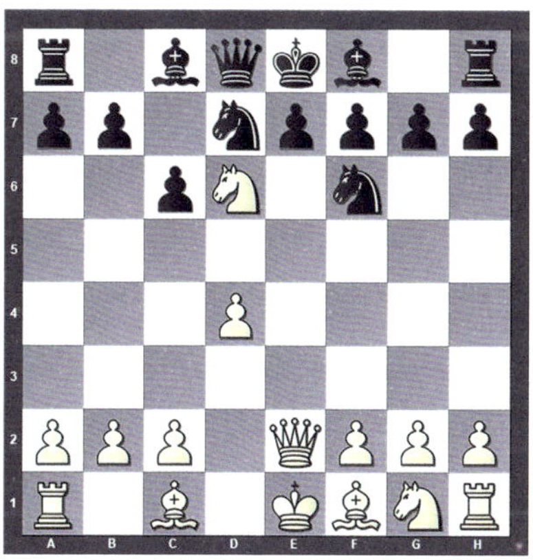

Dieses Matt wurde das erste Mal vom damaligen Weltmeister Alexander Aljechin in einem Mini-Simultanmatch in Palma de Mallorca gegen vier Amateure im Jahre 1935 gespielt. Jetzt stehen in der Datenbank noch 63 weitere Partien mit der gleichen Zugfolge.

1.	e2-e4	c7-c6
2.	d2-d4	d7-d5
3.	Sb1-c3	d5×e4
4.	Sc3×e4	Sb8-d7
5.	Dd1-e2?!	Sg8-f6??
6.	Se4-d6#	

Der Bauer e7 ist gefesselt, sodass er den Springer d6 nicht schlagen darf. Der fünfte Zug von Weiß ist etwas plump auf Falle gespielt. Besser wäre der Entwicklungszug 5. Sg1-f3 und Weiß steht etwas besser.

Noch interessanter und häufiger anzutreffen ist eine Methode, mit Dame und Springer ein ersticktes Matt herbeizuführen.

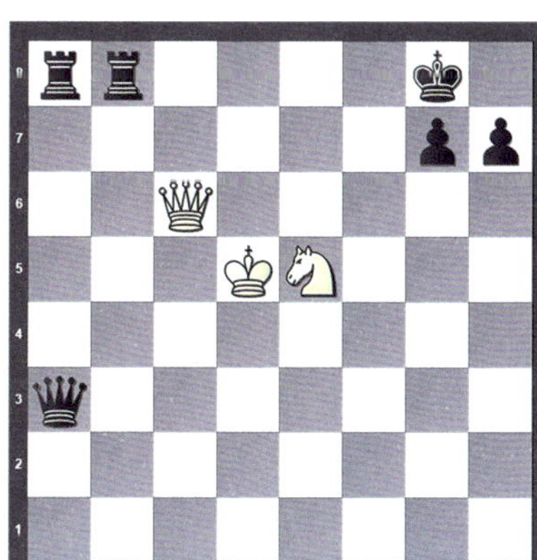

Bekannt wurde diese Methode nach dem Erscheinen einer Studie von Lucena aus dem Jahr 1497 (!). Es werden die taktischen Motive Abzugsangriff, Doppelschach und Hinlenkung miteinander verknüpft.

Zunächst wird bei einem König auf g8 die Dame mit Tempo auf die Diagonale a2-g8 gebracht:

1. Dc6-e6+ Kg8-h8
2. Se5-f7+

Anschließend wird der König durch ein Springerschach in eine Gegenüberstellung mit der weißen Dame gelockt:

2. ... Kh8-g8

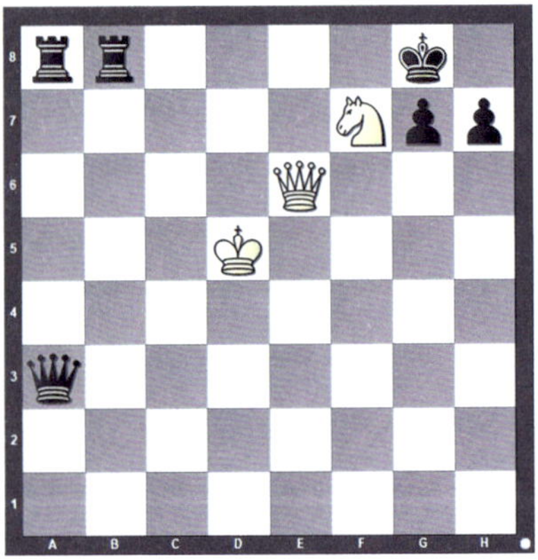

3. Sf7-h6+

Der Abzugsangriff mit Doppelschach von Dame und Springer zwingt den König wieder in die Ecke, denn auf 3. ... Kg8-f8 setzt 4. De6-f7 sofort matt. Keine der weißen Figuren darf geschlagen werden, weil beide Schach geben.

3. ... Kg8-h8

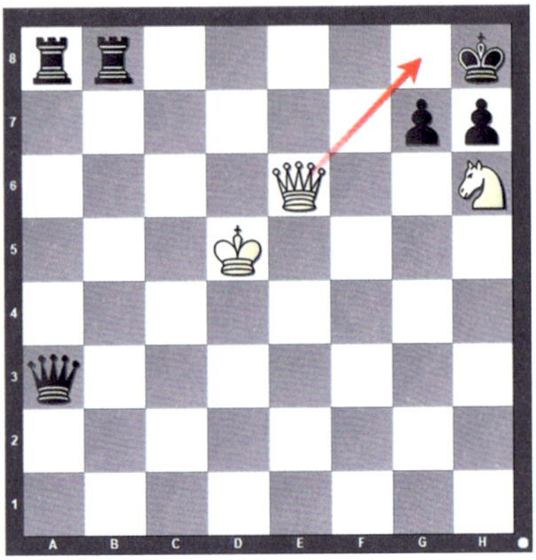

4. De6-g8+

Hinlenkung des Turmes!

4. ... Tb8×g8

Zähneknirschend raubt der Turm seinem König das letzte Fluchtfeld.

5. Sh6-f7#!

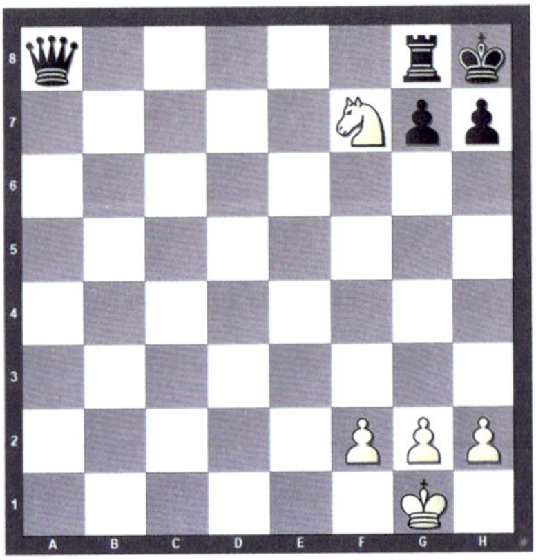

Wichtig: Das Feld, auf dem sich die Dame opfert, muss vom Springer gedeckt sein. Deshalb zieht man das Springermanöver Se5-f7-h6. Der wendige Springer entscheidet die Partie.

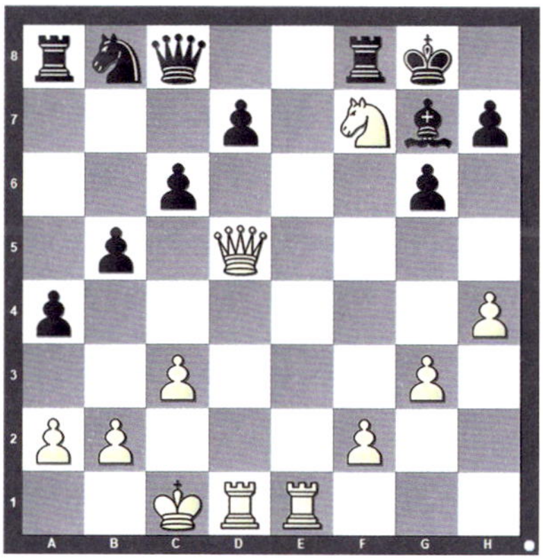

In diesem Übungsbeispiel besitzt Schwarz mehr Material, das zum Teil jedoch nicht mitspielt. Was sich noch nachteiliger auswirkt, ist die arg gefährdete Stellung des schwarzen Königs. Die Gegenüberstellung auf der weißen Diagonalen a2-g8 gibt dem Springer das Signal für das Abzugsschach (gleichzeitig Doppelschach) auf h6.

1. **Sf7-h6+** **Kg8-h8**

auf ein Doppelschach kann nur der König ziehen. Jetzt wenden wir unsere Methode an:

2. **Dd5-g8+** **Tf8×g8**
3. **Sh6-f7#.**

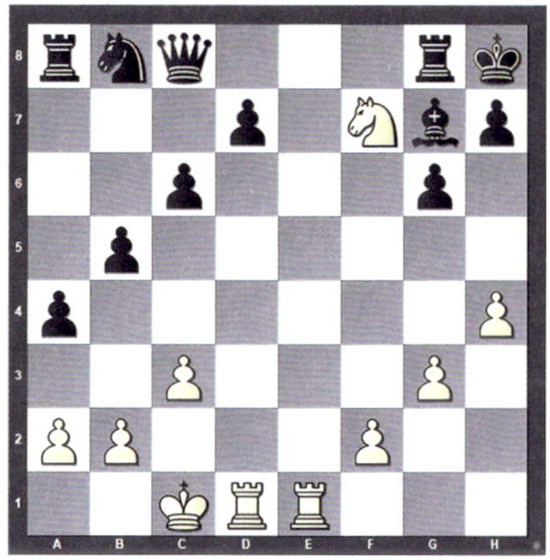

Paul Morphy sah im Jahr 1859 in Paris gegen Schrufer diese erstickte Mattkombination:

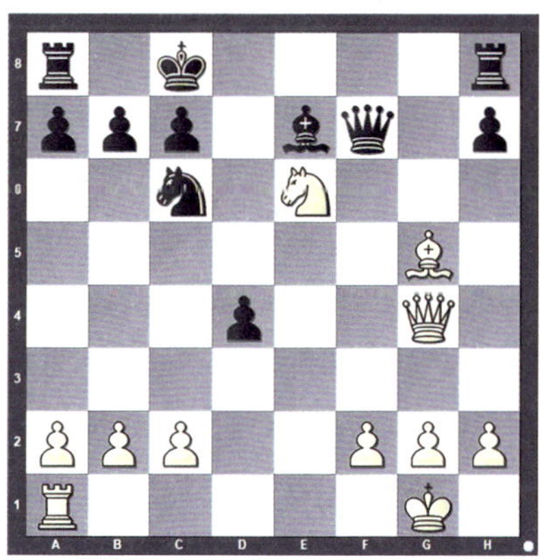

Hier kann der schwarze König nicht in der Ecke matt gesetzt werden. Dafür versperrt der Turm auf a8

das seitliche Fluchtfeld. Die weiße Dame steht schon auf der richtigen Diagonalen, nämlich gegenüber dem weißen König. Jetzt muss sich nur noch der Springer auf ein Feld pirschen, von dem aus er das Mattfeld c8 kontrollieren kann.

20.	**Se6-c5+**	**Kc8-b8**
21.	**Sc5-d7+**	**Kb8-c8**
22.	**Sd7-b6+**	

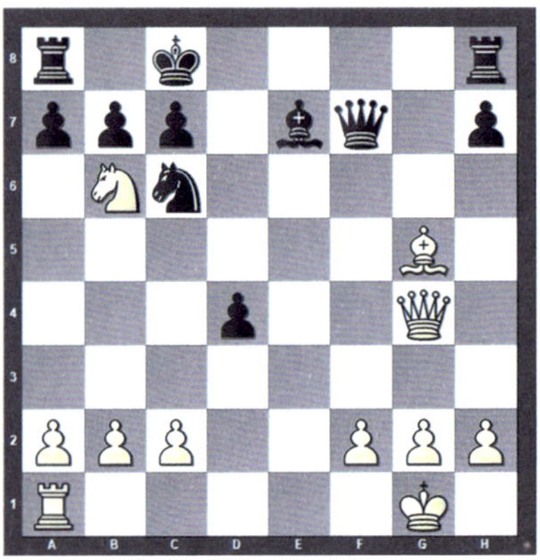

Der Springer greift mit dem Abzugsschach auf b6 das Feld c8 zum zweiten Mal an. Er hat sich auf die beste Position gebracht und verhindert, dass der König die Dame auf c8 schlagen kann.

22.	...	**Kc8-b8**

Es ist Zeit für die Hinlenkung, für das entscheidende Damenopfer!

23.	**Dg4-c8+**	**Th8×c8**
24.	**Sb6-d7#**	

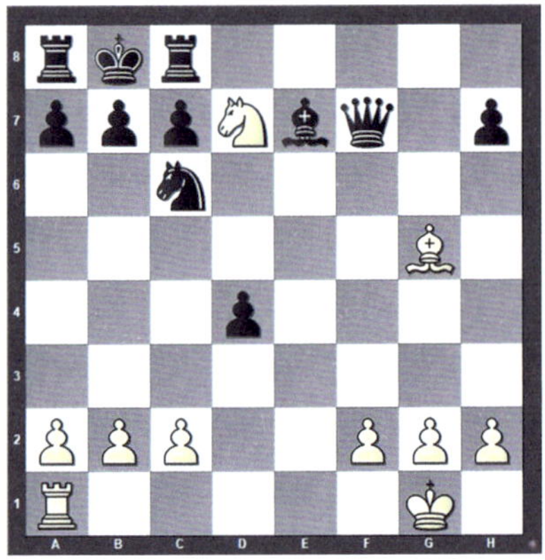

In diesem Beispiel ist eine andere Diagonale beteiligt und der König wird nicht in der Ecke matt gesetzt, aber die Methode ist die gleiche.

TIPP

Achtet darauf, dass euer König nicht auf der gleichen Diagonalen wie die gegnerische Dame steht, vor allem, wenn sich ein gegnerischer Springer dazwischen befindet.

1.2.8 Anastasias Matt

Das „Matt der Anastasia" ist benannt nach dem Briefroman des deutschen Schriftstellers Wilhelm Heinse (1746–1803) „Anastasia und das Schachspiel", der 1803 erschien. Heinse war ein begeisterter Schachspieler und zeigte in seinem Roman erstmals den Matt-Mechanismus mit dem Springer und einer Schwerfigur.

Turm (oder Dame) und Springer sind dabei ein starkes Team. Der Springer treibt in unserem Beispiel und ebenso sehr häufig in der Praxis den König mit einem Schach auf e7 an den Rand, wo ihn die Schwerfiguren matt setzen.

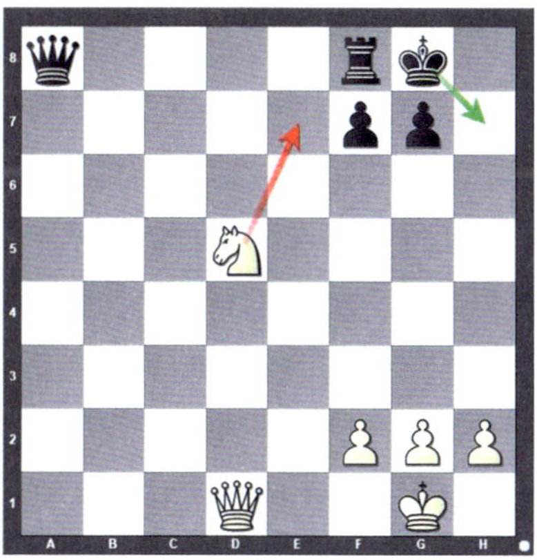

1. **Sd5-e7+** **Kg8-h7**
2. **Dd1-h5#.**

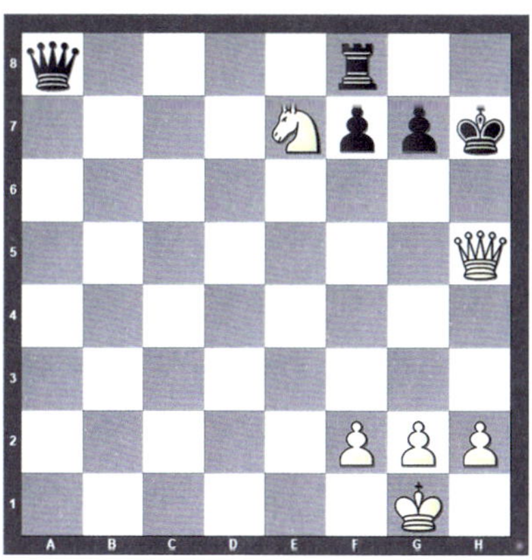

Hier hat Schwarz selbst Drohungen aufgestellt: Der Bauer a2 droht sich mit Schach in eine Dame umzuwandeln. Also spielt Weiß „Tempozüge“ mit Schach, damit der Gegner keine Zeit für seine Ideen hat. Die Dame opfert sich für den schützenden Bauern h7, das taktische Motiv „Beseitigung der Verteidigung“ findet seine Anwendung:

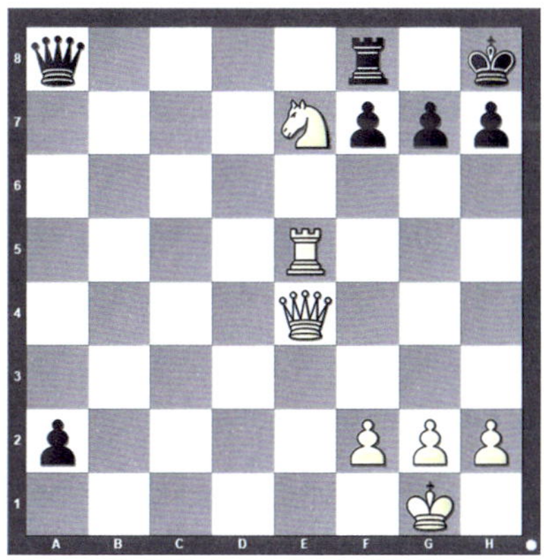

1. **De4×h7+** **Kh8×h7**
2. **Te5-h5#**

Es folgt ein komplexeres Beispiel:

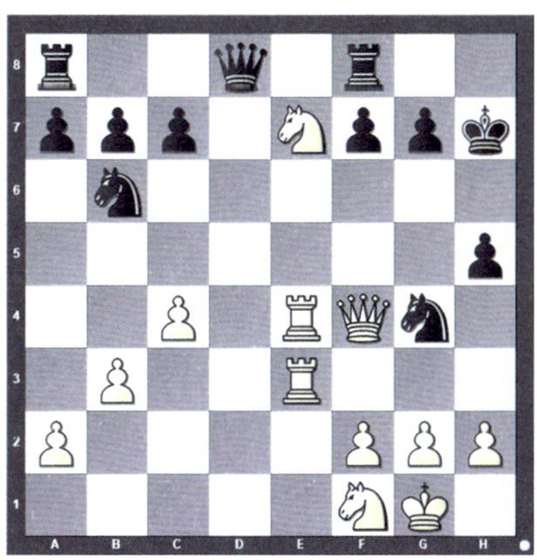

Der König wurde durch den Se7 schon an den Rand, nach h7, gedrängt.

1. **Df4×g4!**

Motiv: Beseitigung der Verteidigung

1. ... **h5×g4?**

Schwarz schlägt die Dame. Besser wäre z. B. g7-g6.

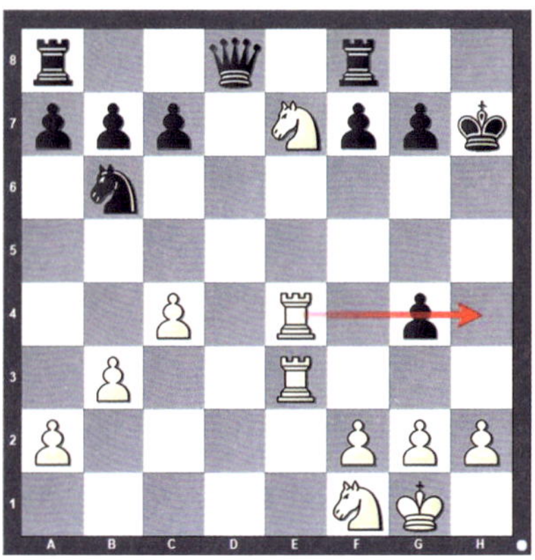

Wie kommt ein weißer Turm jetzt schnell auf die h-Linie? Weiß darf Schwarz keine Zeit lassen, seine Stellung zu verstärken.

Die Ablenkung des Bauern g4 räumt die vierte Reihe:

2. **Te3-h3+!** **g4×h3**
3. **Te4-h4#.**

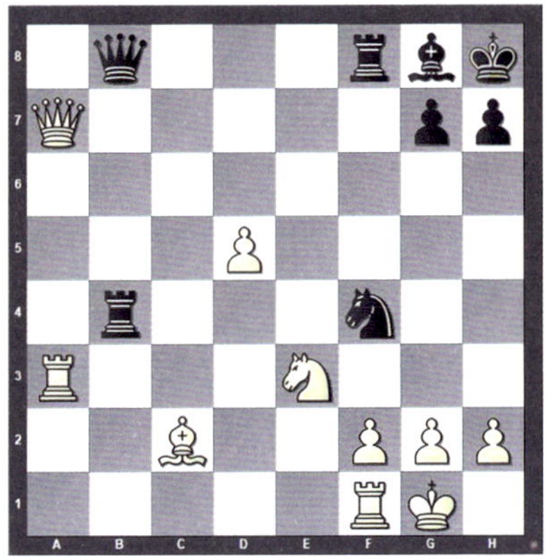

Die Partie Gast, Jonathan (2325) – Bhend, Edwin (2380), gespielt in Bern, 1987, endete mit Anastasias Matt. Nichts kann die bekannte Methode stören:

1. ... **Sf4-e2+**
2. **Kg1-h1** **Db8×h2+**
3. **Kh1×h2** **Tb4-h4#.**

TIPP

Weiße Springer stehen auf d5 oder f5 sehr stark. Besitzt Schwarz einen Springer auf d4 oder f4, versucht ihn abzutauschen und behaltet Anastasias Matt im Auge.

Anastasias Matt ist so cool, dass sich in Berlin sogar ein Schachverein mit diesem Namen, der Mädchen und Frauenschach fördert, gegründet hat!

1.2.9 Bodens Matt

Zwei Läufer können den König nicht matt setzen. Sie brauchen entweder gegnerische Hilfe (hier versperren der Bauer d7 und der Turm d8 die Fluchtfelder) oder den eigenen König zur Unterstützung.

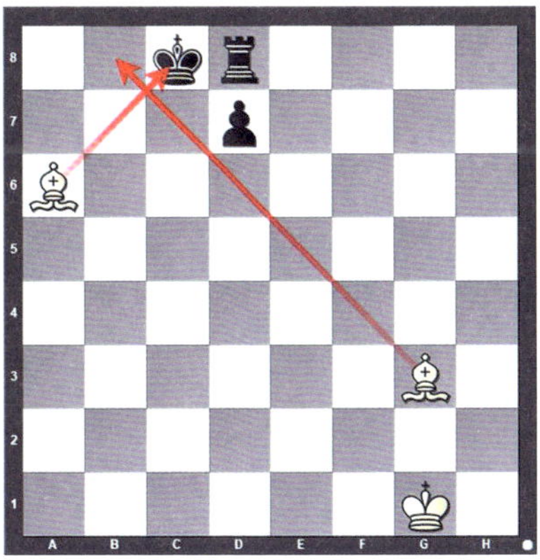

Typisch für Bodens Matt sind sich kreuzende Diagonalen, wie hier a6-c8 und h2-b8.

Benannt wurde dieses Mattbild nach Samuel Boden, einem englischen Schachspieler des 19. Jahrhunderts, der 1853 in London dieses Matt das erste Mal in einer dokumentierten Partie auf das Brett zauberte.

Es kam in der Partie gegen R. Schulder – S. Boden nach 13. 0-0-0 zu folgender Stellung:

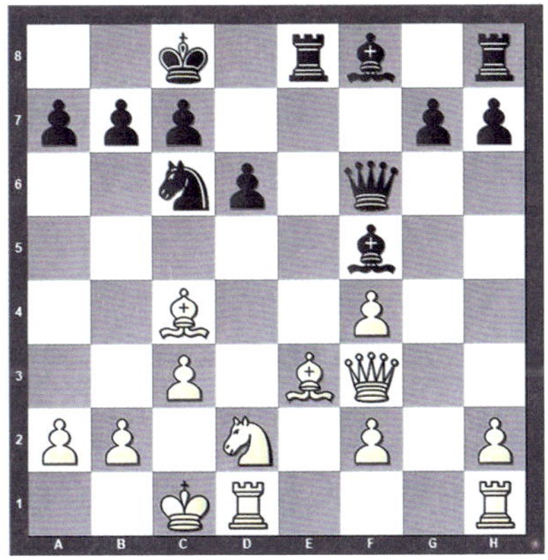

13. ... d6-d5!

Dieser Bauernangriff auf den Lc4 räumt gleichzeitig die Diagonale a3-f8 und befreit den Läufer f8. Wird das drohende Matt verhindert, fällt der angegriffene Läufer c4 und Weiß steht trotzdem klar auf Verlust.

14. Lc4×d5 Df6×c3+!

Ein Hammerzug! Weiß bleibt keine Wahl:

15. b2×c3 Lf8-a3#.

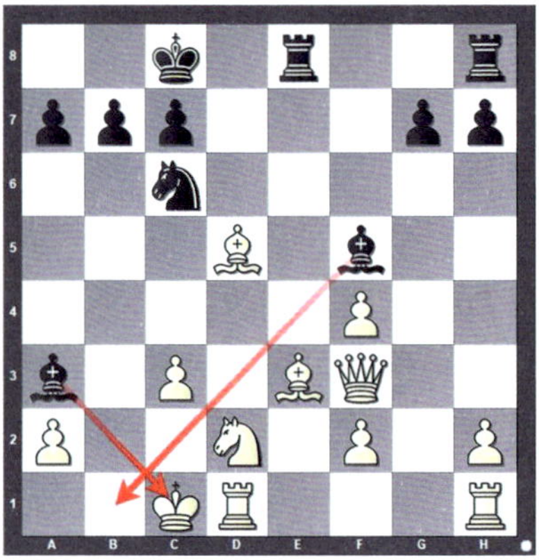

Die taktischen Motive Räumung und Ablenkung werden verknüpft angewendet!

In der Peruanischen Unsterblichen Partie zwischen Esteban Canal und einem nicht genannten Spieler (1934, Budapest) gelingt dem peruanischen Meister im **14.** Zug eine wunderschöne Kombination, die zu Bodens Matt führt.

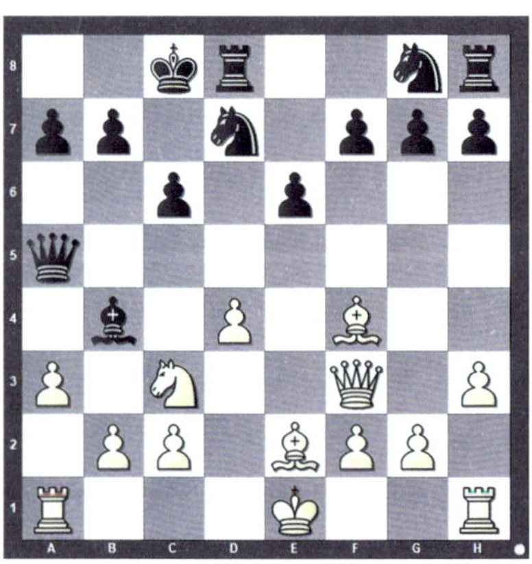

Schwarz spielte zuletzt die lange Rochade, weil er dachte, der Bauer a3 könne den Läufer b4 aufgrund der Fesselung (Gegenüberstellung Dame a5 und ungedecktem Turm auf a1) nicht schlagen. Überraschenderweise kann Weiß dennoch den Läufer schlagen:

1. **a3x b4!** **Da5×a1+**
2. **Ke1-d2** **Da1×h1**

Dem doppelten Turmopfer schließt sich jetzt noch ein Damenopfer an:

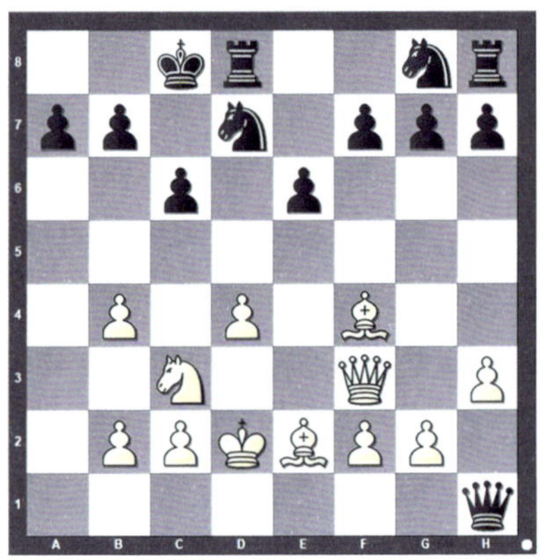

3. **Df3×c6+!!** **b7×c6**

Schwarz hat keine Wahl. Nachdem die Dame vom Schutz der Felder a7, b6 und c7 abgelenkt wurde, lässt die Ablenkung des Bauern b7 Bodens Matt zu:

4. **Le2-a6#.**

TIPP

Achtet vor der Ausführung der langen Rochade auf sich kreuzende Diagonalen der gegnerischen Läufer.

1.2.10 Damianos Matt

Damianos Matt, benannt nach dem portugiesischen Schachautor und Schachspieler Pedro Damiano (Geburtsjahr unbekannt, gestorben um 1544) wird mit der Dame erreicht, die von einem Bauern (oder Läufer) auf der sechsten Reihe gedeckt wird und den gegnerischen König direkt bedroht. Das Fluchtfeld seitlich des Königs ist durch eine schwarze Figur besetzt.

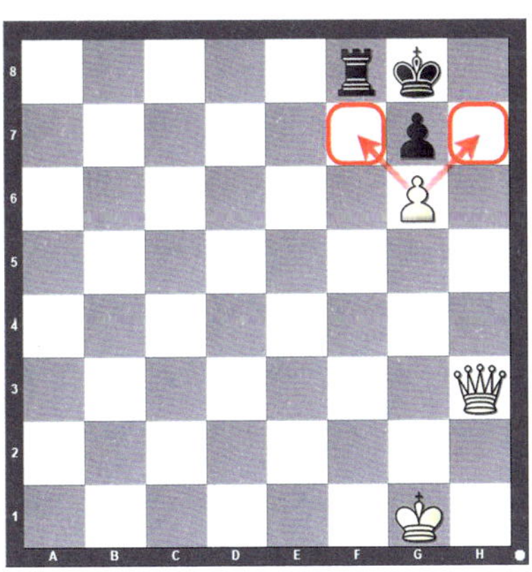

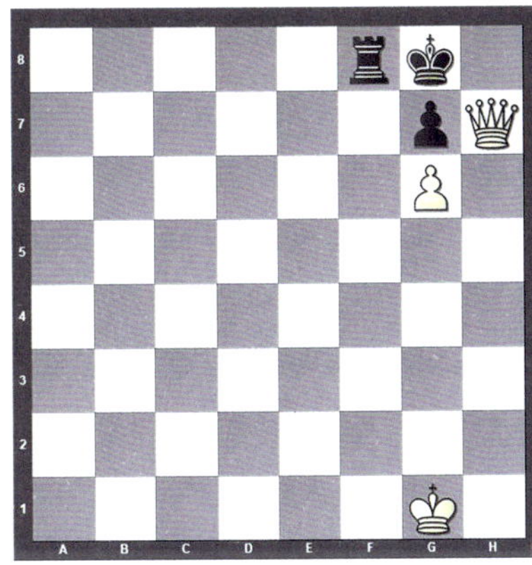

1. Dh3-h7#

setzt Matt, weil der schwarze Turm das Feld f8 verstellt.

Dieses Mattbild muss nicht unbedingt in der Ecke stattfinden, wie im nächsten Beispiel zu sehen ist, in dem ein weißer Läufer die Funktion des Bauern erfüllt:

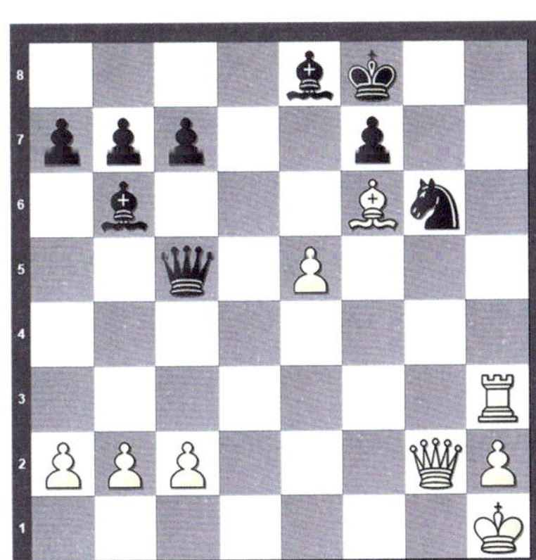

Der Springer auf g6 steht der weißen Dame auf der g-Linie im Weg, er verhindert das Matt mit der Dame auf g7. Also wird er mit einem kräftigen Turmopfer abgelenkt:

1. **Th3-h8+**	**Sg6xh8**
2. **Dg2-g7#**	

Damianos Matt kann über eine Methode erreicht werden, die eine der ältesten Methoden im Schach überhaupt ist. Sie wurde schon 1512 von Pedro Damiano veröffentlicht. Dabei gehen dem Matt setzenden Damenzug ein oder sogar zwei Turmopfer auf der h-Linie voraus.

Damianos Matt wurde z. B. 1912 im Städtewettkampf zwischen Mannheim – Regensburg sehr schön mit einer mehrfachen Räumung und Hinlenkung herbeigeführt:

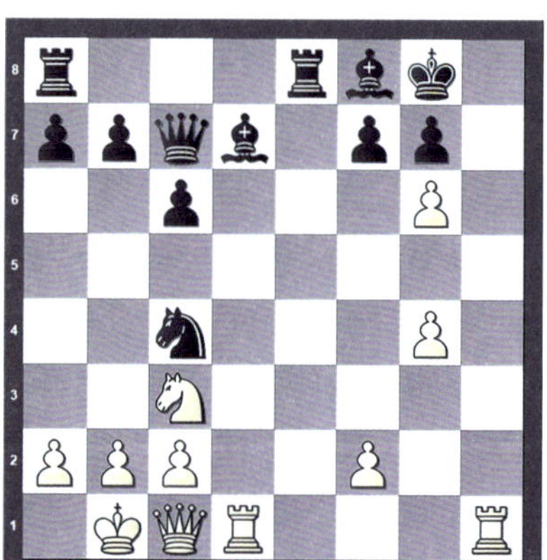

Weiß räumt das Feld h1 und die erste Reihe mit Tempo durch eine Hinlenkung des schwarzen Königs nach h8, wiederholt das mit dem zweiten Turm, bis die Dame forciert Matt setzen kann.

1. **Th1-h8+**	**Kg8×h8**
2. **Td1-h1+**	**Kh8-g8**
3. **Th1-h8+**	**Kg8×h8**
4. **Dc1-h1+**	**Kh8-g8**
5. **Dh1-h7#!**	

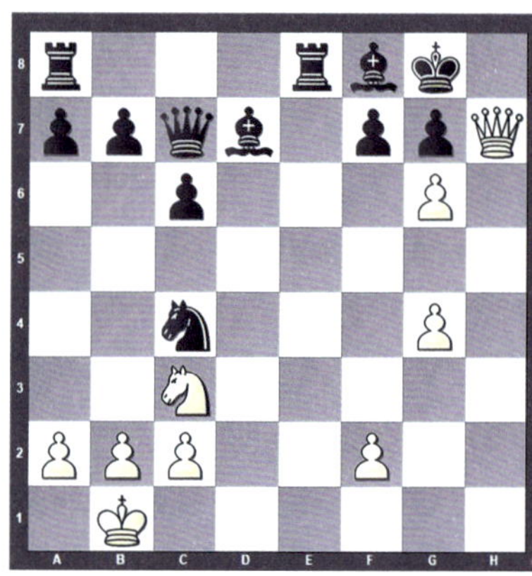

Schwarz blieb keine Zeit zu kontern.

TIPP

Verhindert möglichst einen gegnerischen Bauern auf der sechsten bzw. dritten Reihe, der wie ein Pfahl im Fleisch wirkt. Konntet ihr ihn nicht verhindern, sollte dem König keine Figur das letzte Fluchtfeld nehmen.

1.2.11 Matt nach Läuferopfer auf h7

Die Variationen für ein Matt mit Dame und Springer sind zahlreich.

Ich zeige euch eine typische Kombination, mit der man dieses Matt herbeiführen kann: Das Läuferopfer auf h7. Die Kombination endet, wenn ihr richtig rechnet, entweder mit großem Materialvorteil oder mit einem Matt durch Dame und Springer.

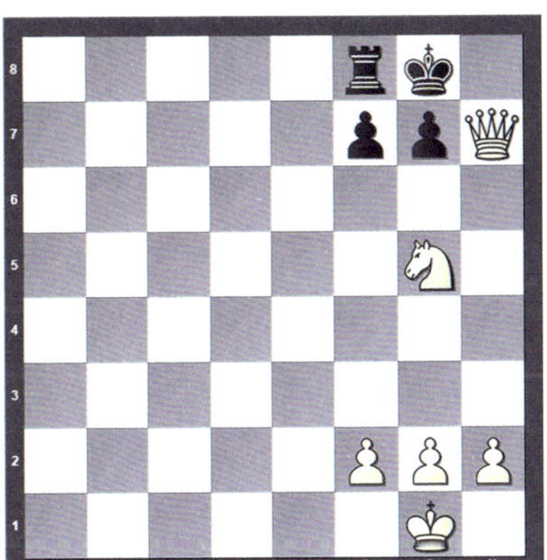

Was sind typische Stellungsmerkmale für ein erfolgreiches Läuferopfer auf h7?

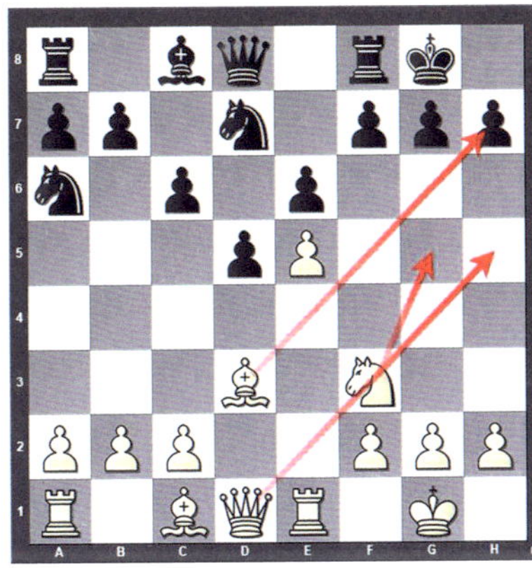

In der folgenden Übungsstellung sind die Merkmale gegeben und alles spricht für das Läuferopfer auf h7:

- der weiße Läufer d3 peilt den Bauern h7 an,
- der Springer f3 wird auf g5 vom Läufer c1 unterstützt,
- die Dd1 kann nach h5 ziehen,
- der Te1 kann bei Bedarf in den Angriff eingreifen.
- Schwarz fehlen die Verteidiger, so gibt es
- keinen Springer auf f6 oder f8, der h7 deckt und
- keinen Läufer bzw. keine Dame, die die Diagonale b1-h7 schützen kann.

Nach den Zügen

1.	**Ld3×h7+!**	**Kg8×h7**
2.	**Sf3-g5+**	**Kh7-g8**

(weicht der König nach g6 aus, wird es nach Dd1-d3+ schließlich auch matt)

3. **Dd1-h5**

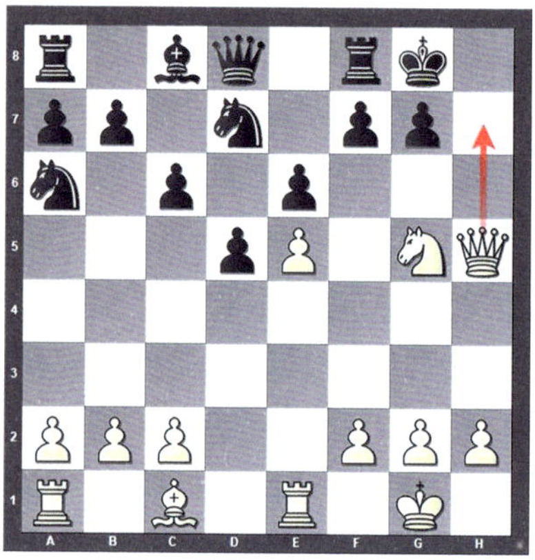

muss Schwarz entweder die Dame für den Springer g5 opfern, was zur Niederlage führen wird oder ein Matt zulassen.

Die stärkste Verteidigung

3. … **Tf8-e8**

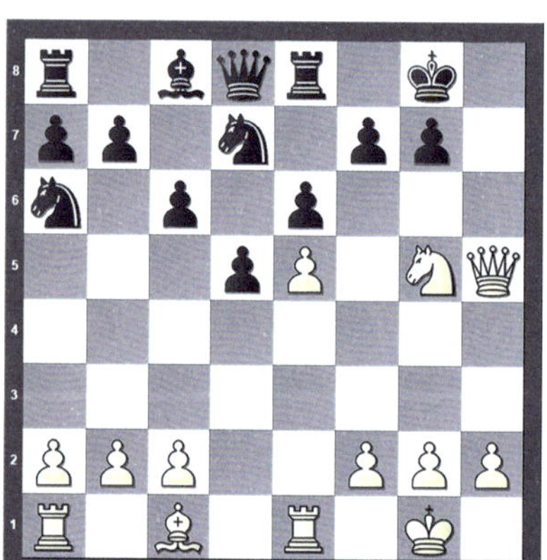

gibt Schwarz die Möglichkeit, mit seinem König über f8 und e7 zu fliehen. Das Manöver

4. **Dh5×f7+!** **Kg8-h8**
5. **Df7-h5+** **Kh8-g8**
6. **Dh5-h7+** **Kg8-f8**
7. **Dh7-h8+** **Kf8-e7**
8. **Dh8×g7#**

durchkreuzt diesen Plan allerdings.

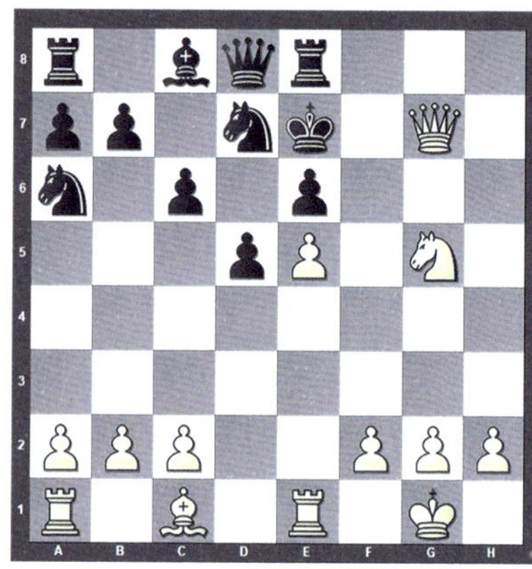

Jetzt wird klar, warum Weiß im vierten Zug den Bauern f7 geschlagen hat: Würde auf f7 ein schwarzer Bauer stehen, könnte Te8-f8 das Matt verhindern.

In der folgenden Stellung zeigte Paulo Machado (1577) seinem Gegner Guilherme Schmidt (1534), (Pirai do Sul, 25. Open, 12/2020) warum sein letzter Zug, die Rochade, an dieser Stelle verhängnisvoll ist:

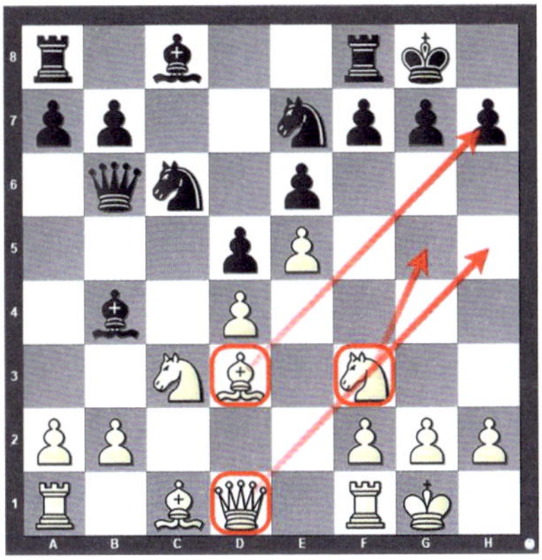

10. Ld3×h7+!	**Kg8×h7**
11. Sf3-g5+	**Kh7-g6**

(11. ... Kh7-g8 bringt keine Rettung: 12. Dd1-h5 mit Mattdrohung auf h7 12. ... Tf8-d8 13. Dh5×f7+ Kg8-h8 14. Tf1-d1 Weiß steht auf Gewinn. Schwarz kann den Plan, den Turm über d3 auf die h-Linie zu bringen, nicht abwehren.)

12. Dd1-d3+

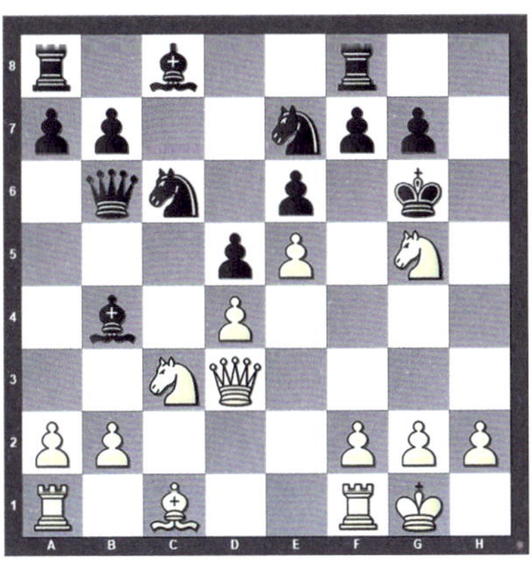

12. ...	**Se7-f5**
13. Dd3-h3	**Sf5-h6**

Schwarz schließt die h-Linie und verhindert Dh3-h7#.

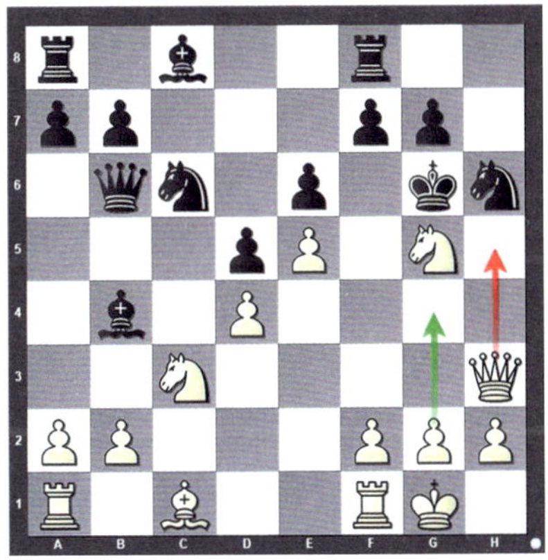

14. g2-g4!

Der g-Bauer verstärkt den Angriff. Das drohende Matt auf h5 ist nicht zu parieren.

14. ...	**f7-f6**
15. Dh3-h5#	

Ein weiteres Anwendungsbeispiel für ein Läuferopfer auf h7 sowie eine wichtige Verteidigungsidee sehen wir im Kapitel 3: **Goldene Regeln im Mittelspiel**.

TIPP

Schützt die Felder h7 bzw. h2 in der Rochadestellung besonders gut, vor allem wenn schon ein Läufer von d3 (bzw. von d6) auf diese Felder zielt. Deshalb sichert ein Springer auf f6 bzw. f3 die Königsstellung gut ab.

2 DIE ERÖFFNUNG

Die erste Phase einer Schachpartie ist die Eröffnung. In der Eröffnung wird der weitere Verlauf der Partie entscheidend geprägt. Deshalb ist es wichtig, die Ziele der Eröffnung und typische Figurenaufstellungen in den wichtigsten Eröffnungen zu verstehen.

Profischachspieler, wie der Weltmeister Magnus Carlsen, haben viele Tausend Eröffnungsvarianten im Kopf. Aber keine Sorge, für Hobbyschachspieler sind eher grundsätzliche Kenntnisse wichtig als auswendig gelerntes Wissen. Diese Kenntnisse verdichte ich zu den „Goldenen Eröffnungsregeln“, die ich euch jetzt vorstellen möchte. Anschließend schlage ich euch darauf aufbauend ein leicht verständliches Konzept für ausgewählte, beliebte Eröffnungen vor. Ich zeige euch damit, wie ihr die Goldenen Regeln am besten anwendet.

Ihr braucht also keine langen Varianten zu lernen – wir wollen einfach Freude am Schach spielen haben.

2.1 Die Goldenen Eröffnungsregeln

Es ist immer hilfreich, ein Ziel vor Augen zu haben.

Das Ziel der Eröffnung ist die schnelle Entwicklung der Figuren, die Rochade sowie die Beherrschung oder Kontrolle des Zentrums, welches die Felder d4, e4, d5 und e5 umfasst. Bevor ihr angreift, stellt ihr euren König sicher, am einfachsten durch die Rochade.

Als begeisterte Schachspieler habt ihr schon einige Erfahrungen gesammelt. Ist euch bewusst, wie wichtig das Zentrum des Schachbrettes ist?

TIPP

Figuren stehen im Zentrum oder zentrumsnah am stärksten, Bauern im Zentrum kontrollieren wichtige Felder und sichern Raum. Wer das Zentrum beherrscht, besitzt aktivere Figuren und eine bessere Perspektive im weiteren Verlauf der Partie.

Auf diesen Gedanken basiert unsere erste Goldene Regel der Eröffnung:

1. GOLDENE REGEL DER ERÖFFNUNG

Stellt einen Bauern ins Zentrum.

Ich empfehle für Weiß und für Schwarz jeweils den Doppelschritt des Königsbauern:

1. e2-e4 e7-e5

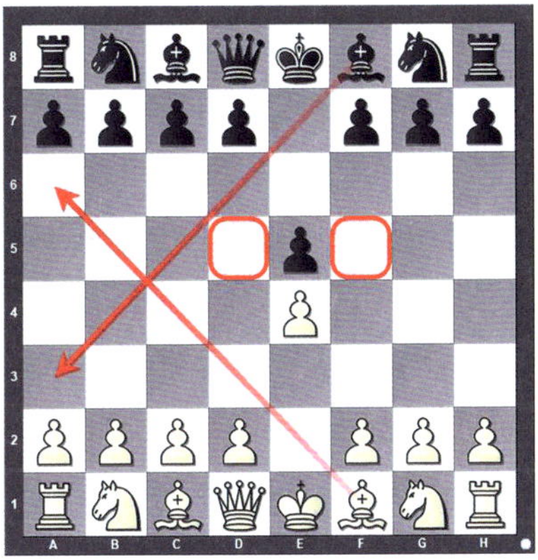

was direkt die Läuferdiagonalen f1-a6 und f8-a3 öffnet. Wir wollen so schnell wie möglich rochieren. Die kurze Rochade lässt sich schneller erreichen als die lange, denn es gilt, nur die Felder f1 und g1 zu räumen. Dieses Ziel unterstützt der erste Zug. Was außerdem gefällt: Der Bauer e4 ist direkt im Zentrum gelandet und kontrolliert das wichtige Zentrumsfeld d5 sowie das Feld f5.

Wer seine Partie etwas ruhiger anlegen möchte, der kann auch **1.** d2-d4 ziehen, der d-Bauer steht im Zentrum ebenso stark und er kontrolliert das Zentrumsfeld e5.

Ich konzentriere mich im Folgenden auf die offenen Eröffnungen, die mit

1. e2-e4 e7-e5

beginnen, speziell auf die Italienische Eröffnung.

Kommen wir zur zweiten Goldenen Regel:

2. GOLDENE REGEL DER ERÖFFNUNG

Entwickelt eure Leichtfiguren (Läufer und Springer) in Richtung Zentrum.

Läufer haben aufgrund ihrer Zugweise mehr Reichweite als Springer. Deshalb darf der Springer f3 als Nächstes mitspielen. Dieser Springer hat drei Zugmöglichkeiten. Der Springerzug 2. Sg1-e2 ist möglich, aber er verstellt den Läufer f1, was ein wenig passiv ist. Auf h3 steht der Springer am Rand nicht aktiv genug, er besitzt von dort nur wenig Aussichten und wirkt nicht auf das Zentrum ein.

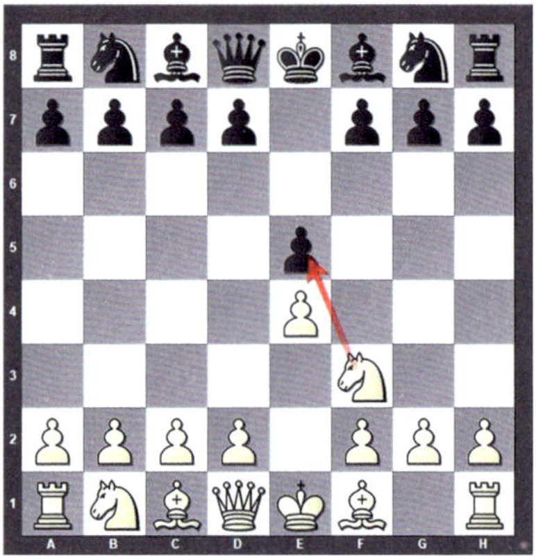

Die Vorteile des Springerzuges

2. Sg1-f3

bestehen darin, dass er die Zentrumsfelder d4 und e5 kontrolliert sowie direkt einen schwarzen Bauern angreift, nämlich den Bauern e5.

Wie reagiert Schwarz auf diesen Angriff? Er hat mehrere Möglichkeiten, den Bauern e5 zu decken oder sogar einen Gegenangriff mit 2.... Sg8-f6 zu starten, was durchaus möglich ist.

Die häufigste Antwort besteht in

2. ... Sb8-c6.

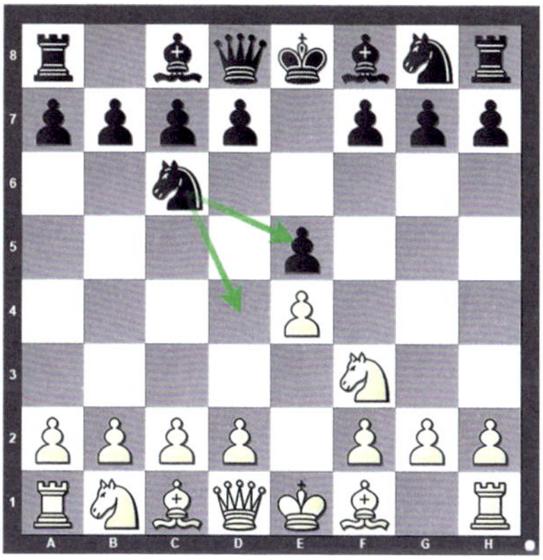

Schwarz verteidigt den Bauern e5 und entwickelt gleichzeitig eine Leichtfigur.

(2. ...d7-d6 deckt den Bauern ebenso und ist sehr gut spielbar, ist im Vergleich zu 2. ... Sb8-c6 jedoch passiver, weil der Läufer f8 eingeschränkt und keine Figur entwickelt wird.)

Kommen wir zum dritten Zug von Weiß. Der Läufer f1 hat bereits die Chance erhalten, am Spiel teilzunehmen, deshalb sollten wir ihn auch ziehen. Es bieten sich die Felder c4 und b5 an, was beides sehr häufig gespielt wird.

Fortgeschrittenen Einsteigern empfehle ich

3. Lf1-c4.

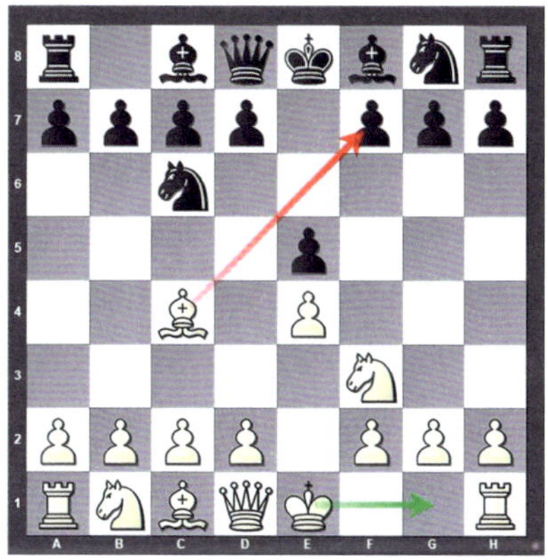

Der Läufer steht auf der Diagonalen a2-g8 sehr aktiv, wirkt auf das Zentrumsfeld d5 und blickt direkt auf das schwache Feld f7. Das Feld f7 ist momentan schwach, weil es das einzige Feld um den schwarzen König ist, das nur vom König selbst geschützt wird.

3. Lf1-b5, die Spanische Eröffnung, wird am häufigsten gespielt. Sie verfolgt komplexere Ideen. Im Kapitel **2.3 Eröffnungsideen mit Schwarz** zeige ich einen Aufbau für Schwarz gegen Spanisch.

Mit dem beliebten Zug

3. ... Lf8-c5

gelangt die Partie in die Italienische Eröffnung.

Greift der Nachziehende stattdessen direkt mit 3.... Sg8-f6 unseren Bauern e4 an, decken wir diesen zunächst mit 4. d2-d3 und rochieren anschließend.

Jetzt können wir mit Weiß schon das erste Teilziel der Eröffnung erreichen:

4. **0-0**,

die kurze Rochade, unsere dritte Goldene Regel der Eröffnung:

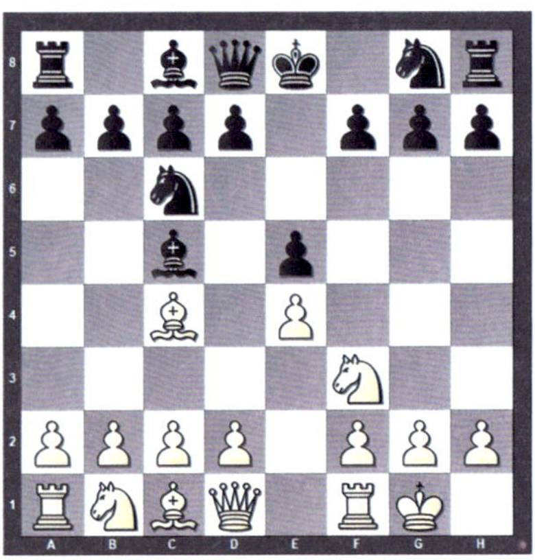

3. GOLDENE REGEL DER ERÖFFNUNG

Schnelle Rochade.

Der König ist gut geschützt und der Turm f1 steht bereit, über das Feld e1 am Spiel teilzunehmen. Verzichtet Schwarz auf die Rochade, öffnet Weiß durch Bauerntausch oder sogar Bauernopfer die e-Linie und die Gegenüberstellung von Te1 und Ke8 kann sich schnell negativ auswirken.

Weiß darf jede Partie beginnen, er besitzt daher einen minimalen Anzugsvorteil. Er wird immer schneller rochieren können als sein Gegner. Das Ziel von Schwarz besteht daher in der Eröffnung zunächst darin, das Spiel auszugleichen. Ein ungenügend vorbereiteter Angriff von Schwarz mit einem unrochierten König wird sehr schnell ausgekontert. Das ist der Grund, warum

4. ... **Sg8-f6**

mit der Idee, die kurze Rochade vorzubereiten, die häufigste Antwort von Schwarz ist.

5. **d2-d3** **d7-d6**
6. **Sb1-c3**

Alternativ könnt ihr an dieser Stelle auch den beliebtesten Zug 6. c2-c3 spielen, was das Zentrumsfeld d4 unter Kontrolle nimmt und ein späteres d3-d4 oder b2-b4 nebst a2-a4 mit Raumgewinn am Damenflügel vorbereitet.

6. ... **0-0**
7. **Lc1-g5**

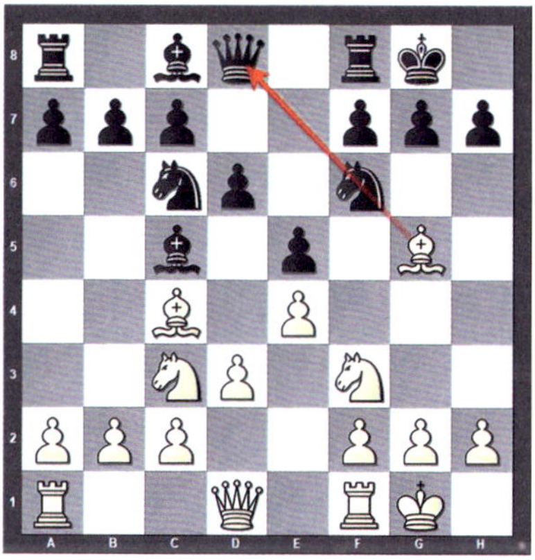

Weiß fesselt den Springer f6 und droht ihn mit Sc3-d5 gleich noch einmal anzugreifen. Deshalb nimmt der nächste Zug von Schwarz das Feld d5 unter Kontrolle:

7. … **Lc8-e6**
8. **Sc3-d5**

Weiß vermeidet einen Läufertausch auf e6 besser, weil nach 8. Lc4×e6 f7×e6 das Zentrum von Schwarz, nämlich das Feld d5, gestärkt wird.

Schwarz sollte dagegen diesen starken Springer d5, der neben dem Läufer g5 den Springer f6 ein zweites Mal angreift, vernichten, um die Bauernstruktur seiner Königsstellung intakt zu halten.

8. … **Le6×d5**
9. **Lc4×d5**

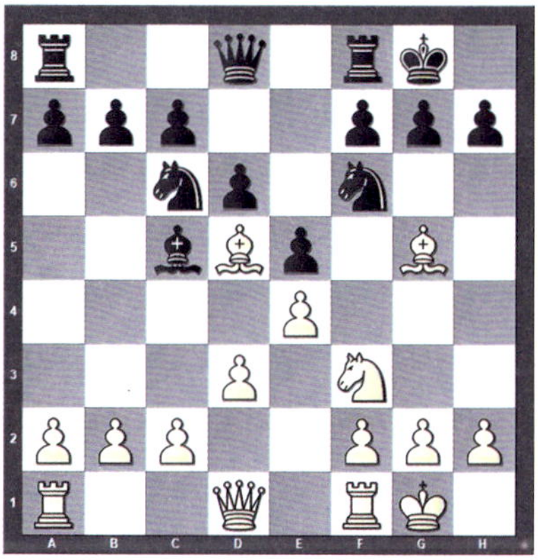

Beide Parteien haben die Entwicklung abgeschlossen, die Könige sind in Sicherheit, die Figuren auf das Zentrum gerichtet. Die Stellung ist etwa ausgeglichen.

Ihr kennt nun die drei wichtigsten Regeln in der Eröffnung. Nach der Rochade orientieren wir uns weiter an der zweiten Eröffnungsregel: Wir bringen die Leichtfiguren ins Spiel und kämpfen dabei immer um das Zentrum.

In den Kapiteln **2.2 Eröffnungsideen mit Weiß** und **2.3 Eröffnungsideen mit Schwarz** werden wir uns konkret in den häufigsten Eröffnungen anschauen, auf welchen Feldern die Figuren am besten stehen und die Eröffnungsregeln in der Anwendung vertiefen.

Im Einklang mit den Eröffnungsregeln sollte die Dame nicht zu früh ins Spiel gebracht werden. Sie setzt sich in exponierter Stellung nur Angriffen der gegnerischen Figuren aus, daraus folgen Tempoverluste. Die negativen Konsequenzen sind im nächsten Beispiel, einer Partie aus dem Jahr 1620, deutlich zu erkennen.

Greco, Gioacchino – NN

1.	**e2-e4**	**e7-e5**
2.	**Sg1-f3**	**Dd8-f6?**
3.	**Lf1-c4**	**Df6-g6?**

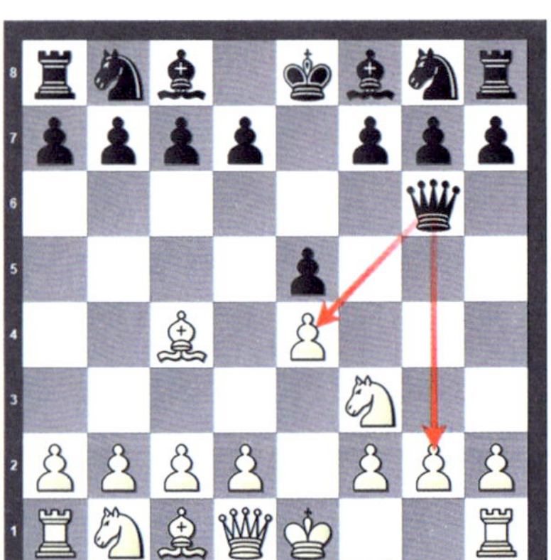

Schwarz freut sich über den Doppelangriff auf die Bauern e4 und g2. Aber er wird nicht viel Spaß mit dem Mehrbauern haben …

Mit der Dame früh auf Bauernraub zu gehen, verstößt gegen die Goldenen Regeln der Eröffnung. Besser wäre noch Lf8-c5, aber weil die Dame dem Springer g8 sein natürliches Entwicklungsfeld f6 nimmt, steht Weiß schon besser.

4.	**0-0**	**Dg6×e4??**

(Besser ist 4. … Sb8-c6)

Weiß steht schon klar auf Gewinn.

5. Lc4×f7+

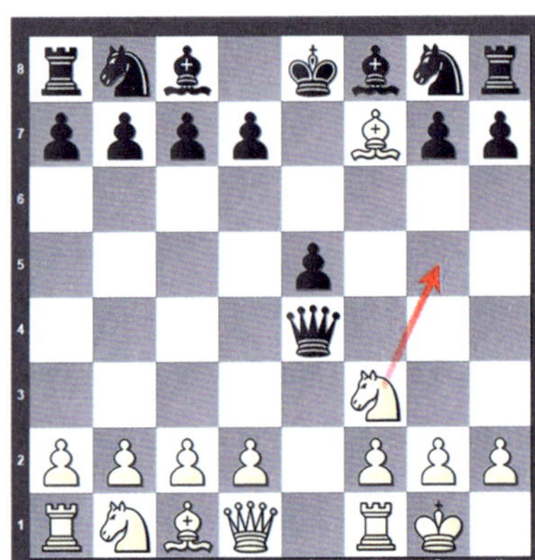

Weiß möchte den König nach f7 lenken, wonach die Springergabel Sf3-g5+ die Dame gewinnt. Diese Drohung erkennt Schwarz.

5.	**…**	**Ke8-e7**
6.	**Tf1-e1**	**De4-f4**
7.	**Te1×e5+**	**Ke7×f7**
8.	**d2-d4**	

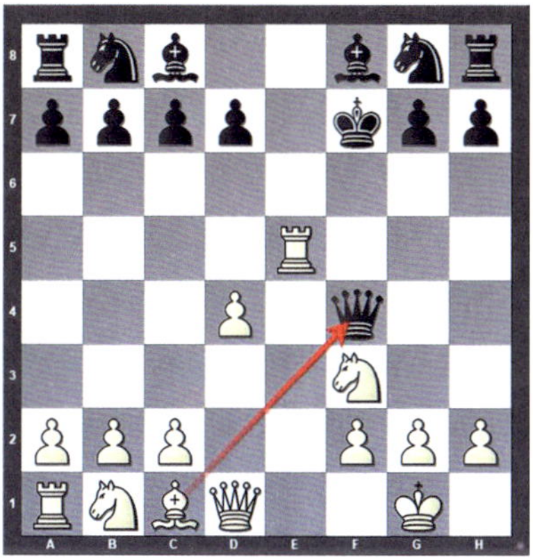

Dieser Entwicklungszug mit Tempo, einem Angriff auf die schwarze Dame, besetzt das Zentrum und lässt Schwarz keine Zeit, seine Figuren am Spiel teilnehmen zu lassen.

8.	...	**Df4-f6**
9.	**Sf3-g5+**	**Kf7-g6**
10.	**Dd1-d3+**	

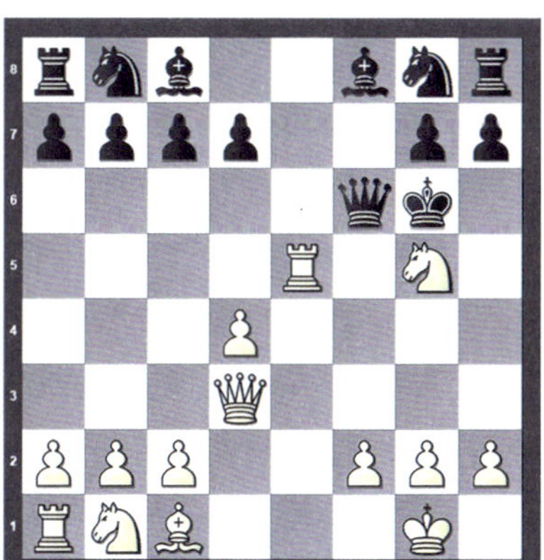

Weiß bringt auch die Dame mit Tempo ins Spiel. Der schwarze König wird jetzt ungewollt aktiv, da 10. ... Kg6-h6 an 11. Sg5-f7# (Abzugsschach und gleichzeitig Doppelschach) scheitert.

10.	...	**Kg6-h5**
11.	**g2-g4+**	

1:0

Schwarz gibt auf. Er wird matt gesetzt nach:

11.	...	**Kh5×g4**
12.	**Dd3-h3#**	

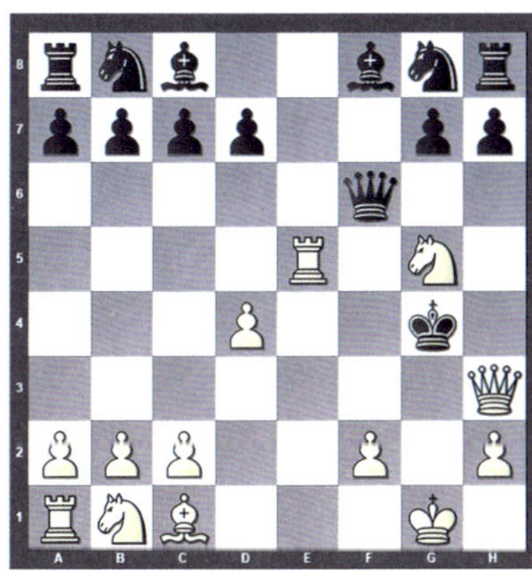

Keine schwarze Figur außer der Dame war an dieser Partie beteiligt, Weiß hat hingegen fünf Figuren und den Bauern g4 für seinen Angriff genutzt. Das Ergebnis spricht für sich.

(11. ... Kh5-h6 12. Sg5-f7#
11. ... Kh5-h4 12. Dd3-g3#)

TIPP

Bringt die Dame nicht früher ins Spiel als die Leichtfiguren.

Auch die Leichtfiguren sollten in der Eröffnung nicht wiederholt ziehen, sonst wird der Gegner seine Figuren schneller ins Spiel bringen können und die Initiative erringen, was schon einen Vorteil an sich bedeutet.

Wer erfolgreich Schach spielen möchte, sollte seine Figuren als Team betrachten. Mit einer Figur können wir nicht gewinnen. Als gut koordiniertes Team sind die Figuren viel stärker.

TIPP

Zieht in der Eröffnung nicht mehrfach mit einer Figur.

Abschließend erinnere ich an die Goldene Regel, die wir im ersten Kapitel kennengelernt haben: **„Beachtet die Drohungen eures Gegners“**.

2.1.1 Verteidigung gegen das Schäfermatt

Die Drohung, den Gegner schnell Schäfermatt zu setzen, ist die häufigste Drohung in der Eröffnung. Wie funktioniert das Schäfermatt?

Schon nach vier Zügen kann Weiß seinen Gegner matt setzen, wenn dieser die Gefahr nicht erkennt.

Weiß startet mit:

1. e2-e4 e7-e5
2. Dd1-h5?!

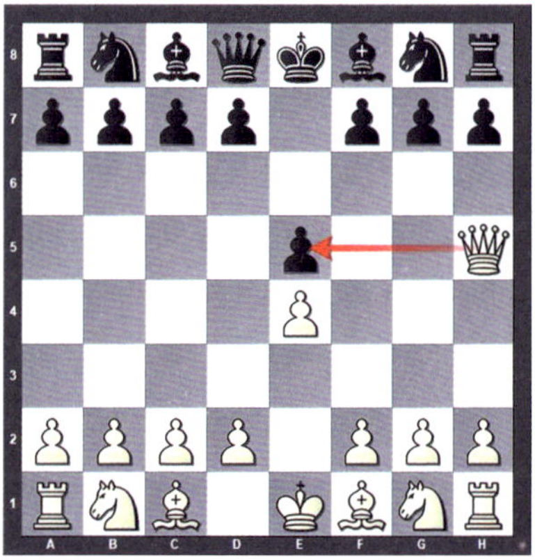

Weiß bedroht den Bauern e5, hat aber noch etwas anderes im Sinn. Auf jeden Fall bringt er mit diesem zweifelhaften Zug seine Dame viel zu früh ins Spiel.

2. ... **Sb8-c6**

Schwarz deckt den Bauern e5.

3. **Lf1-c4**

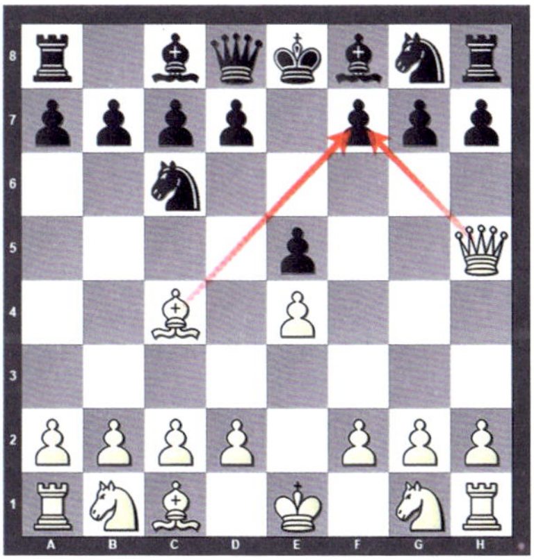

Dame und Läufer von Weiß greifen den Bauern f7 an. Fehlerhaft wäre jetzt: 3.... Sg8-f6?? wegen 4.Dh5×f7# und der Plan von Weiß geht auf.

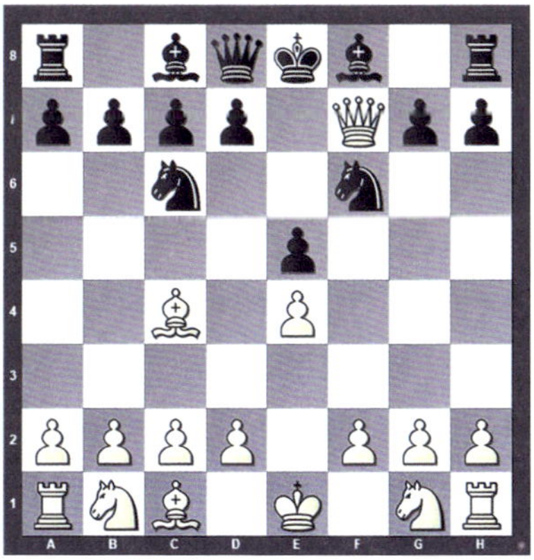

Das ist das **Schäfermatt**, das sicher jeder Einsteiger schon selbst erlebt hat.

Ihr kennt das Schäfermatt und spielt stärker:

3. ... **g7-g6**

Das Matt ist verhindert, die Dame wird vertrieben

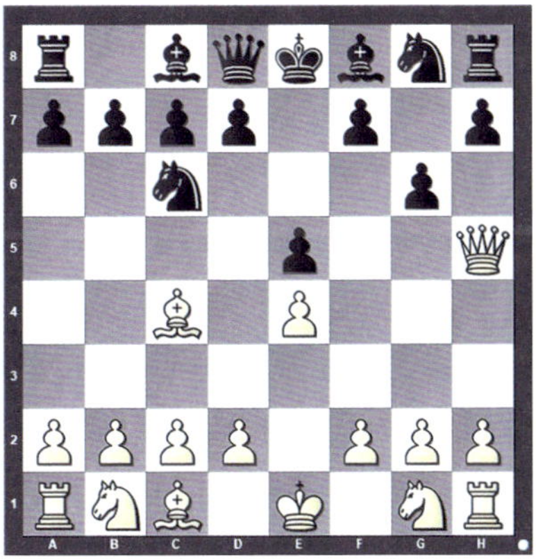

und muss erneut ziehen. Nach diesem Tempoverlust steht Schwarz schon minimal besser.

4. **Dh5-f3**

Erneut droht Matt mit Df3×f7. Schwarz wehrt diese Drohung jedoch leicht ab:

4. ... **Sg8-f6.**

Da wir immer mit den stärksten Antworten des Gegners rechnen sollten – Schach ist schließlich kein Poker – verzichten wir mit Weiß besser auf einen frühen Damenausflug.

Wir sollten allerdings nicht zu schematisch spielen. Nach jedem Zug des Gegners überlegen wir, welche Idee dahinter steckt und wie sich die Lage durch den letzten Zug auf dem Brett verändert hat. Können wir einen schwachen Zug direkt ausnutzen und zum Beispiel eine Figur gewinnen, verstoßen dabei aber gegen die Goldenen Eröffnungsregeln, ist Letzteres zweitrangig.

Eine weitere Regel gilt grundsätzlich im Schach:

GOLDENE REGEL IM SCHACH

Vermeidet Schwächen in eurer Stellung.

Ich komme dazu ausführlich im dritten Kapitel **Die Goldenen Regeln im Mittelspiel** zu sprechen.

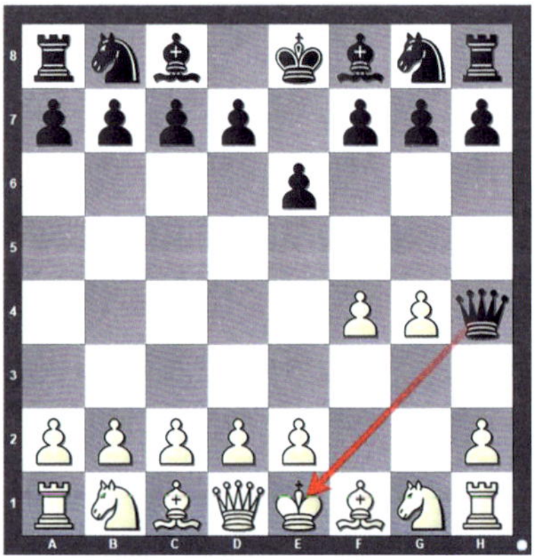

Betrachten wir das folgende kurze Partiebeispiel, in dem Weiß gegen die erste Goldene Eröffnungsregel verstößt.

1. f2-f4!? e7-e6
2. g2-g4?? Dd8-h4#

Die f- und g-Bauern wurden hier viel zu früh gezogen. Es haben sich große Felderschwächen ergeben: Die gesamte **Diagonale e1-h4 ist schwach. Schwache Felder in der Nähe des Königs sind für ihn gefährlich**, denn die gegnerischen Figuren können dies oft ausnutzen. Dieses schnelle Matt nennt man übrigens Narrenmatt!

TIPP

Nach der kurzen Rochade seid bitte vorsichtig mit den Zügen der g- und h-Bauern. Nach der langen Rochade schwächen die Bauernzüge der a- und b-Bauern die Königsstellung.

Die Bauern sind für den Schutz des Königs in den meisten Fällen sehr wichtig.

2.2 Eröffnungsideen mit Weiß

Im ersten Kapitel haben wir uns einen Aufbau mit Weiß gegen 1. e2-e4 e7-e5 angeschaut. 1. ... e7-e5 ist nur die zweithäufigste Wahl von Schwarz auf den Doppelschritt des weißen Königsbauern, allerdings wählen die meisten Einsteiger diesen Zug.

Wählt der Gegner mit Schwarz einen anderen Zug auf 1. e2-e4, heißen diese Eröffnungen halboffene Eröffnungen. Ich zeige euch, wie ihr euch gegen die beliebtesten schwarzen Eröffnungssysteme solide entwickeln könnt, ohne lange Varianten lernen zu müssen.

Das Ziel des Kapitels ist allerdings keine komplette Übersicht der möglichen Eröffnungen. Wählt euch diejenigen Eröffnungen aus, die eurem Spielstil liegen und die euch gefallen. Schachserver, wie z. B. lichess.org (sogar kostenlos und werbefrei), bieten Analysebretter und Eröffnungsbücher, dort könnt ihr die Eröffnungen genau recherchieren.

2.2.1 Sizilianisch

Sizilianisch ist die häufigste Erwiderung auf 1. e2-e4 mit einer riesigen Menge von bis zum 15. oder gar 20. Zug ausanalysierten Hauptvarianten.

1. e2-e4 c7-c5

Dieser Bauer kontrolliert das Feld d4. Die Idee hinter diesem Zug ist es, ein starkes weißes Bauernzentrum auf d4 und e4 zu verhindern.

2. Sg1-f3 d7-d6
3. Lf1-b5+

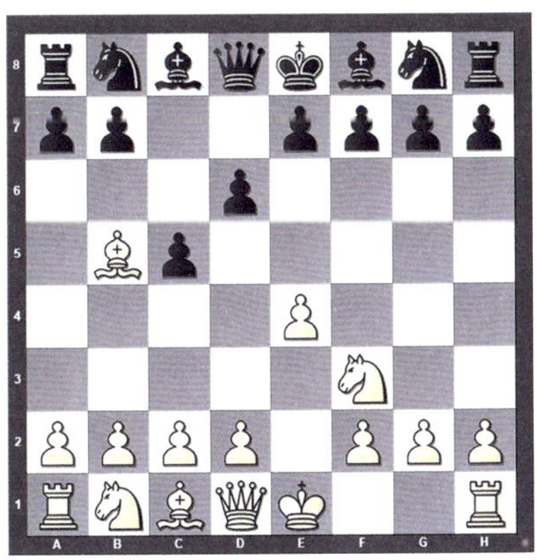

Das leitet eine alternative Variante zu der Hauptvariante mit 3. d2-d4 ein, die sich wunderbar leicht spielen lässt, in der man keine langen Varianten kennen muss und das Wichtigste: Ihr werft den Gegner aus seinen speziellen Lieblingsvarianten.

Falls euer Läufer angegriffen wird mit:

3. ... Lc8-d7,

tauscht ihr:

4. Lb5xd7+ Dd8×d7

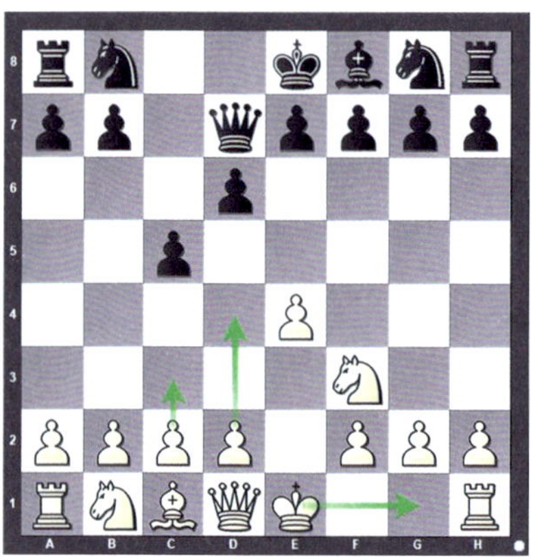

5. 0-0 Sg8-f6

und entwickelt eure Figuren gemäß der 2. und 3. Goldenen Eröffnungsregel: Kurze Rochade, Tf1-e1. Mit c2-c3 und d2-d4 gewinnt ihr Raum im Zentrum, der Springer b1 steht auf c3 gut, wenn der Bauer von c3 nach d4 geschlagen hat. Wenn Schwarz die stärksten Züge findet, ist die Stellung ausgeglichen.

Häufig spielt Schwarz auch:

3. ... Sb8-c6
4. 0-0 Sg8-f6
5. Tf1-e1

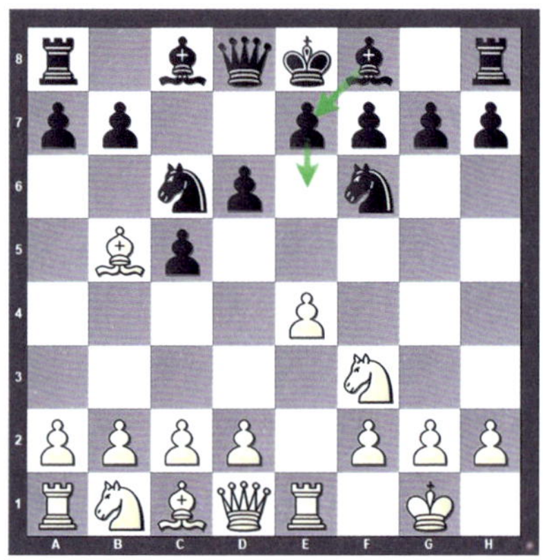

Schwarz entscheidet sich meist entweder für e7-e6 nebst Lf8-e7 oder für ein Läuferfianchetto mit g7-g6 und Lf8-g7 sowie kurze Rochade. In beiden Fällen versucht ihr wieder, einen Bauern nach d4 zu bekommen und bereitet dies mit c2-c3 vor.

5. ... e7-e6
6. c2-c3 Lf8-e7
7. d2-d4 c5×d4
8. c3×d4 0-0
9. Sb1-c3

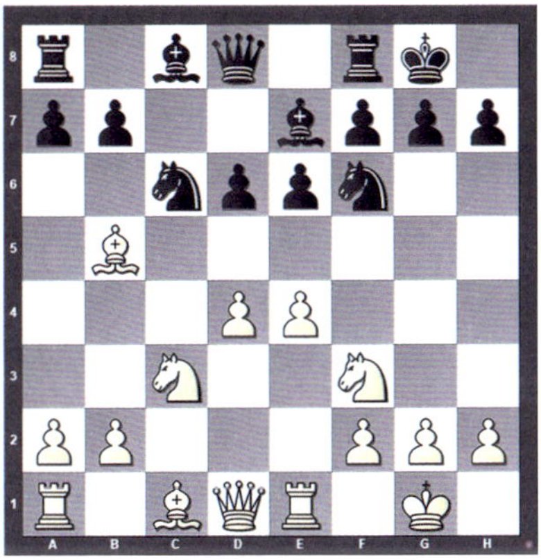

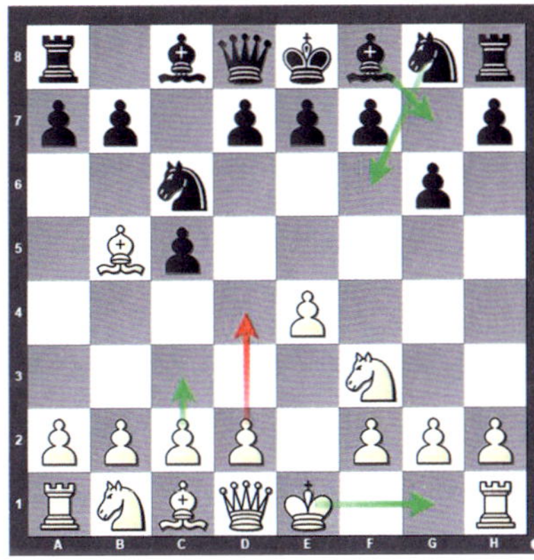

Den Läufer c1 tauscht ihr nicht gegen den Springer f6, weil er in dieser Stellung etwas stärker ist als der Springer. Der Läufer ist hier weitreichender und schützt die schwarzen Felder. Deshalb wird vor Lc1-e3 oft auch der Zug h2-h3 eingeschoben, um den Läufer vor einem Zug wie Sf6-g4 zu schützen. Die Eröffnung ist abgeschlossen. Weiß besitzt ein starkes Bauernzentrum, d. h. die Bauern stehen auf d4 und e4 und hat dadurch Raumvorteil, denn die Figuren von Schwarz beschränken sich noch auf drei Reihen. Weiß steht etwas besser.

Auf direkt im 2. Zug

2.	**...**	**Sb8-c6**

folgt erneut

3.	**Lf1-b5**	**g7-g6**

und ihr spielt ganz ähnlich weiter: Kurze Rochade, der Läufer b5 bleibt stehen, bis er angegriffen wird, wird dann möglichst nach f1 zurückgezogen. Der Bauer e4 wird mit Te1 gedeckt und wieder ist c2-c3 nebst d2-d4 möglich.

Die dritthäufigste Wahl von Schwarz im zweiten Zug ist 2. e7-e6. Jetzt ergibt 3. Lf1-b5 keinen Sinn. Ich empfehle euch 3. c2-c3 d7-d5 4. e4×d5 mit Übergang in die Französische Verteidigung. Analysen hierzu findet ihr über den QR-Code.

2.2.2 Französische Verteidigung

Diese dritthäufigste Verteidigung für Schwarz startet mit nur einem Schritt des Königsbauern:

1.	**e2-e4**	**e7-e6**

Dies gibt Weiß die Chance, seinen d-Bauern aktiv in das Zentrum zu stellen. Die Idee der Französischen Verteidigung beruht darauf, zunächst ein weißes Zentrum mit den Bauern d4 und e4 zuzulassen, um es dann mit d7-d5, c7-c5 und später auch mit f7-f6 anzugreifen.

2.	**d2-d4**	**d7-d5**

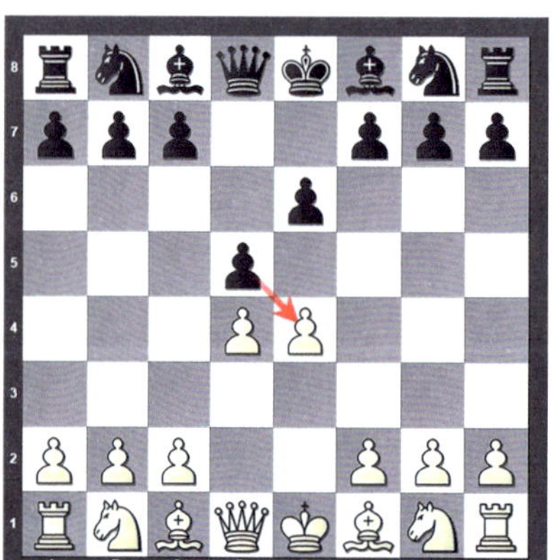

Der weiße e-Bauer ist nun bedroht. Die anspruchsvollsten Varianten beginnen mit 3. Sb1-c3, was jedoch eine sehr scharfe Stellung nach 3. ... Lf8-b4 zulässt, in der man sich etwas genauer auskennen sollte.

Gegen stärkere Gegner schlage ich daher die ruhige Abtauschvariante vor:

3.	**e4×d5**	**e6×d5**

und anschließend entwickelt ihr die Figuren gemäß den Eröffnungsregeln:

4.	**Lf1-d3**	

Der Läufer f1 wird hier vor dem Springer g1 entwickelt, um Schwarz die Möglichkeit Lc8-f5 zu nehmen.

4.	**...**	**Lf8-d6**
5.	**Sg1-f3**	**Sg8-e7**
6.	**0-0**	**0-0**
7.	**Sb1-c3**	**c7-c6**

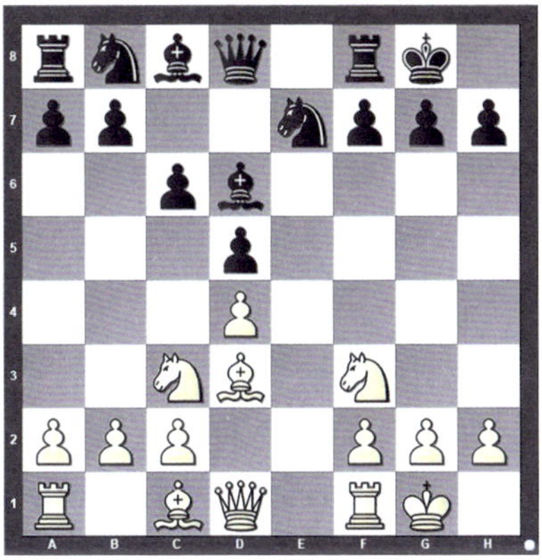

Die Springerentwicklung nach e7 ist in der französischen Abtauschvariante üblich. Der Springer kontrolliert das Feld f5, auf dem der Läufer c8, der sonst wenig Perspektiven hat, einen guten Platz finden wird.

Die Eröffnung ist fast abgeschlossen, es fehlt nur noch ein gutes Feld für den Läufer c1. Er kann zum Beispiel über g5 und h4 nach g3 gelangen und sich gegen den guten schwarzen Läufer d6 abtauschen. Warum der Läufer d6 besser ist als der Läufer c1 und warum es demzufolge richtig ist, diesen Figurentausch anzustreben, ergründen wir im Kapitel **3.1 Figurenaktivität**.

Die Eröffnung ist nach der Entwicklung des Läufers c1 abgeschlossen, Weiß hat einen minimalen Vorteil, weil seine Figuren etwas aktiver stehen.

Alternativ zur Abtauschvariante empfehle ich die Vorstoßvariante. Sie führt zu anspruchsvolleren Varianten, ist aber dennoch leicht zu spielen und bietet ein gutes Angriffspotenzial. Weiß zieht hier im dritten Zug den angegriffenen e-Bauern nach e5, überschreitet damit die Brettmitte und erobert Raum. Zudem ist dem Springer g8 sein Lieblingsfeld f6 verwehrt.

3. e4-e5

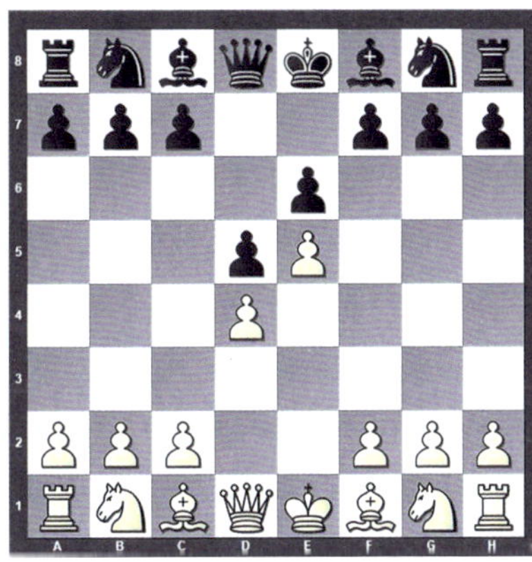

3. … c7-c5

Ähnlich wie in Sizilianisch, greift der schwarze c-Bauer von c5 aus den weißen Zentrumsbauern auf d4 an. Die folgenden Züge drehen sich weiterhin um das Feld d4: Schwarz greift an und Weiß verstärkt es.

4.	c2-c3	Sb8-c6
5.	Sg1-f3	Dd8-b6

Warum besitzt Schwarz als der Nachziehende plötzlich die Initiative, er greift an, während sich Weiß verteidigt? Weiß hat eigentlich mit seinem dritten Zug gegen die Eröffnungsregeln verstoßen: Ein Bauer wurde erneut gezogen. Schwarz erhält dadurch zwar die Initiative, aber der Bauer e5 schränkt ihn unangenehm ein, was eine Kompensation für Weiß bedeutet. Diese Kompensation rechtfertigt den kleinen Verstoß gegen die Eröffnungsregeln.

6.	Lf1-e2	

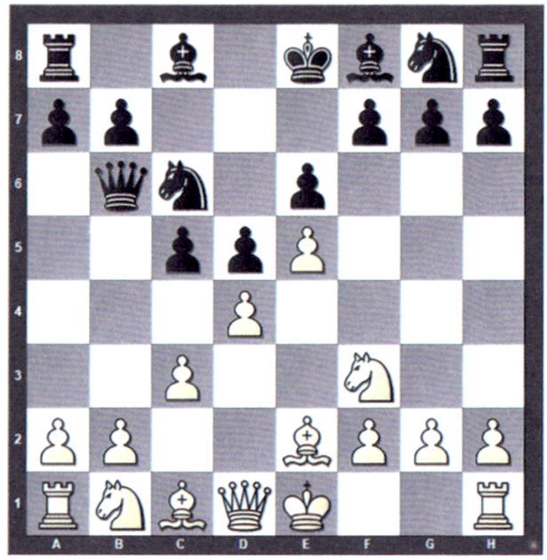

Der beste Plan für Schwarz ist jetzt die weitere Verstärkung des Druckes gegen d4.

6.	...	c5×d4
7.	c3×d4	Sg8-e7
8.	Sb1-c3	Se7-f5
9.	Sc3-a4	

Der Springer greift die schwarze Dame an, um sie vom Druck gegen das Feld d4 abzulenken.

9.	...	Db6-a5+
10.	Lc1-d2	

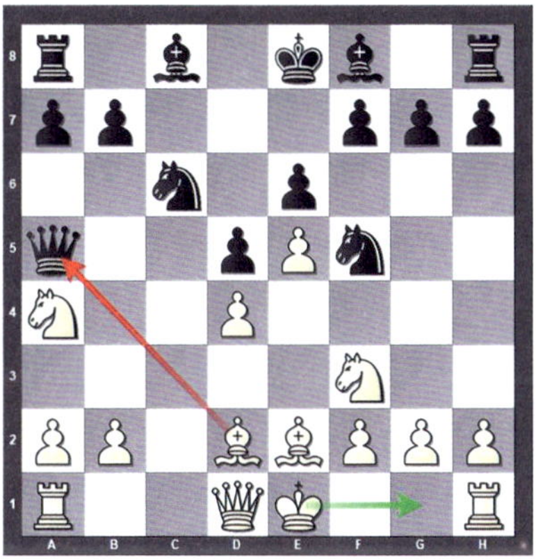

Die Stellung ist ausgeglichen.

2.2.3 Caro-Kann-Verteidigung

In dieser Verteidigung bereitet der Gegner mit 1.… c7-c6 den Doppelschritt des d-Bauern vor, der, ähnlich wie in Französisch, unseren Zentrumsbauern e4 angreifen soll.

1. e2-e4 c7-c6
2. d2-d4 d7-d5

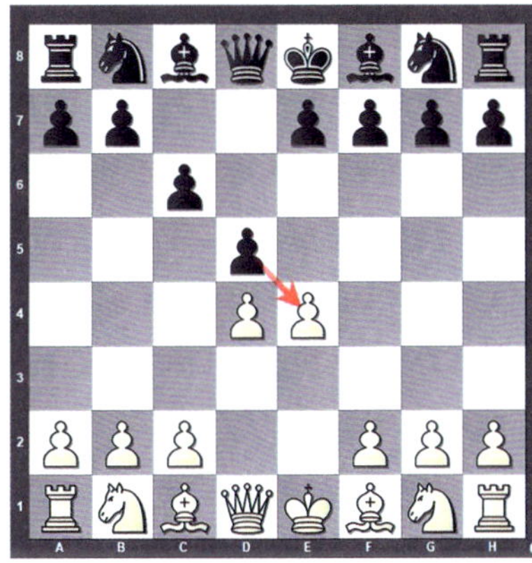

Ihr tauscht nun, analog zu Französisch, auf d5 und entwickelt eure Figuren auf passende Felder:

3. e4×d5 c6×d5
4. Lf1-d3

Diesen starken Läufer wollen wir nicht abtauschen, deswegen ergibt ein Schach auf b5 keinen Sinn. Auf d3 blickt der Läufer nach h7, auf ein leicht verwundbares Feld in der schwarzen Königsstellung nach der kurzen Rochade, wo der schwarze König trotzdem am sichersten steht. Außerdem verhindert er die aktive Entwicklung des Lc8 nach f5. Wie in der Abtauschvariante Französisch wird deshalb der Läufer f1 am besten **vor** dem Springer g1 entwickelt.

4. … Sb8-c6
5. c2-c3 Sg8-f6

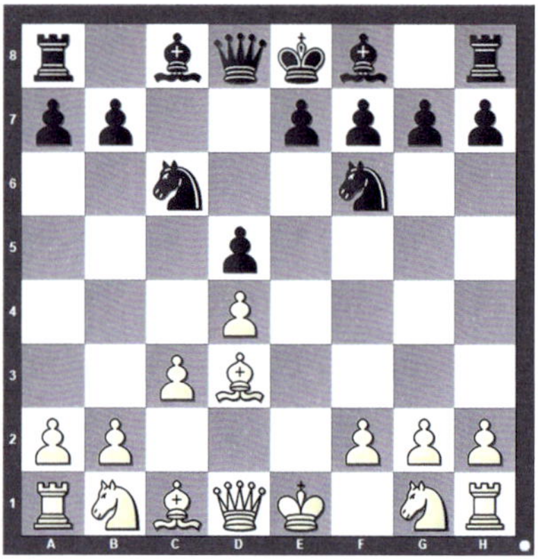

Auf die beliebte Alternative 5.... Dd8-c7 spielt Weiß den Springer g1 am besten nach e2, mit der Idee, den Läufer c1 nach f4 zu spielen.

6. Lc1-f4

Weiß entwickelt auch den zweiten Läufer vor dem Springer g1, besetzt schnell die Diagonale b8-h2 und verhindert schwarzes Gegenspiel mit Dd8-c7 und Lf8-d6. Jetzt stehen beide Läufer von Weiß sehr gut.

6. ... e7-e6

(6.... Lc8-g4 wird häufiger von fortgeschrittenen Spielern gezogen, die sich mit der Eröffnungstheorie ausführlicher beschäftigt haben. Auch hier kann sich Weiß bequem entwickeln:

7. Dd1-b3 Dd8-d7
8. Sb1-d2 e7-e6
9. Sg1-f3 Lf8-d6
10. Sf3-e5

Die Stellung ist ausgeglichen.)

Zurück zu unserer Hauptvariante:

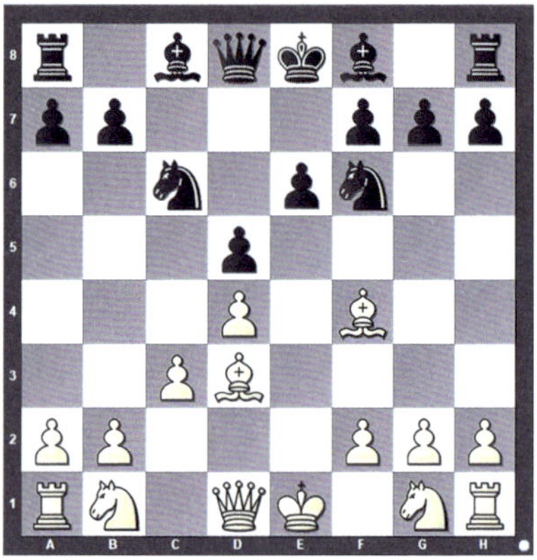

7. Sg1-f3 Lf8-d6

Den Läufer f4 tauscht Weiß gerne gegen den schwarzen Läufer auf d6. Zieht Schwarz seinen Läufer nicht nach d6, sondern z. B. nach e7, steht der weiße Läufer auf f4 sehr stark.

8. Lf4×d6 Dd8×d6
9. 0-0 0-0
10. Tf1-e1

Der Turm spielt auf e1 aktiv mit und unterstützt den Kampf um das Feld e5.

10.	…	a7-a6
11.	a2-a4	

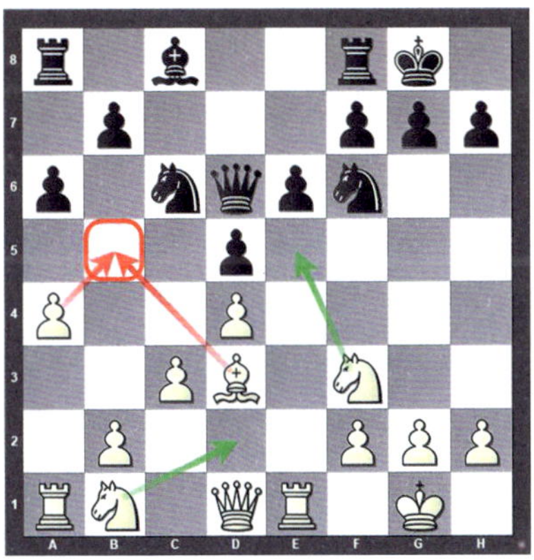

Auf andere 10. Züge von Schwarz könnt ihr sofort mit dem Springer f3 das zentrale Feld e5 besetzen. Der Zug a2-a4 erschwert den typischen Zug b7-b5 von Schwarz, der nun mit Lc8-d7 und Ta8-b8 vorbereitet werden muss. Die Idee des schwarzen Gegenspiels zeige ich euch genau im Kapitel **3.1.1 Schwächen im gegnerischen Lager schaffen**.

Die weißen Figuren stehen ideal für einen Angriff am Königsflügel.

Es könnte der folgende typische Aufbau folgen: Der Springer g1 begibt sich nach e5, während der zweite Springer über d2 nach f3 zieht und seinen Kollegen auf e5 deckt.

Ein weißer Springer auf e5 dürfte hier übrigens von Schwarz nicht geschlagen werden, weil auf Sc6×e5 eine Bauerngabel folgt: d4×e5 gabelt die Dame d6 und den Sf6. Dieses Motiv kommt sehr häufig in diesem Stellungstyp vor. Die Stellung ist laut Engine etwas besser für Weiß. Ich finde, sie spielt sich mit Weiß viel leichter. Schwarz muss sehr genaue Züge finden, sonst steht er schnell schlechter.

2.2.4 Pirc-Verteidigung

Manche Eröffnungssysteme, wie die Pirc-Verteidigung, lassen zunächst ein starkes weißes Zentrum zu, welches anschließend vom Flügel aus, z. B. mit c7-c5 oder mit Figuren angegriffen wird.

1. e2-e4 d7-d6

Ihr besetzt das euch angebotene Zentrum:

2. d2-d4 Sg8-f6

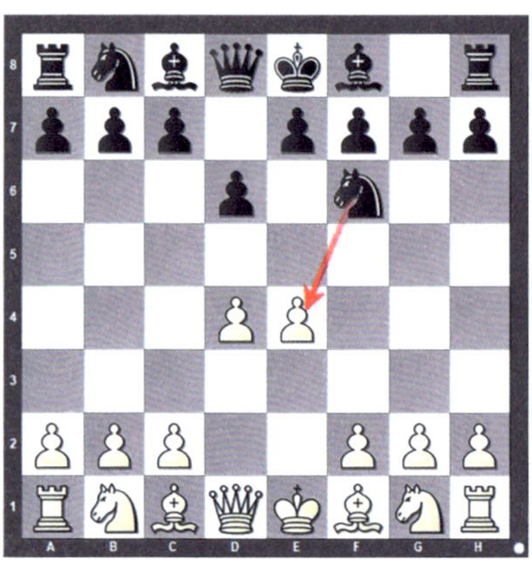

und bringt eure Figuren auf Felder mit aussichtsreichen Perspektiven. Dabei immer der wichtigen Grundregel **„Die Drohungen des Gegners beachten“** folgen. Hier greift Schwarz mit dem Springer f6 den Bauern e4 an, der auf natürliche Weise mit

3. **Sb1-c3**

gedeckt werden kann.

3. ... **g7-g6**

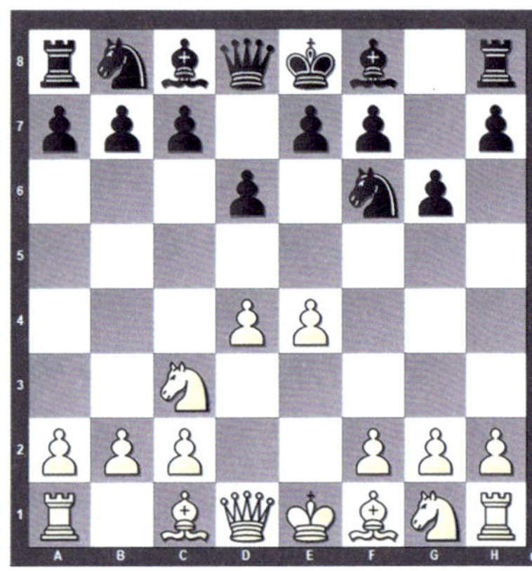

Die Züge d7-d6 und g7-g6 werden auch manchmal mit vertauschter Reihenfolge gespielt, also g7-g6 schon im zweiten Zug. Der Zug g7-g6 plant ein Läuferfianchetto, das heißt eine Läuferentwicklung nach g7.

4. **Sg1-f3**

Es ist auch möglich, vor diesem Springerzug f2-f4 nebst Sg1-f3 und später e4-e5 zu spielen.

4. ... **Lf8-g7**
5. **Lf1-e2** **0-0**
6. **0-0**

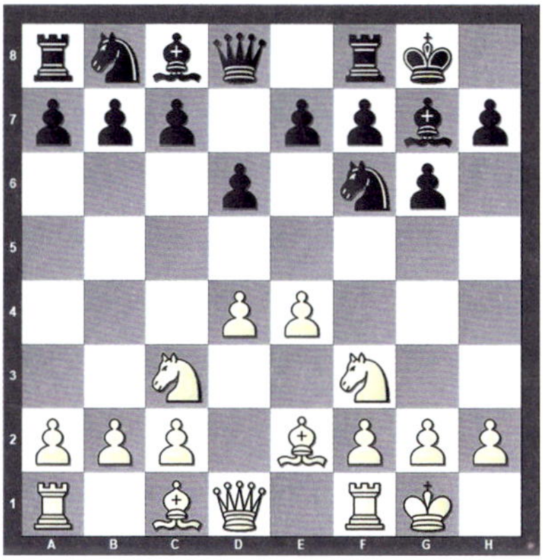

Dies ist die klassische Aufstellung gegen Pirc. Weiß hat das Zentrum optimal besetzt. Schwarz plant, dieses Zentrum im Folgenden anzugreifen:

6. ... **c7-c6**

(Greift Schwarz stattdessen mit 6. ... Lc8-g4 indirekt das weiße Zentrum an, passt 7. Lc1-e3 mit Stärkung des Zentrums sehr gut. Auch diesen Läufer wollen wir, ähnlich wie in Sizilianisch, nicht gegen den Sf6 abtauschen. Das Feld g4 ist jetzt schon durch den schwarzen Läufer besetzt, also kann Schwarz nicht Sf6-g4 mit Bedrohung unseres Le3 spielen. 7. ... Sb8-c6 8. d4-d5 Weiß steht etwas besser.)

7. **a2-a4**

Weiß erschwert die Idee von Schwarz, mit b7-b5 und eventuell auch b5-b4 Raum am Damenflügel zu gewinnen und den Sc3, der den Bauern e4 schützt, zu vertreiben.

7. ... **Sb8-d7**
8. **h2-h3**

Dieser Zug schützt das Feld g4 und bereitet den Zug Lc1-e3 vor.

8. ... **e7-e5**
9. **d4×e5** **d6×e5**
10. **Lc1-e3**

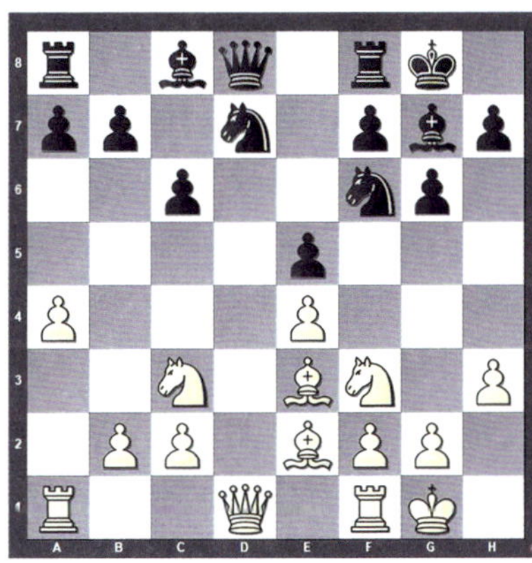

Weiß steht etwas besser.

2.3 Eröffnungsideen mit Schwarz

Ich zeige euch Ideen gegen die mit Abstand häufigsten ersten Züge von Weiß: 1. e2-e4, 1. d2-d4 und gegen 1. c2-c4.

2.3.1 Spanisch

1.	**e2-e4**	**e7-e5**
2.	**Sg1-f3**	**Sb8-c6**
3.	**Lf1-b5**	

Diese Läuferentwicklung nach b5 kennzeichnet die Spanische Eröffnung und wird auf 2. ... Sb8-c6 mit Abstand am häufigsten gezogen.

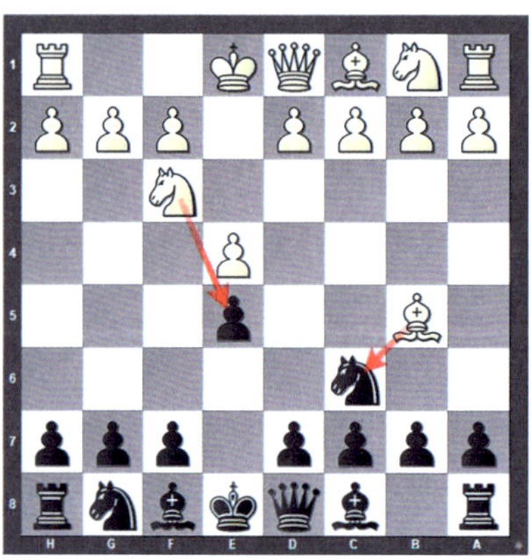

Der Läufer b5 kann jetzt den Springer c6, den Verteidiger des Bauern e5, abtauschen. Schwarz kann diesen Angriff auf seinen Bauern e5 ignorieren und zieht:

3.	...	**a7-a6**
4.	**Lb5-a4**	

Der Hauptzug ist jetzt ein Rückzug des Läufers, den sich die meisten Weißspieler lieber bewahren.

(In der deutlich weniger gewählten Abtauschvariante tauscht Weiß auf c6:

4. Lb5×c6 d7×c6 5. 0-0 [Den Bauernraub 5. Sf3×e5 kontert Schwarz mit dem Doppelangriff 5. ... Dd8-d4. Schwarz gewinnt den Bauern auf e4 zurück. Deshalb ist es wichtig, im vierten Zug mit dem d-Bauern auf c6 zurückzuschlagen. Die Stellung ist ausgeglichen.] 5. ... Lf8-d6 Weiß steht minimal besser.)

Zurück zur Hauptvariante:

4.	...	**Sg8-f6**
5.	**0-0**	**Lf8-e7**

Gemäß den Goldenen Eröffnungsregeln strebt auch Schwarz schnell die kurze Rochade an.

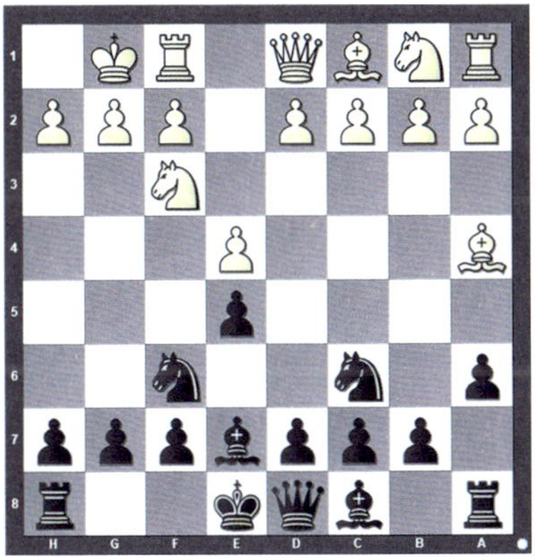

(5.… Sf6×e4 ist eine Alternative, Weiß gewinnt den Bauern gleich zurück: 6. Tf1-e1 Se4-c5 7. La4×c6 d7×c6 8. Sf3×e5 Weiß steht etwas besser.)

Im Gegensatz zu Italienisch steht hier der Läufer besser auf e7 innerhalb der eigenen Bauernkette. Schwarz schließt damit die e-Linie und beugt einer Fesselung des Springers f6 mit Lc1-g5 vor. Auch zum Schutz der Königsstellung ist der Läufer später wichtig.

6. **Tf1-e1**

Weiß deckt den Bauern e4. Jetzt droht La4×c6 nebst Sf3×e5.

6.	…	**b7-b5**
7.	**La4-b3**	**d7-d6**
8.	**c2-c3**	**0-0**
9.	**h2-h3**	

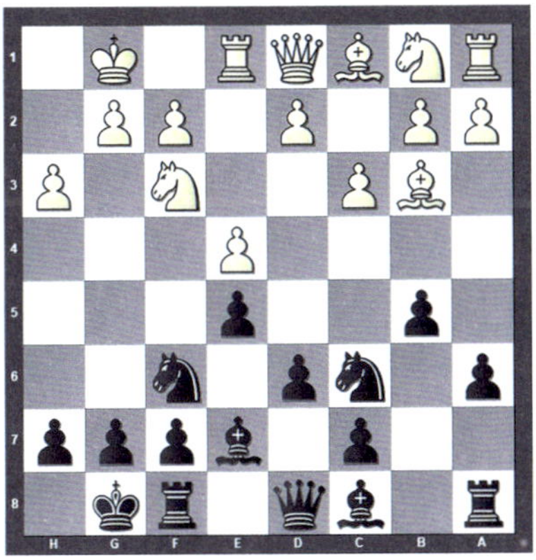

Weiß unterbindet Lc8-g4 mit der Fesselung des Sf3, bevor er d2-d4 spielt.

9. … **h7-h6**

Schwarz plant, Tf8-e8 zu spielen und verhindert vorher Sf3-g5 mit einem weiteren Angriff auf den Bauern f7.

10.	**d2-d4**	**Tf8-e8**
11.	**Sb1-d2**	**Le7-f8**

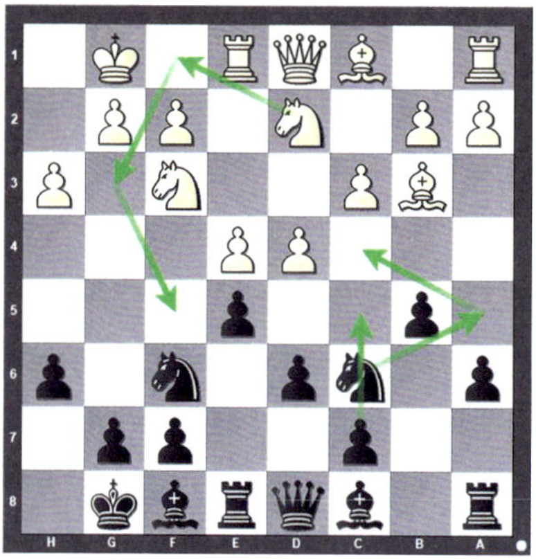

Weiß versucht, seine starke Zentrumsposition aufrechtzuerhalten. Das typische Springermanöver Sd2-f1-g3-f5 bereitet einen Angriff am Königsflügel vor.

Schwarz beabsichtigt sowohl Druck gegen den Bauern e4 als auch einen Angriff auf das weiße Zentrum mit Sc6-a5 nebst c7-c5.

Weiß hat minimalen Vorteil.

2.3.2 Italienisch

Italienisch ist auch mit den schwarzen Steinen eine sehr gute Wahl. Welche Besonderheiten gibt es in der Italienischen Eröffnung aus schwarzer Sicht?

1.	e2-e4	e7-e5
2.	Sg1-f3	Sb8-c6
3.	Lf1-c4	Lf8-c5

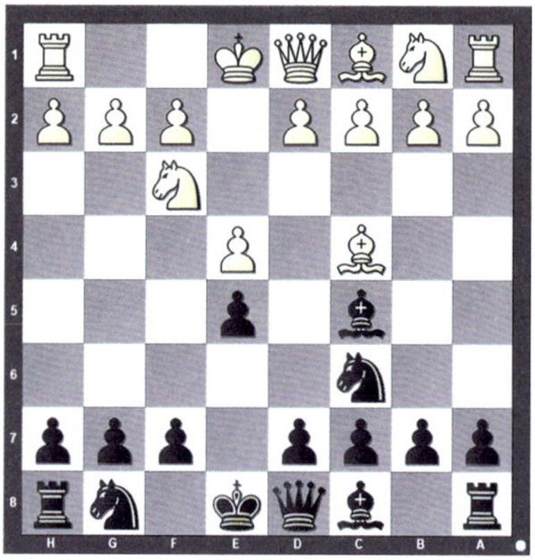

Schwarz entscheidet sich für die Italienische Eröffnung. Die Figuren werden auf aktive Felder entwickelt, außerdem wird die kurze Rochade vorbereitet.

4. d2-d3

Eine weitere Idee, wie Weiß Italienisch spielen kann, besteht in 4. c2-c3, ein Zug, den auch Großmeister in ihrem Repertoire haben. Ähnlich wie in Sizilianisch bereitet dieser Zug d2-d4 vor. Eine Partie zu dieser Variante könnt ihr euch im fünften Kapitel anschauen.

Das Evans-Gambit 4. b2-b4 wird seltener, aber schon 200 Jahre lang von Angriffspielern gern gewählt. 4.… Lc5×b4 5. c2-c3 Lb4-a5. Für den Bauern erhält Weiß Vorteile im Zentrum und aktive Figuren. Zu einer weiter gehenden Analyse gelangt ihr über den QR-Code.

4.	...	**Sg8-f6**
5.	**Lc1-g5**	**h7-h6!**

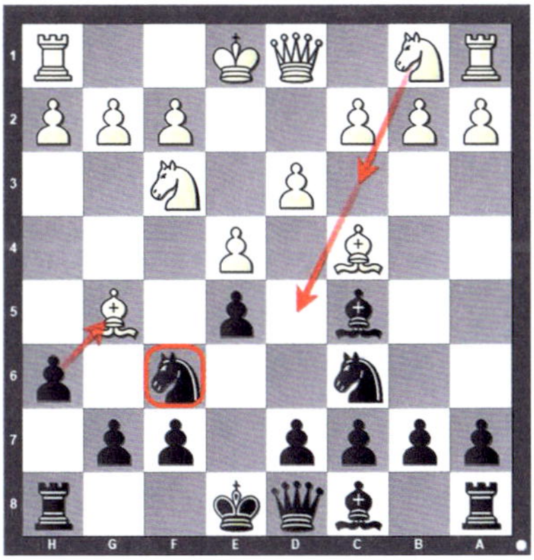

Der weiße Läufer auf g5 fesselt sehr unangenehm den Sf6 und sollte sofort, auf jeden Fall aber **bevor ein weißer Springer auf d5** auftauchen kann, von Schwarz mit h7-h6 befragt werden.

(Spielt Schwarz stattdessen mit d6 und 0-0 schematisch weiter, bringt Weiß mit Sb1-c3-d5 seinen Springer auf das starke Feld d5, mit einem zweiten Angriff auf den Sf6:

5.	Lc1-g5	d7-d6
6.	Sb1-c3	0-0?! (Lc8-e6)
7.	Sc3-d5 +/-	

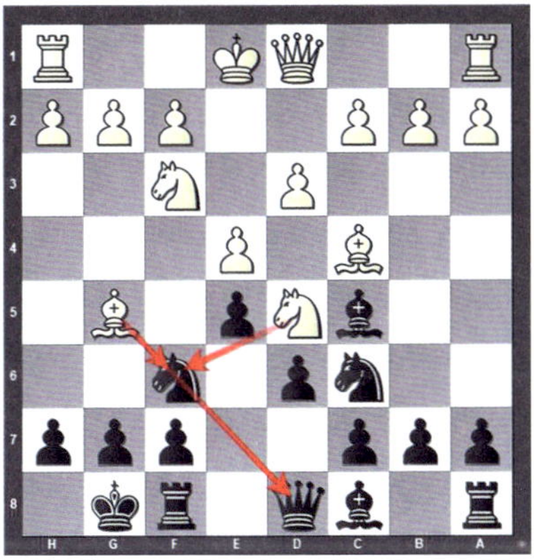

Schwarz wird einen Doppelbauern auf f6 nicht vermeiden können, weil die Dame auf f6 nicht zurücknehmen sollte. Weiß steht besser.)

Kommen wir zurück zu unserer Hauptvariante:

6.	**Lg5-h4**	**d7-d6**
7.	**Sb1-c3**	**Lc8-e6**
8.	**0-0**	**0-0**

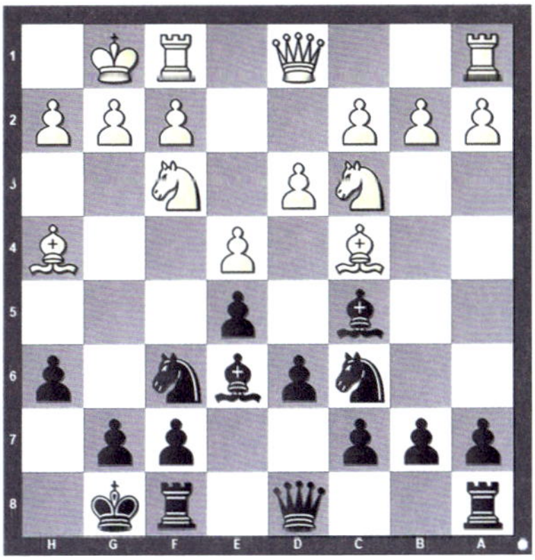

Die Stellung ist ausgeglichen.

2.3.3 Damengambit

Betrachten wir einen soliden Aufbau für Schwarz gegen den zweithäufigsten Zug von Weiß:

1. **d2-d4** **d7-d5**
2. **c2-c4**

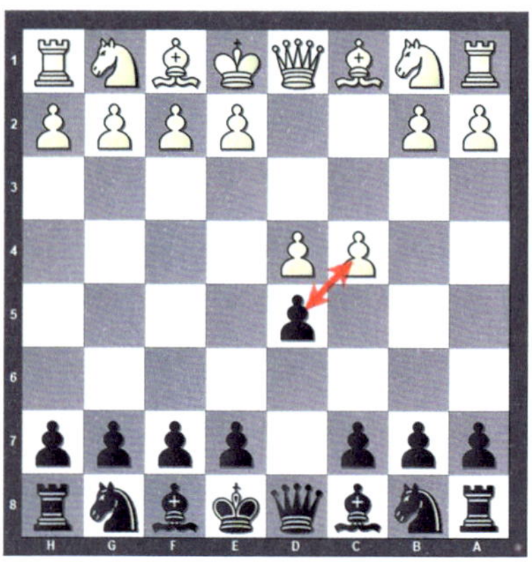

Der Bauer c4 könnte geschlagen werden, denn er ist ungeschützt. Daher stammt der Name der Eröffnung: Weiß beginnt mit dem Damenbauern und spielt ein frühes Gambit. Ein Gambit ist ein Opfer eines Bauern, selten einer Figur, für eine bestimmte Kompensation. Diese Kompensation kann materiell sein, wenn Material zurückgewonnen wird. Eine strategische Kompensation eines Gambits besteht z. B. aus Entwicklungsvorsprung, der Initiative oder positionellen Vorteilen. Würde Schwarz hier den Bauern c4 annehmen, könnte sich Weiß mit e2-e4 ein starkes Bauernzentrum aufbauen und darüber hinaus den Bauern c4 später zurückgewinnen. Diese Eröffnung (2. … d5×c4) nennt man angenommenes Damengambit, sie zeichnet sich durch scharfe Varianten aus.

Deckt Schwarz seinen d-Bauern, gestaltet sich das Spiel übersichtlicher:

2. … **e7-e6**
3. **Sb1-c3**

Angriff und Verteidigung auf den Bauern d5 setzen sich fort:

3. … **Sg8-f6**
4. **Lc1-g5**

Bevor Weiß e2-e3 zieht, erhält der Lc1 eine Perspektive außerhalb der weißen Bauernkette.

4. … **Lf8-e7**

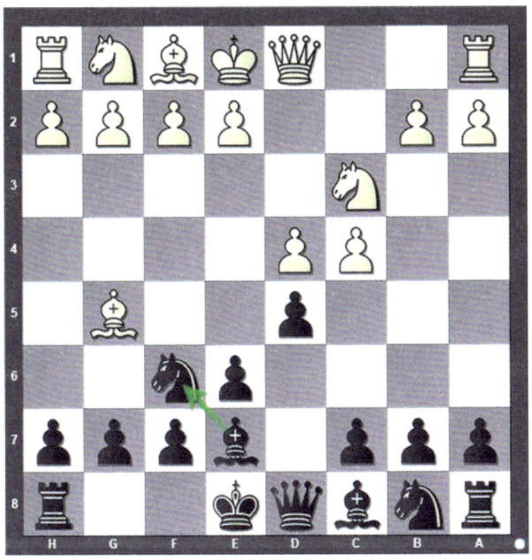

5.	e2-e3	0-0

Gemäß den Goldenen Eröffnungsregeln zieht Weiß seinen e-Bauern, um den Läufer f1 ins Spiel bringen zu können und bereitet damit die kurze Rochade vor. Schwarz schafft in dieser Eröffnung sogar zuerst die Rochade.

6. Sg1-f3

Weiß entwickelt den Sf3 vor dem Lf1, um kein Tempo zu verlieren, falls Schwarz auf c4 schlägt.

6.	…	h7-h6
7.	Lg5-h4	b7-b6

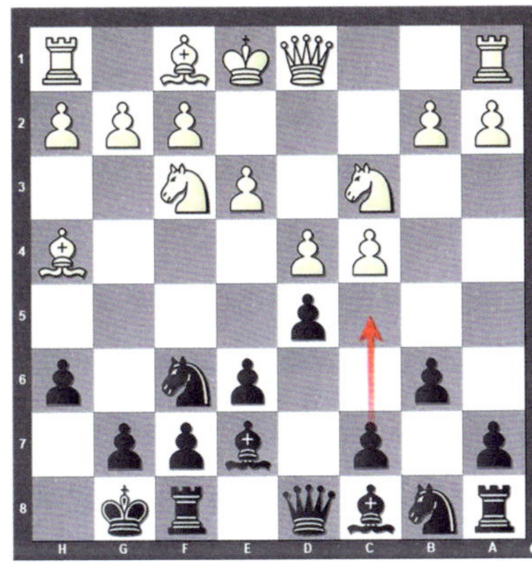

8.	c4×d5	Sf6×d5
9.	Lg5×e7	Dd8×e7
10.	Sc3×d5	e6×d5
11.	Ta1-c1	Lc8-e6

Die Stellung ist ausgeglichen.

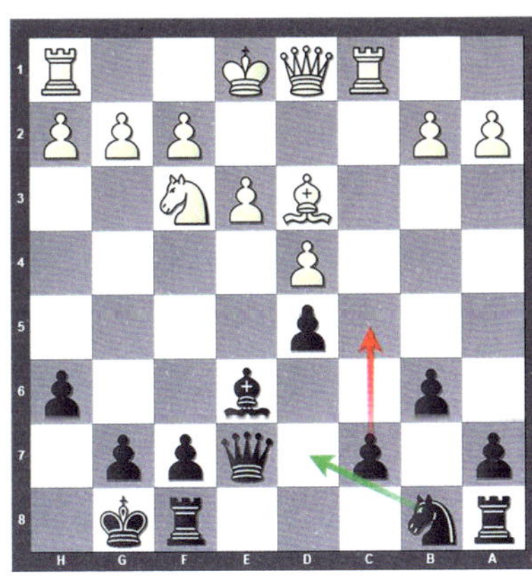

Wichtig ist, dass Schwarz im Damengambit die Entwicklung des Springers b8 meist hinauszögert, um den c-Bauern nicht zu verstellen.

Schwarz wird mit c7-c5 das weiße Zentrum angreifen. Die Chancen sind in dieser Stellung etwa gleich verteilt.

2.3.4 Englisch

1. c2-c4

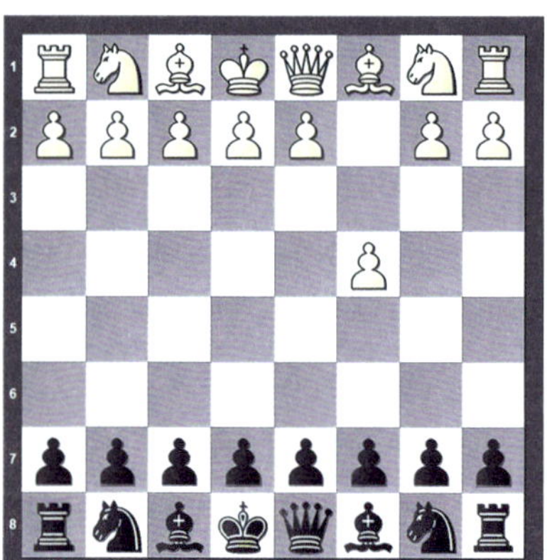

Bereits der erste Zug von Weiß charakterisiert die Englische Eröffnung, vom Theorievolumen eine der umfangreichsten, aber auch vielfältigsten Eröffnungen, die es gibt.

Weiß besetzt mit dem ersten Bauernzug nicht das Zentrum, sondern er kontrolliert es zunächst, um es später anzugreifen.

1. … c7-c5

Ihr habt mit Schwarz die Wahl zwischen mehreren gleichwertigen Systemen und könnt damit die Varianten, die ihr kennen solltet, enorm einschränken. Ich empfehle euch in den ersten Zügen eine symmetrische Aufstellung, die leicht verständlich ist. Auch hier könnt ihr das Spiel schnell ausgleichen. Noch häufiger als 1. … c7-c5 wird 1. … Sg8-f6 oder 1. … e7-e5 gespielt.

2. **Sb1-c3** **Sb8-c6**
3. **g2-g3** **g7-g6**
4. **Lf1-g2**

Typisch für Englisch ist das Läuferfianchetto, die Entwicklung des Läufers von f1 nach g2.

4. … **Lf8-g7**

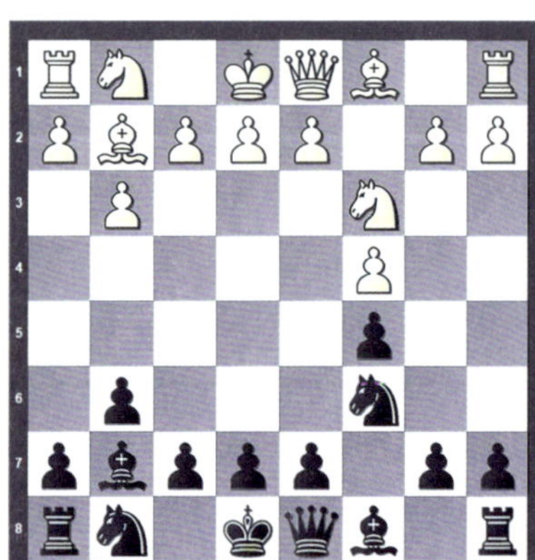

Hier verfügt Weiß über verschiedene Aufstellungen.

5. Sg1-f3

(Gern wartet Weiß auch mit seiner Springerentwicklung ab und zieht 5. a2-a3 mit der Idee Ta1-b1 und b2-b4 mit Raumgewinn am Damenflügel. Es kann folgen: 5. ... Sg8-f6 6. Ta1-b1 (Idee b2-b4) a7-a5 7. d2-d3 0-0 8. Sg1-f3 d7-d5 (=)

Diese Varianten sowie zusätzliche Varianten mit 5. e2-e3 nebst der Springerentwicklung Sg1-e2, worauf ihr die Symmetrie noch länger aufrecht erhalten könnt und 5. d2-d3 findet ihr in den Analysen, in die ihr mit dem QR-Code gelangt.)

5.	...	**e7-e6**

Schwarz plant den für Englisch typischen Konter im Zentrum d7-d5. Steht der Läufer auf g7, wird der Sg8 besser über e7 ins Spiel gebracht. Hier verstellt er nicht die Läuferdiagonale h8-a1.

6.	**0-0**	**Sg8-e7**
7.	**d2-d3**	**0-0**
8.	**Lc1-d2**	**d7-d5 (=)**

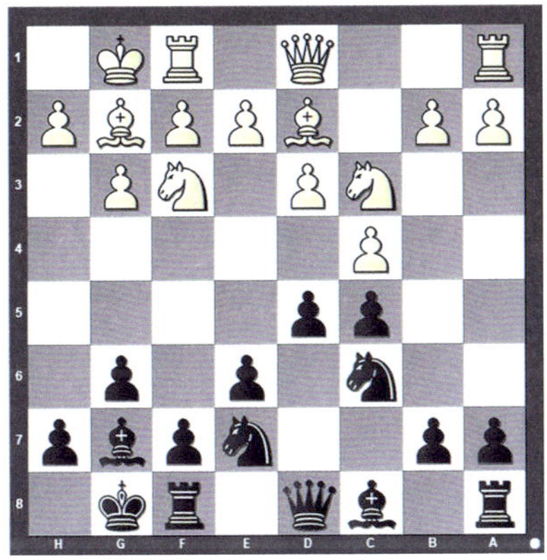

9.	**c4×d5**	**e6×d5**
10.	**Ta1-c1**	**b7-b6**
11.	**a2-a3**	**Lc8-b7**

Schwarz steht sehr bequem. Der Springer e7 findet eine Perspektive auf f5 oder nach d5-d4 auf d5. Die Stellung ist ausgeglichen.

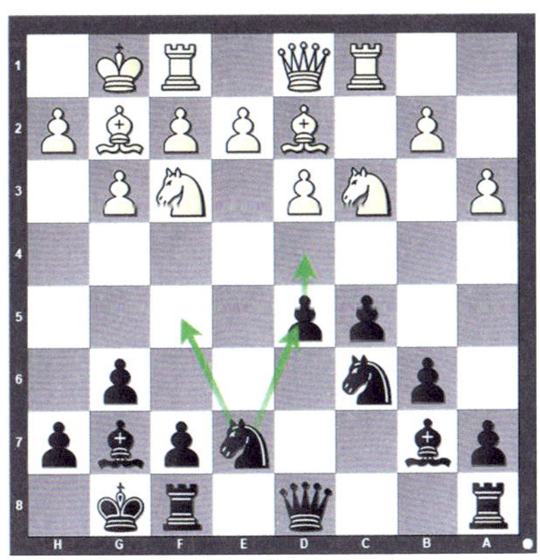

3 DIE GOLDENEN REGELN IM MITTELSPIEL

Das Mittelspiel beginnt, wenn der König sicher steht und die Leichtfiguren entwickelt worden sind. Wir verlassen den bekannten Bereich der Eröffnung und dürfen selbstständig denken.

Die Frage, die ich während eines Trainings am häufigsten höre, ist: Was kann ich jetzt ziehen? Welchen Plan habe ich? Es gibt so unendlich viele Möglichkeiten. Viele fortgeschrittene Einsteiger sind manchmal etwas ratlos, denn im Mittelspiel kann man sich nicht wie in der Eröffnung Züge merken und auf das Brett bringen. Aber gerade das macht den Reiz dieses Spiels aus! Und wer die auf sich einströmenden Ideen ordnen und richtig bewerten kann, wird nicht nur schnell stärker werden und sich im strategischen Denken üben, sondern auch noch mehr Freude am Schach spielen empfinden.

In diesem Kapitel zeige ich euch, worauf es im Mittelspiel ankommt, wie ihr anhand bestimmter Merkmale einer Stellung die besten Züge erkennen und sogar Pläne daraus ableiten könnt.

Die Goldenen Regeln werden euch auch hier beim Finden des richtigen Plans helfen.

3.1 Figurenaktivität im Mittelspiel

Die Aktivität unserer Figuren ist eines der wichtigsten Kriterien im Mittelspiel und überhaupt im Schach. Unser grundsätzliches Ziel, unseren Gegner matt zu setzen, können wir nur erreichen, wenn unsere Figuren aktiver aufgestellt sind als die unseres Gegners, wenn sie einen größeren Handlungsspielraum haben.

Das bedeutet gleichzeitig, dass wir das Ziel verfolgen, die gegnerischen Figuren in ihrer Wirkung einzuschränken.

1. GOLDENE REGEL IM MITTELSPIEL

Stellt eure eigenen Figuren so aktiv wie möglich auf und schränkt die gegnerischen Figuren in ihrer Bewegungsfreiheit ein.

Wo stehen unsere Figuren stark und aktiv?

Eine zentral aufgestellte Figur kontrolliert mehr Felder, sie kann besser mit den anderen Figuren koordiniert werden und schneller an einem Angriff auf den gegnerischen König teilnehmen.

Das gilt vor allem für die kurzschrittigen, aber dafür **trickreichen und wendigen Springer**.

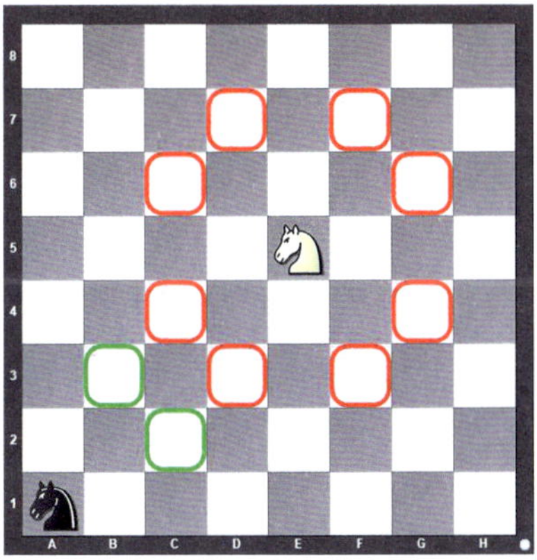

Ein Springer auf e5 kontrolliert 8 Felder, ein Springer am Rand (z. B. auf h4) 4 Felder und ein Springer in der Ecke, wie hier auf a1, nur 2 Felder. Wir sehen, dass der Springer am wirkungsvollsten im Zentrum steht. Je näher er in Richtung der gegnerischen Königsstellung platziert ist, desto gefährlicher wird es für den Gegner. Ein weißer Springer auf f5 bedeutet häufig Gefahr für den schwarzen König. Im Kapitel **1.2 Mattbilder** haben wir gesehen, dass ein Springer von f5 aus mit einem Sprung nach e7 das Matt der Anastasia initiiert; ein Springer auf f6 ist notwendig, um das Arabische Matt herbeizuführen.

Nun werden Springer auf diesen Feldern vom Gegner meist vertrieben und es ist nicht so leicht, einen Springer überhaupt nach f5 zu bringen. Nach der Eröffnung steht ein weißer Springer oft auf f3, es ist im Mittelspiel daher zunächst realistischer, einen Vorposten für die Springer im Zentrum auf e5 zu schaffen, zumal e5 (analog gilt e4 aus schwarzer Sicht) in vielen Eröffnungen ein Feld ist, das nicht mehr durch Bauern angegriffen werden kann.

Die **weitreichenden Läufer** sollten die wichtigen Diagonalen besetzen, um aktiv am Spiel teilnehmen zu können.

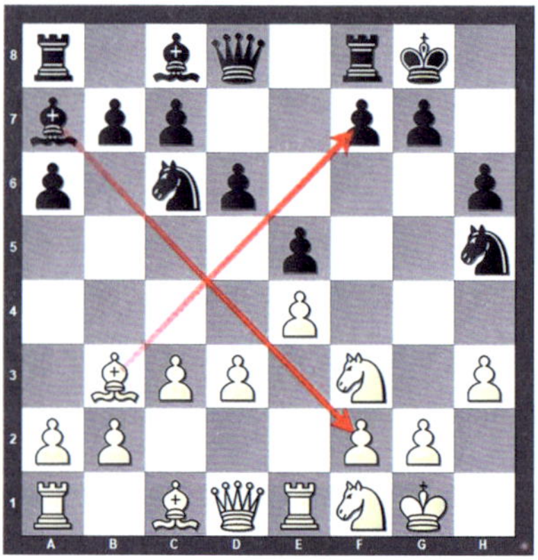

Der weißfeldrige Läufer f1 steht stark auf den Diagonalen a2-g8 oder b1-h7, von wo aus er seinen Blick drohend gegen die Felder f7 oder h7 richtet. In der Italienischen Eröffnung, die ich im Kapitel **2.1 Die goldenen Eröffnungsregeln** kurz vorgestellt habe, ist der Lieblingsplatz des weißfeldrigen Läufers das Feld c4. Wird der Läufer vertrieben, bleibt er auf der Diagonalen und zieht sich nach b3 oder a2 zurück, in der Französischen Verteidigung steht der Läufer meist auf d3 gut.

Ein Läufer kann Zeit seines Lebens nicht die Farbe der Felder wechseln, auf denen er sich bewegt. **Deshalb ist für die Aktivität der Läufer die Bauernstellung äußerst wichtig**.

Erinnern wir uns an die Französische Eröffnung und bewerten einmal die Stärke der Läufer.

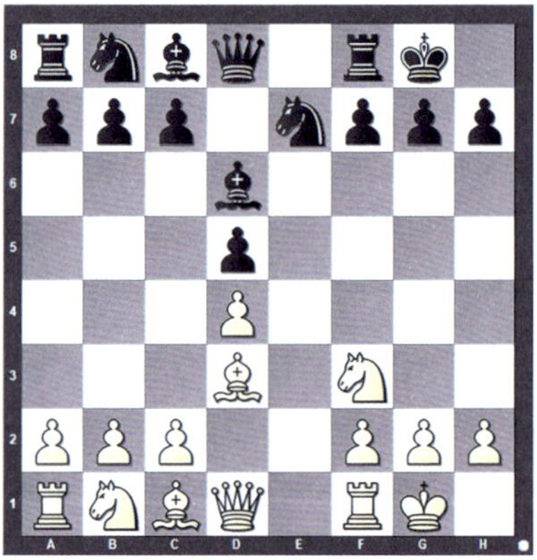

Der Läufer c1, der sich nur auf den schwarzen Feldern bewegen darf, ist schwächer als sein Kollege auf d3, weil der blockierte Bauer d4 auf einem schwarzen Feld steht. Der

Bauer d4 schränkt den Läufer c1 somit in seiner Beweglichkeit ein. Der Läufer d3 schaut gefährlich Richtung h7 und hat auf den weißen Feldern freie Bahn, er ist der starke Läufer von Weiß. Bei Schwarz ist es genau umgekehrt: der Läufer d6 ist stark, der Lc8 die eingeschränkte Figur, er ist in der Französischen Verteidigung häufig das Problemkind.

Die Passivität des weißfeldrigen Läufers von Schwarz (hier auf c8 stehend) wird noch deutlicher in anderen Varianten der Französischen Verteidigung, in denen der e-Bauer auf e6 bleibt. Das Diagramm zeigt dazu ein Beispiel aus der Vorstoßvariante in der Französischen Verteidigung. Der Läufer c8 ist durch die Bauern e6 und d5 in seiner Wirkung und seiner Beweglichkeit stark eingeschränkt.

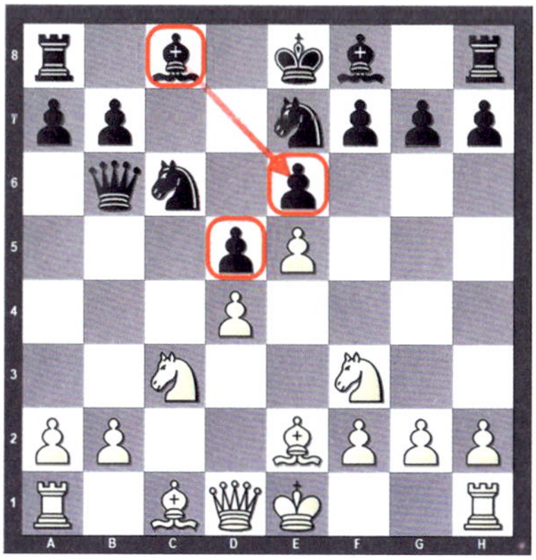

TIPP

Ein Läufer ist stark, wenn die eigenen Bauern, vor allem blockierte Zentrumsbauern, auf einer anderen Feldfarbe stehen.

Es gibt immer Ausnahmen im Schach. Die Kunst besteht darin, zu unterscheiden, ob wir die Regel anwenden können oder eine Ausnahme vorliegt. Hier hilft irgendwann die Intuition, die sich über die Erfahrung bildet.

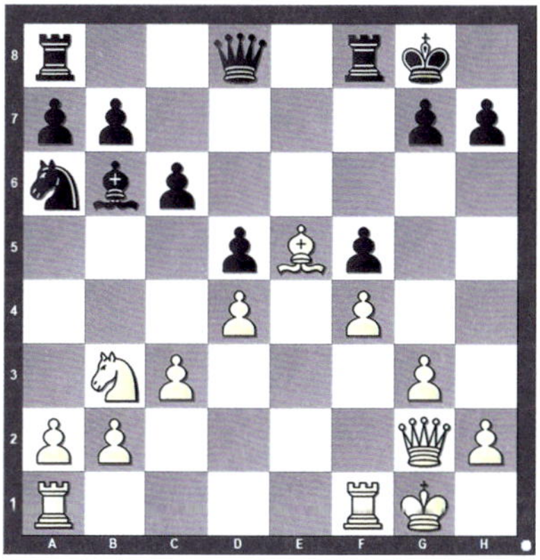

Weiß hat in dieser Stellung erreicht, seinen ursprünglich schlechten schwarzfeldrigen Läufer e5 **vor** seiner Bauernkette zu postieren. Er hat ihn damit in eine starke Figur verwandelt. Auf e5 hat der Läufer zwar keine Rückzugsmöglichkeit mehr, aber er kann nicht durch schwarze Bauern angegriffen werden. Der

Springer a6 steht dagegen am Rand und hat momentan keine aktiven Möglichkeiten.

In der Italienischen Eröffnung entwickelt Schwarz seinen schwachen Läufer von f8 zuerst nach c5, statt ihn mit d7-d6 auf dem passiven Feld e7 hinter seinem d-Bauern einzusperren.

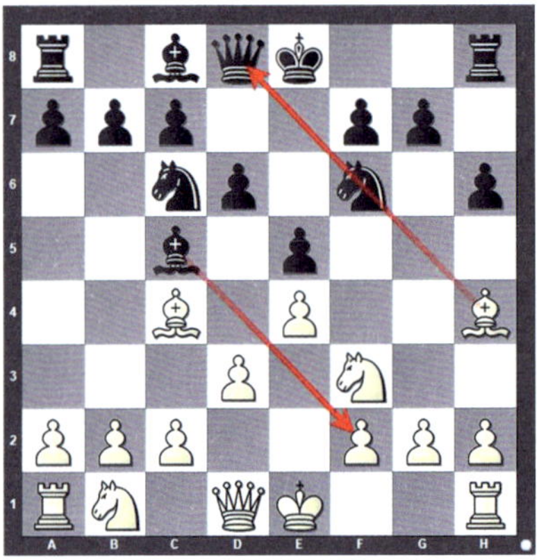

Von c5 richtet der Läufer seinen Blick auf das leicht verwundbare Feld f2. Der Nachteil dieser Läuferentwicklung nach c5 ist wiederum die Schwächung der Diagonalen h4-d8, weil sich der Läufer c5 vor seiner Bauernkette befindet und nicht mehr problemlos zurück nach e7 gelangen kann. Die Fesselung des Springers f6 ist lästig (besonders, wenn Schwarz früh rochiert), und schränkt den Springer in seiner Aktivität ein. Hier zeigt sich ein weiteres Merkmal für die Bewertung der Figurenaktivität: Eine Figur ist eine passive Figur, solange sie gefesselt ist. Bei einer echten Fesselung (hinter der gefesselten Figur befindet sich der König) ist die Figur sogar absolut unbeweglich.

TIPP

Eine Figur ist passiv, wenn sie gefesselt ist oder wenn sie einen Bauern, eine Figur oder ein wichtiges Feld decken muss.

Die folgende Studie von W. Rudolph aus dem Jahr 1912 zeigt auf vergnügliche Art und Weise, wie die Bauernstellung die Figurenaktivität beeinflusst und wie nutzlos passive Figuren sein können.

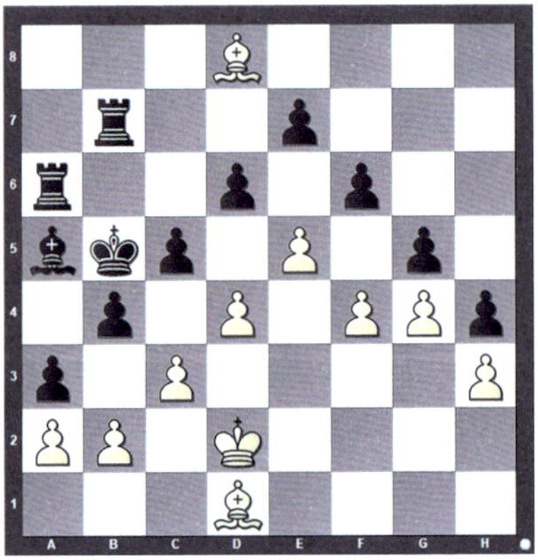

Weiß hat einen enormen Materialnachteil. Dafür besitzt er die Initiative, die er für ein hübsches Hinlenkungsopfer nutzt:

1. Ld1-a4+ Kb5×a4

(1. …Kb5-c4?? verliert sogar für Schwarz: 2. La4-b3+ Kc4-b5 3. c3-c4+ Kb5-c6 4. Lb3-a4+ Tb7-b5 Der erste Turm muss sich opfern, um das Schachgebot abzuwehren. 5. c4×b5+ Kc6-b7 6. b5×a6+ Eine Bauerngabel gewinnt den zweiten Turm. Kb7×a6 7. Ld8×a5. Weiß steht klar auf Gewinn.)

2. b2-b3+ Ka4-b5
3. c3-c4+ Kb5-c6
4. d4-d5+ Kc6-d7
5. e5-e6+

Weiß opfert auch noch seinen zweiten Läufer, um eine komplette Blockade zu errichten.

5. … Kd7×d8
6. f4-f5

Remis

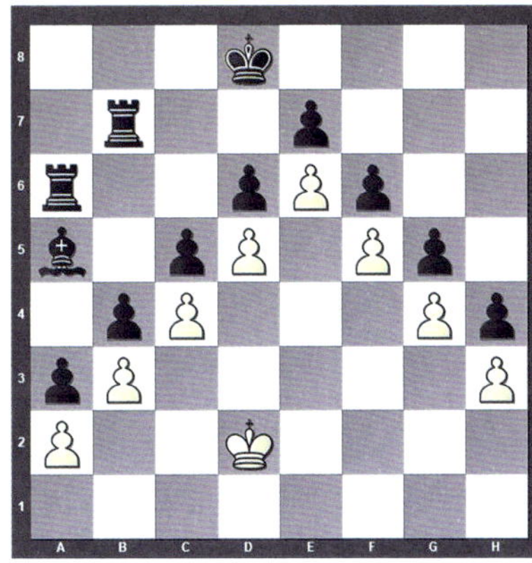

Schwarz kann in die weiße Festung nicht eindringen.

Die Stellung der Türme ist so wichtig, dass ich ihnen das komplette Kapitel **3.1.2 Stellt die Türme auf offene oder halboffene Linien** gewidmet habe.

Die Dame, unsere stärkste Figur, hält sich zu Beginn des Mittelspiels zurück. Wir achten darauf, dass sie in ihrer Beweglichkeit nicht eingeschränkt wird, indem sie Bauern, Figuren oder die Grundreihe decken muss.

3.1.1 Figurenaufstellung verbessern

Anhand der Figurenaufstellung können wir einen Plan für unsere nächsten Züge entwickeln, vorausgesetzt, unser Gegner hat mit seinem letzten Zug keine unmittelbare Drohung aufgestellt. Darauf müssten wir zuerst reagieren. Die Sicherheit des Königs hat immer die oberste Priorität!

Betrachten wir die Leichtfiguren im nächsten Diagramm:

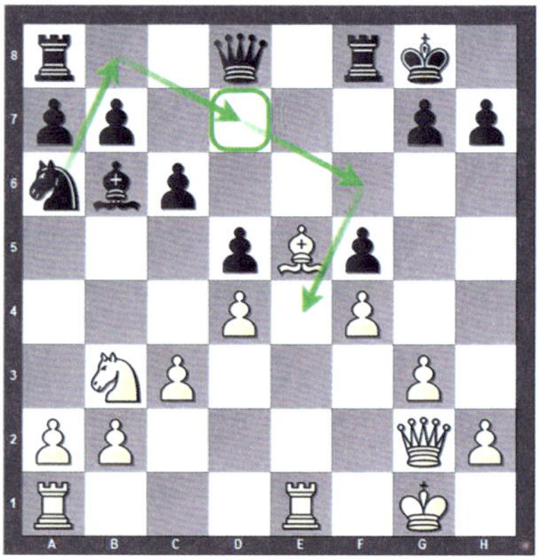

Die schwächste Figur, diejenige mit den wenigsten aktiven Zugmöglichkeiten, ist der Springer auf a6. **Steht eine Figur wenig wirkungsvoll wie dieser Springer, besteht ein guter kurzfristiger Plan darin, die Aufstellung dieser Figur zu verbessern.**

Sicher finden sich aktive Felder, von denen sie das Zentrum kontrollieren oder besetzen können. Dort haben die Figuren die größte Wirkung.

Plan für Schwarz: Schwarz könnte die Aufstellung seines Springers verbessern und ihn über die Route b8-d7-f6-e4 ins Zentrum bringen.

Schauen wir uns die Eröffnungen aus dem **Kapitel 2.2 Eröffnungsideen für Weiß** im Hinblick auf starke und schwache Figuren näher an.

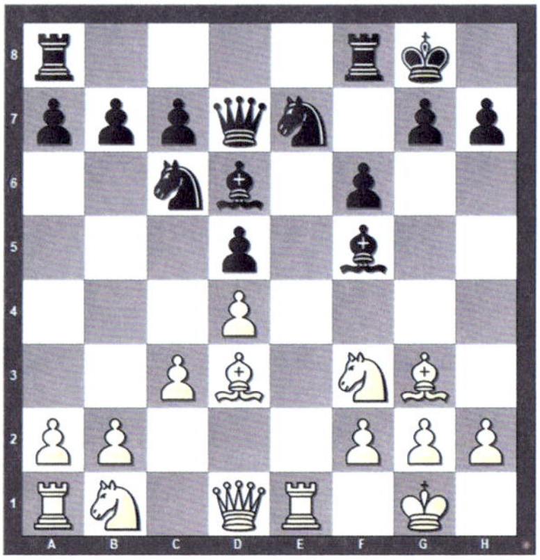

In dieser Stellung, die aus der französischen Abtauschvariante entstanden ist, haben es beide Seiten geschafft, ihre schlechten Läufer auf g3 bzw. f5 aktiv aufzustellen. Einem Abtausch gegen eine stärkere Figur des Gegners steht nichts mehr im Weg.

Im Beispiel aus der Italienischen Eröffnung fällt auf,

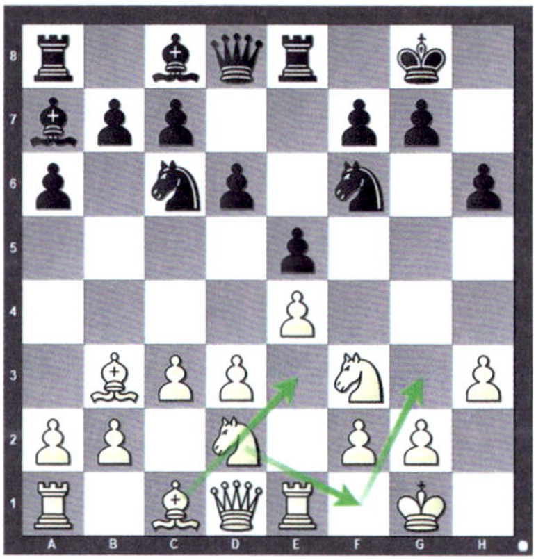

dass der weiße Läufer c1 noch nicht mitspielt. Der kurzfristige Plan für Weiß ist deshalb die Verbesserung der passiven Figuren Lc1 und Sd2. Die Umgruppierung des Springers **1. Sd2-f1** mit der Idee, den Springer nach g3 zu stellen, von wo aus er auf eines seiner Lieblingsfelder f5 blickt, bietet sich an. Anschließend kann der Läufer c1 nach e3 entwickelt werden.

Ich empfehle meinen Schüler*innen gern, sich in die Figuren hinein zu denken und sich mit ihnen zu unterhalten. Ein kurzes Beispiel soll das verdeutlichen:

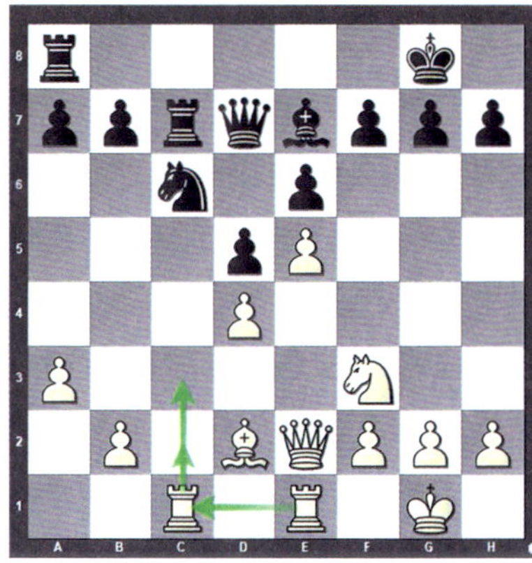

Nach einer Sizilianischen Eröffnung fragt sich Weiß, welche Figur eventuell unzufrieden sein könnte und hört den Te1 jammern: „Ich möchte auch mitspielen, aber mir stehen die Dame e2 und der Bauer e5 vor der Nase!“ Wir fragen den Turm, auf welchem Feld er sich am wohlsten fühlen würde und er antwortet: „Ich will auf die offene c-Linie, dort habe ich am meisten Platz. Ich glaube, dass Schwarz dort seine Türme verdoppeln möchte und das könnte gefährlich für meinen König werden. Falls ich mich eventuell auf der c-Linie abtauschen muss, ist das besser als nur auf e1 herumzustehen.“

So kommt Weiß auf die sinnvollen Züge 1. Tc1-c2 oder 1. Tc1-c3 mit der Idee, den Te1 nach c1 zu stellen und auf der c-Linie dagegen zu halten. Diese Züge sind zudem im Sinne der wichtigen Goldenen Regel „Beachte die Drohungen deines Gegners".

In der Partie Wilner – Romanowski (3. UdSSR-Meisterschaft, Moskau, 1924) kam es nach dem **29.** Zug von Weiß zu folgender Stellung:

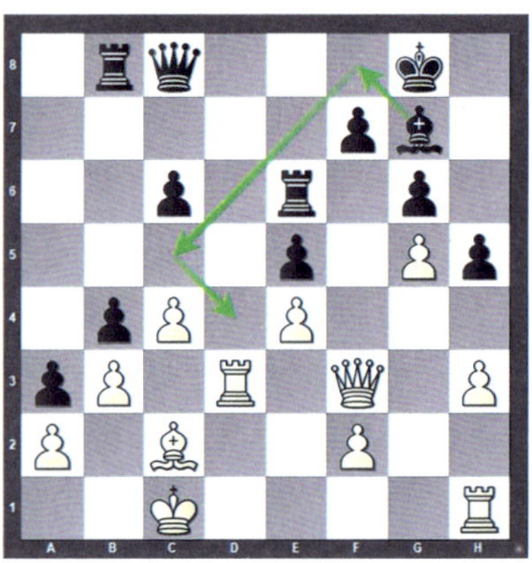

Der Läufer g7 ist die am schlechtesten stehende Figur von Schwarz, denn der schwarze Bauer e5 verstellt die Diagonale a1-h8. Zunächst besteht der Plan von Schwarz darin, diesen Läufer besser zu stellen. Das Feld d4 wäre optimal für den Läufer, weil er erstens vor seinem Bauern steht und zweitens die offene d-Linie, auf der sich Weiß anschickt, die Türme zu verdoppeln, schließt.

29.	...	**Lg7-f8!**
30.	**Th1-d1**	**Lf8-c5**
31.	**Df3-e2**	**Lc5-d4**

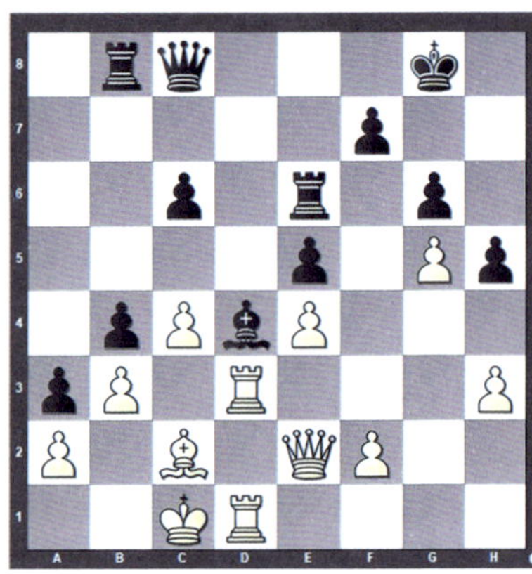

Die beste praktische Chance für Weiß wäre jetzt ein Qualitätsopfer:

32. Td3×d4 e5×d4 33. Td1×d4, aber auch hier steht Schwarz klar besser.

32.	**Kc1-b1**	**c6-c5**

Der Läufer steht auf d4 jetzt felsenfest verankert. Den weiteren Plan von Schwarz verfolgen wir im nächsten Kapitel.

TIPP

Ein guter Plan im Mittelspiel ist es, die am schlechtesten stehende Figur aktiver aufzustellen.

Im ersten Kapitel **Taktik** habt ihr bereits taktische Motive und Mattbilder kennengelernt. Dieses Wissen hilft euch dabei, eure Figuren für den gegnerischen König gefährlich aufzustellen.

Eine Schachfigur steht aktiv, wenn sie zentral steht, aber auch, wenn sie etwas droht.

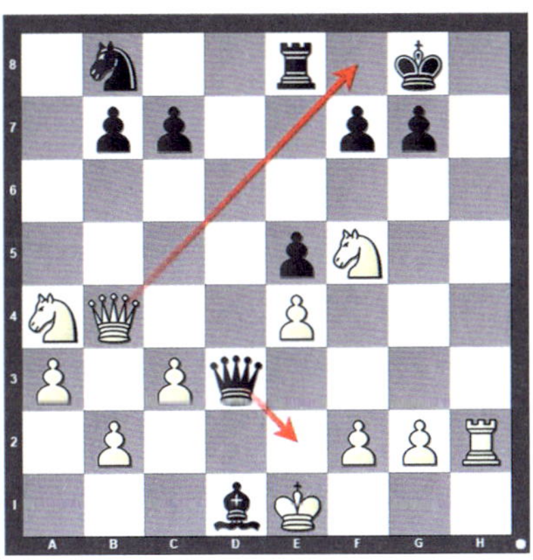

Weiß am Zug

Ihr kennt z. B. das Grundreihenmatt sowie das taktische Motiv Hinlenkung. Weiß zog seinen Springer mit einem Mattbild im Sinn zuletzt von g3 nach f5, der Springer ist jetzt mit der Dame auf b4 und dem stark stehenden Turm auf der offenen h-Linie prächtig koordiniert. Schwarz erkannte die Drohung nicht und drohte selbst mit dem Damenzug nach d3 ein Matt auf e2, was er nun nicht verwirklichen kann. Denn Weiß ist zuerst dran und setzt forciert matt:

1. **Db4-f8+!! Kg8×f8**
2. **Th2-h8#.**

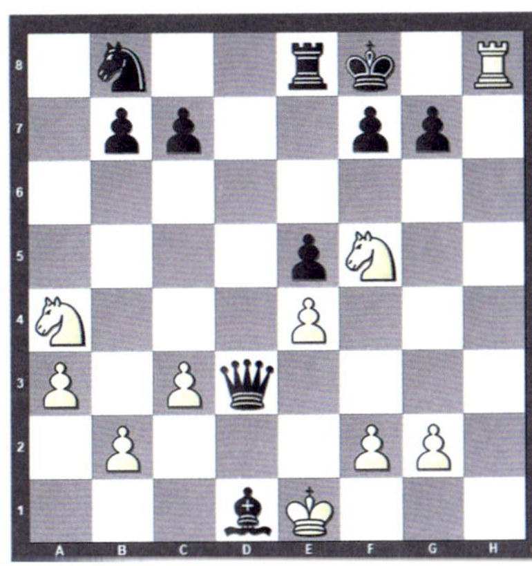

(auf 1. ... Te8×f8 folgt Matt mit Sf5-e7#.)

Erinnern wir uns an ein weiteres Mattbild, ein Matt mit Dame und Springer, welches mit dem Läuferopfer auf h7 erreicht werden kann. Das bringt uns im folgenden Diagramm auf die Idee,

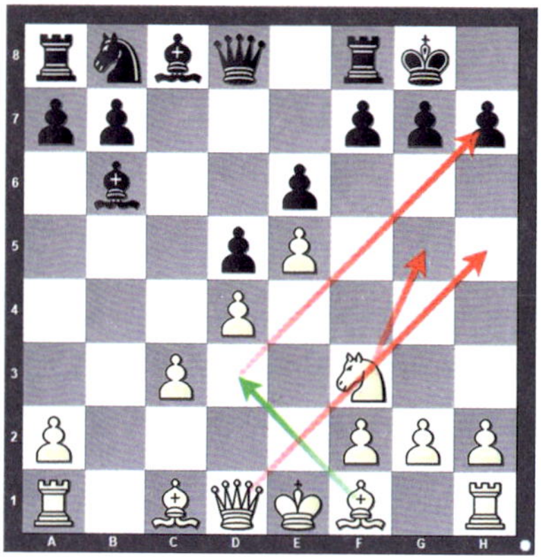

mit **1.** Lf1-d3 die Drohung aufzustellen, den Läufer auf h7 zu opfern, wie wir es aus dem Kapitel **1.2 Mattbilder** kennen.

Kennt Schwarz diese Idee nicht und zieht beispielsweise seinen Springer nach c6, wird Weiß mit

2. Ld3×h7+	**Kg8×h7**
3. Sf3-g5+	**Kh7-g8**

(3.... Kh7-g6 verliert auch: 4. h2-h4 f7-f5 5. h4-h5+! Kg6-h6 6. Sg5×e6+ mit Abzugsschach und Damengewinn)

4. Dd1-h5

entweder matt setzen oder die schwarze Dame gewinnen.

Den gegnerischen König im Figurenangriff zu besiegen, ist ein Weg, eine Schachpartie zu gewinnen. Ein anderer Weg führt über die Eroberung von Material durch taktische Motive in ein vorteilhaftes Endspiel, in dem durch ein elementares Matt gewonnen werden kann. Ein elementares Matt könnte ein Matt mit Dame und König gegen König oder ein Treppenmatt sein.

Bereitet diese taktischen Motive vor, indem ihr Figuren fesselt, eine Gegenüberstellung eurer Schwerfiguren mit dem gegnerischen König herbeiführt oder ein Abzugsschach vorbereitet.

Aus der Caro-Kann-Eröffnung ergibt sich häufig eine ähnliche Stellung wie hier im Diagramm.

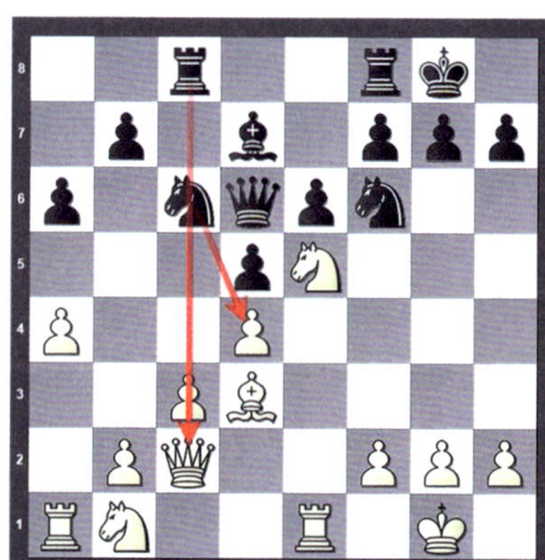

Schwarz hat mit seinem letzten Zug Ta8-c8 seinen Turm der weißen Dame gegenübergestellt.

Weiß sollte auf diese Gegenüberstellung reagieren und Dc2-d1 spielen.

Mit

1. **Sb1-d2?**

übersieht Weiß ein taktisches Motiv. Schwarz nutzt die Fesselung des Bauern c3 aus und gewinnt einen Bauern:

1. ... **Sc6×d4.**

TIPP

Stellt eure Figuren so aktiv und drohend auf, dass ihr dem Gegner die Chance zum Fehlgriff bietet.

3.1.2 Stellt die Türme auf offene oder halboffene Linien

Die Türme stehen am stärksten auf Linien, auf denen sie nicht durch Bauern eingeschränkt werden. Offene Linien sind Linien, auf denen keine Bauern vorhanden sind. Auf halboffenen Linien stehen entweder nur weiße oder nur schwarze Bauern.

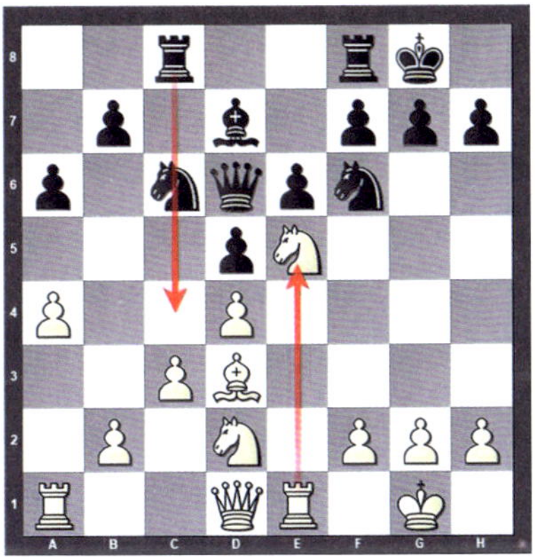

In der Abtauschvariante der Caro-Kann-Eröffnung sind die c-Linie und die e-Linie halboffene Linien. Deshalb steht der weiße Turm gut auf e1 und der schwarze Turm aussichtsreich auf c8.

In der Abtauschvariante der Französischen Verteidigung bestimmt neben der Verbesserung der Leichtfiguren der Kampf um die e-Linie die Ideen im Mittelspiel. Die Türme werden häufig auf der e-Linie verdoppelt und abgetauscht. Hält eine Partei nicht dagegen, wird sie bald schlechter stehen, denn die Türme können schnell in das gegnerische Lager eindringen und darüber hinaus auf der siebten und achten (aus schwarzer Sicht der zweiten und ersten) Reihe den gegnerischen König bedrohen. Die Chancen auf einen erfolgreichen Königsangriff oder auf eine Eroberung von Material steigen, vor allem, wenn es nur eine einzige offene Linie gibt. Wie wir im ersten Kapitel gesehen haben, resultieren Mattbilder oft aus Türmen, die sich auf der siebten Reihe befinden. Auch das Grundreihenmatt entsteht meist durch die Beherrschung offener Linien.

Ein sinnvoller Plan für denjenigen Spieler, der nicht im Besitz der offenen Linie ist, besteht darin, die Schwerfiguren (die Türme und die Dame) abzutauschen oder zumindest auf der offenen Linie dagegen zu halten.

In der Sizilianischen Eröffnung sieht man in fast jeder Partie einen schwarzen Turm auf der halboffenen c-Linie stehen. Häufig verdoppelt Schwarz die Türme auf dieser Linie, um den Druck auf die weiße Stellung zu erhöhen.

In zahlreichen Stellungen gibt es nach der Eröffnung keine offene Linie. Jetzt lautet ein Plan, eine Linie zu öffnen und sie zu besetzen.

Verfolgen wir die Partie Wilner – Romanowski (vgl. letztes Kapitel) weiter. Nach einigen vorbereitenden Zügen gelangt Schwarz zu dieser Stellung:

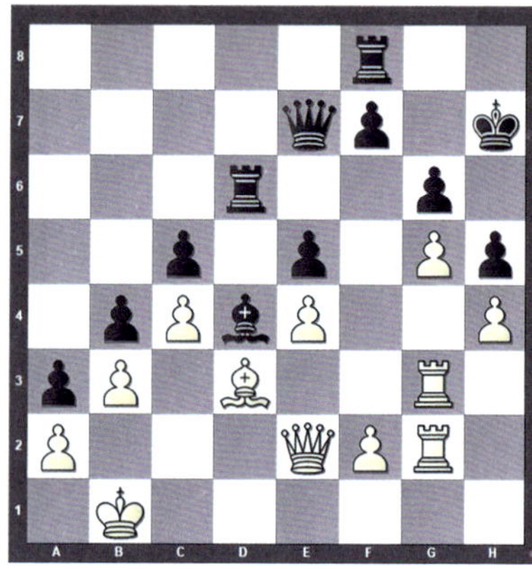

Die d-Linie ist zwar eine offene Linie, aber der Läufer d4 verschließt sie. Eine Idee für Schwarz wäre, die Schwerfiguren auf der d-Linie zu vertrippeln und anschließend den Ld4 nach c3 oder b2 zu ziehen. Schwarz fasst hier aber einen anderen starken Plan: Mit einem Bauernhebel öffnet und erobert er die f-Linie:

38.	...	**f7-f6!**
39.	**g5×f6**	**Tf8×f6**

Schwarz schlägt mit dem Turm f8 zurück, weil er seinen Bauern g6 mehrfach gedeckt halten möchte. Schwarz besitzt die halboffene f-Linie, jetzt plant er, seine Schwerfiguren auf dieser Linie zu vertrippeln:

40. Tg3-g5 De7-f7
41. Ld3-c2 Tf6-f4
42. Tg2-h2 Td6-f6

Schwarz hat seine Schwerfiguren auf der f-Linie erfolgreich vertrippelt. Wichtig ist, dass die Dame als stärkste Schwerfigur hinter den Türmen steht. Diese gefährliche Anordnung der Schwerfiguren auf einer offenen oder halboffenen Linie ist auch als „Aljechins Kanone“ bekannt.

43. Tg5-g2 Ld4×f2

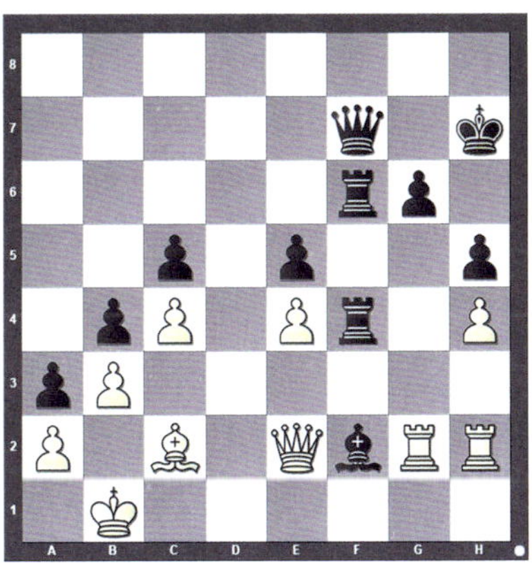

Der f-Bauer war nicht zu retten. Die nun offene f-Linie gehört Schwarz. Weiß erhält im Gegenzug die halboffene g-Linie. Der Bauer g6 ist zwar rückständig, aber er ist ausreichend geschützt und seine strukturelle Schwäche kann Weiß nicht ausnutzen, weil seine Figuren passiv stehen und nicht gut koordiniert sind.

Jetzt lautet der Plan von Schwarz, mit den schwarzen Figuren über die f-Linie in die weiße Stellung einzudringen.

44. Lc2-d1 Lf2-d4
45. Kb1-c1 Tf4-f1
46. Kc1-c2 Tf6-f3
47. De2-d2 Tf3-c3+
48. Kc1-b1 Df7-f3
49. Tg2-e2

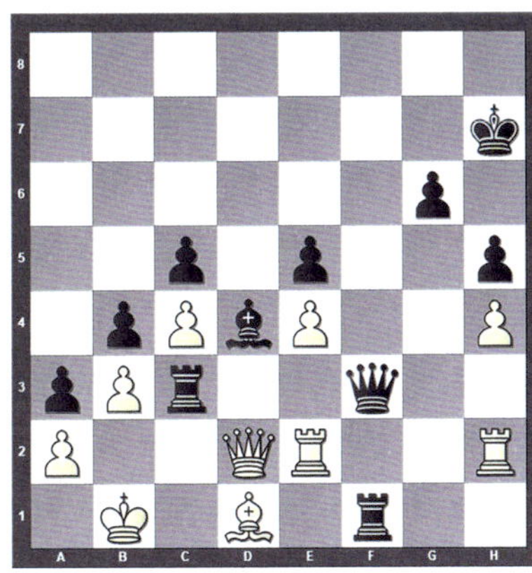

Die Zeit ist reif für das taktische Motiv „Beseitigung der Verteidigung“, welches aufgrund der Fesselung des Läufers d1 funktioniert. Dieser Läufer ist eine passive Figur, die den Bauern b3 nicht schützen kann.

49. ... Tc3x b3+

(49.… Ld4-e3 gewinnt auch sehr schnell)

50. a2×b3 Df3×b3+
51. Kb1-c1 Ld4-b2+

und Weiß gab auf, weil er im nächsten Zug matt gesetzt wird:

52. Kc1-b1 a3-a2#.

Ich fasse die typische Vorgehensweise im Kampf um eine offene Linie zusammen:

- Linie durch Bauerntausch oder taktische Motive öffnen, jedoch nur, wenn ihr die Möglichkeit habt, diese Linie auch zu besetzen, denn wir wollen dem Gegner ja nicht in die Hände spielen.
- Linie durch Verdoppelung oder Vertrippelung der Schwerfiguren besetzen.
- Auf die siebte oder achte Reihe (bzw. auf die erste oder zweite) aus schwarzer Sicht) in die gegnerische Stellung auf dieser Linie eindringen.
- Ausnutzung taktischer Motive, die aufgrund der aktiven Figuren häufig möglich werden.

Neben Bauernhebeln könnt ihr außerdem durch Opfer oder andere taktische Motive eine offene Linie erobern. Im Superbet Chess Classic Bukarest gelang dem Turniersieger GM S. Mamedyarov (2770) im Juni 2021 dank der Beherrschung der zunächst halboffenen, später offenen, g-Linie ein glanzvoller Sieg gegen GM C. Lupulescu (2656).

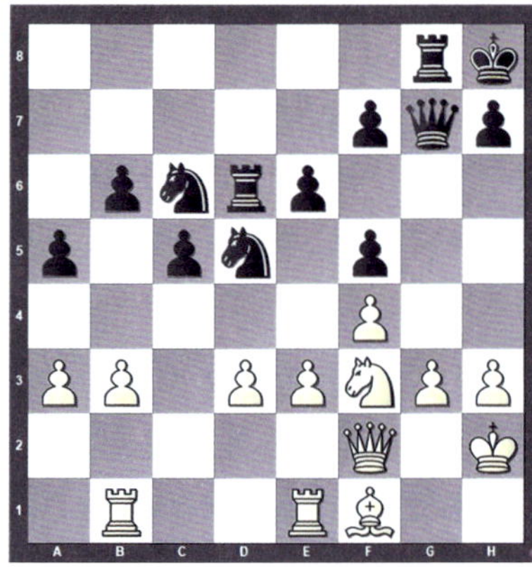

Mit 33. … **e6-e5!** opfert er den e-Bauern – ein schönes Räumungsopfer! – für einen Schwenk des Turmes von d6 nach g6 mit Vertrippelung der Schwerfiguren auf der g-Linie. Weiß hätte den vergifteten Bauern nicht annehmen dürfen und besser Sf3-h4 mit Kontrolle des wichtigen Feldes g6 spielen sollen.

34. f4×e5 Td6-g6
35. Sf3-h4? Tg6×g3

Der g-Bauer fällt, Schwarz steht klar auf Gewinn. Weiß gab wenige Züge später auf.

Man könnte allerdings meinen, Weiß gewinnt jetzt mit der Springergabel

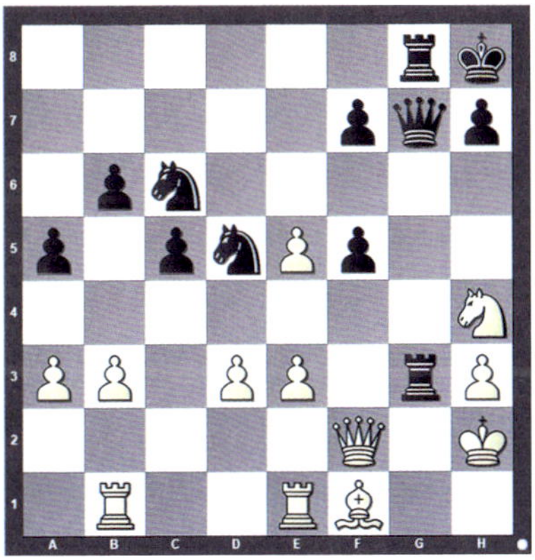

36. **Sh4×f5.**

Die feine Ablenkung der weißen Dame vom Schutz des Feldes g1 mit dem Zug 36. … **Tg3-f3!** widerlegt diese taktische Idee der Springergabel. Die Dame darf den Turm wegen Matt mit Dg7-g1 nicht schlagen. Schlägt der weiße Springer alternativ die schwarze Dame auf g7, gibt der Turm ein elegantes Zwischenschach auf f2:

37. **Sf5×g7** **Tf3×f2+**
38. **Kh2-g1**

Der König wird auf die g-Linie gezwungen und nach

38. … **Tf2-d2**

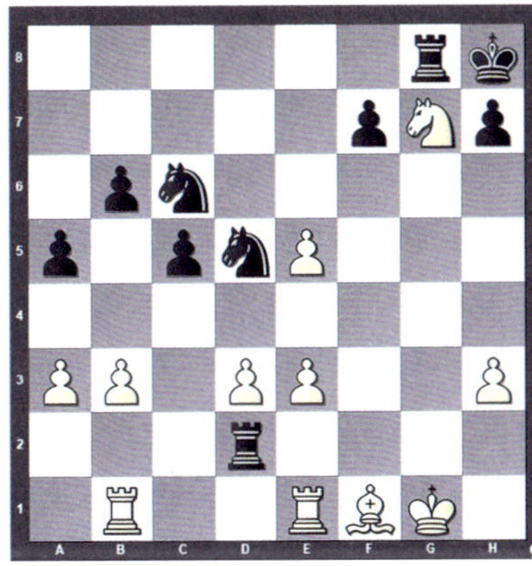

kann der gefesselte Springer g7 nicht mehr gerettet werden. Auch hier steht Schwarz mit Mehrfigur und aktiveren Figuren klar auf Gewinn.

Die nächsten praktischen Beispiele zeigen, welches Unheil Schwerfiguren anrichten können, wenn sie über die offene Linie bis auf die siebte oder achte Reihe eindringen.

C. Schulz (2290) – S. Schubert (2090), Wuppertal 1997

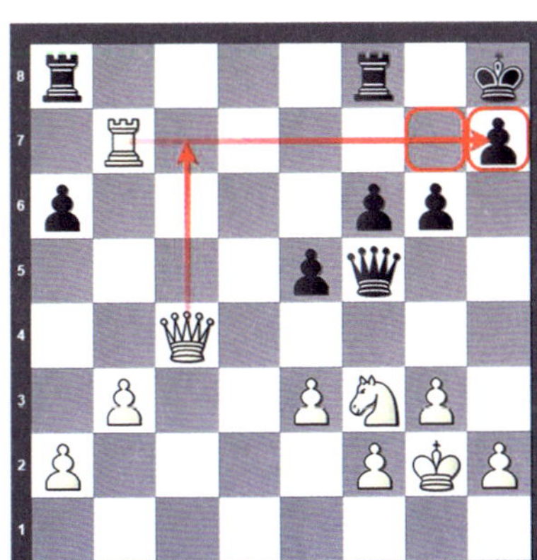

1. **Dc4-c7!**

Die schwarze Stellung kann das Eindringen von Dame und Turm des Gegners auf der siebten Reihe nicht aushalten. Schwarz gab auf. Es findet sich keine Verteidigung der Felder g7 und h7. Auf z.B. 1. ... Df5-h5 wird der Bauer h7 gedeckt und es folgt 2. Dc7-g7#. Wird das Feld g7 geschützt mit: 1. ... Tf8-g8 wird auf h7 matt gesetzt: 2. Dc7xh7#:

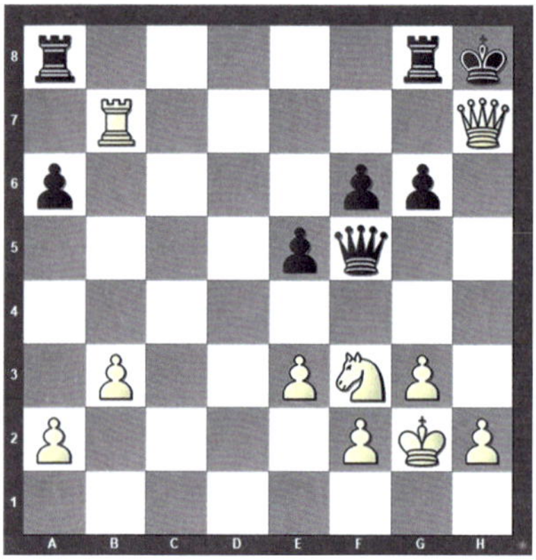

Die junge Inderin IM Vaishali Rameshbabu (2433) zeigte in ihrer Partie gegen FM Jennifer Yu (Pro Chess League, 3/2023) wie gefährlich Schwerfiguren auf der offenen h-Linie für den gegnerischen König werden können:

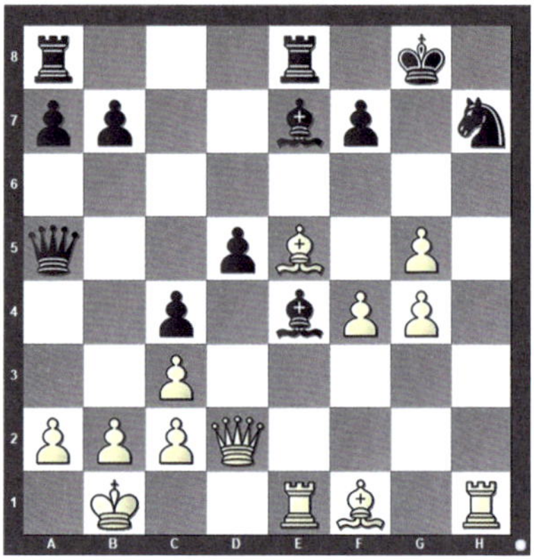

Der weiße Turm h1 steht bereits auf der offenen h-Linie. Zunächst beseitigt Weiß mit einem Qualitätsopfer den Läufer e4, der das wichtige Feld h7 verteidigt. Ohne diesen Läufer bricht die schwarze Stellung schnell zusammen.

1. **Te1×e4!** **d5×e4**
2. **Dd2-h2**

Die Dame verstärkt den Druck auf der offenen Linie. Es droht Lollis Matt mit Dh2xh7+ nebst Dh7-g7# oder Dh7-h8#.

2. ... **Le7×g5**
3. **Dh2×h7+** **Kg8-f8**
4. **Le5-d6+!**

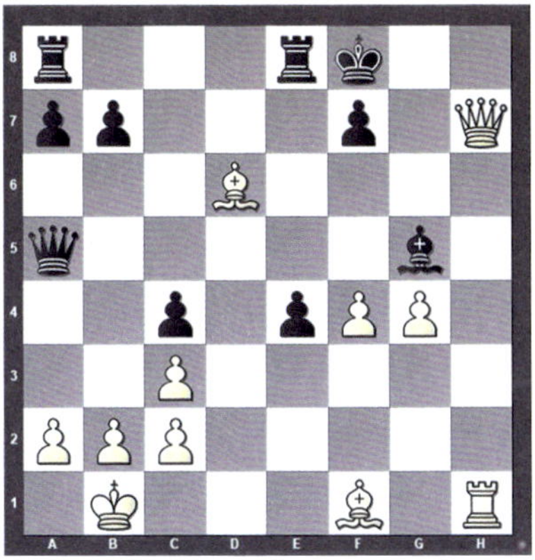

Dieser schlaue Zug verhindert, dass der schwarze König über e7 fliehen kann. Schwarz ist gezwungen, das Fluchtfeld zu verstellen. Es folgt ein Matt im nächsten Zug.

4. … **Lg5-e7**
5. **Dh7-h8#**

In der Partie zwischen IM Spartak Grigorian (2460) und IM Michael Fedorovsky (2410, Bundesliga, 02/2023) konnte Weiß Druck auf der g-Linie aufbauen. Der Turm d2 steht hervorragend auf der offenen d-Linie:

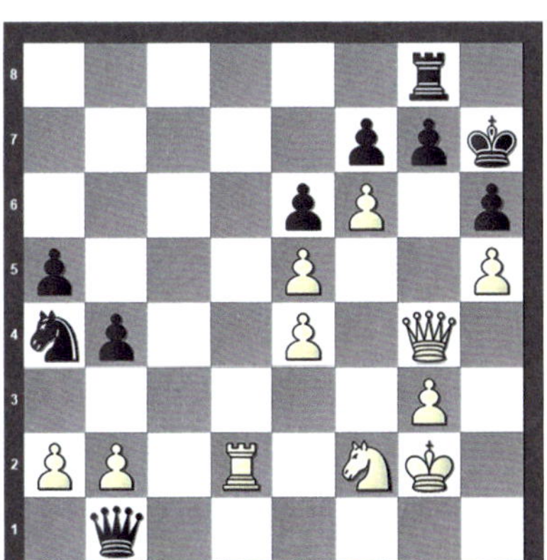

1. **Td2-d7!** **Db1×b2**

Der weiße Turm nutzt seine Chance und besetzt die siebte Reihe. Er greift dort den Bauern f7 an, der vom schwarzen Turm nicht gedeckt werden kann, denn der Turm verteidigt gegen das Matt 2. Dxg7#.

2. **Td7×f7**

Schwarz gab auf. Er wird auf g7 matt gesetzt, z. B.: 2. … Sa4-c5 3. Tf7×g7+ Kh7-h8 4. Tg7×g8+ Kh8-h7 5. Dg4-g7#

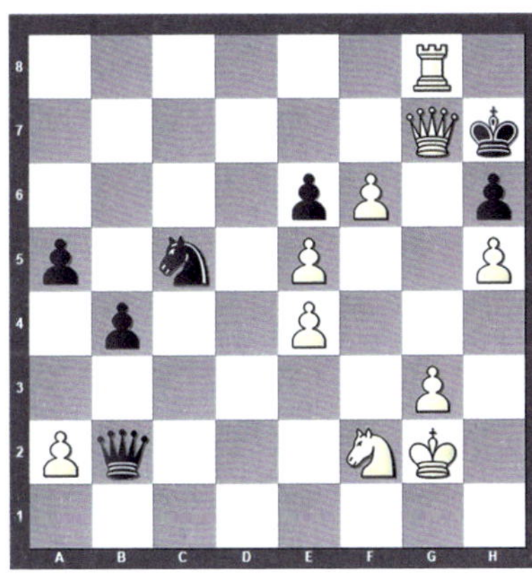

TIPP

Stellt eure Türme auf offene Linien, dort stehen sie am stärksten.

3.2 Die Bauernstruktur und daraus resultierende Pläne

Die Bauernstruktur gibt uns wichtige Informationen, wie eine Stellung einzuschätzen ist und welche Pläne daraus resultieren.

Sie ist dabei umso gesünder, je weniger Bauerninseln, d.h. Bauerngruppen, existieren. Im folgenden Diagramm ist die schwarze Bauernstruktur in drei Bauerninseln zersplittert, was sie leichter angreifbar macht, weil sich die Bauern nicht gegenseitig decken können. Weiß besitzt nur zwei Bauerninseln.

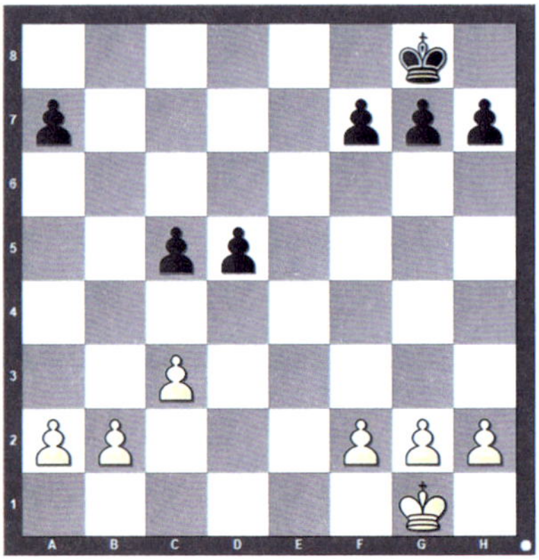

2. GOLDENE REGEL IM MITTELSPIEL

Achtet auf eine gesunde, nicht zersplitterte Bauernstruktur ohne schwache Bauern.

Was sind schwache Bauern? Schauen wir uns die Bauern mit ihren jeweiligen strukturellen Merkmalen genauer an.

3.2.1 Rückständige Bauern

Schwarz besitzt einen rückständigen Bauern auf der halboffenen c-Linie auf c6, der von keinem Bauern gedeckt werden kann.

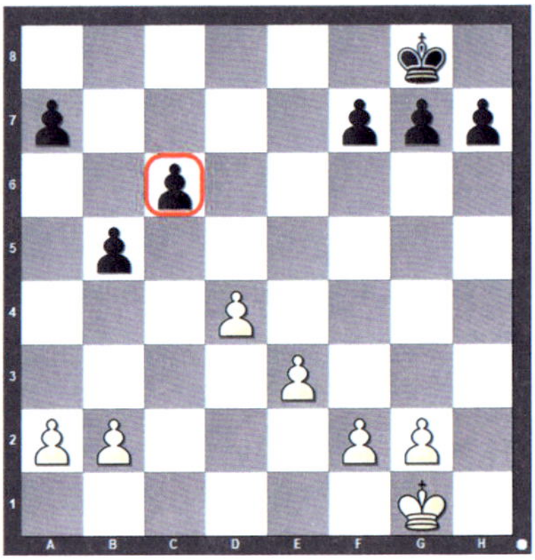

Rückständige Bauern auf halboffenen Linien sind häufig schwach, denn sie können auf dieser Linie leicht durch Türme angegriffen werden.

Allerdings gibt es beliebte Eröffnungssysteme, z.B. in der Sizilianischen Verteidigung, die bewusst einen rückständigen Bauern auf d6 in Kauf nehmen. Dafür gibt es entweder Kompensation, z.B. einen Angriff am Königsflügel oder die Chance, diesen Bauern vorzuziehen und die Schwäche abzutauschen.

Plan für das Spiel GEGEN den rückständigen Bauern:

- Verhinderung des Abtausches des Bauern durch Kontrolle des Feldes vor dem rückständigem Bauern durch Bauern oder Figuren – im letzten Diagramm hindert der Bauer d4 den Bauern c6 daran, vorzuziehen.
- Besetzung des Feldes vor dem rückständigem Bauern mit Figuren. Im Fall eines Abtausches sollte eine Figur zurücknehmen können. Gelangt ein eigener Bauer auf das Feld vor dem rückständigen Bauern, ist der rückständige Bauer durch Angriffe der gegnerischen Schwerfiguren auf der halboffenen Linie geschützt.
- Besetzung der halboffenen Linien durch Schwerfiguren, im letzten Diagramm würden z.B. Türme auf der c-Linie Druck gegen den rückständigen Bauern aufbauen.

Plan für das Spiel MIT rückständigem Bauern:

- Abtausch des Bauern vorbereiten.
- Abtausch der Bauern oder Figuren, die das Feld vor dem Bauern kontrollieren.
- Abtausch der Blockadefigur, also der Figur, die das Feld vor dem Bauern besetzt.

Rückständige Bauern entstehen z.B. in der beliebten sizilianischen Najdorf-Variante. Im folgenden Diagramm ist eine typische Stellung aus der sizilianischen Sweschnikow-Variante zu sehen.

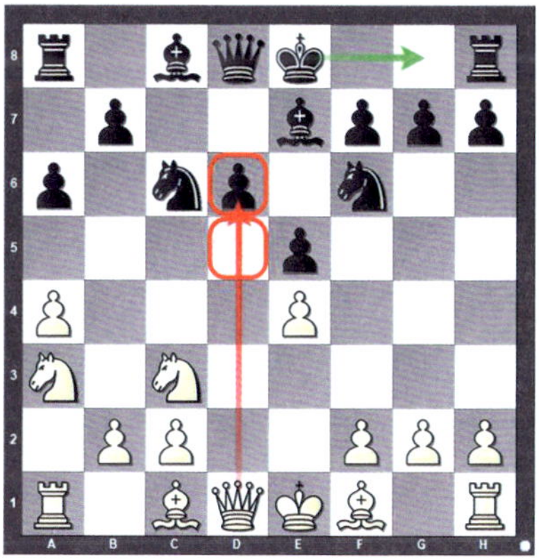

Der achte Zug von Schwarz Lf8-e7 bereitete die kurze Rochade vor. Schwarz hat einen rückständigen Bauern auf d6, die Felder d5 und b6 sind schwach. Der weiße Plan besteht darin, d6-d5 zu verhindern, das Feld d5 zu besetzen und Druck auf der d-Linie aufzubauen. Schwarz sucht nach der Rochade und vorbereitenden Zügen dagegen Angriffschancen am Königsflügel mit f7-f5.

Eine typische Methode von Weiß, das Vorrücken des Bauern d6 zu verhindern und das Feld d5 weiter zu schwächen, besteht in der Beseitigung des Verteidigers von d5, des Springers f6, durch

9.	**Lc1-g5!**	**Lc8-e6.**

Ein weiterer Verteidiger des Feldes d5 rückt heran.

10.	**Lg5×f6**	**Le7×f6**
11.	**Lf1-c4**	

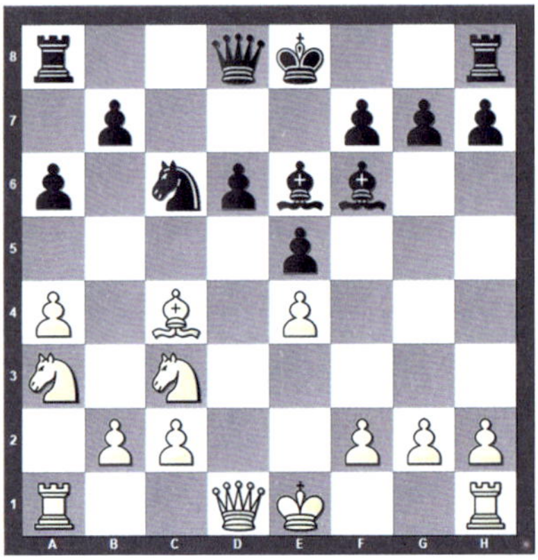

Hier steht der Läufer genau richtig. Dieser schwache weißfeldrige Läufer – der Bauer e4 steht auf einem weißen Feld und schränkt den Läufer auf verschiedenen Diagonalen ein – lässt sich gerne vom Le6 abtauschen oder leistet auf der Diagonalen a2-g8 seinen Beitrag im Kampf um das Feld d5.

11.	...	**Ta8-c8**
12.	**Sc3-d5**	**0-0**
13.	**0-0**	**Lf6-g5**
14.	**c2-c3**	

Dieser Zug verfolgt zwei Ideen: Zum einen kontrolliert er das Feld d4, auf das zu gern der Springer c6 springen würde, zum anderen räumt er das Feld c2, über das der Springer a3 auf das starke Feld e3 gelangen kann.

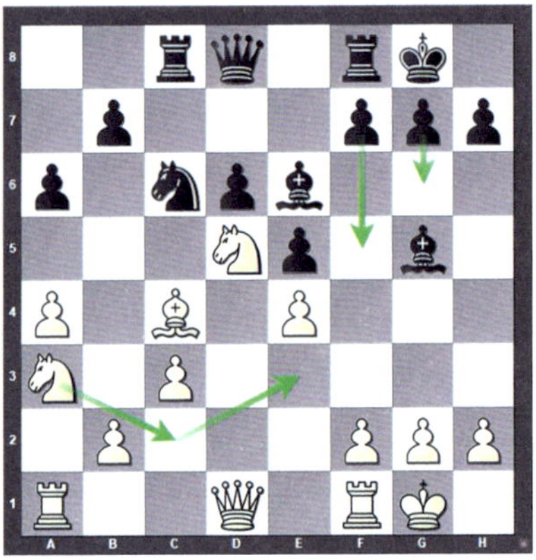

In dieser Variante kommt Schwarz bei gutem Spiel von Weiß nicht zu d6-d5, trotzdem ist die Stellung ausgeglichen. Weiß besitzt zwar die bessere Bauernstruktur, Schwarz dagegen aktive Figuren und Angriffschancen am Königsflügel.

Wenden wir den Plan für das Spiel mit rückständigem Bauern in der folgenden Stellung an, die aus der O'Kelly Variante der Sizilianischen Verteidigung entstanden ist.

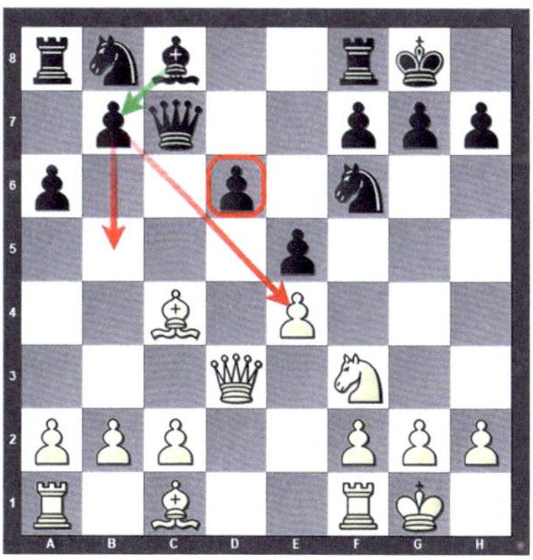

Der Bauer d6 ist rückständig und befindet sich auf einer halboffenen Linie. Weiß besitzt daher die gesündere Bauernstruktur. In der schwarzen Stellung verbirgt sich jedoch ausreichend Potenzial, die Auflösung der Schwäche d6 ist nicht zu verhindern:

1. … **b7-b5**

Räumt mit Tempo das Feld b7 für den noch nicht entwickelten Läufer c8 und greift den Läufer an, der das Feld vor dem rückständigen Bauern d6 kontrolliert.

2. **Lc4-d5** **Sf6×d5**
3. **Dd3×d5**

(Der Zug 3. e4×d5

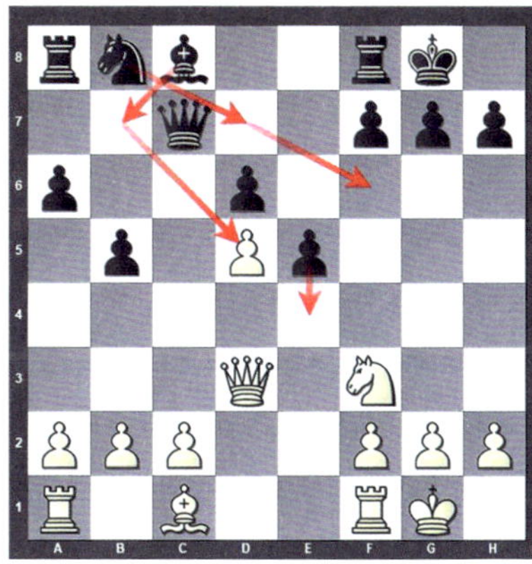

würde d6-d5 zwar durch die Blockade des rückständigen Bauern verhindern, doch der Bauer d6 ist jetzt weniger schwach, weil Weiß diese Schwäche nicht gut ausnutzen kann. Der Bauer d5 besetzt das Feld d5, das somit kein guter Figurenstützpunkt mehr für Weiß ist. Außerdem kann Weiß den Bauern d6 über die d-Linie nicht mehr mit seinen Schwerfiguren angreifen. Schwarz gelangt am Königsflügel zu gutem Gegenspiel.)

Kommen wir zurück zur Hauptvariante.

3. … **Lc8-b7**
4. **Dd5-d3** **Sb8-d7**

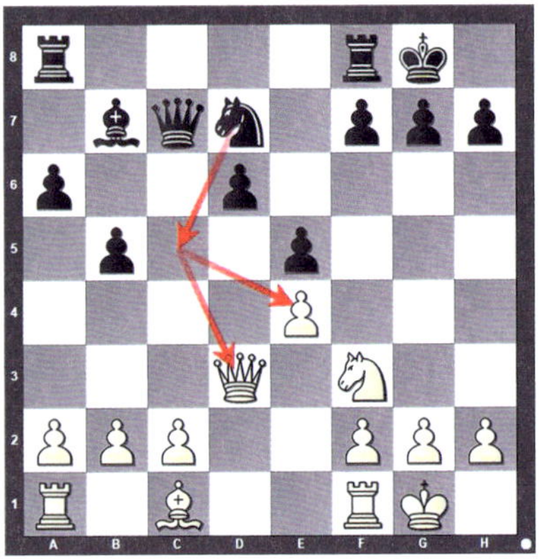

Es droht ein Doppelangriff mit Sd7-c5 auf die Dame und den Bauern e4.

5.	Lc1-e3	Sd7-f6
6.	Sf3-d2	

Die schwarzen Figuren stehen bereit für das befreiende ...

6.	...	d6-d5!

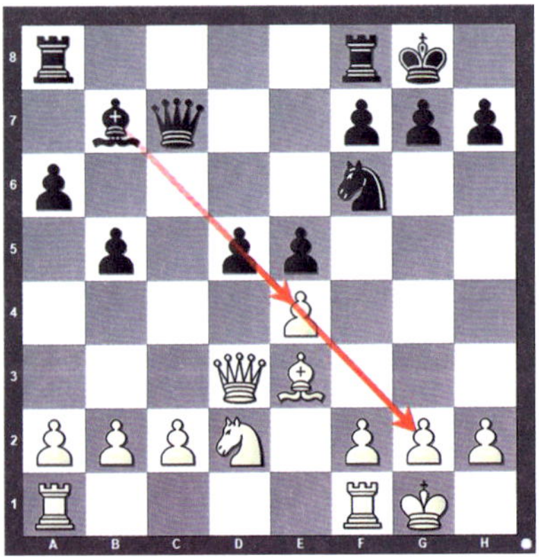

7.	e4×d5	Sf6×d5

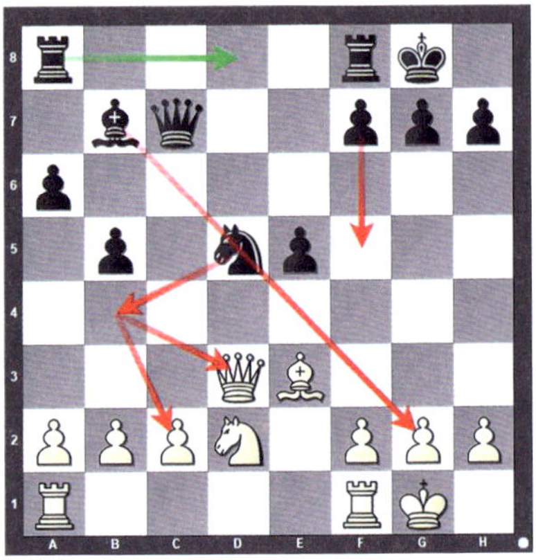

Nun ist der Läufer b7 ein Riese geworden, der Springer steht im Zentrum stark und das Feld d8 bietet sich dem Turm a8 an. Die weiße Stellung besitzt jedoch keine Schwäche, Schwarz steht leicht besser.

TIPP

Das Spiel mit einem rückständigen Bauern dreht sich häufig um die Mobilisierung dieses Bauern, was die Seite, die gegen diesen Bauern spielt, wiederum verhindern möchte.

3.2.2 Isolani

Ein Isolani ist ein isolierter oder vereinzelter Bauer, der nicht von einem anderen Bauern gedeckt werden kann, wie im Diagramm der Bauer auf d4.

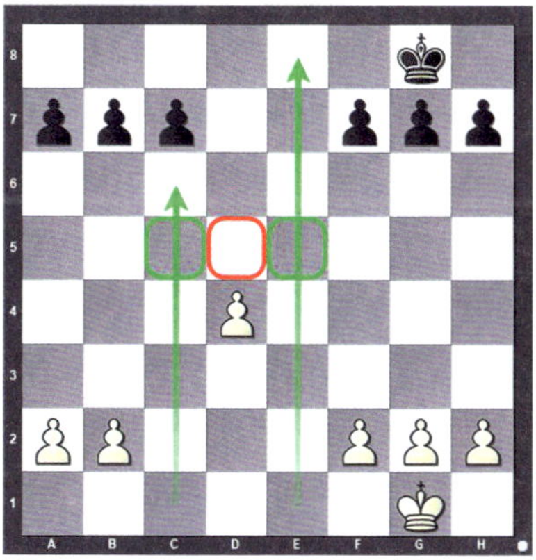

Isolanis sind deshalb häufig schwach, wobei sich diese Schwäche verstärkt im Endspiel bemerkbar macht.

Eine gegnerische Figur auf dem Feld vor dem Isolani (hier auf d5) kann nicht durch Bauern von diesem Feld vertrieben werden, was häufig starke Stützpunkte für Leichtfiguren ergibt.

Aus vielen Eröffnungen, wie zum Beispiel aus dem Damengambit, aus Caro-Kann mit frühem c4, ergibt sich ein isolierter Damenbauer mit einer hervorragenden Kompensation für diese Bauernschwäche.

Es gibt klare Pläne im Spiel mit diesem isolierten d-Bauern sowie Pläne, wie man dagegen spielt. Gehen wir von einem isolierten Bauern auf d4 aus, wie er im Diagramm zu sehen ist. Bei Isolanis auf anderen Linien gelten die Pläne analog dazu.

Plan für das Spiel MIT Isolani:

- Königsangriff, es ist daher sinnvoll, Figurenabtausch zu vermeiden.
- Im richtigen Augenblick Vorstoß des Isolanis nach d5, z.B. mit gleichzeitiger Drohung auf der geöffneten Diagonalen a1-h8.
- Abtausch des Isolani.
- Besetzung der halboffenen Linien durch die Türme.
- e5 als starken Stützpunkt für einen Springer nutzen.
- Raumvorteil für eine gute Koordination der Figuren nutzen.

Plan für das Spiel GEGEN den Isolani:

- Figurenabtausch und ein günstiges Endspiel anstreben.
- Blockade des Bauern und Besetzung des Feldes d5 am besten durch einen Springer.
- Schwerfiguren auf die halboffene d-Linie stellen.
- Druck auf den Bauern erhöhen und eventuell Eroberung des Bauern.

In der Abtauschvariante der Caro-Kann-Eröffnung kommt es oft zu folgender Stellung:

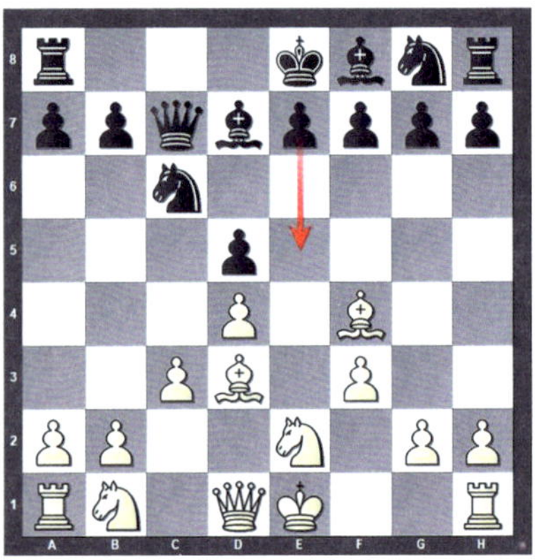

Schwarz spielt nach 8. **Lc1-f4** mit der Idee, den schwachen schwarzfeldrigen Läufer abzutauschen, am häufigsten den aktiven Zug e7-e5. Die Stellung ist ausgeglichen, jedoch recht zweischneidig.

8. … e7-e5!

Schwarz nimmt freiwillig einen Isolani auf d5 in Kauf und vertraut auf eine gute Kompensation. Momentan greift er das weiße Zentrum an und befreit seinen Läufer f8, ohne den Läufer d7 zu blockieren.

9. d4×e5 Sc6×e5
10. 0-0 Lf8-d6
11. Sb1-a3

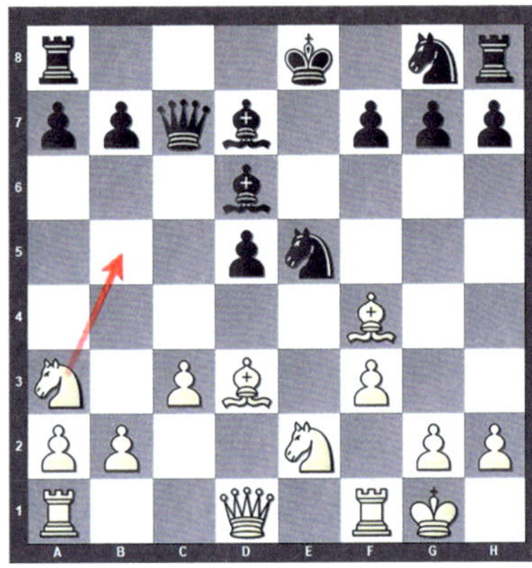

Diese Springerentwicklung an den Brettrand verstößt gegen die Goldenen Regeln der Eröffnung, aber dies ist eine begründete Ausnahme: Auf c3 steht bereits ein Bauer, der das Zentrum stärkt, auf einen Springerzug nach d2 würde der Läufer d3 hängen. Außerdem strebt der Springer nach b5, wo er entweder den Läufer d6 abtauschen darf oder ein von Schwarz initiierter Tausch mit dem Läufer d7 stattfindet. Im positionellen Sinne wäre das in beiden Fällen ein günstiger Tausch für Weiß. In Stellungen mit einem Isolani ist es wichtig, mit beiden Läufern, dem Läuferpaar, zu spielen. Deshalb reagiert Schwarz mit:

11.	...	a7-a6
12.	Se2-d4	Sg8-f6

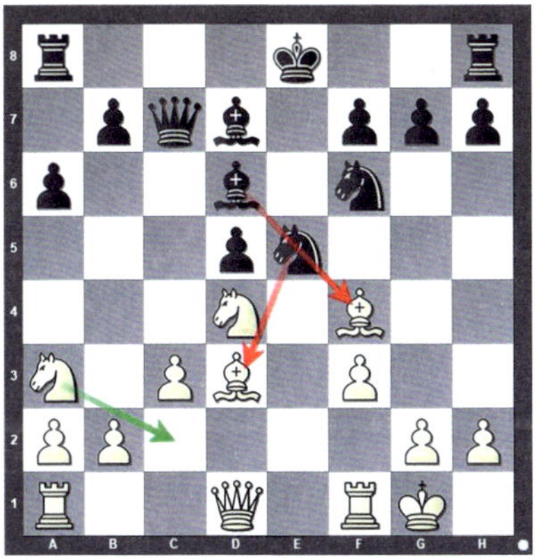

Taktikaufgabe: Muss sich Weiß um seinen ungedeckten Läufer f4 kümmern, weil Schwarz einen Abzug mit Se5×d3 nebst Ld6×f4 droht?

Nein, momentan nicht, weil auf Se5×d3 der Zwischenzug Lf4×d6 mit Damenangriff folgt und Weiß erst danach den Springer d3 zurücknimmt. Trotzdem ist eine Fesselung des Springers mit 13.Tf1-e1 eine gute Idee. Die Stellung ist ausgeglichen.

Wenden wir den oben skizzierten Plan für das weiße Spiel an:
Weiß hat das schwache Feld d4 vor dem schwarzen Isolani besetzt und der Springer a3 steht bereit, seinen Kollegen von c2 aus zu unterstützen. **Sehr wichtig ist es, diese Blockade aufrechtzuerhalten.** Kann dieser Bauer vorziehen und sich gegen den Bauern c3 tauschen, hat sich Schwarz seiner Schwäche entledigt. Der Turm f1 wird auf e1 die offene Linie besetzen. Gelingt es Weiß, alle Figuren abzutauschen, was auch gegen die Idee von Schwarz, mit seinen Figuren anzugreifen, gerichtet ist, ist ein vorteilhaftes Endspiel möglich. Weiß kann im Endspiel seinen König zentralisieren, der die Blockade des Bauern d4 übernehmen könnte.

Welchen Plan verfolgt Schwarz?
Schwarz sollte zunächst die Eröffnung abschließen und kurz rochieren. Sein aktives Figurenspiel bringt ihm die Chance auf einen erfolgreichen Königsangriff. Deswegen vermeidet Schwarz mehrfachen Figurentausch. Zieht sich der Lf4 nach g3 zurück, könnte er mit Sf6-h5 allerdings diesen Läufer abtauschen und den Druck so auf der Diagonalen h2-b8 verstärken. Tauscht sich der Läufer f4 gegen den Springer e5, besitzt Schwarz mit dem Läuferpaar eine gute Kompensation für den Isolani. Strategisch vorteilhaft wäre ein Tausch des Bauern d5 auf d4 gegen den Bauern c3.

Schauen wir uns ein aktuelles Beispiel für einen **erfolgreichen Angriff mit einem Isolani** an:

In der Partie Andersen, M. (2579) – Salinas Herrera (2514), FIDE World Cup 7/2021, sorgte der isolierte d-Bauer nach dem letzten Zug von Weiß Td1-d3 für ein überzeugendes Finale:

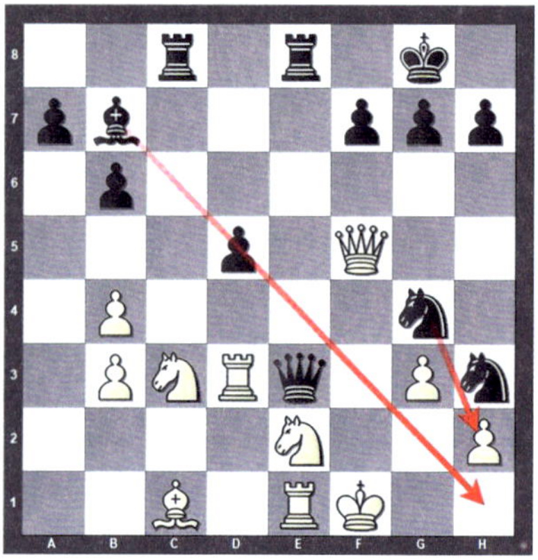

Weiß bedroht mit dem Turmzug nach d3 die schwarze Dame. Schwarz weicht nicht zurück, sondern antwortet mit einer Mattdrohung, wie wir gleich sehen werden:

24. ... **d5-d4!**

Die lange Diagonale a8-h1 wird für den Läufer b7 geöffnet.

25. **Te1-d1**

Weiß möchte seinem König ein Fluchtfeld verschaffen. Wird die Dame durch Turm oder Läufer geschlagen, folgt Sg4×h2#.

25. ... **De3-g1+!**

Die Idee hinter diesem schönen Damenopfer ist die Ablenkung des Springers von der e-Linie. Jetzt wirkt der Te8 bis nach e1.

26. **Se2×g1** **Sg4×h2#**

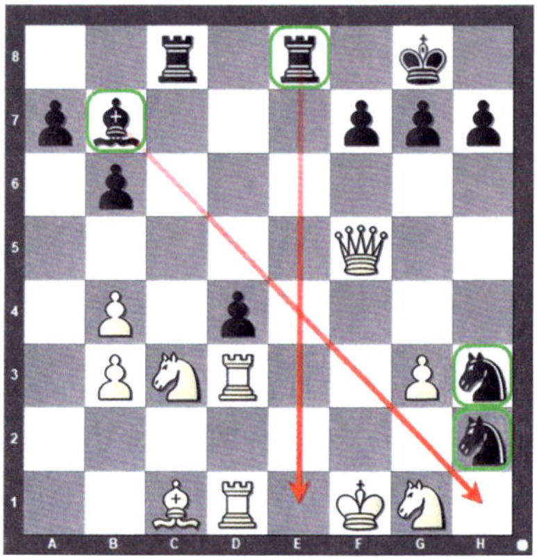

TIPP

Je mehr sich das Spiel dem Endspiel nähert, desto schwächer werden Isolanis meist. Deshalb lautet der wichtigste Plan im Spiel mit dem Isolani: Angriff auf den gegnerischen König, der Plan dagegen: Abtausch der Figuren. Eine gute Idee ist es auch, den Isolani vorzustoßen und abzutauschen.

3.2.3 Doppelbauern

Im Diagramm sind die Bauern e3 und e4 sowie g2 und g3 Doppelbauern.

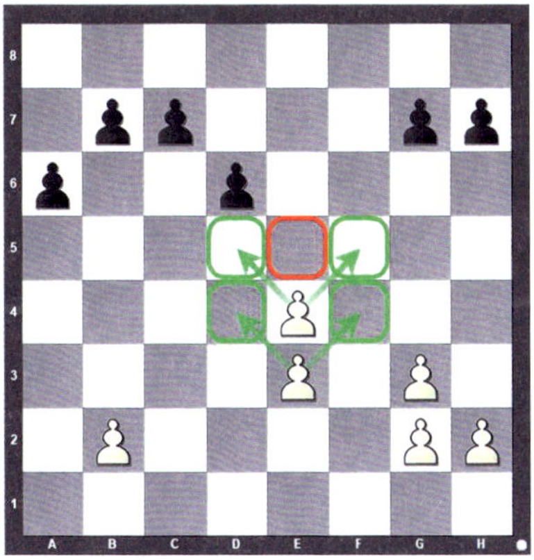

Die Stärke von Doppelbauern ist nicht einfach zu bewerten, denn es hängt von der konkreten Stellung ab, ob sie stark oder schwach sind. Strukturell sind sie im Mittelspiel eher schwach, vor allem, wenn sie zudem noch isoliert sind und deshalb nicht durch benachbarte Bauern gedeckt werden können. Hier sind die Bauern e3 und e4 zwar isoliert, aber im Zentrum stehend wird ihre Schwäche wiederum durch die Kontrolle wichtiger Zentrumsfelder kompensiert. Das Feld vor den Doppelbauern, hier e5, ist in der Regel schwach, denn es kann nicht mehr durch weiße Bauern verteidigt werden.

Im Endspiel sind Doppelbauern gewöhnlich noch schwächer als im Mittelspiel. Doppelbauern, wie hier auf g2 und g3, können gegen die Bauern g7 und h7 keinen Freibauern bilden. Isolierte Doppelbauern können sehr leicht blockiert werden und sind ein leichtes Angriffsziel für die gegnerischen Figuren.

Auch hier gilt: Je weniger Figuren auf dem Brett sind, desto schwächer werden Doppelbauern.

Plan im Spiel MIT Doppelbauern:

- Figurenabtausch vermeiden, weil die Doppelbauern im Endspiel leichte Angriffsziele sind und schwächer werden,
- die Doppelbauern abtauschen,
- entstandene offene Linien für die Schwerfiguren nutzen.

Plan im Spiel GEGEN die Doppelbauern:

- Abtausch von Figuren, d.h. ein Endspiel herbeiführen,
- bei isolierten Doppelbauern: Besetzung des Feldes vor dem Doppelbauern, Blockade und Eroberung der Bauern.

Es gibt zahlreiche Eröffnungen, in denen eine Seite einen Doppelbauern erhält, z.B. in Sizilianisch mit 3. Lf1-b5 tauscht sich der Lb5 gegen den Springer c6 oder es entstehen wie im nächsten Beispiel in der

Caro-Kann Eröffnung nach einem Springertausch auf f6 Doppelbauern auf f6 und f7. Meist sind das keine isolierten Doppelbauern.

Betrachten wir die Pläne in der Caro-Kann-Verteidigung näher.

1.	e2-e4	c7-c6
2.	d2-d4	d7-d5
3.	Sb1-c3	d5×e4
4.	Sc3×e4	Sg8-f6
5.	Se4×f6+	e7×f6

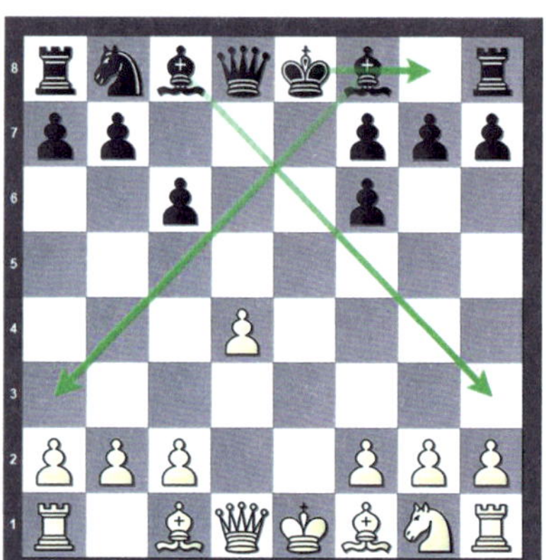

Schwarz erhielt Doppelbauern auf f7 und f6. Nimmt der e-Bauer auf f6 zurück, sind die Läufer von Schwarz nicht verstellt, einer schnellen Entwicklung und aktivem Figurenspiel steht nichts im Wege. Nach den häufigsten Eröffnungszügen

6.	**c2-c3**	**Lf8-d6**
7.	**Lf1-d3**	**0-0**
8.	**Dd1-c2**	**Tf8-e8+**
9.	**Sg1-e2**	

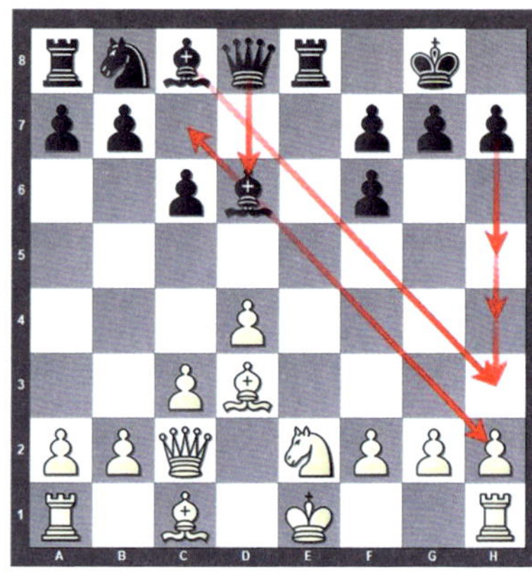

steht der Turm e8 schon perfekt auf der offenen Linie, beide Läufer von Schwarz zielen auf die zukünftige weiße Königsstellung, der aktuell bedrohte Bauer h7 schaltet sich gern in den Kampf ein und rückt, wenn Weiß ihn lässt, sogar bis nach h3 vor, wo er Schwächen in der Bauernstruktur von Weiß schafft. Der Springer b8 findet attraktive Routen über d7 nach f8-g6 oder über b6 nach d5.

Plan für Schwarz: Schwarz sollte es vermeiden, alle Figuren abzutauschen, denn das Bauernendspiel wäre vorteilhaft für Weiß: Während Schwarz am Königsflügel zwar mit einem Bauern mehr spielt, aber keinen Freibauern bilden kann, gelingt das Weiß mit seinen vier gegen drei Bauern am Damenflügel leicht.

Der Plan für Weiß: Er besteht in der Aktivierung seiner Figuren sowie im Abtausch der aktiven schwarzen Figuren.

Weiß steht etwas besser, weil Schwarz in der „Bringschuld" ist, er ist verpflichtet, anzugreifen, um ein schlechteres Endspiel zu vermeiden.

Etwas häufiger nimmt der Bauer g7 auf f6 zurück:

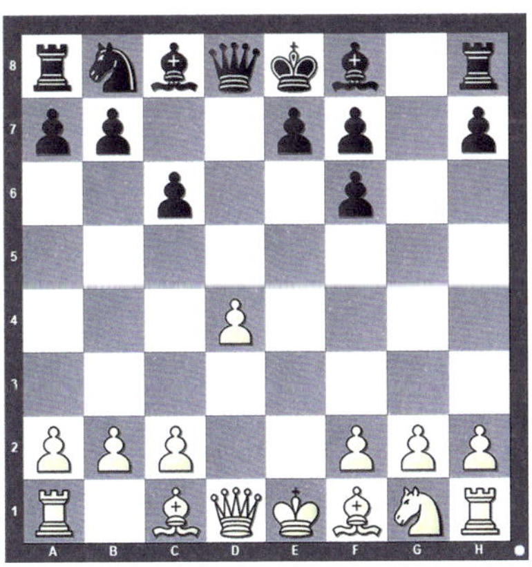

5.	...	**g7×f6,**

was dem Turm die g-Linie halb öffnet und Schwarz seinen e-Bauern für die Stärkung seines Zentrums lässt.

6.	**Sg1-f3**	**Lc8-g4**
7.	**Lf1-e2**	**e7-e6**
8.	**Lc1-f4**	**Lf8-d6**
9.	**Dd1-d2**	**Dd8-c7**
10.	**Lf4×d6**	**Dc7×d6**
11.	**0-0-0**	**Sb8-d7**
12.	**Kc1-b1**	**0-0-0**

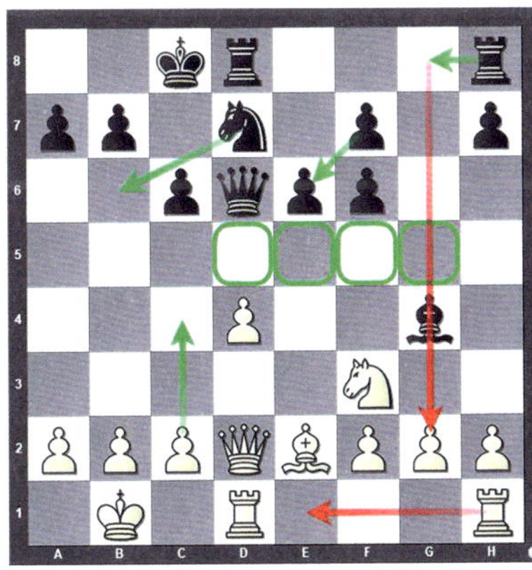

Die Eröffnung ist abgeschlossen.

Plan für Schwarz: Die schwarzen Doppelbauern geben der Stellung Halt. Der Bauer f6 nimmt dem Springer f3 die Felder e5 und g5, der Bauer f7 stützt e6. Diese kompakte Bauernstellung sollte möglichst so stehen bleiben. Die Figuren suchen sich Angriffsziele, der Turm h8 wird z. B. die halboffene g-Linie nutzen, aber auch Druck durch Td8 und Dd6 auf der d-Linie ist wichtig, um das Gegenspiel von Weiß zu erschweren.

Der Plan für Weiß: Weiß wird versuchen, d4-d5 durchzusetzen. Zieht der Bauer e6 nach e5, schwächt dies die Felder f5 und d5. Tauscht der Bauer e6 auf d5, ist ein isolierter Doppelbauer entstanden, der vor allem im Endspiel sehr schwach ist.

Weiß steht nur minimal besser.

Auch Weiß gelangt aus einigen Eröffnungen heraus zu einem Doppelbauern, z. B. bringt Weiß eine Nebenvariante in Sizilianisch einen Doppelbauern auf c2 und c3:

1.	e2-e4	c7-c5
2.	Sg1-f3	Sg8-f6
3.	e4-e5	Sf6-d5
4.	Sb1-c3	Sd5×c3
5.	d2×c3	

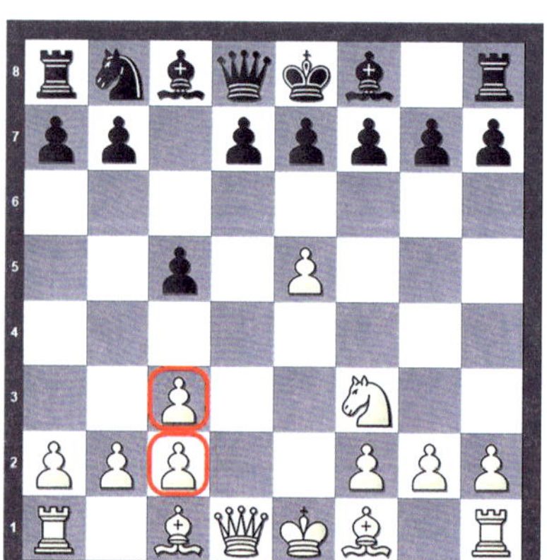

Meist schlägt man mit den Bauern Richtung Zentrum zurück, aber in dieser Stellung ist es stärker, die d-Linie halb zu öffnen und den Figuren damit Raum für aktives Spiel zu geben.

Der schwarze Springer hat drei Züge gemacht, um sich schließlich gegen den Springer c3, der nur einmal gezogen hat, abzutauschen. Als Kompensation erhält Schwarz eine leicht entwertete weiße Bauernstruktur: Die Doppelbauern sind nicht sehr beweglich. Sie sind jedoch auch nicht schwach, sie stärken sogar die wichtigen Felder d3 und d4, sie stehen außerdem auf keiner halboffenen Linie, auf der sie angegriffen werden können.

Weiß steht etwas besser: Er besitzt Entwicklungsvorsprung, bessere Zentrumskontrolle und freies Figurenspiel.

5.	…	d7-d5

(Auf 5. … Sb8-c6 wird der starke Bauer e5 weiter mit Lc1-f4 unterstützt.)

6.	e5×d6	e7×d6
7.	Lf1-c4	Sb8-c6
8.	0-0	Lf8-e7
9.	Tf1-e1	0-0
10.	Lc1-f4	

Weiß steht etwas besser.

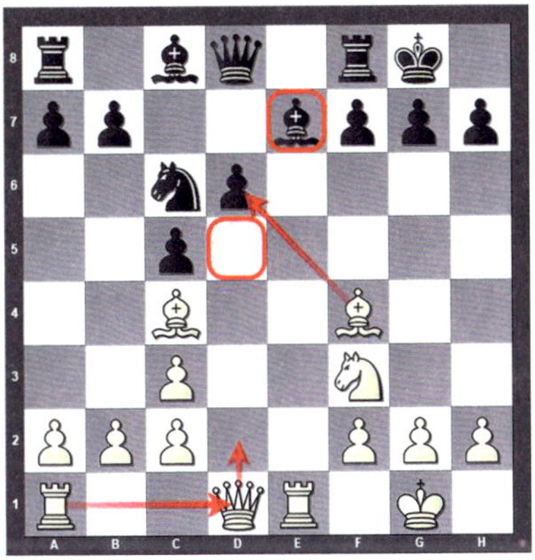

Plan für Weiß: Weiß nutzt die halboffene d-Linie für eine Verdopplung von Dame und Turm (Dd1-d2 nebst Ta1-d1) und verstärkt so den Druck gegen den rückständigen Bauern d6. Weiß kontrolliert das schwache Feld d5 und hindert den Bauern d6 daran, nach d5 zu ziehen.

Plan für Schwarz: Schwarz kann keinen Vorteil aus den weißen Doppelbauern ziehen. Er sollte um das Feld d5 kämpfen und den Vorstoß d6-d5 verwirklichen.

TIPP

Isolierte Doppelbauern sollten vermieden werden, sie neigen zur Schwäche, die sich im Endspiel noch stärker bemerkbar macht.

3.2.4 Hängende Bauern

Hängende Bauern sind als Paar isolierte Bauern auf halboffenen Linien, meist auf den c- und d-Linien:

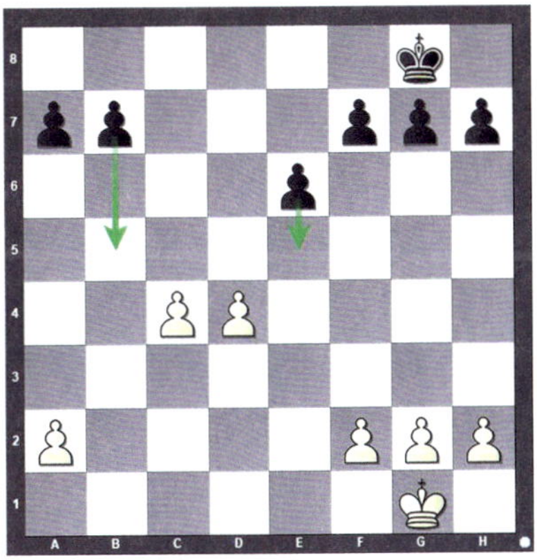

Hier sind die Bauern c4 und d4 nebeneinander stehende Bauern ohne seitlichen Schutz durch benachbarte Bauern. Hängende Bauern können aus vielen, meist geschlossenen Eröffnungen, wie z.B. aus dem Damengambit heraus, entstehen.

Auch hängende Bauern können, je nach Figurenstellung, stark oder schwach sein.

Plan für das Spiel MIT hängenden Bauern:

- Königsangriff: Die gute Kontrolle wichtiger Felder sowie der Raumvorteil ermöglichen wirkungsvoll aufgestellte Figuren

und schaffen die Voraussetzung für einen erfolgreichen Königsangriff
- Figurenabtausch daher vermeiden.
- Taktische Möglichkeiten suchen und einen Bauern im richtigen Moment vorziehen, nämlich dann, wenn die Bauern nicht blockiert werden können oder ein taktisches Motiv, z. B. ein Abzugsangriff auf der langen Diagonalen a1-h8, Vorteil bringt.
- Verhinderung der gegnerischen Bauernhebel (hier b5 und e5) durch die Kontrolle oder Besetzung dieser Felder, z. B. durch einen Springer auf e5.

Plan für das Spiel GEGEN die hängenden Bauern:
- Durch Figurendruck einen der Bauern zum Vorziehen zwingen und dann auf den entstehenden schwachen Feldern eine Blockade errichten.
- Ein Abtausch von Figuren erschwert den Königsangriff des Gegners.
- Die Schwäche der Bauern im Endspiel ausnutzen.
- Ein Angriff durch die Bauern von den benachbarten Linien (hier z. B. durch den b- oder e-Bauern) mit einem Übergang in eine günstige Isolani-Stellung.

Schauen wir uns die Pläne in der Praxis an.

In der Partie Sokolski – Botwinnik kam es 1938 in Leningrad zu folgender Stellung:

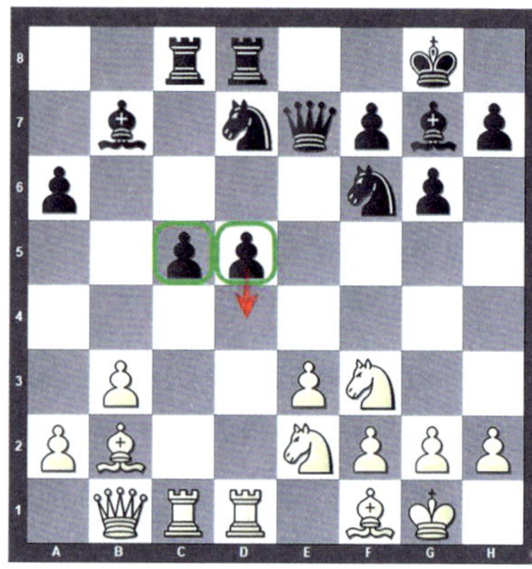

Schwarz steht besser: Die hängenden Bauern c5 und d5 geben Schwarz mehr Raum und sind hier keine große Schwäche. Den aktiv aufgestellten schwarzen Figuren bieten sich gute Aussichten auf einen Königsangriff, selbst der Läufer b7 lauert hinter dem Bauern d5 auf seinen Einsatz. Jetzt wird mit der Fesselung des Bauern e3 der Vorstoß d5-d4 vorbereitet:

1. …	**Lg7-h6!**
2. **Lb2-a3**	

Weiß fesselt seinerseits den Bauern c5, aber er hätte besser den Turm c1 aus der Fesselung gezogen. Es bietet sich nur kein gutes Feld an, denn auf c2 gerät er nach d5-d4 und Lb7-e4 in die andere Läuferdiagonale. Trotzdem wäre ein Qualitätsopfer besser gewesen. Schwarz stellt seine Figuren noch aktiver auf:

2.	…	Sf6-g4
3.	Db1-d3	Sd7-e5
4.	Sf3×e5	De7×e5
5.	Se2-g3	De5-f6
6.	Sg3-h1	Td8-e8!

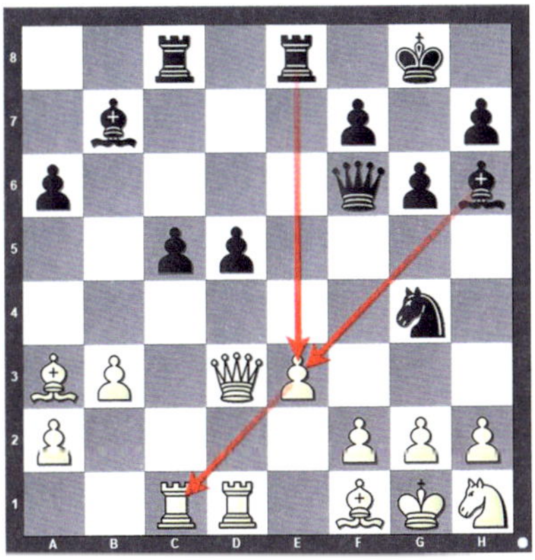

Der spätere Weltmeister Botwinnik spielte sofort d5-d4 und gewann auch, aber noch stärker wäre der Turmzug auf die halboffene Linie nach e8 gewesen, der den Druck auf dieser Linie und auf den Bauern e3 verstärkt. Es könnte folgen:

7. Td1-e1 d5-d4!

Endlich stehen alle Figuren richtig, die Stellung wird geöffnet und der Läufer b7 wird eine Macht!

8. Dd3-e2 **Df6-g5**

Ebenfalls eine starke Zug-Alternative ist hier Df6-h4, wonach Schwarz ebenfalls gute Gewinnchancen hat.

9. h2-h3 **Sg4-f6**

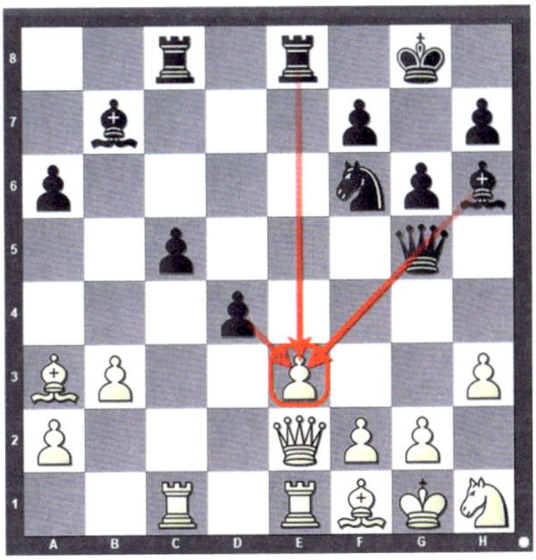

Der weiße e-Bauer kann nicht mehr gerettet werden. Die schwarzen Figuren dominieren. Weiß hatte keine Zeit, die hängenden Bauern zu blockieren und die schwachen Felder c4 und d3 zu besetzen. Schwarz steht klar besser.

Das nächste Beispiel zeigt, wie Weiß mit einem seitlichen Bauernangriff in Verbindung mit mehrfachen Fesselungen erfolgreich gegen die hängenden Bauern spielt.

Larsen – Radulow, Interzonenturnier in Leningrad 1973

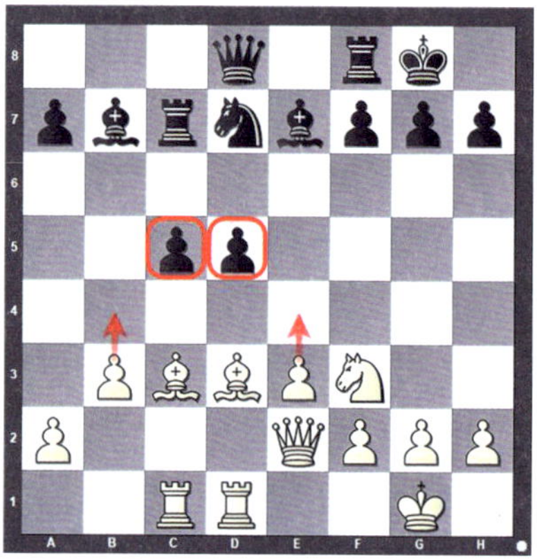

Schwarz hat sich mit seinem letzten Zug **15. … b6×c5** für hängende Bauern entschieden.

Besser wäre allerdings ein Zurücknehmen auf c5 mit dem Springer d7 gewesen:

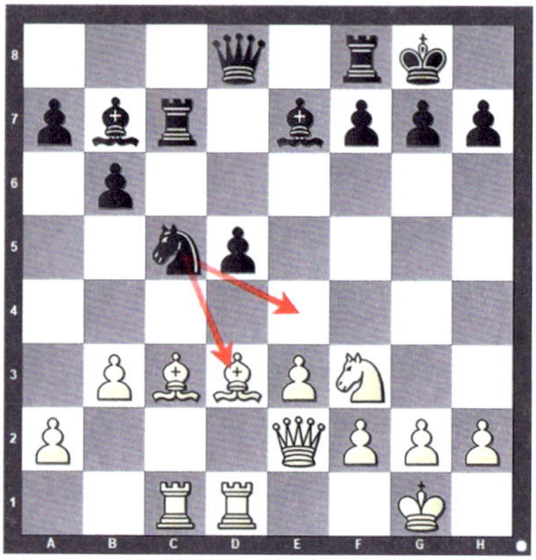

In dieser Isolanistellung besitzt Schwarz durchaus einige Kompensation für die Bauernschwäche auf d5: Seine Figuren stehen aktiv, der Springer c5 hat eine Perspektive auf e4. Tauscht der Springer alternativ den weißfeldrigen Läufer von Weiß auf d3 ab, verfügt Schwarz mit dem Läuferpaar in dieser offenen Stellung über gutes Gegenspiel.

Kommen wir zurück zur Partie.

16. De2-c2 **g7-g6**

Dieser Zug schwächt die schwarzen Felder am Königsflügel. Der natürliche Verteidigungszug 16. … Sd7-f6 scheitert allerdings an 17. Lc3-a5 und dem Gewinn der Qualität auf c7. Vielleicht wäre 16. … h7-h6 das kleinste Übel.

17. e3-e4!

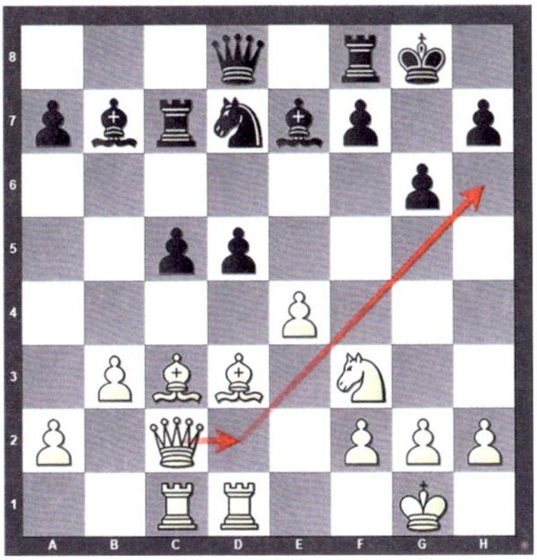

Larsen greift im richtigen Moment den schwarzen Zentrumsbauern auf d5 an. Außerdem öffnet sich die Diagonale c1-h6.

17.	...	**Dd8-a8**

Schwarz verteidigt seinen Bauern d5, welcher aufgrund der Fesselung auf der c-Linie nicht vorziehen kann: Auf d5-d4 folgt Lc3×d4. Stärker ist jedoch: 17. ... Sd7-b6+/-.

18. Dc2-d2

Dieser feine Zug zielt in Richtung h6 am Königsflügel von Schwarz. Dort würde die Dame Matt auf g7 drohen und wenn der Läufer e7 das Matt von f6 aus deckt, folgt Sf3-g5 mit einer erneuten, nicht zu parierenden, Mattdrohung.

18.	...	**Le7-f6**
19.	**Dd2-f4**	**Da8-d8**

Die Dame deckt den Turm auf c7 und den zweifach angegriffenen Läufer f6.

20.	**Lc3-a5**	**Sd7-b6**
21.	**b3-b4!**	

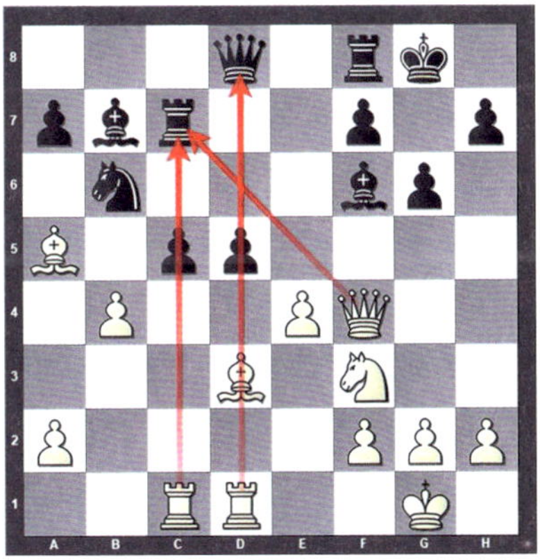

Auch nach diesem zweiten Angriff auf die hängenden Bauern kann Schwarz den Bauern nicht vorziehen, dieses Mal aufgrund der Fesselung auf der d-Linie.

Auf 21. ... c5-c4 folgt 22. Ld3×c4. Der Bauer c5 kann auch nicht auf b4 schlagen, weil der Turm c7 zweimal angegriffen und nur einmal gedeckt ist.

21.	...	**Lf6-e7**
22.	**e4×d5**	**Le7-d6**

Auf d5 kann Schwarz mit dem Läufer b7 nicht gut zurücknehmen:

22. ... Lb7×d5?!

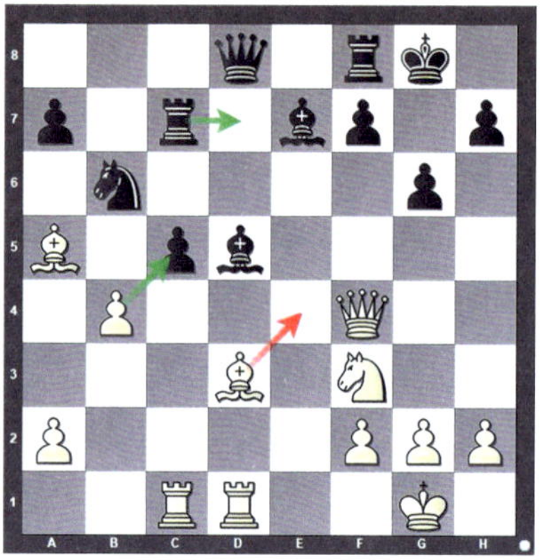

23. Ld3-e4 Tc7-d7 und der Bauer c5 fällt. Weiß steht klar besser.

Kommen wir zurück zur Partie.

23. Df4-h6 c5×b4?

Eine bessere Verteidigung wäre f7-f6 gewesen, was den folgenden starken Zug von Weiß verhindert.

24. Sf3-g5!

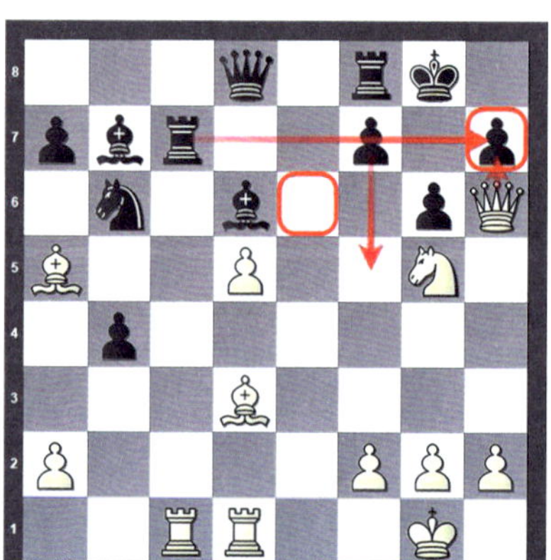

Es droht Matt auf h7, was Schwarz nur durch einen Zug des f-Bauern abwehren kann, wonach sich der Turm c7 an der Verteidigung der siebten Reihe beteiligt. Darauf folgt jedoch eine gewaltige Springergabel auf e6:

24. ... f7-f5
25. Sg5-e6 Dd8-d7
26. Tc1×c7

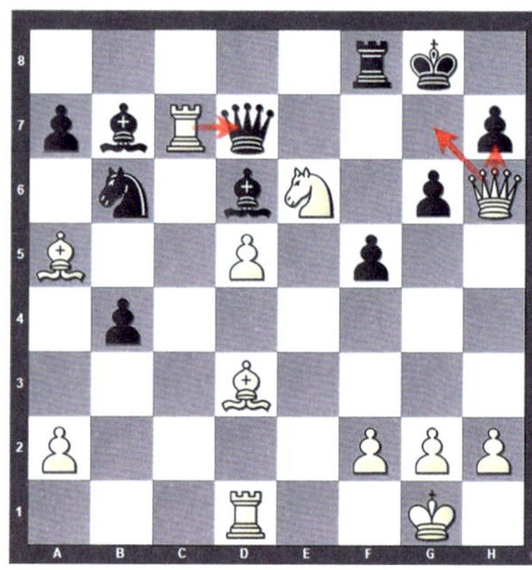

Schwarz gab auf.

Um drohendes Matt auf g7 oder h7 (oder nach Ld6×c7 auf f8) abzuwehren, müsste Schwarz auch noch die Dame für den Turm auf c7 geben.

TIPP

Anhand der Bauernstruktur könnt ihr einen guten Plan entwickeln, aber auch zur Stellung passende Ideen eures Gegners erkennen.

3.3 Vermeidet Schwächen in eurer Stellung

Im zweiten Kapitel **Goldene Regeln der Eröffnung** habe ich dieses Thema bereits angeschnitten. Wir haben gesehen, dass es zu einem schnellen Matt führen kann, wenn die Königsstellung durch voreilige Bauernzüge geschwächt wird. Auf schwache Bauern bin ich im letzten Kapitel eingegangen.

Welche Schwächen können in einer Stellung vorkommen und sollten vermieden werden?

- Die Königsstellung: (Teilweise) fehlender Schutz durch die vor dem König stehenden Bauern.
- Bauern: Doppelbauern, isolierte oder rückständige Bauern.
- Die Grundreihe.
- Felder: Strategisch wichtige Felder, die nicht durch Bauern gedeckt werden können.

Eine Grundreihenschwäche liegt vor, wenn der eigenen Königsstellung im Mittelspiel ein Luftloch fehlt und der Gegner durch eine taktische Kombination matt setzen kann. (vgl. auch **1.2 Mattbilder – Grundreihenmatt**) Sind im fortgeschrittenen Mittelspiel noch die Schwerfiguren auf dem Brett, könnt ihr dem Grundreihenmatt vorbeugen, indem ihr mit Weiß z.B. den Zug h2-h3 spielt, falls der König auf g1 steht und kein schwarzer Läufer nach h2 blickt.

Ich würde vor allem mit Weiß der Königsstellung nicht zu schnell ein Luftloch verpassen, wenn es keine Notwendigkeit dafür gibt. Ein Luftloch kostet einen Zug, der in der Eröffnung und im frühen Mittelspiel viel bedeuten kann, wenn ihr um die Initiative kämpft. Außerdem schwächt der Bauernzug h2-h3 das Feld g3.

In vielen Eröffnungen, wir haben das in der Italienischen Verteidigung mit Schwarz gesehen, ist der Zug h7-h6 in der Eröffnung schon aus anderen Gründen, z.B. Angriff auf den fesselnden Läufer g5, wichtig.

Kommen wir jetzt zum letzten Punkt, zu den schwachen Feldern. Hier ist es im Vergleich zur Königsstellung nicht ganz so offensichtlich, warum ein Feld schwach ist und welche Konsequenzen dies hat.

3.3.1 Schwache Felder

Dieses wichtige Thema ist sehr eng mit den Themen Bauernstrukturen und Figurenaktivität verknüpft, denn jeder Zug mit einem Bauern hinterlässt unweigerlich Schwächen. Sie hinterlassen durch ihre Züge schwache Felder, die nicht mehr von Bauern gedeckt werden können. Dies wirkt sich nachteilig aus, wenn sich die schwachen Felder im Zentrum oder in der Königsstellung befinden und der Gegner diese Schwäche ausnutzen kann.

Im Kapitel **3.2 Die Bauernstruktur** sind uns schon schwache Felder begegnet: Felder vor einem rückständigen Bauern auf einer halboffenen Linie oder das Feld vor Doppelbauern sind in der Regel schwach.

Schwache Felder des Gegners sind hervorragende Stützpunkte für eigene Figuren. **Deshalb beeinflussen schwache Felder die Figurenaktivität.**

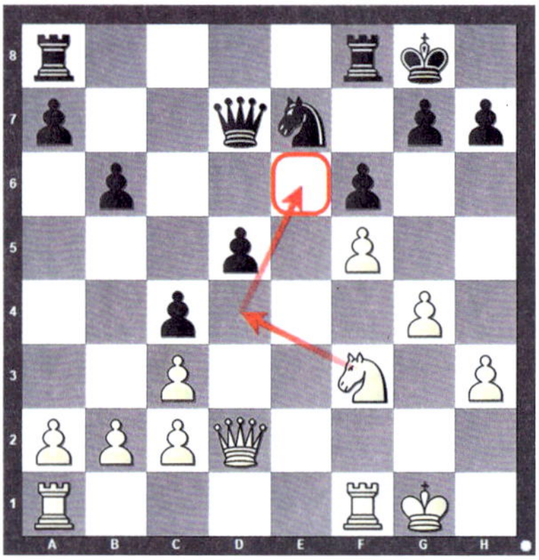

Im Diagramm ist das Feld e6 ein schwaches Feld in der schwarzen Stellung, das Feld d4 ist ein starkes Zentrumsfeld für Weiß, das Schwarz nicht mehr mit einem Bauern angreifen kann. Der Springer f3 wird auf e6 riesig stehen, stärker noch als auf d4, weil er näher am gegnerischen König wäre und eventuell einen Mattangriff unterstützen könnte. Auf e6 ist solch ein starker Springer ein ständiger Unruheherd, den der Gegner stets im Auge behalten muss. Kein schwarzer Bauer kann den Springer von d4 und e6 verjagen. Weiß am Zug peilt auch sofort dieses Feld an:

1. **Sf3-d4!**

Schwarz kann nicht verhindern, dass der Springer im nächsten Zug nach e6 gelangt. Dort steht der Springer aktiv: Er greift bereits den Bauern g7 in der Königsstellung an, das Feld f8 neben dem König und das Feld d8, auf dem gerne ein schwarzer Turm stehen und den Zug d5-d4 vorbereiten würde.

In der weißen Stellung ist das Feld e4 schwach, aber Schwarz kann das nicht so schnell ausnutzen, weil sein Springer über die Route e7-c8-d6 drei Züge bis nach e4 brauchen würde. So viel Zeit wird Weiß ihm nicht geben. Nach

1. ... **Se7-c8**
2. **Sd4-e6**

ist der Turm f8 bedroht und muss ziehen. Weiß besitzt weiterhin die Initiative, die er nutzt, um mit **3.** Ta1-d1 die Bauernschwäche d5 ein zweites Mal anzugreifen. Ein Springer auf c8 würde die Koordination der schwarzen Figuren stören, der Springer müsste nach e7 zurück, wenn der Bauer d5 gerettet werden soll. Weiß steht besser.

3. GOLDENE REGEL IM MITTELSPIEL

Eure Figuren stehen stark auf den schwachen Feldern des Gegners, am stärksten dabei im Zentrum oder in der Nähe des gegnerischen Königs.

3.3.2 Schwächen im gegnerischen Lager schaffen

In zahlreichen Partien auf Amateurniveau kommt es vor, dass der Gegner mit voreiligen Bauernzügen seine Stellung, nicht selten sogar seine Königsstellung, schwächt.

Je stärker die Gegner werden, desto wichtiger wird es, gezielt Schwächen im gegnerischen Lager zu schaffen.

Das folgende typische Manöver zeigt, wie Weiß in der Italienischen Eröffnung Schwächen in der gegnerischen Stellung herbeiführen kann:

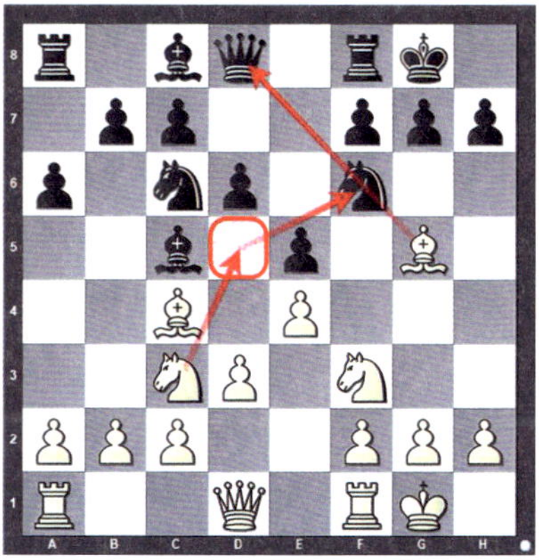

Der letzte schwarze Zug war Bauer a7-a6?. Besser wäre h7-h6 gewesen, um den Läufer g5 anzugreifen, mit ausgeglichener Stellung.

Der Springer auf f6 ist gefesselt, deshalb bietet sich für Weiß die Chance, die Bauernstellung vor dem schwarzen König zu zerstören:

Plan für Weiß: Ausnutzen der Fesselung des Sf6 durch einen weiteren Angriff auf die gefesselte Figur:

1.	**Sc3-d5!**	**Lc8-e6**
2.	**Lg5×f6**	**g7×f6**

Jetzt kann die schwarze Dame nicht ungestraft auf f6 zurückschlagen, weil der Springer d5 der zweite Angreifer des Feldes f6 ist.

3. **Sf3-h4**

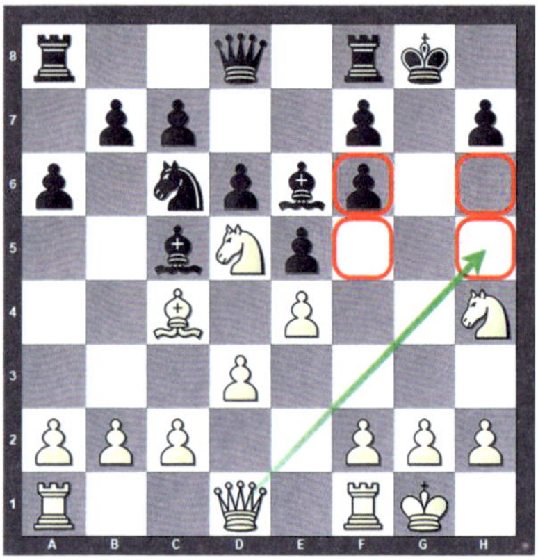

Die entstandenen Doppelbauern f6 und f7 sind schwach, ebenso die **Felder f5, h6 und h5.** Den weißen Figuren bieten sich nun gute Angriffschancen.

Die Stellung ist bereits klar besser für Weiß.

TIPP

Ein Plan im Mittelspiel besteht darin, durch einen zweiten Angriff auf eine gefesselte, von einem Bauern gedeckte Figur, Schwächen zu schaffen.

Weiterhin können durch gezielten Angriff mit gut koordinierten Figuren auf die gegnerische Königsstellung schwache Felder provoziert werden.

In der Partie Larsen – Radulow aus dem Kapitel **3.2.4 Hängende Bauern**

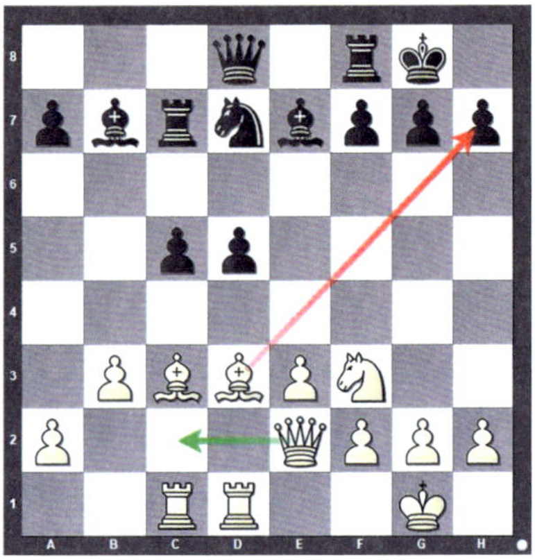

spielte Larsen hier

16. De2-c2

mit Angriff von Läufer und Dame auf den Bauern h7. Radulow antwortete 16. ... g7-g6 und geriet wenig später aufgrund der schwachen schwarzen Felder (f6, g7 und h6) in große Probleme.

Hier zeigt sich sehr schön, wie sich die Themen Figurenaktivität, Bauernstruktur und schwache Felder gegenseitig beeinflussen.

TIPP

Aktiv stehende und gut koordinierte Figuren, die die Königsstellung bedrohen, können geschwächte Felder provozieren.

Ein Minoritätsangriff schwächt die gegnerische Bauernstruktur.

Kehren wir zur Caro-Kann-Eröffnung, zum Beginn des Mittelspiels, zurück. Ein guter Plan im Spiel mit dieser Bauernstruktur ist ein Minoritätsangriff, d.h. ein Angriff einer Bauernminderheit gegen eine Bauernmehrheit. Schwarz besitzt am Damenflügel zwei Bauern (a7 und b7) und greift mit diesen Bauern die drei weißen Bauern a2, b2 und c3 an. Das Ziel dieses Angriffes ist es, eine Schwäche zu schaffen.

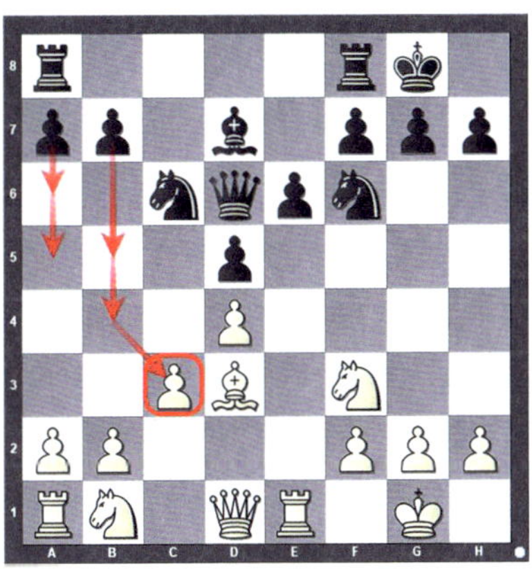

Schwarz möchte nach der Entwicklung seines Lc8 und der Besetzung der halboffenen c-Linie mit einem Turm seine Damenflügelbauern vorstoßen: a7-a6, b7-b5, a6-a5 und b5-b4. Nach einem Bauerntausch von Schwarz auf c3 entsteht ein schwacher, rückständiger Bauer auf c3. Tauscht Weiß selbst auf b4, ist der weiße Bauer d4 isoliert und angreifbar.

Was kann Weiß dagegen unternehmen? Auf den Zug a7-a6 antwortet Weiß am besten a2-a4,

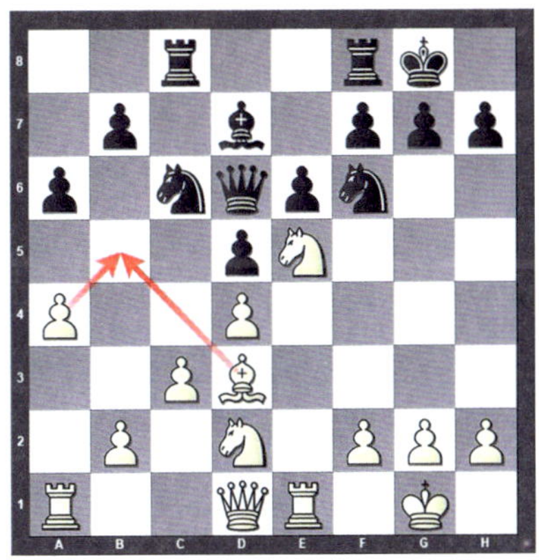

was gegen den schwarzen Plan gerichtet ist. Jetzt braucht Schwarz weitere vorbereitende Züge, um b5 durchzusetzen.

Eine vergleichbare Bauernstruktur entsteht häufig mit vertauschten Farben, z.B. aus dem Damengambit:

1.	**d2-d4**	**d7-d5**
2.	**c2-c4**	**e7-e6**
3.	**Sb1-c3**	**Sg8-f6**
4.	**Lc1-g5**	**c7-c6**
5.	**e2-e3**	**Sb8-d7**
6.	**c4×d5**	**e6×d5**

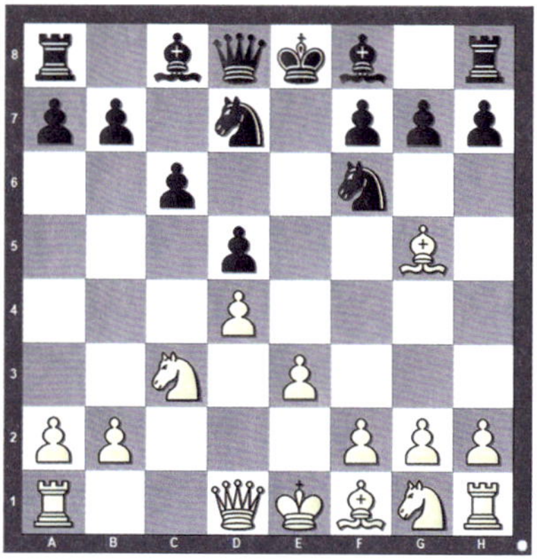

Man nennt diese Bauernstruktur auch **Karlsbader Struktur**, weil sie das erste Mal in einem internationalen Turnier 1923 in Karlsbad häufiger gespielt wurde.

In der folgenden Partie Pillsbury – Showalter (New York 1898), entstand aus dem Damengambit heraus diese Stellung nach dem 14. Zug von Schwarz **De7-f6**:

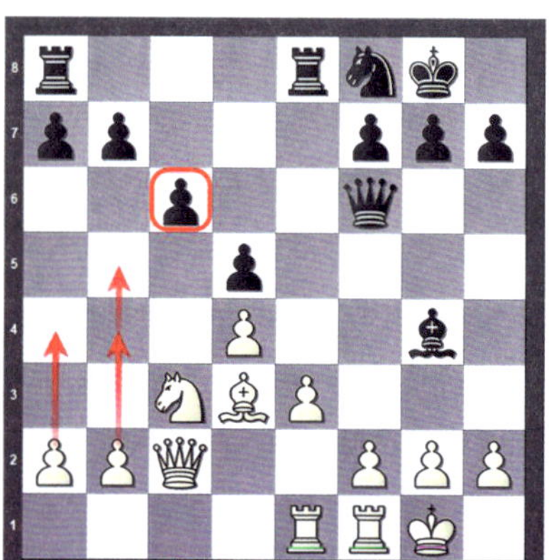

15. a2-a4? Te8-e7?

Der Minoritätsangriff sollte mit b4 starten, falls dieser Zug wie hier möglich ist und nicht mit a2-a3 vorbereitet werden muss.

Wenn Schwarz jetzt 15. ... a7-a5! geantwortet hätte, wäre Weiß nicht mehr zu b2-b4 gekommen, weil das Feld b4 inzwischen geschwächt wurde und der b-Bauer immer abgetauscht werden könnte.

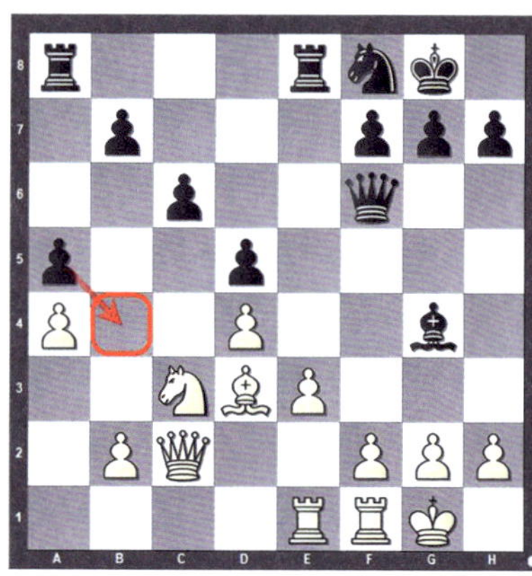

Schwarz hätte anschließend in aller Ruhe am Königsflügel angreifen können.

Zurück zur Partie:

16. b2-b4 Ta8-e8

16. ... a7-a6 stemmt sich gegen den weißen Plan. Nach den Zügen 17. b4-b5 a6×b5 18. a4×b5 Sf8-g6 19. b5×c6 b7×c6 verbleibt Schwarz mit dem rückständigen Bauern c6. In der Partie wird Schwarz zwei Schwächen auf a6 und d5 besitzen. Weiß steht besser.

Jetzt dagegen läuft der Minoritätsangriff mustergültig.

17. b4-b5 Df6-g5

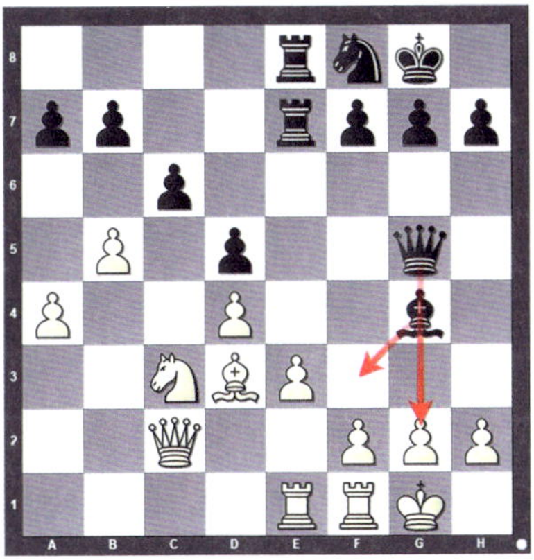

Die Pläne sind deutlich geworden: Weiß möchte den schwarzen Damenflügel schwächen, Schwarz sucht Gegenspiel am Königsflügel.

18. f2-f4!

Weiß entscheidet sich für einen Verteidigungszug, der den Plan von Schwarz erschwert, er beachtet die **Goldene Regel „Drohungen des Gegners beachten"**. Die Gegenüberstellung von schwarzer Dame und weißem König ist für Weiß unangenehm. Nach Lg4-f3 müsste Weiß seine Königsstellung mit g2-g3 empfindlich schwächen, um das Matt auf g2 zu decken. Schwarz würde die Dame auf die h-Linie schwenken Dg5-h5, der Turm e7 kann über e6 nach h6 folgen. Es entstehen schnell ernsthafte Drohungen. Durch den Angriff auf die Dame gewinnt Weiß Zeit für seinen Plan.

18.	**...**	**Dg5-f6**
19.	**Dc2-d2**	**Lg4-f5**
20.	**a4-a5**	**Df6-g6**
21.	**Ld3×f5**	**Dg6×f5**
22.	**a5-a6**	

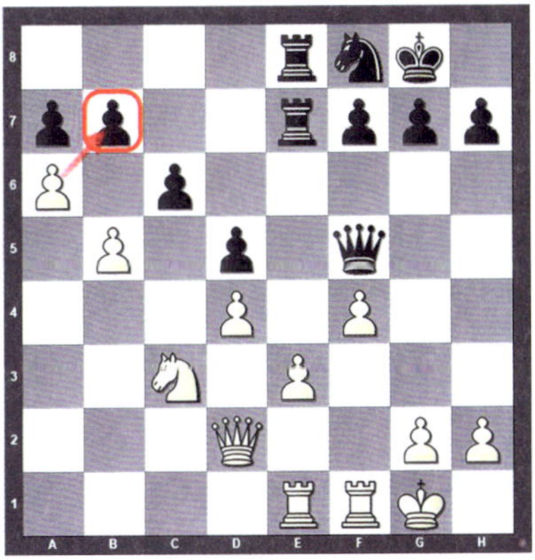

Der a-Bauer greift die schwarze Bauernkette an ihrer Basis, dem Bauern b7, an. Schwarz kann Schwächen in seiner Bauernstruktur nicht mehr vermeiden.

22.	**...**	**c6×b5**
23.	**Sc3×b5**	**Df5-d7**

Die Dame deckt das Feld d6, auf dem der Springer b5 eine Gabel drohte. Deshalb scheitert hier 23. ... b7×a6.

24.	**a6×b7**	**a7-a6**

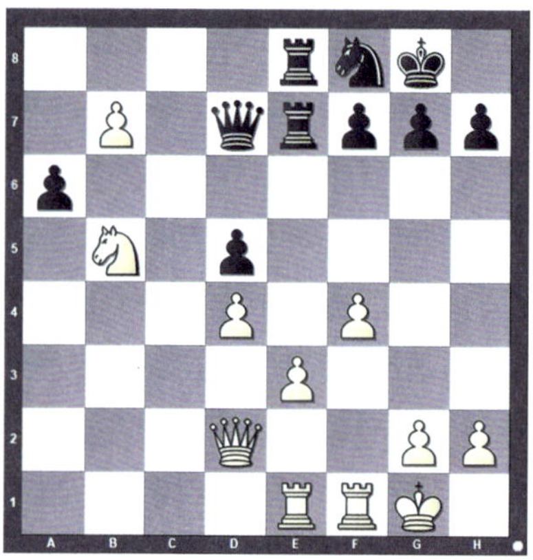

Die Varianten 24. ... Dd7×b5? 25. Te1-b1 nebst b7-b8D und 24. ... Dd7×b7? 25. Sb5-d6 mit Springergabel und mit weißem Gewinn stellen keine Verbesserung des schwarzen Spiels dar.

25.	**Sb5-c3**	**Dd7×b7**

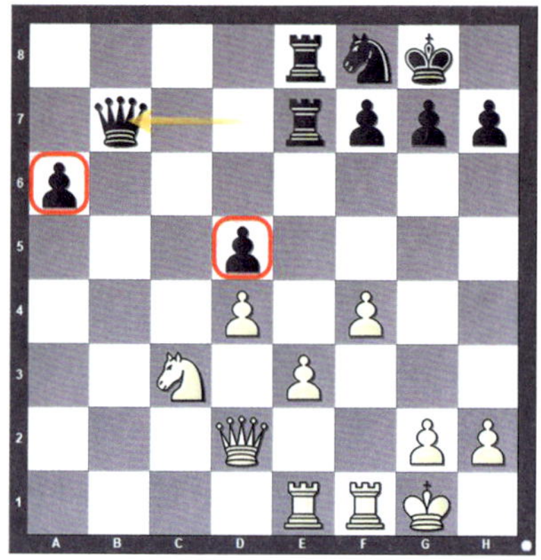

Als Folge des Minoritätsangriffes erhielt Schwarz die schwachen Bauern a6 und d5. Der Bauer a6 ist zwar ein Freibauer, aber er wird nicht durch die schwarzen Figuren unterstützt, er neigt eher zur Schwäche, weil ihn die weißen Schwerfiguren angreifen können. Die einzige weiße Bauernschwäche, der Bauer e3, kann leichter gedeckt werden, z. B. mit Sc3-d1, dann können die Schwerfiguren auf der e-Linie nichts anrichten.

Die Bauernstruktur von Schwarz besteht aus drei Bauerninseln, während bei Weiß nur eine Bauerninsel existiert. Weiß steht besser und gewann diese Partie.

TIPP

Ein Minoritätsangriff ist ein guter Plan, die gegnerische Bauernstellung zu schwächen.

3.3.3 Gegnerische Schwächen ausnutzen

Schwächen allein bringen noch nichts, wenn man sie nicht ausnutzen kann. Im Kapitel **3.2 Die Bauernstruktur** habe ich Pläne gezeigt, wie man gegen schwache Bauern spielt. Wichtig ist, dass die Felder vor den schwachen Bauern (also das Feld d5 bei einem schwachen schwarzen Bauern auf d6) durch Figuren oder Bauern kontrolliert werden, die Schwächen also festgelegt werden. Eine typische Methode hierfür ist die Blockade des Bauern durch Figuren.

Auch ein Abtausch der Figuren, die das schwache Feld decken, schwächt die Verteidigung des Gegners weiter, wie wir in Kapitel 3.2.1 im Beispiel über die sizilianische Sweschnikow-Variante gesehen haben. Hier wird zum Beispiel der Läufer c1 gegen den Springer f6, der das schwache Feld d5 kontrolliert, getauscht. Anschließend kann der Druck auf die Bauern, z. B. durch Verdoppelung der Schwerfiguren auf den halboffenen Linien vor Isolanis, erhöht werden. Schwächen werden angegriffen, der Gegner muss verteidigen und kann keine eigenen Pläne verfolgen.

Ich zeige euch dazu ein ähnliches Beispiel aus der Partie eisbaerhh (2180) – hakan_r4030 (2202) vom 11.9.2021, in dem eine Figur, die Material verteidigt, abgetauscht wird:

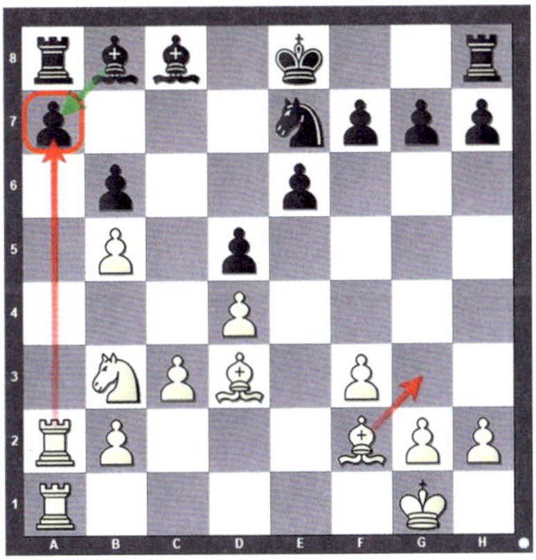

Der schwarze Bauer a7 ist ein rückständiger Bauer auf einer halboffenen Linie und damit eine Schwäche. Die weißen Türme und der Bauer b5 hindern den Bauern a7 daran, vorzuziehen und sich abzutauschen. Weiß hat die Schwäche somit festgelegt.

Der Druck von Weiß auf den Bauern a7 ist bereits stark: Weiß greift den Bauern zweimal an und Schwarz verteidigt ihn zweimal. Der Läufer b8 ist wichtig für den Schutz des Bauern a7. Demzufolge zielt der nächste weiße Zug darauf hin, diesen Läufer abzutauschen:

22.	Lf2-g3	Lb8×g3
23.	h2×g3	

Weiß steht deutlich besser: Er wird im nächsten Zug den Bauern a7 gewinnen. Außerdem stehen seine Figuren aktiver als die gegnerischen. Aufgrund des fehlenden Gegenspieles gab Schwarz bereits jetzt auf.

Der Abtausch von verteidigenden Figuren ist eine typische Methode, nicht nur im Spiel gegen rückständige Bauern, sondern auch allgemein im Kampf um wichtige Felder.

Schwache Felder, besonders diejenigen in der gegnerischen Königsstellung, nutzt man aus, indem man eine eigene Figur darauf platziert, die den Angriff unterstützt. Viele Mattbilder, wie zum Beispiel das Arabische Matt, basieren auf Figuren, die schwache Felder nutzen:

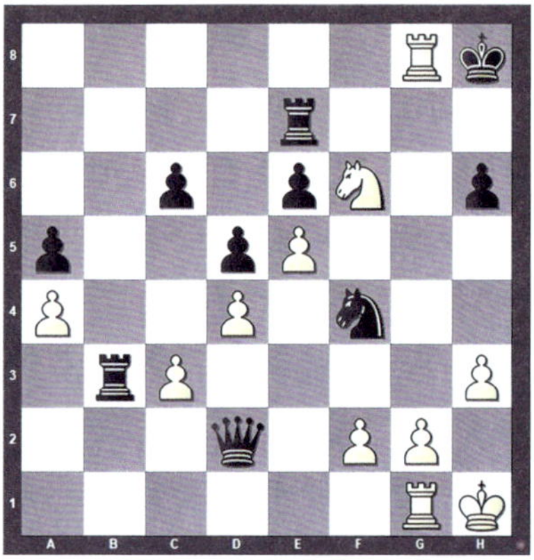

Das vielleicht spektakulärste Beispiel für die Ausnutzung schwacher Felder lieferte Nigel Short (2660) gegen Jan Timman (2630) 1991 in Tilburg.

Hier sieht man schön, welch untergeordnete Rolle die Bauernstruktur für die Einschätzung einer Stellung im Vergleich zur Aktivität der Figuren, zur Beherrschung des Zentrums und zur Königssicherheit spielt.

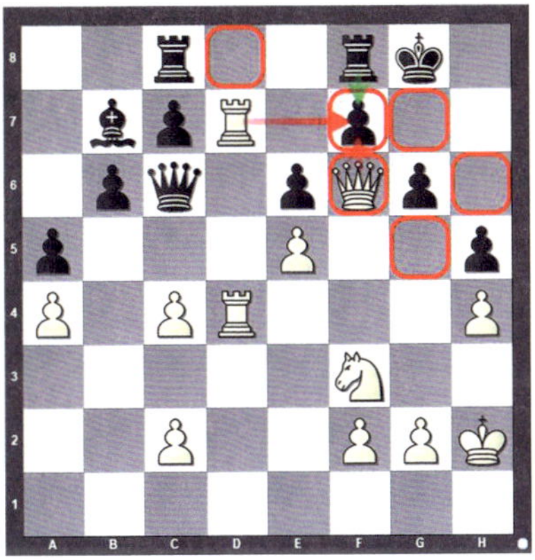

Am Damenflügel besitzt Weiß schwache, vereinzelte Bauern, aber seine aktiver stehenden Figuren machen diesen Nachteil mehr als wett. Weiß greift das Feld d8 dreimal an, deshalb beherrschen die weißen Türme die d-Linie sicher. Der Turm d7 greift zusammen mit der weißen Dame den Bauern f7 an, was zur Folge hat, dass der Turm f8 diesen Bauern passiv verteidigen muss. Weiß kontrolliert weiterhin wichtige Zentrumsfelder: d4, e4, d5 und e5.

Am gravierendsten wirkt sich für Schwarz negativ aus, dass er am Königsflügel schwache schwarze Felder besitzt. Der Läufer auf g7 fehlt enorm. Diesen Umstand nutzt ganz frech der weiße König aus:

1. **Kh2-g3!** Tc8-e8

Es ist kaum zu glauben, aber Schwarz kann den weißen Plan, mit dem König nach h6 zu laufen und mit der Dame auf g7 matt zu setzen, nicht verhindern!

2. **Kg3-f4** Lb7-c8

Der Läufer greift den Turm d7 an, aber den braucht Weiß für seinen Plan nicht.

3. **Kf4-g5**

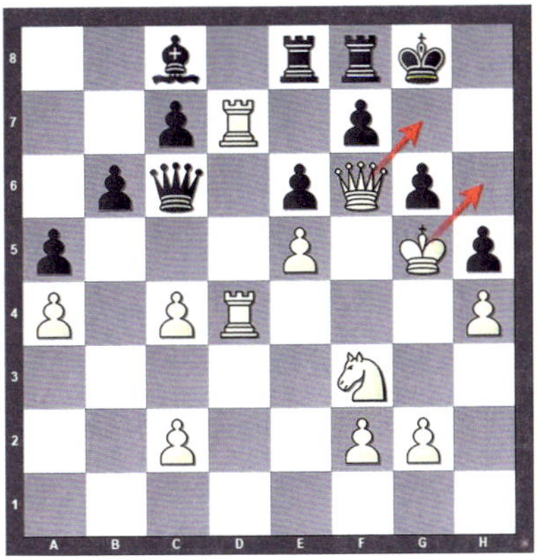

Schwarz gab auf. Die einzige Verteidigung gegen das drohende Matt nach Kg5-h6 und Df6-g7# scheitert an der Schwäche von f7: 3.… Kg8-h7 4.Td7×f7+ Tf8×f7 5.Df6×f7+ Kh7-h8 6.Kg5-h6 Te8-g8 7.Df7-h7#.

Nun kommt es im Mittelspiel eher selten vor, dass der König über das halbe Brett läuft und ein Matt vorbereitet, im Endspiel ist diese Methode jedoch typisch: Die aktiven Figuren binden die gegnerischen Figuren an schwache Bauern oder Felder und der König dringt in die gegnerische Stellung ein, erobert Material oder unterstützt eigene Freibauern.

TIPP

Die Ausnutzung der schwachen Felder geschieht häufig durch Mattangriffe oder taktische Motive.

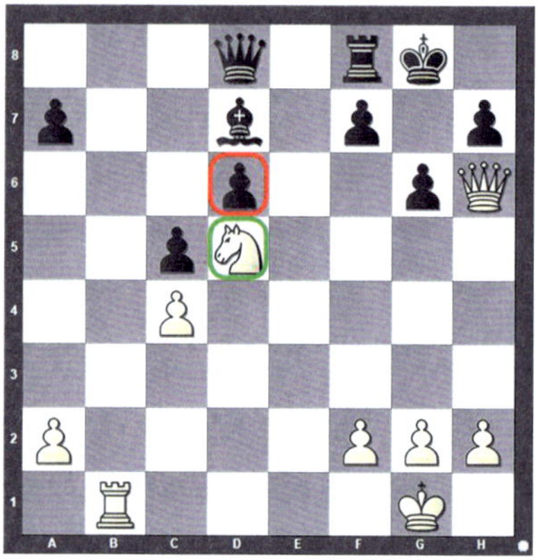

Das Feld d5 ist ein starker Stützpunkt für Weiß auf einem Feld vor einem rückständigen Bauern, auf dem der Springer riesig steht. Außerdem sind am schwarzen Königsflügel durch den Abtausch des wichtigen schwarzfeldrigen Läufers schwache Felder entstanden. Diese Schwächen werden taktisch ausgenutzt:

1. **Tb1-b8!**

gewinnt durch eine Ablenkung der Dame von f6. Es gibt auf der Diagonalen d8-h4 kein Feld für die Dame, das f6 decken könnte.

1. … **Dd8×b8**

Auf einen Rückzug des Läufers 1.… Ld7-c8 gewinnt: 2. Tb8×c8 Dd8×c8 3. Sd5-f6+ nebst Matt im nächsten Zug Dh6×h7#. Weiß steht auf Gewinn. Auch 1.… f7-f6 2. Tb8×d8 verliert die Dame und die Partie.

Es folgt ein Matt in zwei Zügen:

2. **Sd5-f6+** **Kg8-h8**
3. **Dh6×h7#.**

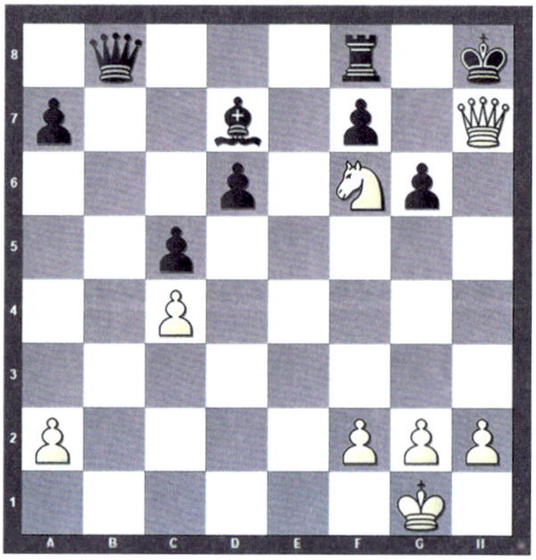

Ich möchte euch zwei weitere, nicht so offensichtliche, Beispiele zeigen.

Diese Stellung erspielte sich GM R. Svane gegen IM E. Bogdanov in der Lichess-Bundsliga am 9.5.2021 in einer Blitzpartie.

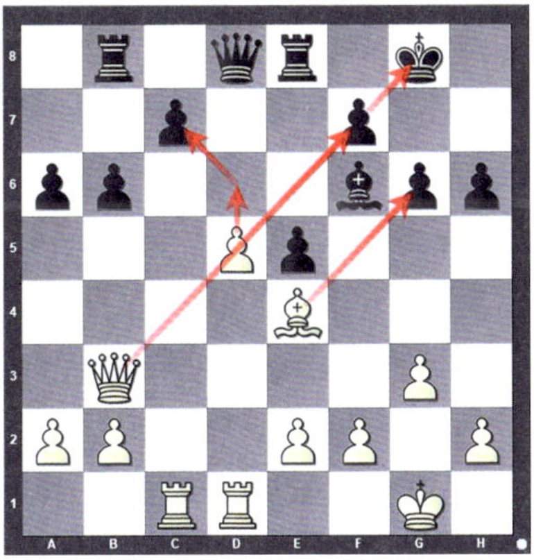

Weiß am Zug steht klar besser. Sein König steht sicherer und seine Figuren aktiver. Weiterhin spricht die Bauernstruktur für Weiß, denn der Bauer c7 ist rückständig, das Feld c6 schwach. Bei den ungleichfarbigen Läufern könnte Schwarz diese Schwäche jedoch gut mit einer Überführung des Läufers nach d6 decken.

Es gibt zwei günstige Gegenüberstellungen für Weiß: Auf der d-Linie stehen sich der Turm d1 und die Dame d8 gegenüber und auf der Diagonalen a2-g8 die weiße Dame und der schwarze König, Schwarz hat ein Problem mit dieser Diagonalen, denn das Feld g6 seiner **Königsstellung wurde durch den Zug h7-h6 geschwächt**. Die Taktik liegt förmlich in der Luft.

Der Räumungszug

21. d5-d6!

schafft zum einen weitere Schwächen in der schwarzen Bauernstruktur, was aber entscheidender ist: Er nutzt diese Gegenüberstellungen bereits taktisch aus. Die Diagonale a2-g8 wird für die weiße Dame geöffnet, der Bauer f7 ist nun gefesselt.

21. ...	**c7×d6**
22. Le4×g6	**Te8-e7**
23. Tc1-c6	

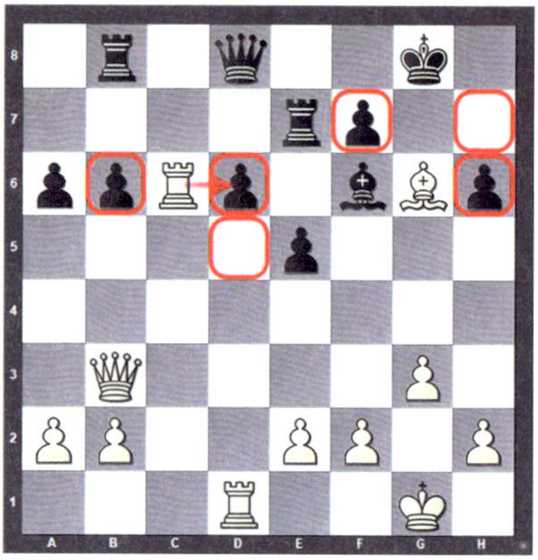

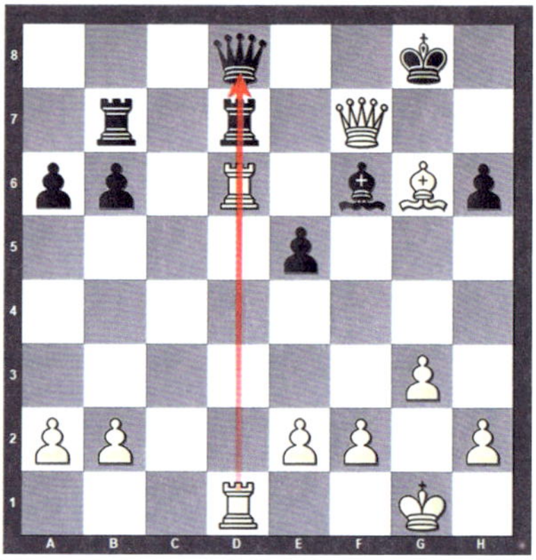

Würde man jetzt die Schwerfiguren vom Brett nehmen, könnte Weiß die Stellung trotz der besseren Bauernstruktur nicht gewinnen, denn die ungleichfarbigen Läufer haben im Endspiel eine hohe Remistendenz. Mit seinen aktiven Figuren und der Initiative steht Weiß jedoch auf Gewinn. Es gibt zu viele schwache Bauern und Felder in der schwarzen Stellung, die im Diagramm markiert sind.

23. ... **Te7-d7**

Der Turm deckt den d-Bauern mehr schlecht als recht, weil er vor allem f7 nicht im Stich lassen darf und mit beiden Aufgaben überfordert ist. Svane entscheidet die Partie taktisch:

24. **Tc6×d6** **Tb8-b7**
25. **Db3×f7+**

Auch 25. Lg6×f7+ gewinnt, aber das Damenopfer führt schnell zu einem leicht zu gewinnenden Turmendspiel.

25. ... **Td7×f7**
26. **Lg6×f7+** **Kg8×f7**
27. **Td6×d8** **Lf6×d8**
28. **Td1×d8**

Das Turmendspiel mit zwei Mehrbauern gewann Weiß sicher.

In der Partie S. Tarrasch – E. Lasker, (2. Partie um die WM, 1908) besitzt Schwarz einen stark stehenden Läufer auf dem schwachen Feld e3.

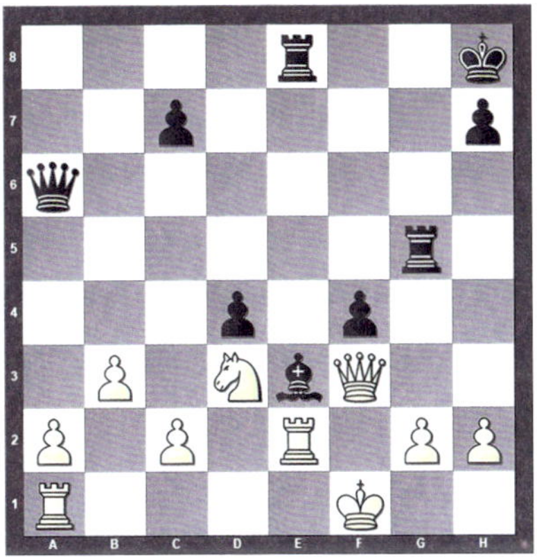

Dieser Läufer schränkt den weißen König ein und gibt Schwarz außerdem Raumvorteil. Weiß kann den Bauern h2 nach

1. ...	**Da6-h6!**

nicht mehr verteidigen und steht auf Verlust

(2. h2-h3 scheitert an

2. ...	Tg5-g3
3. Df3-d5	f4-f3!)

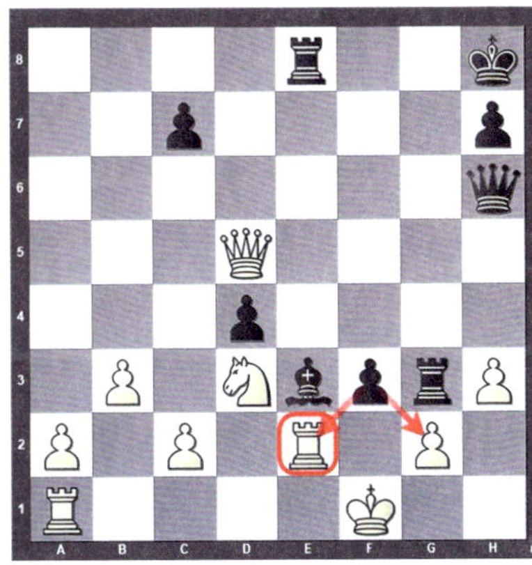

Der g-Bauer darf den Bauern f3 nicht schlagen, darauf würde der Turm g3 auf g1 Matt setzen. Nach einem Rückzug des Turmes e2 fällt allerdings der Bauer g2 und die weiße Dame muss sich für ihn opfern.

In der Partie zog Weiß 2. Kf1-e1 Dh6×h2 und gab nach einigen weiteren Zügen auf

3.4 Die Pläne des Gegners durchkreuzen

Wir kennen die Goldene Regel, stets auf die Drohungen des Gegners zu achten, aus dem Eröffnungskapitel.

Anfangs ist es vollkommen normal, kurzfristige Drohungen und langfristige Pläne des Gegners zu übersehen, Figuren werden einzügig eingestellt, gehen also verloren oder ein Matt wird übersehen. Selbst Großmeister der absoluten Weltklasse übersehen Drohungen, vor allem, wenn sie in Zeitnot sind, das ist absolut verständlich.

Bei der Croatia Grand Chess Tour im Juli 2021 stellte Ian Nepomniachtchi mit Weiß mit seinem letzten Zug

22. Lf5-e4

eine feine Drohung auf, die GM Alexander Grischuk übersah:

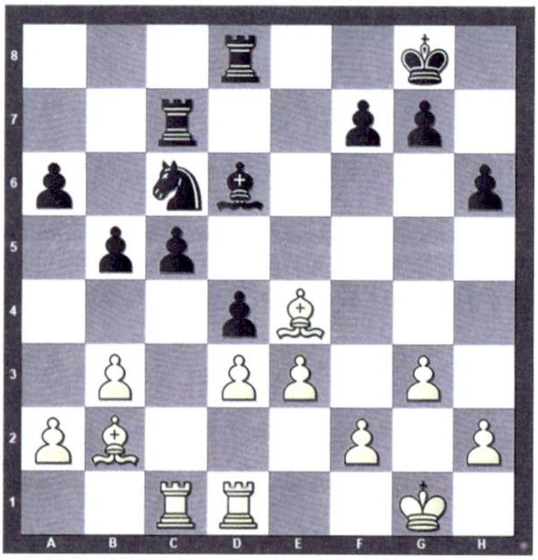

22. ... Ld6-e7?

Grischuk hätte auf die weiße Drohung reagieren und den gefährdeten Bauern d4 selbst abtauschen sollen: 22. ... d4×e3 23. f2×e3 Td8-c8, mit Verdoppelung der Türme und aufgrund der starken weißen Läufer auf b2 und e4 nur leicht schlechterer Stellung für Schwarz.

23. Le4×c6 Tc7×c6
24. Lb2×d4

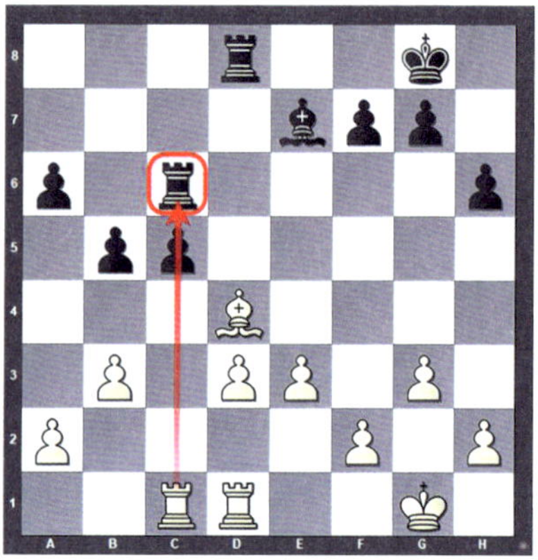

Weiß hat den wichtigen Bauern d4 gewonnen, weil der Bauer c5 gefesselt ist und daher den Läufer nicht schlagen sollte. Weiß gewann ohne große Probleme.

Grundsätzlich sollte man nicht nur für sich die besten Züge suchen, sondern auch für den Gegner. Prüft dabei alle forcierten Varianten, angefangen mit:

- Schachgeboten
- Schlagzügen
- Angriffen auf die Dame
- Unmittelbaren Drohungen

Im letzten Beispiel ist 23. Le4×c6 Tc7×c6 24. Lb2×d4 eine unmittelbare Drohung, eine forcierte Variante mit übersichtlichen Schlagzügen, denn auf jeden Zug gibt es nur eine sinnvolle Antwort.

Kommen wir zurück zum Diagramm aus Kapitel **3.1.1 Figurenaufstellung verbessern.** Hier ist die Lage subtiler.

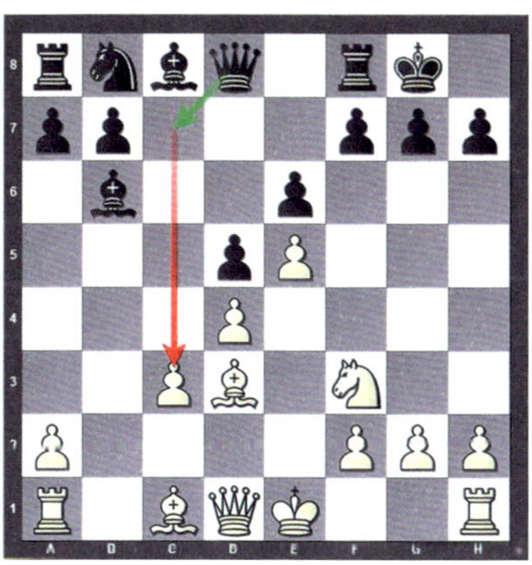

Zunächst einmal muss Schwarz am Zug erkennen, dass hier ein Läuferopfer auf h7 droht. Je besser ihr Taktiken, über die Grundmotive hinaus auch die Mattbilder, beherrscht, desto häufiger fallen euch Drohungen des Gegners auf. Falls euch das Motiv nicht bekannt ist, hilft die Berechnung von Varianten, die mit Schachgeboten beginnen: Ld3×h7 ist hier das einzige Schach.

Wie kann Schwarz den weißen Plan verhindern? Die unmittelbare Drohung, der aktive Gegenangriff auf den Bauern c3, mit

1. … **Dd8-c7!**

ist stark genug. Falls Weiß den Gegenangriff ignoriert und an seinem Plan mit

2. **Ld3×h7+**

festhält, kann Schwarz nach

2. … **Kg8×h7**
3. **Sf3-g5+**

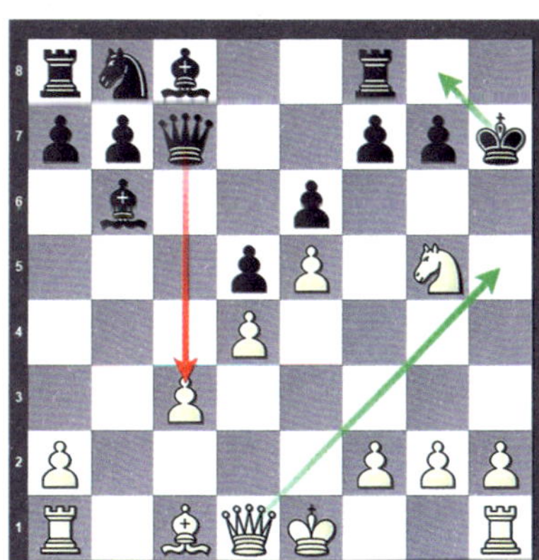

3. … **Kh7-g8**
4. **Dd1-h5**

Falls 4. Dd1-d3 dann f7-f5 mit etwas besserer Stellung für Schwarz.

4. ... Dc7×c3+

spielen und die Dame in die Verteidigung mit einbeziehen. Nach

5. Lc1-d2

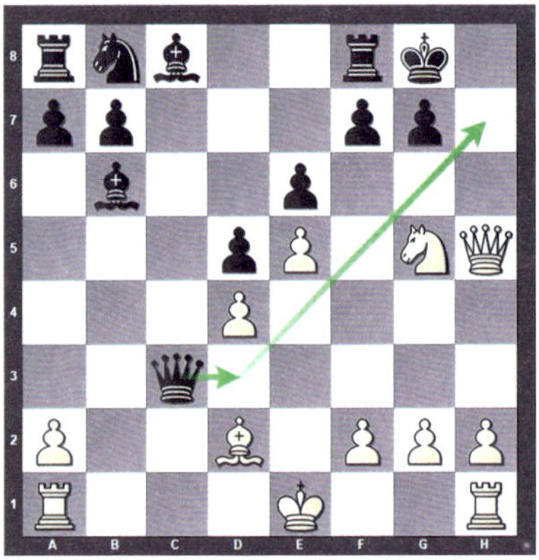

kann die schwarze Dame **nach d3 ziehen** und von dort das Feld h7 decken. Schwarz steht aufgrund seines Materialvorteils auf Gewinn.

Wir wollen nicht nur taktische Drohungen erkennen, sondern sogar die gegnerischen Pläne.

Wie erkennen wir strategische Drohungen und wie reagieren wir darauf?

Hier hilft euch die Kenntnis der strategischen Themen, wie sie z. B. in den Kapiteln über die Bauernstrukturen und die schwachen Felder vorgestellt sind. Kennt ihr die Pläne, habt ihr gleichzeitig eine Idee, wie ihr diesen Plänen begegnen könnt.

Ein Beispiel: Besitzt euer Gegner einen Isolani und Angriffschancen, lautet euer Plan, den Bauern zu blockieren, Figuren abzutauschen und ein günstiges Endspiel zu erreichen. Es sei denn, ihr seht ein Matt in drei Zügen.

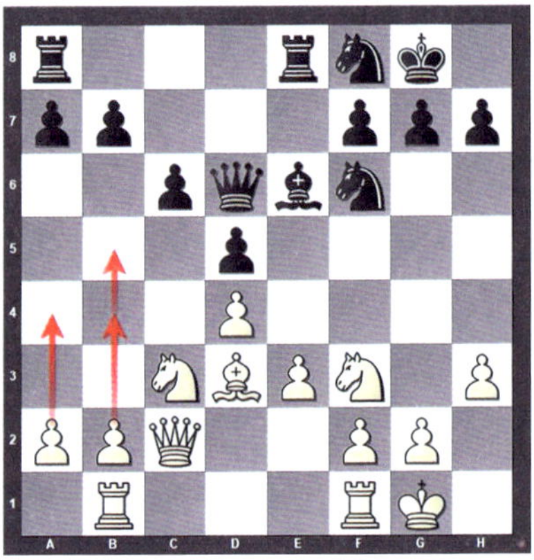

In dieser Stellung, die aus dem Damengambit entstanden ist, könnt ihr schön sehen, wie Schwarz einer strategischen Drohung begegnet. Weiß steht zu einem Minoritätsangriff mit b2-b4, a2-a4 und b4-b5 bereit. Wie wir wissen, ist die strategische Drohung des Minoritätsangriffes, die gegnerische Bauernstruktur zu schwächen.

Mauricio Flores Rios zeigt in seinem Buch „Chess Structures", wie Schwarz den Angriff erfolgreich abblocken kann:

1\. … **a7-a5!**

Zunächst erschwert Schwarz den Plan von Weiß und verhindert b2-b4.

2\. **a2-a3** **Sf8-d7**
3\. **b2-b4?!**

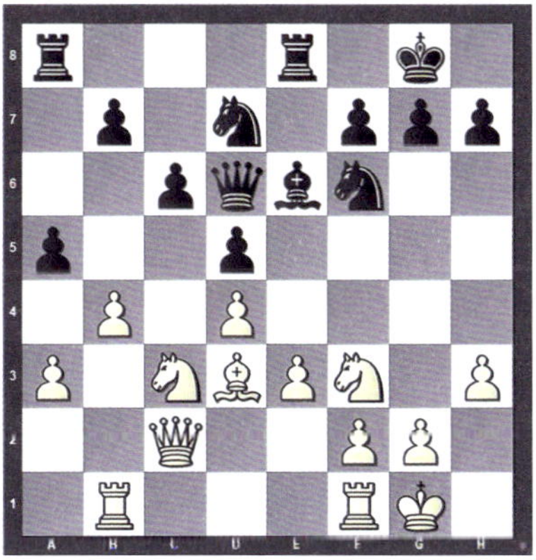

Jeder Bauernzug hinterlässt Schwächen, in diesem Fall wird das Feld c4 schwach. Der Unterschied zu einem erfolgreichen Minoritätsangriff ist, dass Schwarz hier bereit steht, diese Schwäche auszunutzen, indem er rechtzeitig seinen Springer auf dieses Feld überführt.

Weiß sollte stattdessen mit 3. Tb1-c1 seinen Plan korrigieren und mit einer Aufstellung wie z. B. Tf1-e1, Sf3-d2, f2-f4, Sd2-f3-e5 im Zentrum spielen.

3\. … **b7-b5!**

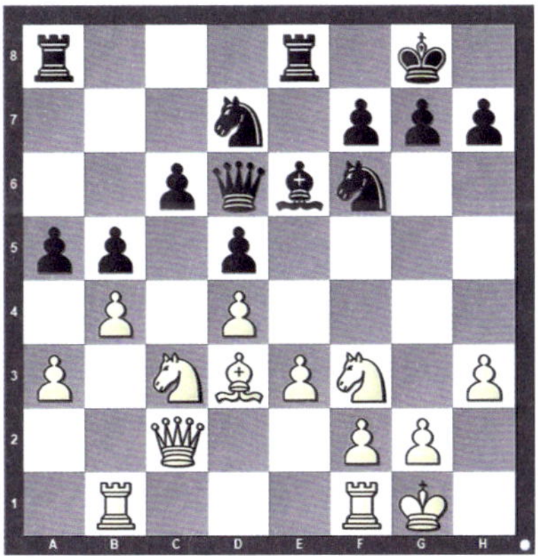

Schwarz stoppt den weiteren Vormarsch des weißen b-Bauern und sichert sich das Feld c4.

4\. **Tf1-c1**

Weiß peilt den rückständigen Bauern c6 an, aber er wird diese Schwäche nicht ausnutzen können:

4\. … **Sd7-b6**
5\. **Dc2-b3** **a5×b4**
6\. **Db3×b4** **Dd6×b4**
7\. **a3×b4** **Sb6-c4!**

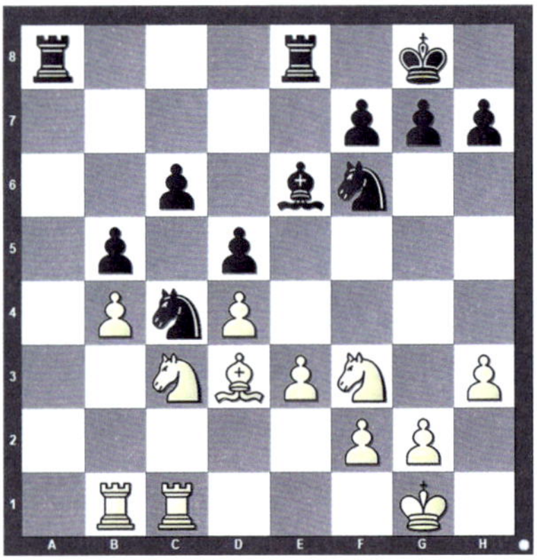

Der Springer ist auf seinem Wunschfeld gelandet. Er schließt die halboffene c-Linie und schützt den rückständigen Bauern c6. Die Stellung ist ausgeglichen.

Dieses Manöver ist auch auf ähnliche Stellungstypen gut übertragbar.

Weitere Beispiele für strategische Drohungen sind:

- Der Gegner droht, unsere Bauernstruktur zu verschlechtern.
- Der Gegner droht den Abtausch einer passiven Figur gegen eine aktive eigene Figur.
- Der Gegner droht die Aktivierung einer passiven Figur.
- Der Gegner droht, die Felder unserer Königsstellung zu schwächen.
- Der Gegner droht, die einzige offene Linie mit seinen Schwerfiguren zu besetzen.

TIPP

Erkennt ihr einen gegnerischen strategischen Plan oder eine taktische Drohung, könnt ihr im besten Fall diese Idee mit prophylaktischen Zügen verhindern oder verzögern.

Es ist also enorm wichtig, nicht nur für sich die stärksten Züge zu suchen und den eigenen Plan zu verfolgen. Versetzt euch immer in euren Gegner hinein. Fragt euch, was ihr an seiner Stelle ziehen würdet. Vor welchem Zug habt ihr den meisten Respekt?

Nutzt dafür auch aktiv die Bedenkzeit eures Gegners: Überlegt, wenn dieser am Zug ist, welche langfristigen Pläne er haben könnte.

ZUSAMMENFASSUNG DER GOLDENEN REGELN IM MITTELSPIEL

- Figuren noch aktiver aufstellen und gut koordinieren
- Auf eine gesunde Bauernstruktur achten und Pläne daraus ableiten
- Schwächen vermeiden
- Drohungen und Pläne des Gegners beachten

Die Goldenen Regeln sowie das taktische und strategische Wissen helfen, in jeder Stellung einen guten Plan zu finden.

4 DIE GOLDENEN REGELN IM ENDSPIEL

Das Endspiel ist die letzte Phase im Schach, es gibt allerdings keine klare Abgrenzung zum Mittelspiel. Charakteristisch für den Beginn des Endspiels ist, dass nur noch wenige Figuren auf dem Brett verblieben sind und einige Bauern abgetauscht wurden.

Wir können die Goldenen Regeln des Mittelspiels zum großen Teil auch auf das Endspiel übertragen. Auch im Endspiel spielen die Aktivität unserer Figuren, das Hinterfragen des gegnerischen Spiels, schwache und starke Felder eine große Rolle. Betrachten wir das wichtigste Prinzip im Endspiel, aktiv zu spielen, genauer.

Welche Besonderheiten sind dabei typisch für das Endspiel?

4.1 Figurenaktivität im Endspiel

Mit dem Wissen aus dem Kapitel **3.1 Figurenaktivität** im Mittelspiel findet ihr sicher selbst den Zug von Magnus Carlsen (2847) in seinem Endspiel gegen Radoslaw Wojtaszek (2691), FIDE World Cup 7/2021.

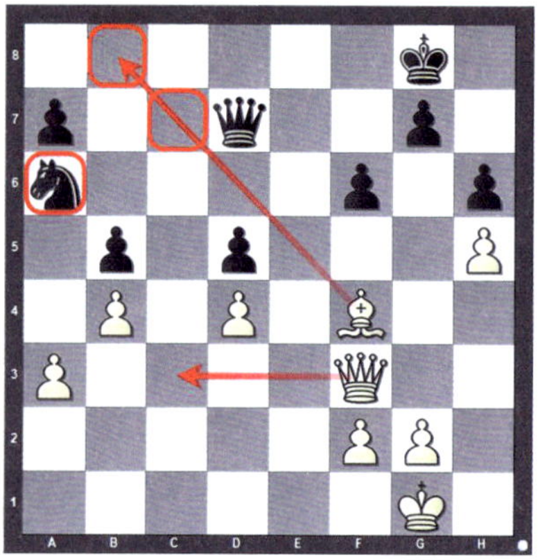

Betrachten wir uns die Stellung zunächst einmal genau. Die Könige stehen beide sicher, die Bauernstellung ist beinahe symmetrisch. Auffällig ist jedoch, dass Weiß die aktiveren Figuren besitzt: Die weiße Dame greift den Bauern d5 an, während die schwarze Dame ihn verteidigt. Der Läufer f4 wirkt gut auf den Diagonalen h2-b8 und c1-h6, während sich der schwarze Springer nur rückwärts bewegen kann. Das Feld g6 ist schwach, was Weiß noch nicht ausnutzen kann. Weiß steht klar besser.

Da Schwarz momentan nichts droht, auf das Weiß reagieren sollte, findet ihr den besten Zug mit der Frage: **Wie kann Weiß die schwarzen Figuren noch mehr einschränken, zu noch mehr Passivität verurteilen?**

Der Weltmeister spielte:

28. Df3-c3!,

wonach der schwarze Springer noch nicht einmal mehr rückwärts nach c7 ziehen kann. Weiß gewann im 48. Zug diese Partie.

Aktive Figuren geben euch im Endspiel größeren Handlungsspielraum und somit mehr Möglichkeiten als eurem Gegner.

TIPP

Auch im Endspiel ist eine Figur umso wertvoller, je aktiver sie steht.

Das folgende Finale einer Studie von J. Fritz aus dem Jahr 1940 zeigt dafür ein weiteres Beispiel. Die äußerst passiv stehende schwarze Dame kann in der Ecke ihre Kraft nicht entfalten. Deswegen hält Weiß am Zug mit seinem großem Materialnachteil sogar remis!

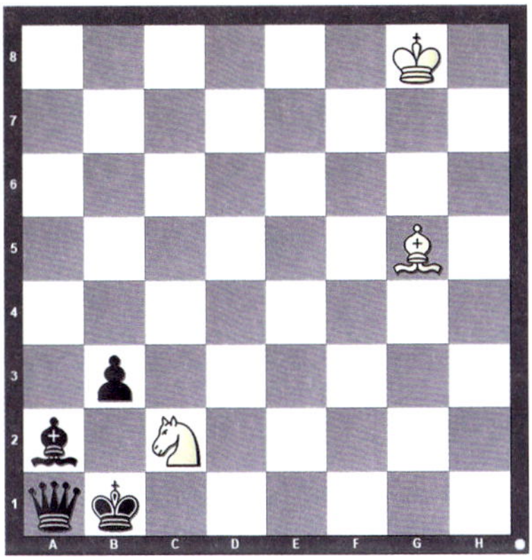

1. Sc2×a1 b3-b2+

Schwarz kann durch das Abzugsschach die verlorene Dame sofort zurückerhalten. Aber das wird ihm nichts nützen, denn auch die neue Dame steht nicht aktiver! Nimmt der König den Springer zurück, hält Lg5-f6 den Bauern auf: Remis.

2. Kg8-g7! b2×a1D+
3. Lg5-f6!

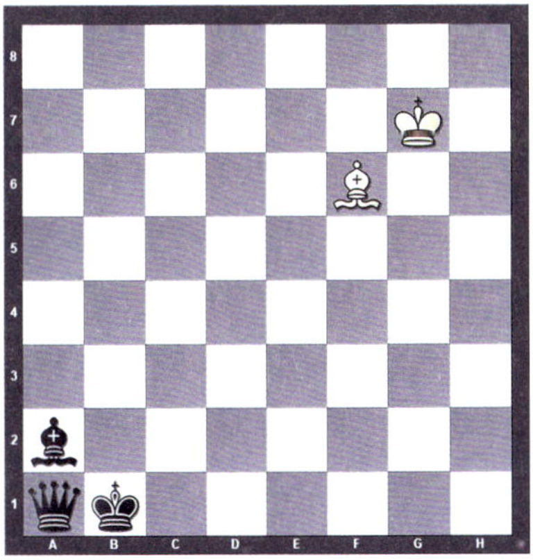

Die neue Dame wird sogleich wieder vom Brett verschwinden. Die Stellung ist remis.

Wie sagen wir im Norden so schön?
„Dame im Eck,
solch' Schiff ist leck!"

Was ist im Endspiel nun im Vergleich zum Mittelspiel so besonders?

4.1.1 Aktiver König

Die Stellung des Königs bewerten wir im Endspiel grundsätzlich anders.

1. GOLDENE REGEL IM ENDSPIEL

Ein aktiver König ist im Endspiel ein starker König.

Der König ist nicht mehr so leicht verwundbar und darf selbst mit angreifen, wenn sich das Material auf dem Brett reduziert hat.

Im Endspiel erhält der König wichtige Aufgaben:

- Er strebt ins Zentrum und unterstützt die eigenen Bauern auf ihrem Weg zur Umwandlung.
- Er greift schwache gegnerische Bauern an und erobert sie im besten Fall.
- Er blockiert fremde Bauern und hindert sie somit daran, vorzuziehen.

- Er unterstützt seine Figuren dabei, den gegnerischen König in die Enge zu treiben und matt zu setzen.

Je weniger Figuren auf dem Brett verblieben sind, desto freier kann sich der König bewegen.

Der Plan, ins gegnerische Lager einzudringen, Bauern anzugreifen und zu erobern, wird besonders im Bauernendspiel deutlich. Hier ist die aktivere Stellung des Königs häufig spielentscheidend:

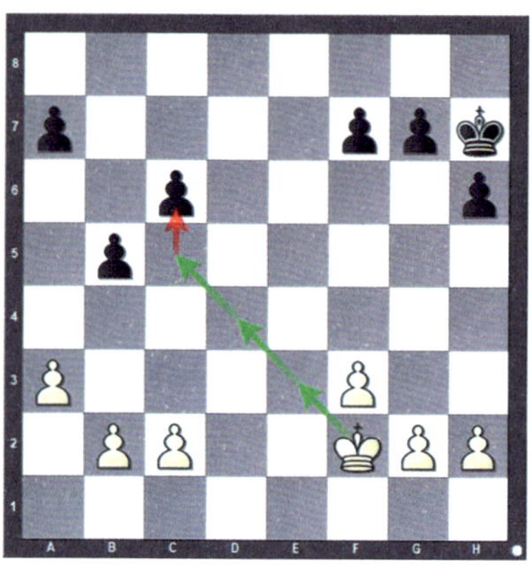

Das Material ist ausgeglichen, aber Weiß steht dank eines aktiveren Königs klar auf Gewinn.

Plan von Weiß:

- Aktivierung des Königs
- Eroberung der Bauern am Damenflügel
- Umwandlung eines Bauern in eine Dame

Plan von Schwarz: Die Verhinderung des weißen Plans scheitert, weil der schwarze König zu passiv steht: Er kann das Feld c5 und somit seinen c-Bauern nicht schützen. Am Königsflügel gibt es keine Chance auf Gegenspiel, weil Weiß dort keine schwachen Felder hat, über die der König eindringen kann.

1. **Kf2-e3** c6-c5

Dieser Bauernzug kontrolliert das Feld c5, gibt dem König allerdings den Weg über d5 frei.

2. **Ke3-e4** c5-c4
3. **Ke4-d5** a7-a6
4. **Kd5-c5**

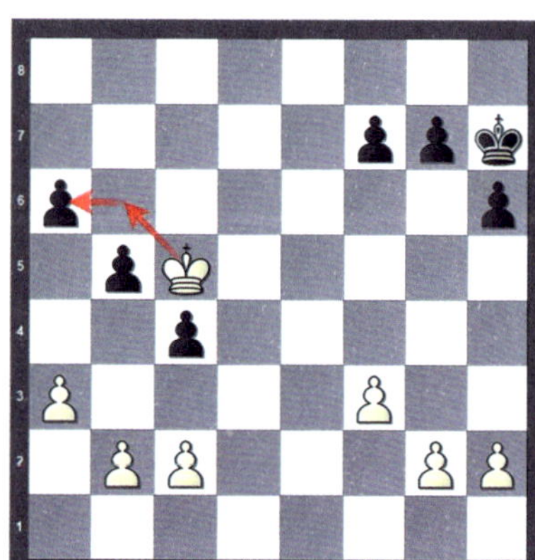

Schwarz wird die Bauern am Damenflügel verlieren. Anschließend kann ein weißer Bauer in eine Dame umgewandelt werden. Weiß steht auf Gewinn.

In Endspielen mit Türmen und Leichtfiguren aktivieren wir unseren König ebenfalls, achten allerdings nun darauf, dass er nicht in einem Mattnetz der gegnerischen Figuren landet. Wieder einmal heißt es aufmerksam sein und die gegnerischen Pläne zu ergründen und zu vereiteln.

In der Partie Durarbayli, Vasif (2625) – Abdusattorov, Nodirbek (2634), FIDE World Cup Sochi 7/2021, unterstützte der schwarze König seine Türme dabei, den gegnerischen König zu bedrohen:

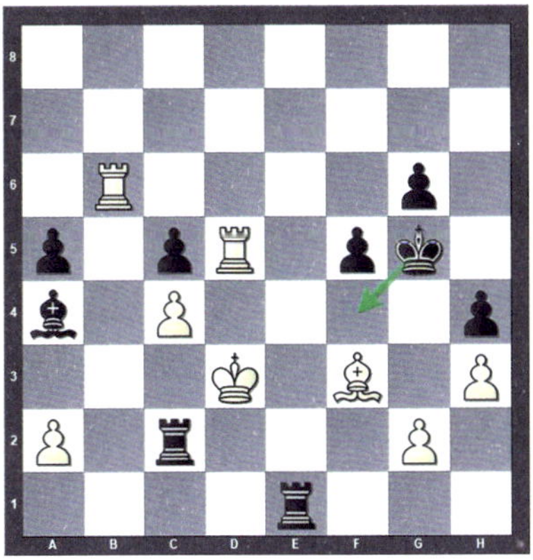

1. … **Kg5-f4!**

Der König läuft über die schwarzen Felder in die weiße Stellung hinein und knüpft zusammen mit den Türmen ein Mattnetz. Weiß gab auf, da er das drohende zweizügige Matt nicht mehr sinnvoll verhindern kann:

Zum Beispiel:

2. **Td5×c5** **Te1-e3+**
3. **Kd3-d4** **Tc2-d2#**

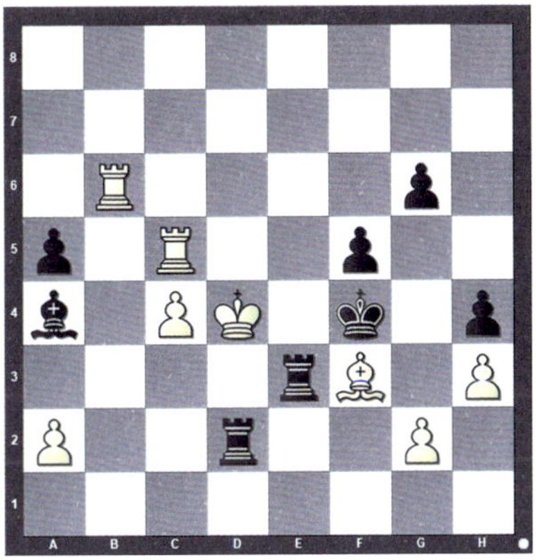

In der Partie zwischen Rasmus Svane (2615) – Ivan Cheparinov (2667), FIDE World Cup Sochi 7/2021, hat Schwarz zwar etwas mehr Material, dafür stehen die weißen Figuren aktiver.

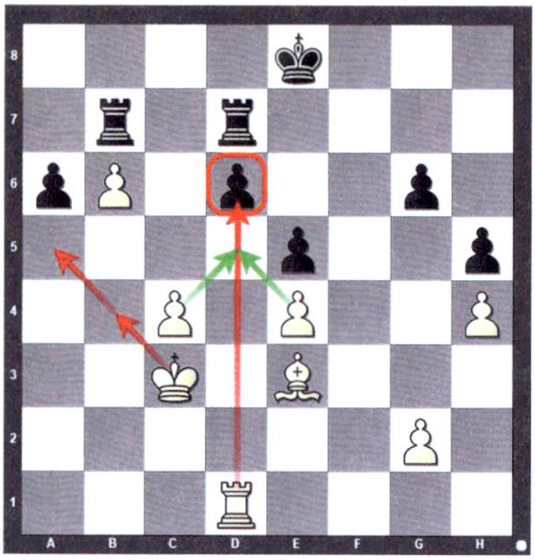

Der Turm auf d1 greift den rückständigen Bauern d6 an, der nicht vorziehen kann, weil Weiß das Feld d5 zuverlässig kontrolliert. Das zwingt den Turm d7 in eine passive Verteidigungsposition. Außerdem besitzt Weiß den gefährlicheren Freibauern auf b6, der vom Läufer e3 und bald auch vom König unterstützt wird. Der König eilt seinem Freibauern zu Hilfe:

1.	**Kc3-b4**	**Tb7-b8?**

Nur mit 1.… Td7-d8! und dem Plan, den König über d7 und c6 nach b7 zu bringen, könnte Schwarz die Partie noch im Gleichgewicht halten. Auf b7 blockiert der König den weißen Freibauern und Schwarz kann seine Türme aktiver nutzen. Das findet aber auch nur eine Engine heraus.

TIPP

Der König ist neben dem Springer im Endspiel die beste Blockadefigur.

2.	**Kb4-a5**	**Tb8-c8**
3.	**c4-c5!**	**d6×c5**
4.	**Td1×d7**	**Ke8×d7**
5.	**b6-b7**	**Tc8-e8**
6.	**Ka5-b6!!**	

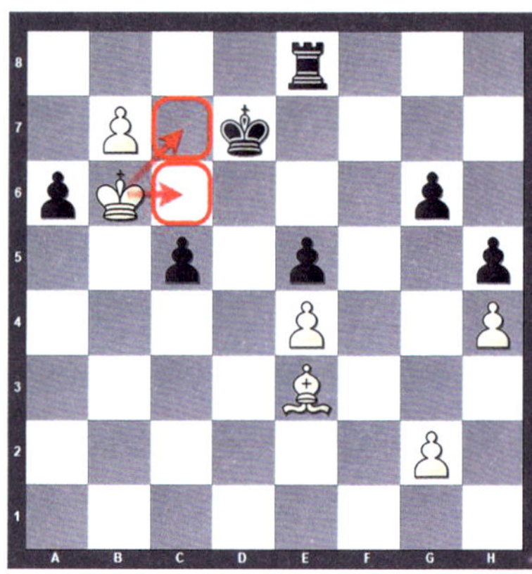

Weiß verhindert mit diesem starken Zug eine Aktivierung des schwarzen Königs, der sehr gern den Bauern b7 von c6 oder c7 aus angreifen würde. Svane hat diese gegnerische Drohung gut erkannt und aktiviert selbst seinen König. Jetzt steht Weiß klar auf Gewinn.

(Es verliert dagegen:

6. Ka5×a6?? Kd7-c6!

Wieder einmal ist Aktivität wichtiger als Material, denn den Bauern a6 braucht Weiß überhaupt nicht für den Gewinn der Partie. Priorität hat die Umwandlung des eigenen Bauern. Der schwarze König steht auf c6 aktiver, klemmt den weißen König am Rand ein und verhindert außerdem die Umwandlung des Bauern.

7. Ka6-a7 Te8-e7 und aufgrund der Fesselung des Bauern ist dieser gestoppt und kann im nächsten Zug von Schwarz geschlagen werden.)

In der Partie folgte noch:

6. ... c5-c4
7. Le3-d2

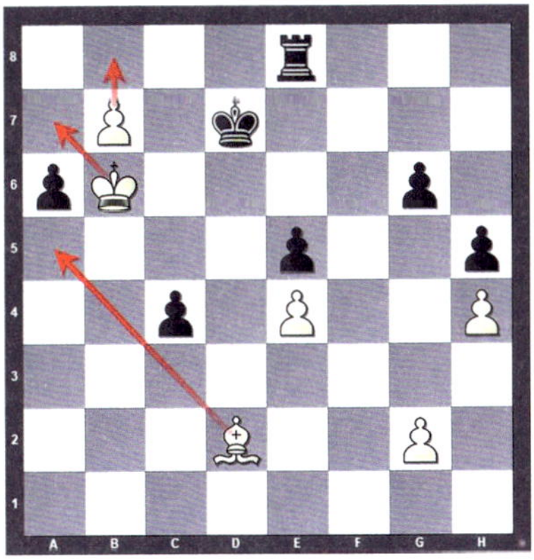

Schwarz gab auf. Er muss nach den Zügen

7. ... Te8-d8
8. Ld2-a5 Td8-b8
9. Kb6-a7

seinen Turm für den Bauern geben, wonach Weiß ohne große Schwierigkeiten gewinnt.

Im folgenden Endspiel aus einem Kampf um die Weltmeisterschaft zwischen Frank Marshall und dem damaligen deutschen Weltmeister Emanuel Lasker (USA, 1907) besitzt Schwarz einen gedeckten Freibauern auf d4.

Ein (von einem Bauern) gedeckter Freibauer ist ein positioneller Vorteil, weil der Gegner ihn ständig im Auge behalten muss – vor allem im Bauernendspiel zwingt er den König in eine passive Lage.

Hier seht ihr schön, wie Lasker zunächst seinen König aktiviert (erste Goldene Regel im Endspiel) und mit diesem aktiven König seinen gedeckten Freibauern auf d4 unterstützt.

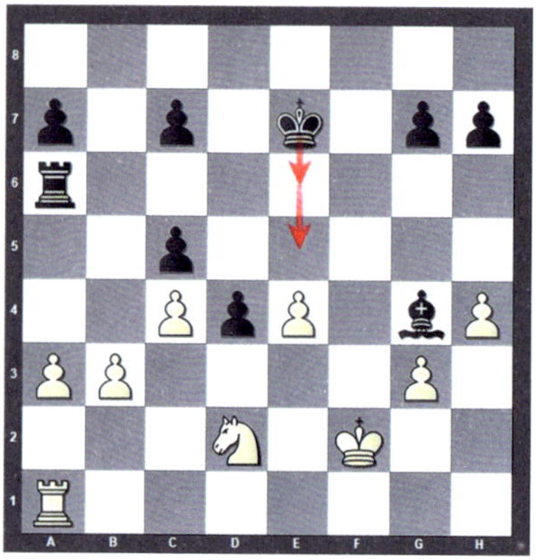

28.	…	Ke7-e6
29.	a3-a4	Ke6-e5

Schwarz steht mit diesen aktiven Figuren und dem gefährlichen Freibauern auf Gewinn. Der Turm schwenkt auf der sechsten Reihe auf die offene f-Linie:

30.	Kf2-g2	Ta6-f6
31.	Ta1-e1	d4-d3!

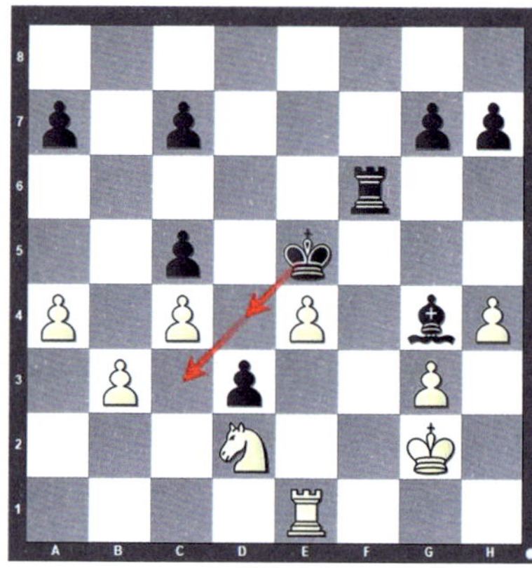

Ein sehr schöner strategischer Räumungszug!

Lasker schätzt richtig ein, dass der Freibauer nicht schwach wird, obwohl er nicht mehr vom Bauern c5 gedeckt wird. Hauptsache, der König kann über das Feld d4 in die weiße Stellung einmarschieren und den Raumvorteil noch vergrößern.

32.	Te1-f1	Ke5-d4
33.	Tf1×f6	g7×f6
34.	Kg2-f2	c7-c6
35.	a4-a5	a7-a6!

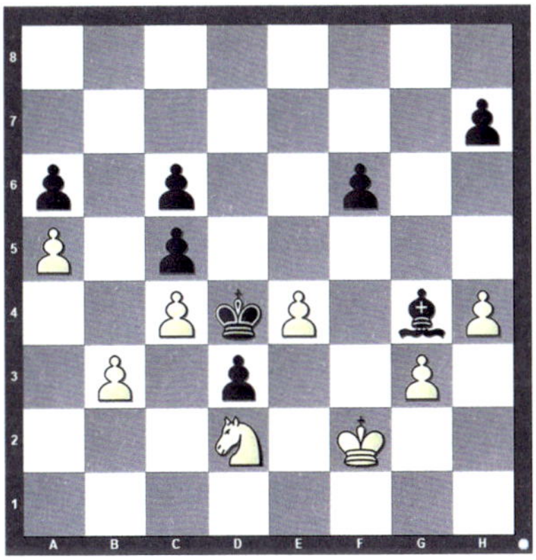

Schwarz nimmt Weiß die Zugmöglichkeit a5-a6, weil er sieht, dass Weiß sich dem Zugzwang nähert. Wir kennen dieses Motiv, welches häufig im Endspiel auftritt, aus dem ersten Kapitel. Nach

36.	**Kf2-e1**	**Kd4-c3**

befindet sich Weiß im **Zugzwang**. Jeder weiße Zug ist einfach ungünstig und verliert entweder einen Bauern oder den Springer.

TIPP

Zugzwang ist eine gefährliche Waffe des Angreifers im Endspiel.

Weiß entscheidet sich daher, den Bauern e4 zu geben, was die Lage nicht großartig bessert:

36.	**Sd2-f1**	**Kd4×e4**
37.	**Kf2-e1**	**Lg4-e2**
38.	**Sf1-d2+**	**Ke4-e3**

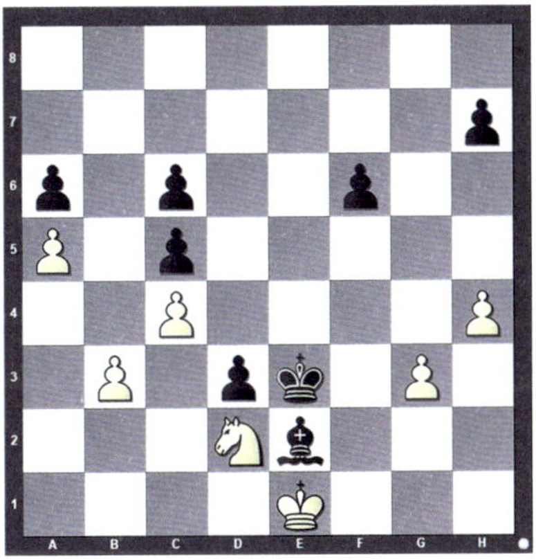

Schwarz gewinnt wenig später den Bauern g3 und droht, seinen f-Bauern auf f1 in eine Dame zu verwandeln. Weiß gibt kurz vorher auf.

Im Damenendspiel, in dem beide Seiten neben den Bauern nur noch die Damen auf dem Brett besitzen, gelten spezielle Regeln für die richtige Positionierung des Königs, denn die Dame ist eine gefährliche Angreiferin. In diesem Endspieltyp sollten wir deshalb besonders auf unseren König achten.

Die Dame kann ohne die Unterstützung des Königs nicht matt setzen, deshalb ist eine wichtige Verteidigungsidee der Seite mit weniger Material ein Dauerschach mit der Dame. Der König der stärkeren Seite sucht sich zwischen seinen Bauern ein sicheres Versteck, das ihn vor einem Dauerschach schützt.

TIPP

Im Damenendspiel strebt die materiell stärkere Seite nach einem Damentausch, während die schwächere Seite ein Dauerschach sucht.

Häufig kann der König im Schutz seiner Bauern diese auch Richtung Umwandlungsfeld begleiten oder sogar, wie im folgenden Beispiel, zusammen mit der Dame den gegnerischen König bedrohen.

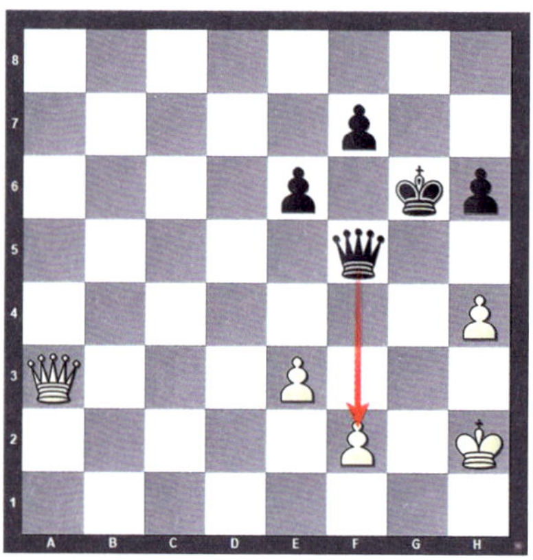

GM Aronian, Levon (2737) – Carlsen, Magnus (2775), Grand-Slam-Finale in Bilbao 2008:

Weiß hat mit seinem letzten Zug einen gefährlichen Freibauern auf a3 geschlagen. Schwarz besitzt die Initiative, seine Figuren stehen aktiver, der Bauer f2 hängt mit Schach. Schwarz steht auf Gewinn.

1. … **Df5×f2+**
2. **Kh2-h3** **Df2-f3+**
3. **Kh3-h2** **Kg6-h5**

Im Schutz seiner Bauern f7 und e6 schleicht sich der aktive schwarze König in Richtung des gegnerischen Königs.

4. **Da3-f8** **Df3-f2+**
5. **Kh2-h1** **Kh5-g4**

Weiß gab auf.

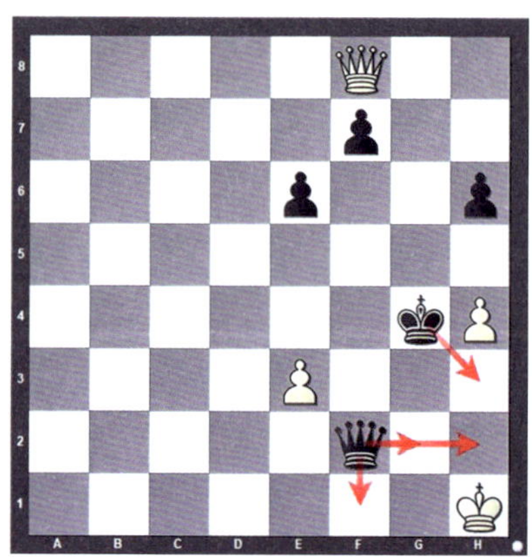

Es droht ein Matt in zwei Zügen durch Kg4-h3 und Df2-f1, Df2-h2 oder Df2-g2, was sich von Weiß nur mit einem Damentausch verhindern lässt, nebst Übergang in ein verlorenes Bauernendspiel: 6. e3-e4 Kg4-h3 7. Df8-a3+ Df2-g3 8. Da3×g3+ Kh3×g3.

TIPP

Im Endspiel ist der König ein echter Kämpfer und eine starke Figur!

4.1.2 Stellt die Türme hinter die Freibauern

Dies gilt vor allem in Turmendspielen, die neben Bauernendspielen zu den häufigsten Endspielen gehören. Deshalb sind diese Endspiele besonders wichtig und ich konzentriere mich in diesem Kapitel hauptsächlich auf die Turmendspiele.

2. GOLDENE REGEL IM ENDSPIEL

Stellt eure Türme hinter die Freibauern. Eigene Bauern werden so gepusht, gegnerische Bauern werden kontrolliert.

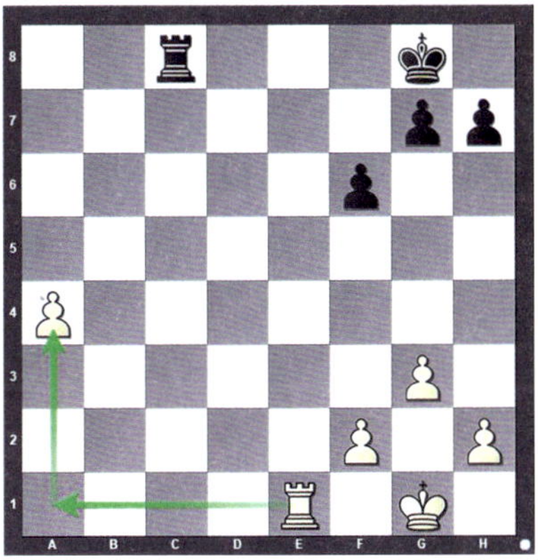

Weiß steht besser: Er hat einen Bauern mehr und die Möglichkeit, seinen Turm nach der zweiten Goldenen Regel des Endspiels zu aktivieren.

1. Te1-a1!

Die offene e-Linie, die im Mittelspiel besetzt werden sollte, ist hier nicht wichtig. Es gibt vier offene Linien, daraus kann Weiß keinen Vorteil ziehen.

Auf a1 unterstützt der Turm seinen Bauern und, was genauso wichtig ist, er bindet den schwarzen Turm an die Verteidigung, an die Blockade des Freibauern.

1. ... Tc8-c6
(oder: Tc8-a8 nebst Ta8-a6)
2. a4-a5 Tc6-a6

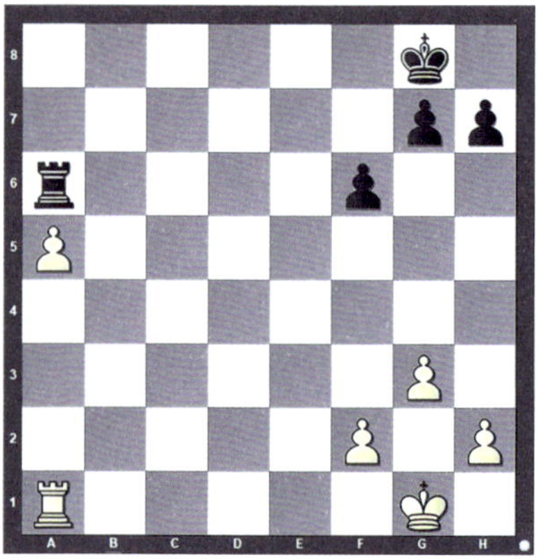

Schwarz blockiert und stoppt den Bauern am besten sofort. Jetzt aktiviert Weiß den König, provoziert anschließend Schwächen am Königsflügel, z. B. mit h2-h4 – h5-h6, sodass ein Turmtausch auf a5 zu einem verlorenen Bauernendspiel führen würde.

Alternativ kann der weiße Turm zum richtigen Zeitpunkt zum Königsflügel schwenken und schwache Bauern schlagen. Dabei wird meist der a-Bauer aufgegeben, am Königsflügel dagegen gibt es dafür eine entscheidende Bauernmehrheit.

Schauen wir uns dazu ein praktisches Beispiel aus dem WM-Kampf zwischen dem Herausforderer Alexander Aljechin und dem damaligen amtierenden Weltmeister José Raúl Capablanca aus dem Jahr 1927, Buenos Aires, an.

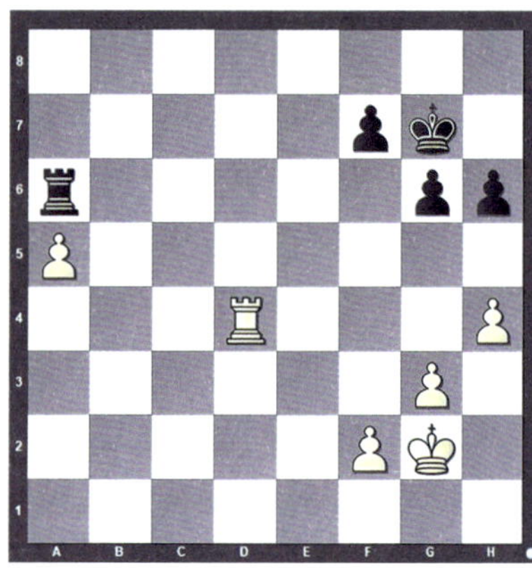

54. **Td4-a4!** **Kg7-f6**
55. **Kg2-f3** **Kf6-e5**
56. **Kf3-e3** **h6-h5**

Diese Bauernstellung f7-g6-h5 gilt als die beste Aufstellung für die verteidigende Seite. Doch es wird nichts nützen …

57. **Ke3-d3** **Ke5-d5**
58. **Kd3-c3** **Kd5-c5**
59. **Ta4-a2** **Kc5-b5**
60. **Kc3-b3**

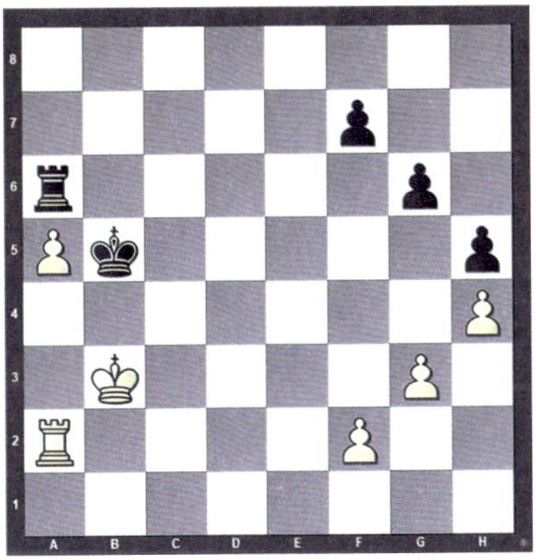

Schwarz darf den entfernten Freibauern a5 nicht schlagen, weil nach **60.** ... Ta6×a5 **61.** Ta2×a5+ Kb5×a5 **62.** Kb3-c4 der weiße König entscheidend aktiver als der schwarze König ist und zuerst die Bauern am Königsflügel erreicht (vgl. auch die weitere Analyse über den QR-Code).

Schwarz hat im weiteren Verlauf der Partie den Bauern mit dem König blockiert, um den Turm aktivieren zu können. Weiß gelangt mit dem König zum Königsflügel und fügt der Bauernstruktur von Schwarz mit einem typischen Manöver entscheidende Schwächen zu:

70. **f4-f5!**

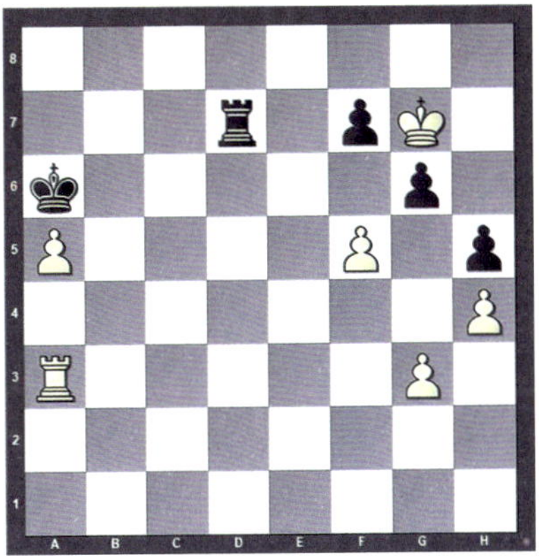

70.	...	**g6×f5**
71.	**Kg7-h6**	**f5-f4**

Dieser Zug verschlechtert die Bauernstruktur von Weiß. Schwarz kann nicht alle Bauern verteidigen.

72.	**g3×f4**	**Td7-d5**
73.	**Kh6-g7**	**Td5-f5**
74.	**Ta3-a4**	**Ka6-b5**
75.	**Ta4-e4**	

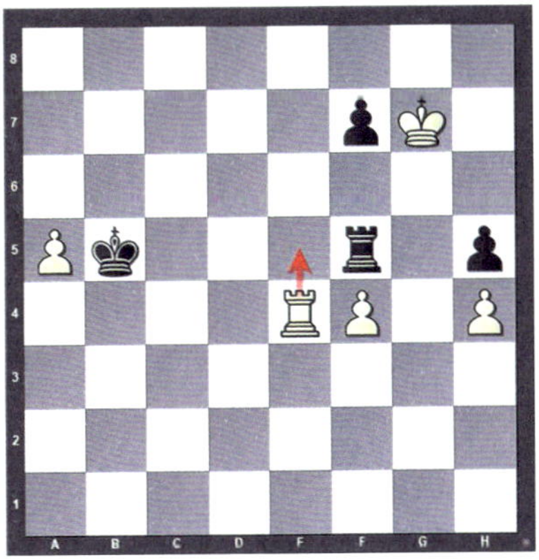

Schwarz darf mit dem König nicht auf a5 schlagen: Es folgt darauf Te4-e5+ mit Turmtausch und Weiß gewinnt das Bauernendspiel.

Schwarz besitzt jetzt zwei Schwächen: Seine Figuren müssen den Freibauern a5 kontrollieren, zudem sind die Bauern am Königsflügel schwach. Weiß steht klar auf Gewinn.

75. ... Kb5-a6
76. Kg7-h6 Tf5×a5
77. Te4-e5 Ta5-a1
78. Kh6×h5 Ta1-g1
79. Te5-g5 Tg1-h1
80. Tg5-f5 Ka6-b6
81. Tf5×f7

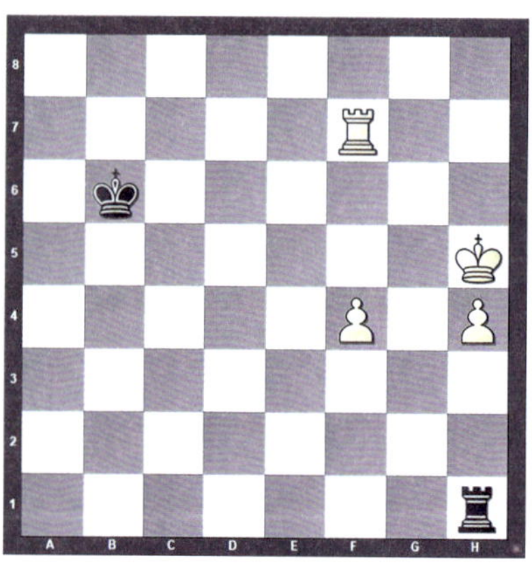

Auch der zweite Bauer ist gefallen. Jetzt muss Weiß nur noch darauf achten, dass der schwarze König nicht vor die Freibauern gelangt.

81. ... Kb6-c6
82. Tf7-e7

Der Turm sperrt den schwarzen König vom Königsflügel ab. Schwarz gab auf.

Die zweite Goldene Regel des Endspiels bezieht sich genauso auf gegnerische Bauern. Auch hier steht der Turm am besten, von wenigen Ausnahmen abgesehen, hinter dem Bauern, wie im folgenden Diagramm dargestellt.

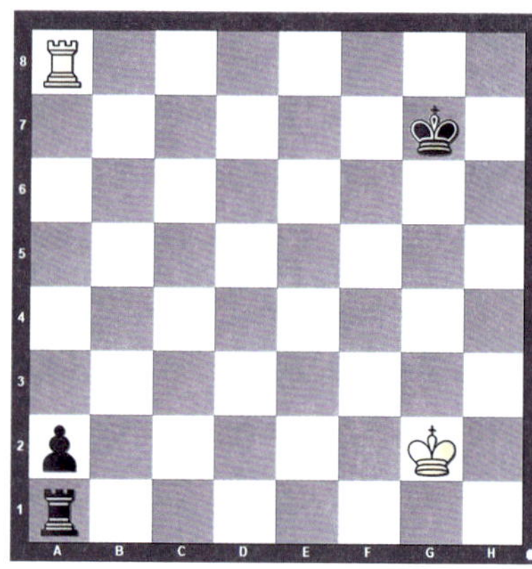

Weiß hat einen Bauern weniger, trotzdem ist diese Stellung bei richtiger Verteidigung von Weiß remis. Grund hierfür ist die aktive Stellung des weißen Turmes hinter dem schwarzen Bauern, der

- den Bauern im Blick behält,
- den schwarzen Turm an die Verteidigung des Bauern bindet und somit
- dem Turm einen größeren Handlungsspielraum, z. B. für störende Schachs, lässt.

Der weiße Turm kann den schwarzen König daran hindern, seinen Bauern zu unterstützen, was die einzige Gewinnidee für Schwarz in dieser Stellung ist. Sobald sich der König dem Bauern nähert, gibt der weiße Turm von der achten Reihe aus ein Schach. Läuft der schwarze König nach b7, um den Turm zu vertreiben, zieht der Turm nach a3. Nähert sich der schwarze König dem Bauern wieder auf der b-Linie, zieht der Turm zurück nach a8 und kann wieder mit den Schachgeboten stören.

Der weiße König bleibt auf den Feldern g2 und h2. Andere Königszüge würden die Partie verlieren, z. B.:

1. **Kg2-f3?** **Ta1-f1+**

nebst der Umwandlung des Bauern auf a1 in eine Dame. Auf

1. **Kg2-f2?** entsteht ein Spieß, wie wir aus dem ersten Kapitel wissen:

1. ... **Ta1-h1!**

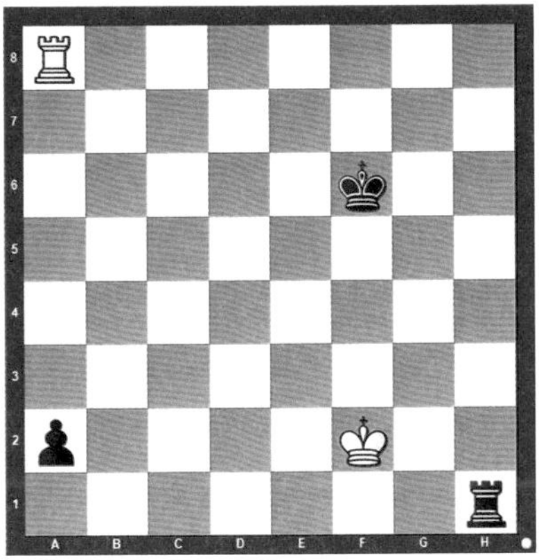

2. **Ta8×a2**

Anderenfalls ist der a-Bauer im Ziel.

2. ... **Th1-h2+**
3. **K beliebig** **Th2×a2**

Schwarz steht mit einem Turm mehr auf Gewinn.

Sehen wir uns ein aktuelles Beispiel an.

Die seit Jahren stärkste deutsche Spielerin, die gleichzeitig der Weltspitze im Frauenschach angehört, IM Elisabeth Pähtz (2466), hätte mit unserer Goldenen Regel den gefährlichen Freibauern d5 ihrer Gegnerin Anna Muzychuk (2527) im FIDE Womans World Cup 2021 besser in Schach halten können:

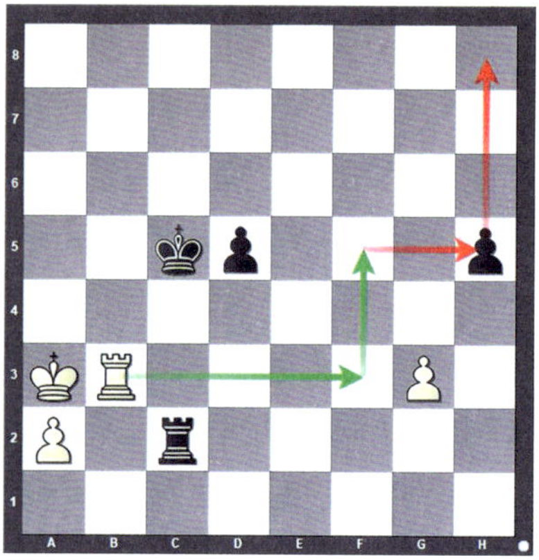

1.	Tb3-f3?	Kc5-c4
2.	Tf3-f5?	d5-d4

Weiß schlug im nächsten Zug den h-Bauern, um erst dann über h8 nach d8 hinter den d-Bauern zu gelangen. Der Umweg des Turmes über f3-f5-h5 auf die achte Reihe kostete wichtige Tempi, also Zeit oder Züge. Diese Zeit hatte Weiß nicht, denn der gefährliche Freibauer d5 ist mit der aktiven Unterstützung von König und Turm zu schnell. Weiß verlor diese Partie.

Natürlich kennt Elisabeth Pähtz unsere Regel. Häufig ist es jedoch nicht so einfach zu entscheiden, wann Regeln angewendet werden sollten und wann eine Ausnahme vorliegt. Hier hilft nur die genaue Berechnung der Varianten. In Zeitnot und bei stundenlanger Anspannung passiert es natürlich, dass man eine Drohung des Gegners übersieht oder sich verrechnet.

Schauen wir uns die beste Verteidigung an:

1. **Tb3-b8!**

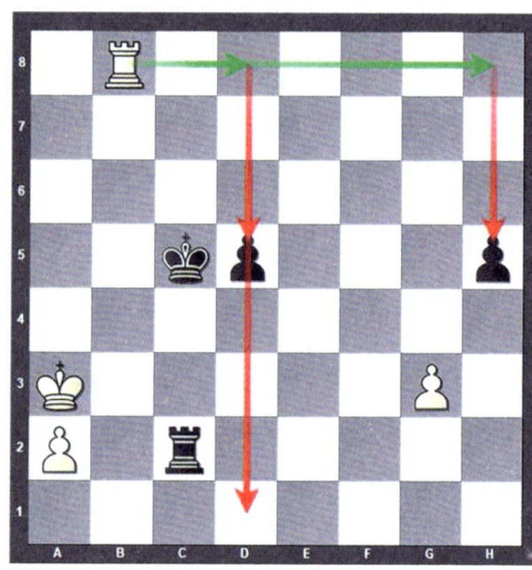

Der Plan, den Turm schnellstmöglich hinter einen gegnerischen Bauern zu stellen oder den König von hinten zu bedrohen, wäre eine stärkere Verteidigung gewesen.

1.	...	Tc2-g2
2.	Tb8-c8+	Kc5-b5
3.	Tc8-b8+	Kb5-c4
4.	Tb8-c8+!	Kc4-d4

Der König blockiert den eigenen Bauern, um einem Dauerschach auszuweichen. Jetzt ist der richtige Zeitpunkt, den Turm hinter den potenziellen schwarzen Freibauern auf der h-Linie zu stellen. Der schwarze Bauer h5 ist noch gefährlicher als der blockierte Bauer d5, deshalb zieht der Turm nun auf die h-Linie.

5. Tc8-h8! Tg2×g3+

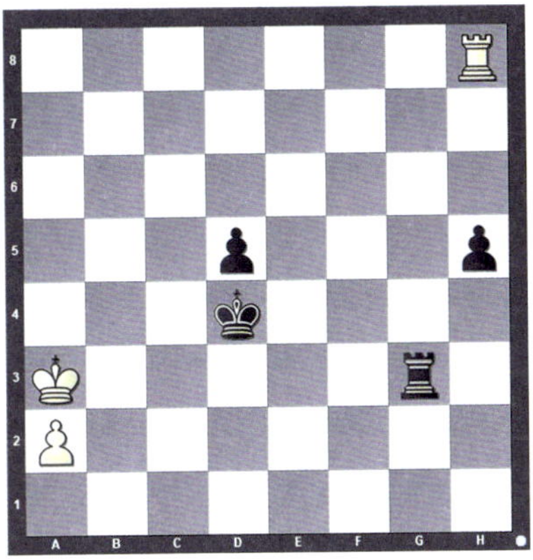

Der weiße König muss nicht auf der a-Linie bleiben, sondern kann nach b4 gehen und so seinem Bauern den Weg frei machen. Dieses aktive Gegenspiel sorgt für Ausgleich. Würde der schwarze König noch auf c4 stehen, wäre die Stellung für Weiß verloren. Auch deshalb war das Turmschach im vierten Zug auf c8 sehr nützlich.

6.	Ka3-b4	Tg3-h3
7.	a2-a4	h5-h4
8.	a4-a5	Th3-h1
9.	a5-a6	h4-h3
10.	a6-a7	Th1-b1+
11.	Kb4-a5	Tb1-a1+
12.	Ka5-b6	h3-h2

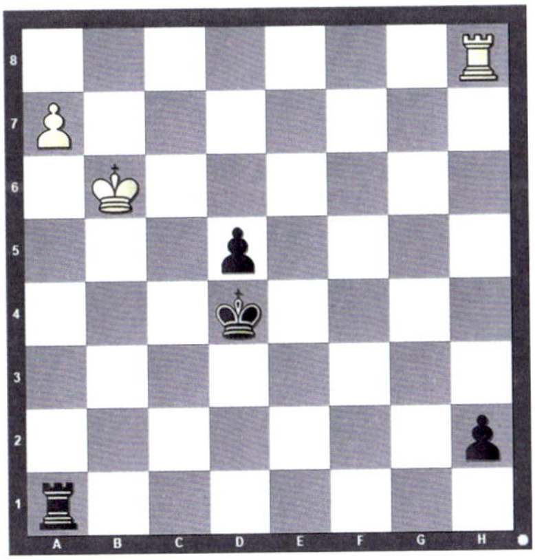

Diese Stellung ist völlig ausgeglichen. Weiß gewinnt zwar den Bauern h2 und Schwarz muss für den Bauern a7 den Turm geben. Schwarz ist jedoch mit seinem d-Bauern und dem aktiven König schnell genug, sodass sich auch der weiße Turm auf d1 gegen den d-Bauern opfern muss.

Häufig muss man sich den Platz hinter dem Freibauern erkämpfen.

Wie lohnenswert das sein kann, zeigen die folgenden Beispiele:

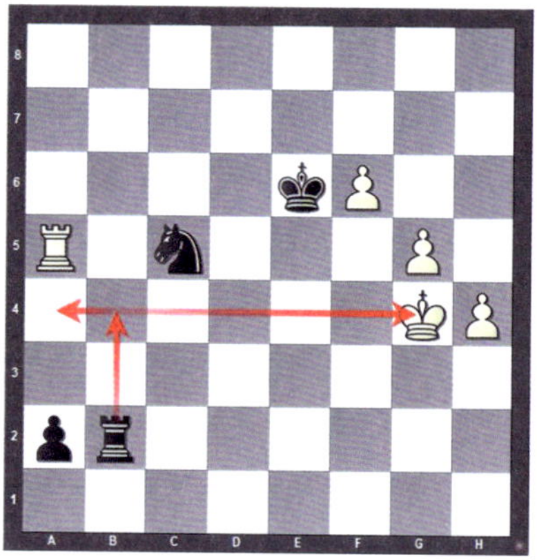

Schwarz besitzt einen gefährlichen Freibauern auf a2, der momentan vom weißen Turm a5 kontrolliert wird. Weiß droht, seinen König zu aktivieren (Kg4-h5) und seine drei verbundenen Freibauern auf ihrem Weg zur achten Reihe zu unterstützen. Sein letzter Zug Kf3-g4 ist jedoch ein grober Fehler.

Sicher ist es knapper Bedenkzeit geschuldet, dass Dmitry Andreikin (2724), einer der stärksten Großmeister der Welt, die Antwort seines Gegners, Velimir Ivic (2582), in der vierten Runde des FIDE World Cups 2021 übersah:

1. … **Tb2-b4+**

Mit einem Schachgebot gewinnt Schwarz das wichtige Tempo, um mit seinem Turm hinter seinen Freibauern zu gelangen.

2. **Kg4-h5** **Tb4-a4**

Weiß kann die Umwandlung des Bauern a2 in eine Dame nicht mehr verhindern und gibt wenige Züge später auf.

In der Partie H. Munoz – H. Salazar (2400), die während der Olympiade 1990 in Novi Sad gespielt wurde, verbirgt sich eine versteckte Gewinnidee.

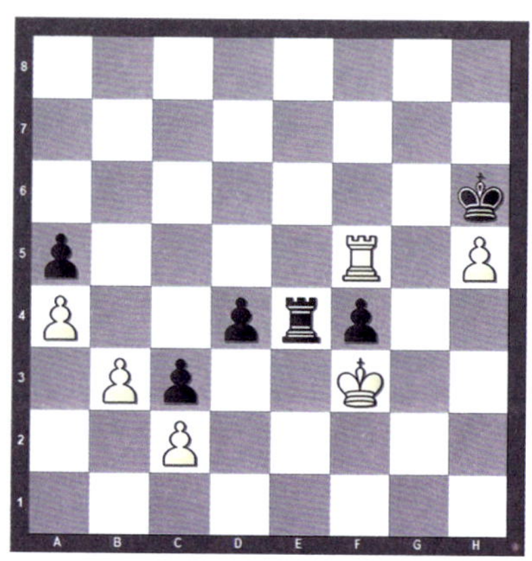

Schwarz ist am Zug. Der schwarze Turm ist angegriffen, der Bauer a5

hängt, doch Schwarz zieht unbeeindruckt:

1. ... d4-d3!!.

Dieser Bauerndurchbruch gewinnt in wenigen Zügen. Die weiße Antwort ist erzwungen, weil der schwarze Bauer sonst auf c2 schlägt.

2. c2×d3

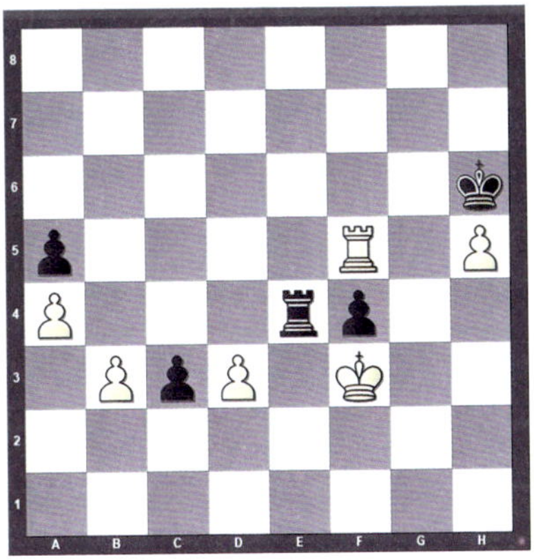

Wie gelangt jetzt der schwarze Turm am schnellsten hinter den schwarzen Freibauern?

Das optimale Feld c4 hinter dem Freibauern ist durch die Bauern b3 und d3 doppelt geschützt. Zudem steht der weiße Turm auf f5 bereit, auf die c-Linie zu gelangen und den schwarzen Freibauern zu stoppen.

2. ... Te4-c4!

Schwarz zieht seinen Turm erstaunlicherweise ohne Umwege hinter den Freibauern. Schlägt Weiß den Turm auf c4 nicht, ist der Bauer c3 perfekt unterstützt und erreicht die Grundreihe.

3. b3×c4 c3-c2

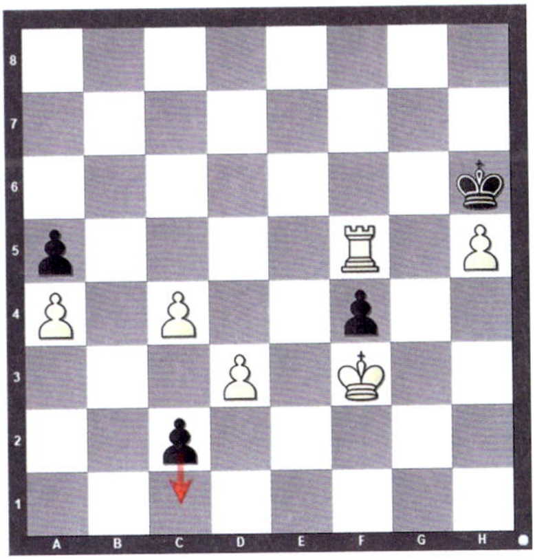

Weiß kann den c-Bauern nicht mehr aufhalten, weil die c-Linie durch den eigenen Bauern c4 blockiert wurde. Das ist ein typisches Motiv, das uns gleich zum vielleicht wichtigsten Endspielthema bringt.

4. Kf3×f4 c2-c1D+
5. Kf4-e4 Dc1-d1

Der Bauer a4 fällt im nächsten Zug, weil Weiß ihn nicht vernünftig decken kann: 6. Tf5×a5 scheitert an dem Doppelangriff 6. ... Dd1-e1+ mit Turmverlust für Weiß. Schwarz steht auf Gewinn. Weiß gab auf.

4.2 Nutzt das Potenzial der Freibauern!

Grundsätzlich besteht ein guter Plan im Endspiel darin, aktives Spiel oder Gegenspiel bei gegnerischem Druck zu suchen. So könnt ihr mit einem Freibauern den Gegner gut beschäftigen und ihn von seinen aktiven Plänen ablenken.

Dank der Möglichkeit, sich bei Erreichen der gegnerischen Grundreihe in eine beliebige Figur umwandeln zu dürfen, gewinnen die Freibauern an Stärke, je näher sie dieser Grundreihe kommen. Deswegen schlummert in den Freibauern ein riesiges Potenzial, vorausgesetzt, sie können vom Gegner nicht erobert werden.

3. GOLDENE REGEL IM ENDSPIEL

Nutzt das gewaltige Potenzial der Freibauern.

4.2.1 Die Bildung von Freibauern

Wie gelangen wir zu Freibauern, wenn der Gegner keine Bauern einstellt (also ohne Kompensation verliert) und die Freibauern nicht auf natürliche Weise durch das Abräumen der gegnerischen Bauern durch die eigenen Figuren entstehen? Ich stelle euch zwei Methoden vor: Einmal die Bildung eines Freibauern durch eine Bauernmehrheit und zweitens durch einen Bauerndurchbruch durch Bauern- oder Figurenopfer.

Bauernmehrheit

Eine Bauernmehrheit, auch Bauernmajorität genannt, ist vorhanden, wenn sich auf einem Flügel eine unterschiedliche Anzahl von Bauern befindet, z. B. wie hier im Diagramm zwei Bauern gegen einen Bauern auf dem Damenflügel.

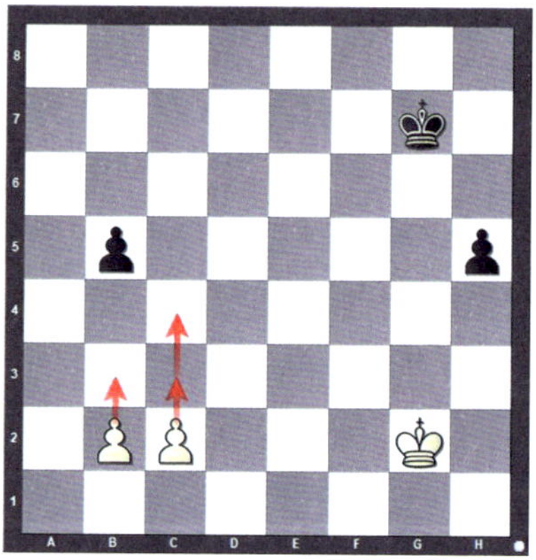

Durch richtiges Vorziehen der Bauern könnt ihr einen Freibauern bilden. **Wichtig ist, dass immer zuerst der Bauer vorzieht, der ein Freibauer werden kann:**

1. c2-c3!

nebst b2-b3 und c3-c4.

Es entsteht ein Freibauer auf der c-Linie. Die Stellung ist ausgeglichen, denn Schwarz besitzt auch einen Freibauern auf der h-Linie.

Nicht richtig wäre es, den ersten Zug c2-c3 zu sparen und sofort:

1. b2-b3?

zu ziehen, mit der Idee, c2-c4 folgen zu lassen. Nach

1. ... b5-b4!

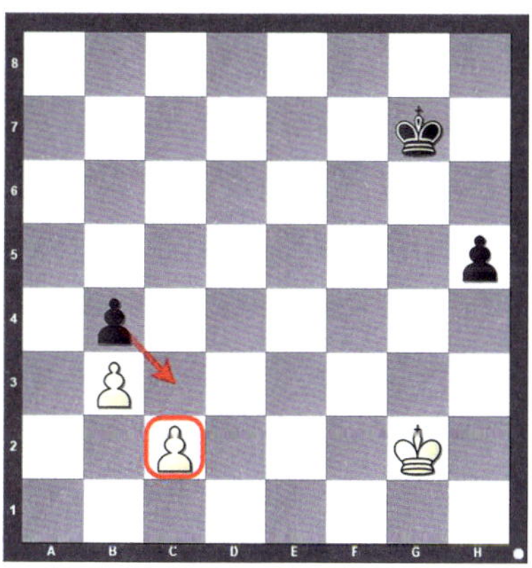

ist das Feld c3 schwach und die weiße Bauernmehrheit unbeweglich, d.h. Weiß kann keinen Freibauern mehr bilden. Der rückständige weiße c-Bauer kann nicht nach vorne ziehen, ohne geschlagen zu werden. Der schwarze b-Bauer stoppt die beiden weißen Bauern. Weiß steht auf Verlust.

Schwächen, zum Beispiel in der Bauernstellung, können also auch im Endspiel Grund für den Verlust einer Partie sein.

TIPP

Vermeidet rückständige Bauern und schwache Felder in einer Bauernmehrheit, damit sie beweglich bleibt.

Aus zahlreichen Eröffnungen gelangt man mit einer **Bauernmehrheit am Damenflügel** ins Mittelspiel:

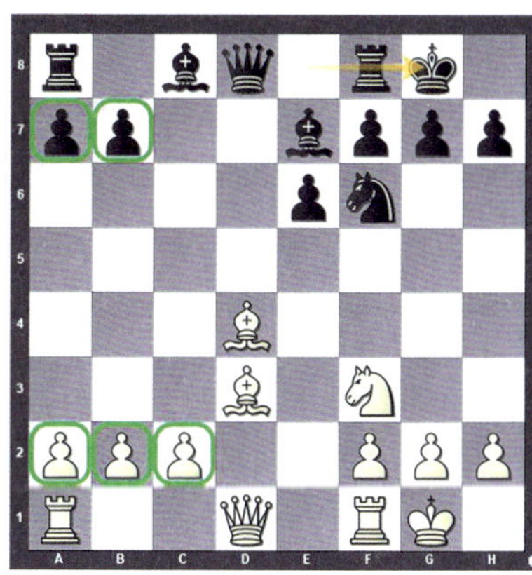

Weiß besitzt drei Bauern auf den Linien a–c, dagegen stehen bei Schwarz nur zwei Bauern auf der a- und b-Linie. Als Kompensation dafür hat Schwarz bei gleicher Anzahl von Bauern einen Bauern mehr am Königsflügel.

TIPP

Je weiter ein Freibauer vom gegnerischen König entfernt ist, desto gefährlicher ist er in der Regel.

Diese Bauernmehrheit kann bei kurzen Rochaden zu einem entfernten Freibauern im Endspiel führen.

Ein Plan bei einer Bauernmehrheit am Damenflügel kann lauten:

1. Figurenabtausch und Erreichung eines vorteilhaften Endspiels: Das Ziel, Figuren abzutauschen, wird leichter durchgesetzt, wenn die Figuren stark im Zentrum stehen oder für den gegnerischen König bedrohlich aufgestellt sind.
2. Aktivierung des Königs (erste Goldene Regel im Endspiel)
3. Bildung eines Freibauern
4. Unterstützung des Freibauern durch Figuren bzw. den König und Umwandlung des Freibauern
5. Matt setzen

Verfolgen wir das Endspiel aus der Partie Mountain_Lion_hh (2097) – MPPTB (2169), 5/2021, weiter, das aus der Mittelspielstellung im letzten Diagramm hervorging. Unter Zeitnot brach Schwarz in dieser Partie zusammen, tauschte die Damen und fand sich in einem verlorenen Bauernendspiel wieder.

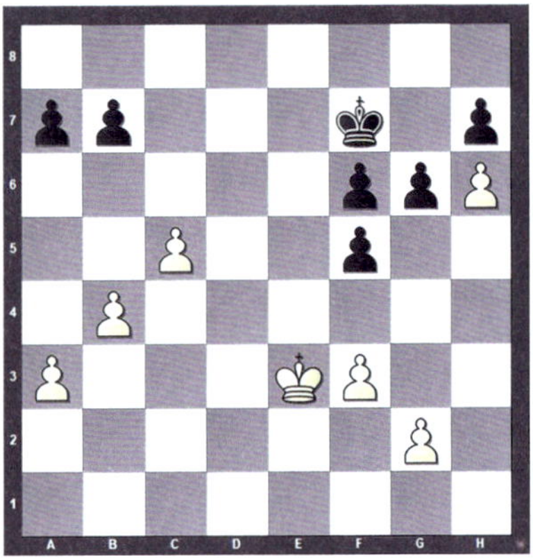

Sehen wir uns an, wie Weiß die einzelnen Teilziele erreicht. Zuerst aktiviert Weiß seinen König: (Teilziel 2)

39.	...	Kf7-e6
40.	Ke3-d4	g6-g5

Weiß besitzt eine gesunde, das heißt bewegliche, Bauernmehrheit am Damenflügel. Gegenspiel am Königsflügel ist für Schwarz nicht in Sicht: Es ist aufgrund der schwarzen Doppelbauern nicht möglich, einen Freibauern zu bilden. Wie wir bereits aus dem Kapitel **3.2.3 Doppelbauern** wissen, ist das ein echter Nachteil der Doppelbauern im Endspiel.

Der weiße König steht im Zentrum jetzt aktiv genug, sodass ein Freibauer gebildet werden kann (Teilziel 3).

41.	a3-a4	g5-g4
42.	b4-b5	Ke6-d7
43.	Kd4-d5	a7-a6

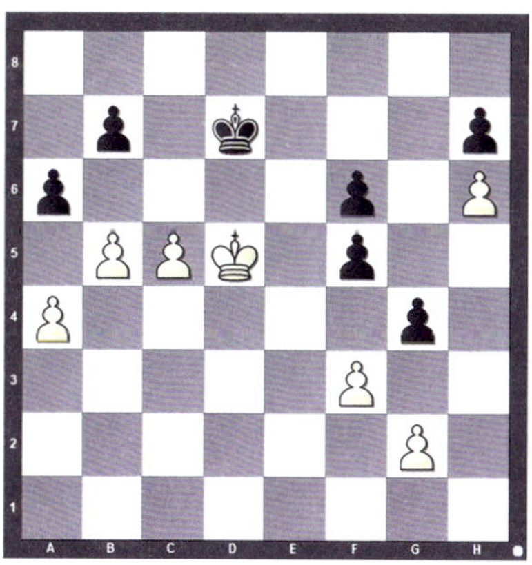

44.	c5-c6+	b7×c6
45.	b5×c6+	Kd7-c7

Das nächste Teilziel ist erreicht: Weiß besitzt einen Freibauern auf der c-Linie.

Für Teilziel 4 drängt Weiß mit seinem König den schwarzen König immer weiter zurück. Häufig kommt das **Motiv Zugzwang** ins Spiel, denn den schwarzen Bauern gehen bald die Züge aus und dann muss der König zurückweichen.

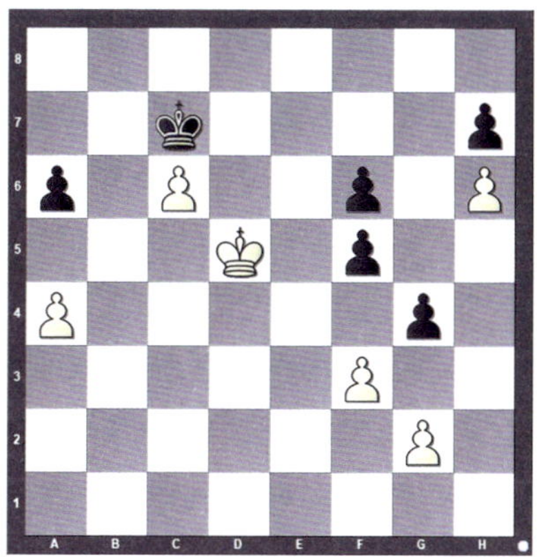

46.	Kd5-c5	g4×f3
47.	g2×f3	f5-f4
48.	Kc5-d5	f6-f5
49.	Kd5-c5	Kc7-c8

Weicht der gegnerische König zurück, weil die Bauern nicht mehr ziehen können, rückt der eigene König voran und erobert wichtigen Raum.

50.	Kc5-d6	Kc8-d8
51.	c6-c7+	Kd8-c8
52.	a4-a5	

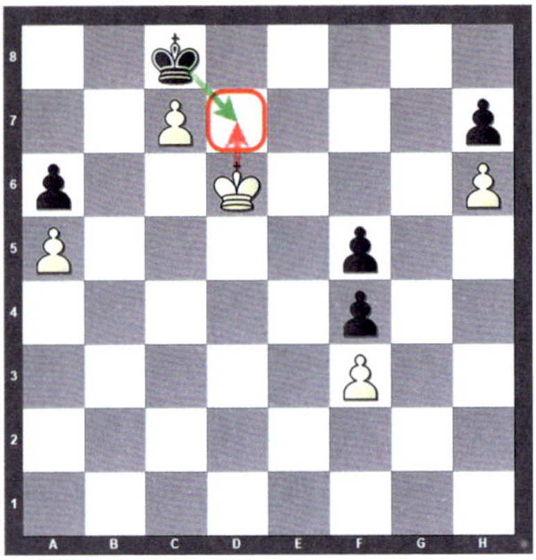

Mit diesem Bauernzug bringt Weiß seinen Gegner in **Zugzwang**: Der schwarze König würde am liebsten vor dem Bauern c7 stehen bleiben, aber er muss ziehen und kann das Feld d7 nicht mehr verteidigen. Danach erreicht der weiße König das wichtige Feld d7 und kann das Umwandlungsfeld des Bauern c7, das Feld c8, kontrollieren. Einer Umwandlung des Bauern steht dann nichts mehr im Weg.

52. ... Kc8-b7
53. Kd6-d7

Weiß kontrolliert das Umwandlungsfeld c8, den Freibauern kann jetzt nichts mehr stoppen.

53. ... Kb7-a7

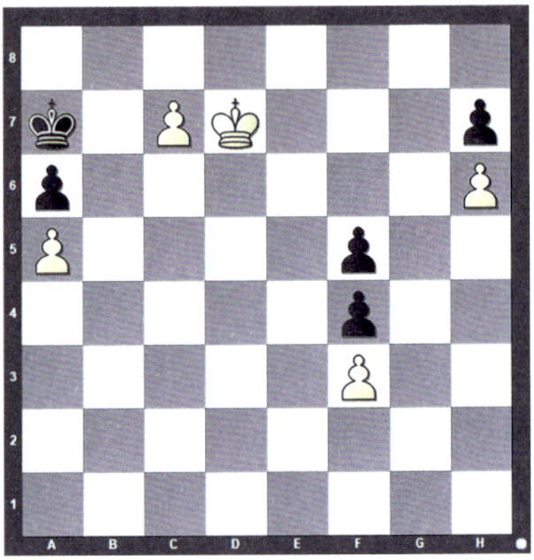

Unterschätzt bitte nicht die Möglichkeiten eurer Gegner, wenn ihr glaubt, die Stellung ist einfach gewonnen. Schwarz versucht hier noch einen letzten Trick: Der Bauer darf sich verwandeln, jedoch nicht in eine Dame – dann wäre Schwarz nämlich patt!

Weiß erkennt die Gefahr:

54. c7-c8 T,

holt sich einen Turm und Schwarz gibt kurze Zeit später auf, ohne sich die Umsetzung des fünften Teilzieles **„Matt setzen"** zeigen zu lassen.

(54. Kd7-c6 hätte allerdings noch schneller gewonnen. 54. ... Ka7-a8 55. c7-c8D + Ka8-a7 56. Dc8-b7#.)

Bauerndurchbruch

Eine weitere typische Methode, einen Freibauern zu bilden, ist ein Durchbruch. Mittels Figur- oder Bauernopfern könnt ihr euren Bauern den Weg zum Ziel ebnen.

Die folgende klassische Studie von Carlo Cozio (1715–1780) aus dem Jahr 1766 (!) zeigt diese Idee anschaulich:

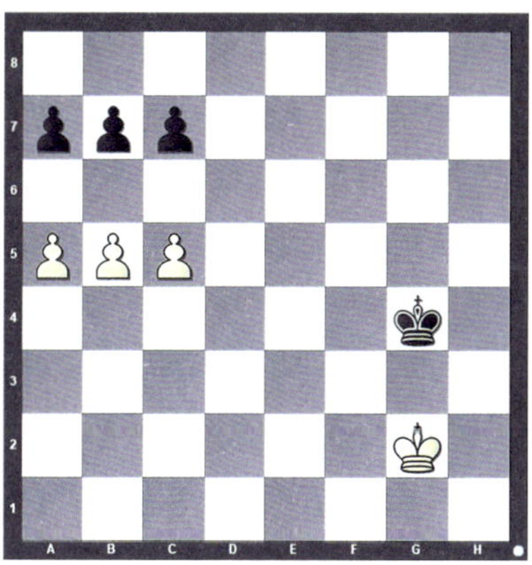

Weiß am Zug gewinnt aufgrund der Tatsache, dass seine Bauern weiter vorgerückt sind:

1. **b5-b6!**

Der einzige Zug, der gewinnt.

Zwei weiße Bauern opfern sich, um dem dritten Bauern den Weg frei zu kämpfen. Das nenne ich echte Teamarbeit! Falls:

1. ... **a7×b6,**

lenkt der weiße c-Bauer den schwarzen b-Bauern vom Schutz des Feldes a6 ab:

2. **c5-c6** **b7×c6**

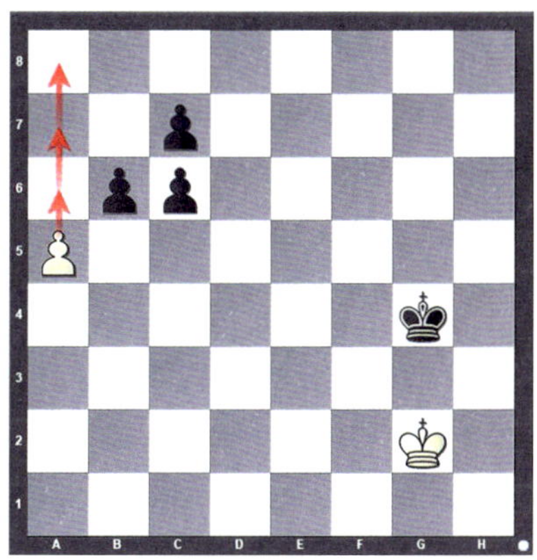

3. **a5-a6**

und der weiße a-Bauer läuft ins Ziel. Auf

1. ... **c7×b6**

opfert sich der a-Bauer:

2. **a5-a6** **b7×a6**
3. **c5-c6.**

Auch Figuren können sich für die Bildung eines Freibauern opfern. Zwei verbundene Freibauern auf der siebten Reihe (aus weißer Sicht) sind stärker als ein Turm und können von einem Turm nicht aufgehalten werden. Dies führt zu der folgenden typischen Endspiel-Taktik:

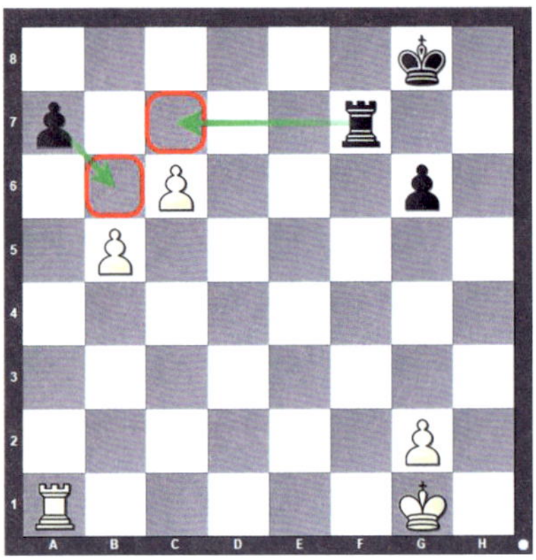

Der Bauer a7, der das Feld b6 verteidigt, wird vernichtet:

1.	**Ta1×a7**	**Tf7×a7**
2.	**b5-b6**	

Der angegriffene Turm wird am besten ein Schach geben, um dann hinter einen Bauern zu gelangen. Er kann trotzdem nicht beide Freibauern aufhalten:

2.	...	**Ta7-a1+**
3.	**Kg1-h2**	**Kg8-f7**
4.	**c6-c7**	**Ta1-c1**
5.	**b6-b7**	

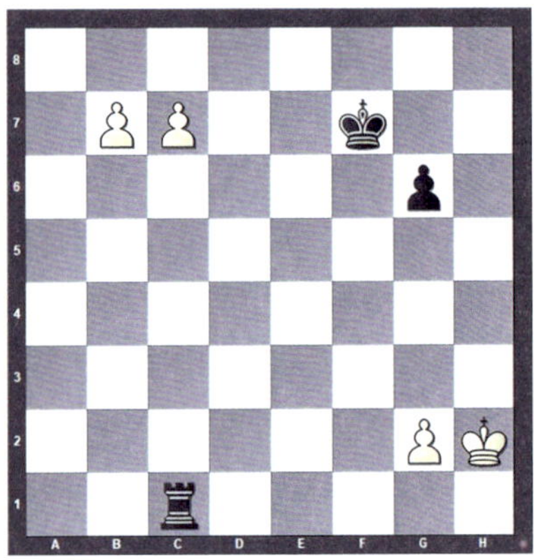

Ein Freibauer wird sich im nächsten Zug in eine Dame umwandeln. Die Stellung ist gewonnen für Weiß.

Springer kommen im Endspiel schwer mit den Randbauern zurecht, weil sie um diese Bauern nicht herumspringen können. Dies schränkt ihre Möglichkeiten ein.

Eine typische Kombination nutzt diesen Umstand aus:

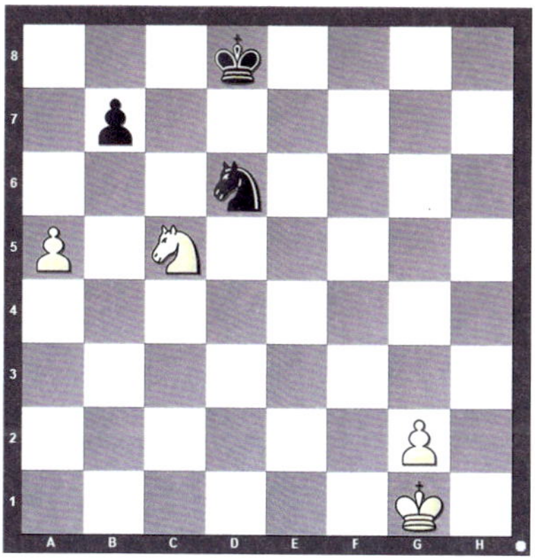

Weiß besitzt einen Bauern mehr, doch Schwarz müsste nur den a-Bauern abtauschen und den Springer für den Bauern g2 opfern, um ein theoretisches Remis zu erreichen. Weiß verhindert den Abtausch des a-Bauern und verwandelt ihn in einen wertvollen Freibauern:

1.	**Sc5×b7+**	**Sd6×b7**

Schon hat Weiß einen Freibauern auf der a-Linie gebildet.

Wird ein Springer auf der siebten Reihe von einem Randbauern angegriffen, kann der Springer den Bauern nicht mehr aufhalten:

2.	**a5-a6**	**Sb7-c5**
3.	**a6-a7**	**Kd8-c7**
4.	**a7-a8D**	

Das Springeropfer hat sich ausgezahlt!

Sehen wir uns den Bauerndurchbruch in praktischen Beispielen an.

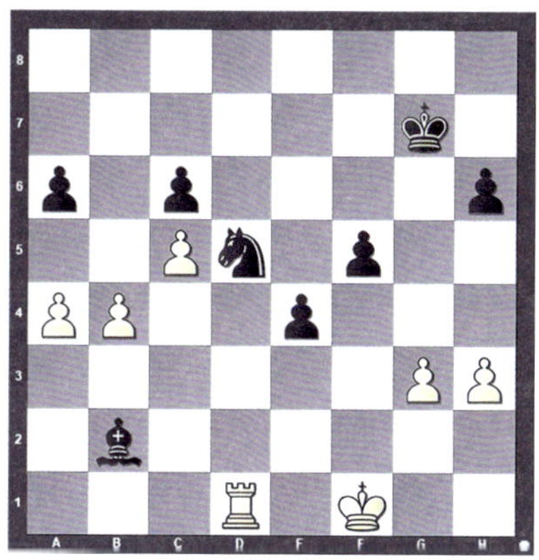

GM Luis Engel (2453) – GM Mathias Blübaum (2669), German Masters 7/2021:

Schwarz besitzt zwei Figuren für einen Turm, was ein kleiner Materialvorteil ist. Luis Engel hat jedoch richtig eingeschätzt, dass seine Stellung gewonnen ist.

1.	**Td1×d5!**	**c6×d5**

Weiß opfert die „Qualität", d.h. den Turm gegen den Springer, weil er sieht, dass Schwarz seine Bauern am Damenflügel nicht aufhalten kann.

2. **b4-b5** a6×b5
3. **a4-a5!!**

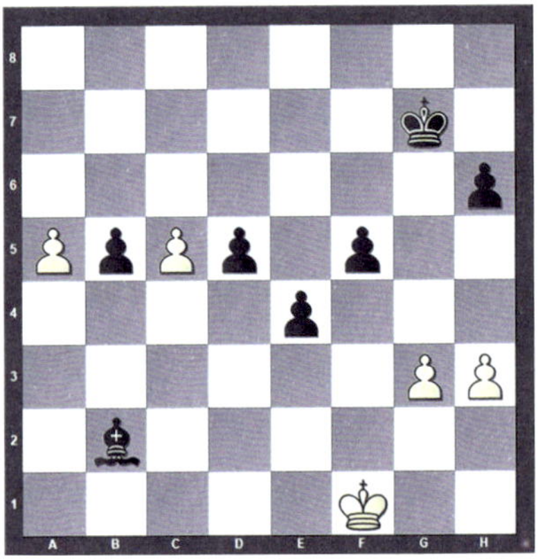

Nur dieser Zug gewinnt! Schlägt Weiß mit dem a-Bauern auf b5 zurück, kommt der schwarze König rechtzeitig und hält die Bauern auf.

(3. a4×b5? Kg7-f6
4. b5-b6 Kf6-e6
5. c5-c6 Ke6-d6

[auf 5. b6-b7 hält der Läufer die Bauern auf: 5. ... Lb2-e5]

6. c6-c7 Kd6-d7

und Schwarz steht auf Gewinn.)

Nach 3. **a4-a5!!** erreicht ein weißer Bauer das Umwandlungsfeld. Schwarz gab nach

3. ... **d5-d4**
4. **c5-c6!**

auf. (Aber nicht 4. a5-a6??, weil dann sogar Schwarz nach 4. ... d4-d3 5. a6-a7 e4-e3 6. a7-a8D e3-e2+ 7. Kf1-f2 Lb2-d4+ 8. Kf2-g2 e2-e1D gewinnen würde.)

Der junge Nihal Sarin (2620) gab seine Partie gegen Dmitry Andreikin (2724) beim FIDE World Cup 2021 mit Weiß bereits in der folgenden Stellung auf, obwohl materieller Gleichstand herrschte. Erneut spielen die Aktivität der schwarzen Figuren, schwache Felder und die weit vorgepreschten Bauern die entscheidende Rolle.

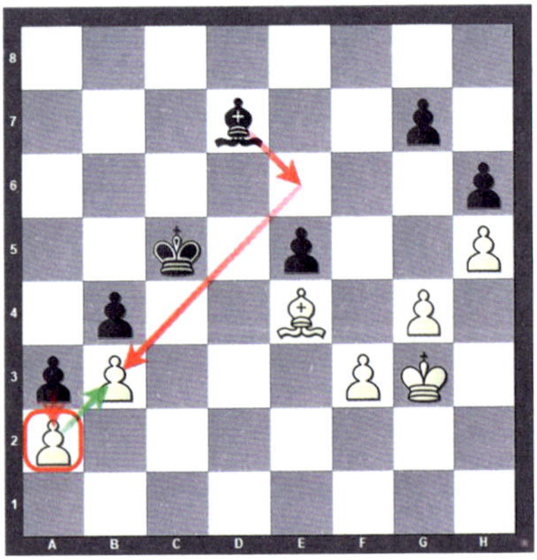

Weiß kann keine Verteidigung gegen die Drohung seines Gegners

1. … Ld7-e6

nebst dem Läuferopfer Le6×b3 oder dem Eindringen des Königs auf den schwachen Feldern d4-c3-b2 finden.

2. Le4-c2

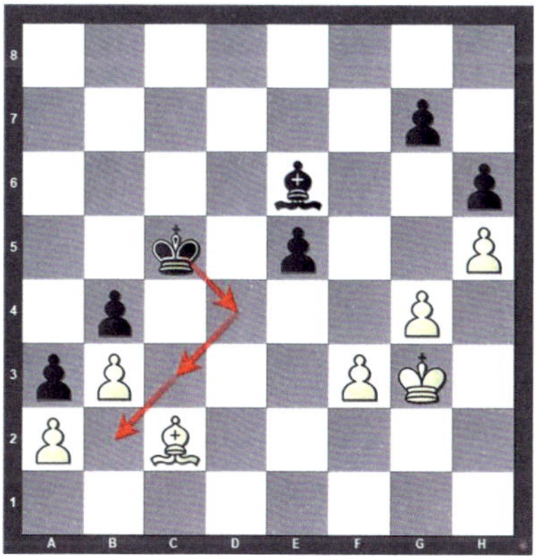

scheitert am aktiven schwarzen König:

2. … Kc5-d4
3. Kg3-f2 Kd4-c3.

Auf einen Wegzug des angegriffenen Läufers erobert der schwarze König nach Kc3-b2 den a-Bauern von Weiß. Der Bauer a3 wandert anschließend unaufhaltsam Richtung a1.

TIPP

Der Bauerndurchbruch basiert vor allem auf den taktischen Motiven Beseitigung der Verteidigung und Ablenkung.

Bringt die Freibauern zum Laufen! Ihr habt jetzt einen Freibauern gebildet. Denkt euer Gegner mit, wird er versuchen, ihn zu blockieren und seine Umwandlung zu verhindern. Schauen wir uns an, wie ihr diesem gegnerischen Plan begegnen könnt, sodass euer Freibauer tatsächlich die letzte Reihe erreichen kann.

4.2.2 Pattideen und Zugzwang in Bauernendspielen

An dieser Stelle ist ein kurzer Abstecher in die Endspieltheorie hilfreich. Endspiele mit dem Materialverhältnis König und Bauer gegen König gehören zum wichtigsten Grundwissen, weil aus zahlreichen Endspielen durch Tausch oder sogar Opfer von Material in dieses Endspiel übergeleitet werden kann.

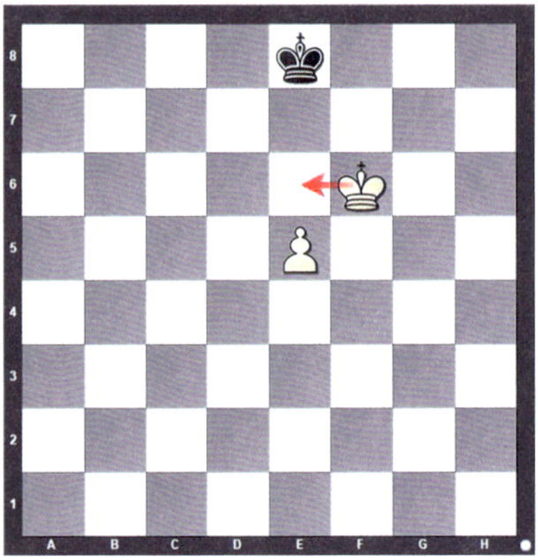

Fehlerhaft wäre der Zug

1. e5-e6?,

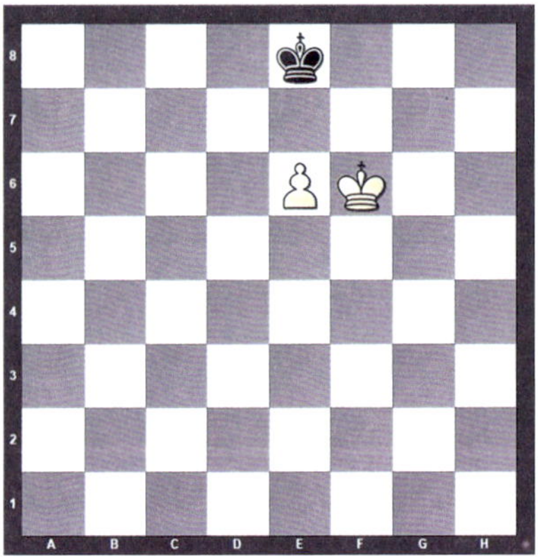

der zu einer Remisstellung führt.

Der Bauer sollte erst laufen, wenn der König das Umwandlungsfeld gesichert hat. Nach:

1. … **Ke8-f8!**

besitzt Schwarz die Opposition und die Stellung ist ausgeglichen.

TIPP

Die Opposition ist die Gegenüberstellung der Könige mit dem Abstand von einem, drei oder fünf Feldern zwischen den Königen. Die Opposition ist nützlich, um den gegnerischen König zurück bzw. zur Seite drängen zu können.

Weiß kommt mit seinem König nicht weiter voran. Der Bauer wird deshalb nicht das Umwandlungsfeld erreichen. Zum Beispiel:

2. **e6-e7+**

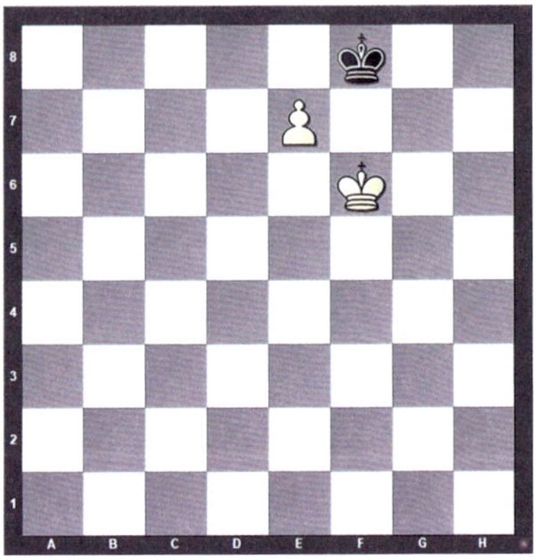

TIPP

Der Bauer muss **ohne Schach** auf die siebte Reihe ziehen können, nur dann kann Weiß den König vom Umwandlungsfeld verdrängen.

2. … **Kf8-e8**
3. **Kf6-e6**

Der Bauer läuft nirgendwohin.

Patt.

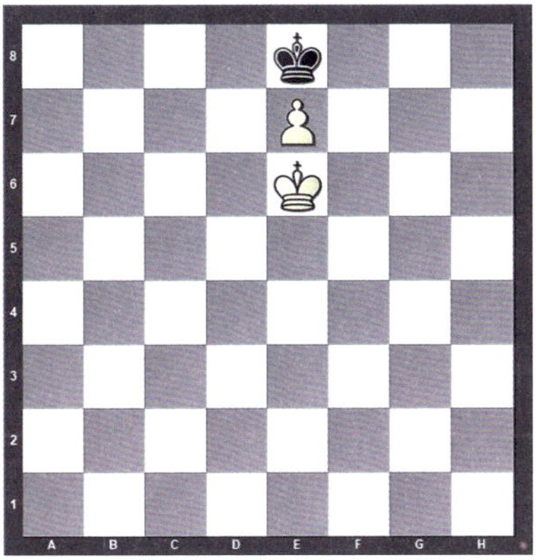

Kommen wir zurück zu unserem Eingangsbeispiel. Es gewinnt nur:

1. **Kf6-e6!**

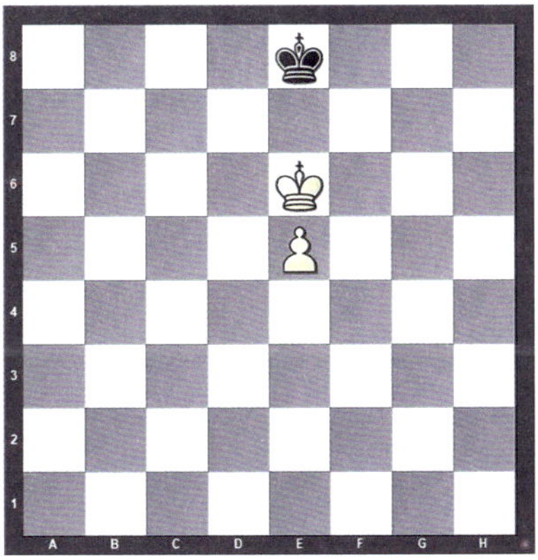

Weiß nimmt mit seinem König die Opposition ein. Schwarz ist im Zugzwang. Er würde gerne mit seinem König auf e8 stehen bleiben. Weil Schwarz aber keine Bauern und Figuren mehr besitzt, die ziehen können, muss nun leider der König ziehen.

Das ist eine der wichtigsten Stellungen mit dem Materialverhältnis König und Bauer gegen König. Der schwarze König blockiert das Umwandlungsfeld des weißen Freibauern. Der weiße König strebt im Diagramm nach d7 oder f7, dann könnte der weiße Bauer geschützt bis nach e8 ziehen.

Die Methode, mit der Weiß den gegnerischen König zur Seite drängt, funktioniert auch, wenn es noch blockierte Bauernpaare auf dem Brett gibt, z. B. ein weißer Bauer auf a4 und ein schwarzer Bauer auf a5.

Die Stellung nach 1. Kf6-e6 ist unabhängig vom Zugrecht gewonnen für Weiß!

Schauen wir uns beide Fälle an, zuerst den klaren Fall:

1. **Schwarz am Zug**

Schwarz muss mit seinem König zu einer Seite ausweichen.

1. … Ke8-f8
2. Ke6-d7

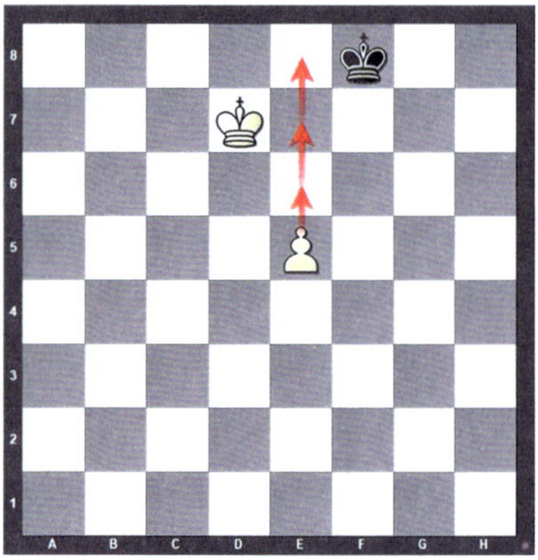

Weiß erobert das Feld d7 und der Freibauer beginnt im nächsten Zug ins Ziel zu laufen.

Zieht der König nach d8:

1. … Ke8-d8,

kommt der weiße König über f7 voran:

2. Ke6-f7

Auch hier kann den Bauern e5 nichts mehr aufhalten.

2. **Weiß am Zug**

Die Stellung ist auch gewonnen, wenn Weiß am Zug ist.

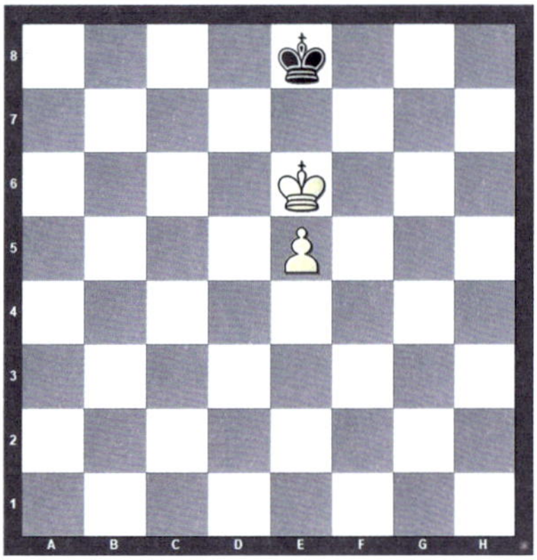

1. Ke6-d6 Ke8-d8

Bei einem Bauern auf der fünften Reihe hilft Schwarz die Opposition nicht:

2. e5-e6	**Kd8-e8**
3. e6-e7	

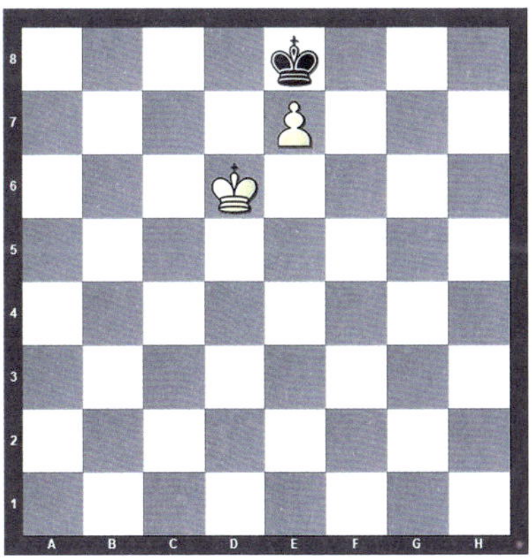

Der Bauer zieht ohne Schachgebot auf die siebte Reihe und kann bald umgewandelt werden.

3. ...	**Ke8-f7**
4. Kd6-d7	**K beliebig**
5. c7 c8D	

Betrachten wir eine ganz ähnliche Stellung mit einem Bauern auf der vierten Reihe (aus weißer Sicht), der Bauer hat die Brettmitte also noch nicht überschritten. Hier ist die Situation eine andere:

Das Zugrecht wirkt sich nachteilig aus und ist für den Ausgang der Partie entscheidend!

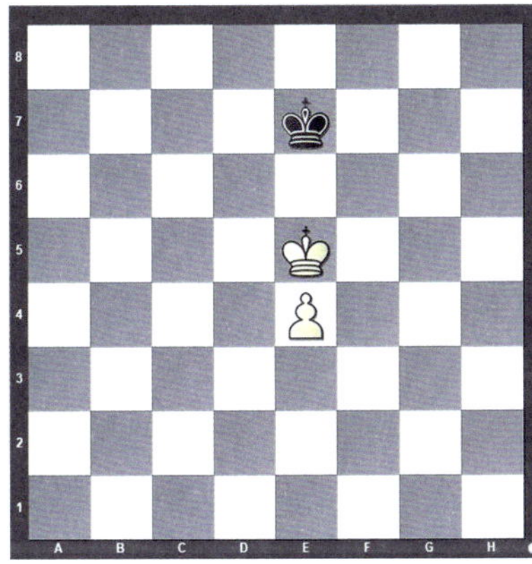

Betrachten wir wieder beide Fälle des Zugrechts.

1. **Weiß am Zug**

Schwarz besitzt die Opposition, deshalb kann Weiß nicht gewinnen. Die Stellung ist ausgeglichen:

1. Ke5-d5	**Ke7-d7**

Schwarz hält die Opposition aufrecht. Der weiße König kommt nicht vorwärts. Rückt der Bauer vor, wird es patt:

2. e4-e5	**Kd7-e7**

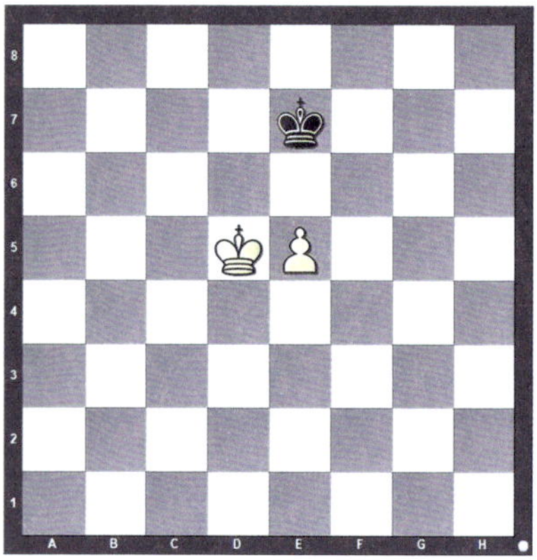

3. e5-e6	Ke7-e8!

Der einzige Königszug, der die Stellung im Gleichgewicht hält. Der König muss so ziehen, dass er nach

4. Kd5-d6

wieder in die Opposition nach d8 gehen kann:

4. ...	Ke8-d8!
5. e6-e7+	Kd8-e8
6. Kd6-e6	

Patt wie im vorherigen Beispiel.

2. Schwarz am Zug:

Weiß besitzt die Opposition, die Stellung ist gewonnen für Weiß:

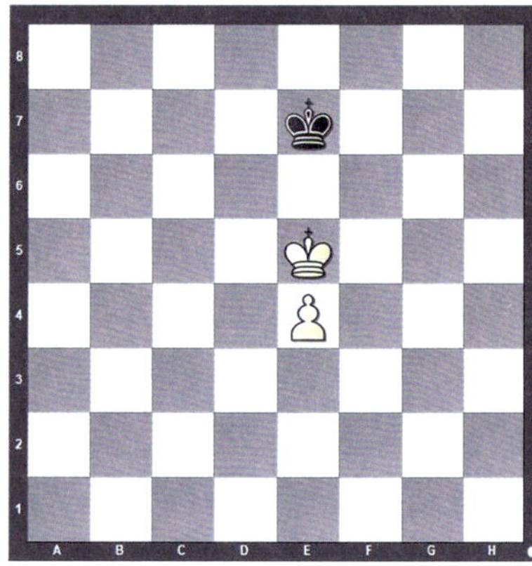

1. ...	Ke7-d7

Der weiße König kommt jetzt voran:

2. Ke5-f6	Kd7-e8
3. Kf6-e6	

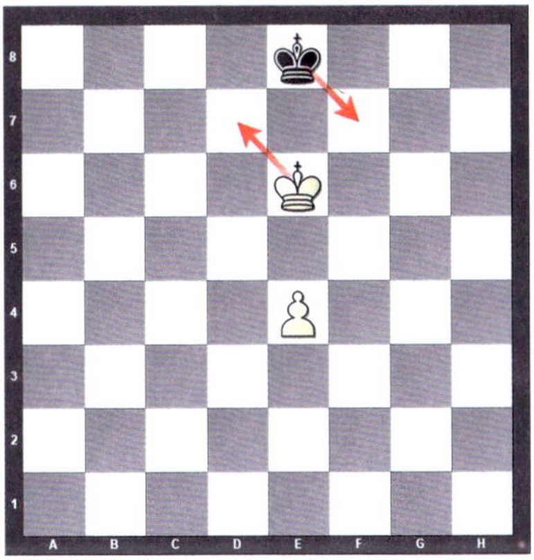

3. e4-e5 gewinnt auch, aber ihr braucht weniger zu rechnen, wenn ihr zuerst mit dem König das Umwandlungsfeld des Bauern sichert.

3.	…	Ke8-f8
4.	Ke6-d7	K beliebig
5.	e4-e5	

und der Bauer beginnt zu laufen, weil der weiße König alle Felder bis zum Umwandlungsfeld beherrscht. Weiß steht auf Gewinn.

TIPP

In Stellungen, in denen der Bauer die Brettmitte noch nicht überschritten hat, ist es ein Nachteil, am Zug zu sein und die Opposition zu verlieren.

Betrachten wir ein praktisches Beispiel aus der Partie Michalik, Peter (2586) – Sipila, Vilka (2425), gespielt 2014 bei der Schacholympiade in Tromsø.

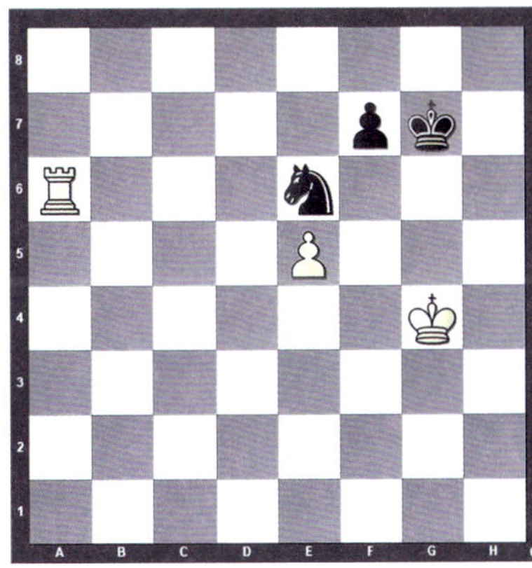

Weiß besitzt eine Qualität mehr und steht aktiver. Der Bauer e5 ist von Schwarz allerdings gut blockiert. Ohne die richtige Idee ist es für Weiß noch ein weiter Weg bis zum Gewinn dieser Partie. Weiß beseitigt also den Blockadespringer und wickelt in ein gewonnenes Bauernendspiel ab:

107.	Ta6×e6	f7×e6
108.	Kg4-g5	

Weiß hat das entstehende Bauernendspiel richtig eingeschätzt. Er sieht, dass er aufgrund der Opposition zunächst den König zurückdrängen, den schwarzen Bauern gewinnen und anschließend seinen Freibauern umwandeln kann.

108.	...	**Kg7-f7**
109.	**Kg5-h6**	**Kf7-e8**
110.	**Kh6-g6**	**Ke8-e7**
111.	**Kg6-g7**	**Ke7-d8**
112.	**Kg7-f6**	**Kd8-e8**

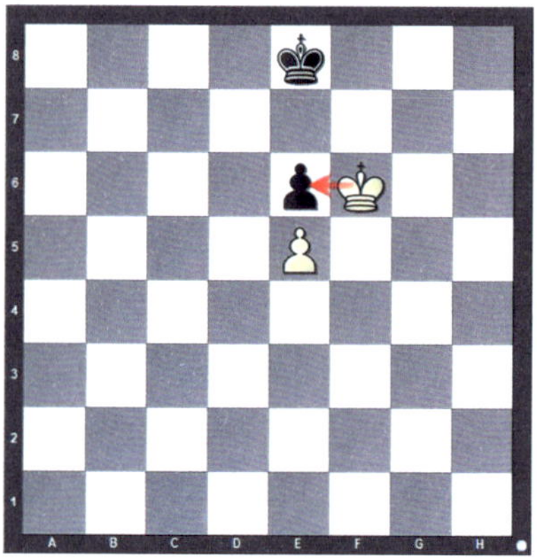

Weiß hat den König erfolgreich vom Bauern abgedrängt, schlägt den gegnerischen Bauern und bildet somit einen Freibauern.

113. Kf6×e6

Diese Stellung kennen wir schon – das erste Diagramm in diesem Kapitel zeigt uns diese wichtige Position.

113.	...	**Ke8-f8**
114.	**Ke6-d7**	

Weiß verwandelte den Bauern, der nicht mehr aufzuhalten ist und gewann diese Partie.

(Auf 112. ... Kd8-d7 wird der Bauer e6 zwar noch einen Zug länger gedeckt. Nach

113.	**Kf6-f7**	**Kd7-d8**
114.	**Kf7×e6**	**Kd8-e8**

erobert Schwarz die Opposition, was ihm jedoch nichts hilft, denn mit einem Bauern auf der fünften Reihe gewinnt Weiß unabhängig vom Zugrecht, wie im ersten Beispiel des Kapitels beschrieben.)

Die Pattidee der verteidigenden Seite kommt häufig auch in Endspielen mit einem Randbauern vor.

Randbauern werden Bauern auf der a- und h-Linie genannt.

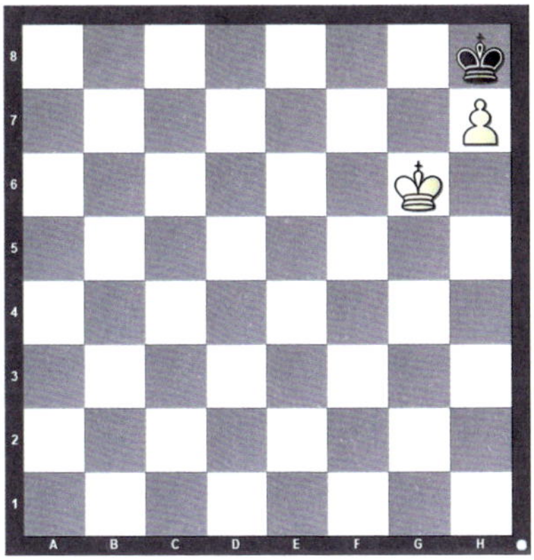

Im Diagramm seht ihr diese Pattverteidigung von Schwarz. Der schwarze König hat sich in die Ecke vor den Bauern gerettet und ist nach dem letzten Zug von Weiß h6-h7 patt.

TIPP

Bauernendspiele mit einem Randbauern sind für die stärkere Seite nur gewonnen, wenn der verteidigende König nicht vor den Bauern in die Ecke gelangt.

4.2.3 Taktik und Bauernumwandlung

Im letzten theoretischen Kapitel schlagen wir einen Bogen zum ersten Kapitel des Buches: Die Taktik wird wieder wichtig. Die Strategie ist klar: Der Freibauer muss ins Ziel! Genau dann haben wir das Potenzial der Freibauern optimal ausgenutzt.

Besitzt ihr einen Freibauern, haltet Ausschau nach taktischen Motiven. Die erfolgreich umgesetzte Idee, Material zu opfern, um im Gegenzug eine neue Dame zu erhalten, konnte schon viele Schachpartien drehen.

Die **Ablenkung der Blockadefigur** ist z. B. ein taktisches Motiv, das immer wieder hilft, die Freibauern zu beschleunigen.

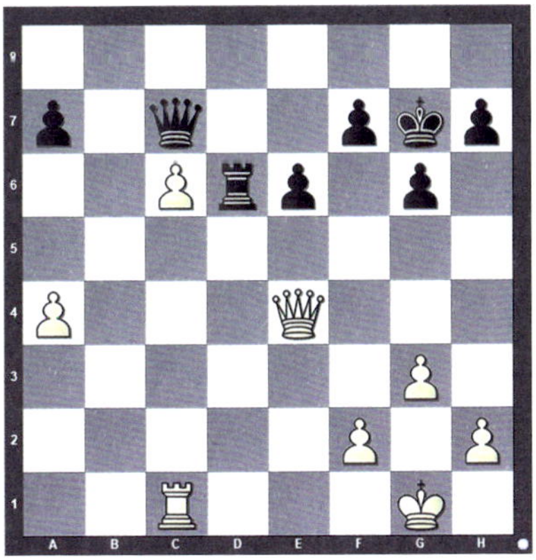

In der Partie zwischen José Raúl Capablanca und Benito Villegas (gespielt 1914 in Buenos Aires) blockiert die schwarze Dame den weißen Freibauern und deckt den Turm d6. Mit diesen beiden Aufgaben ist die Dame überlastet, was Weiß ausnutzen kann:

1.	De4–e5+	Kg7–f8
2.	De5×d6+	

Schwarz gab auf, denn nach Dc7×d6 3. c6–c7 muss sich die schwarze Dame für den Freibauern opfern. Die Stellung ist gewonnen für Weiß.

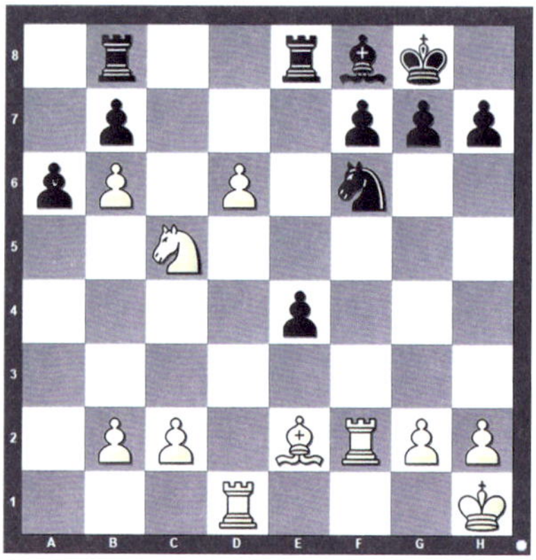

In der Partie Magnus Carlsen (2776) – Alexander Grischuk (2733), Linares 2009, zeigt Carlsen, wie gefährlich Freibauern sein können. Zunächst beseitigt er einen Verteidiger des Feldes d7, den Springer f6, radikal:

1.	Tf2×f6	g7×f6
2.	Sc5–d7	f6–f5
3.	c2–c4	

Die Bauern auf b6 und d6 bekommen Verstärkung. Falls sich der angegriffene Tb8 rettet, tauscht sich der Springer durch die Springergabel auf f6 gegen den Turm e8.

3.	…	a6–a5
4.	c4–c5	Lf8–g7
5.	Sd7×b8	Te8×b8
6.	Le2–a6!!	

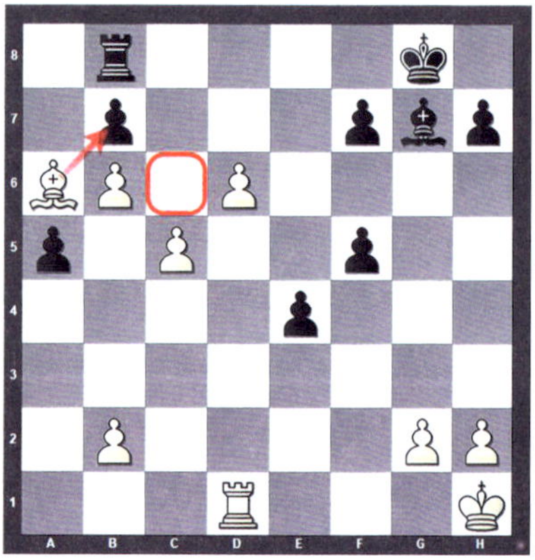

Der Läufer kämpft um das Feld c6, das durch den Bauern b7 noch gedeckt wird.

6. …	Lg7-f6
7. **La6×b7!**	Tb8×b7

Carlsen wendet das taktische Motiv „Beseitigung der Verteidigung“ an: Durch das Läuferopfer ist der Weg jetzt frei für den c-Bauern, der sich nicht zweimal bitten lässt:

8. **c5-c6**	Tb7×b6
9. **Td1-c1!**	Lf6×b2
10. **d6-d7!**	

Schwarz gab auf.

Auf 10. … Lb2-f6 folgt

11. **c6-c7**

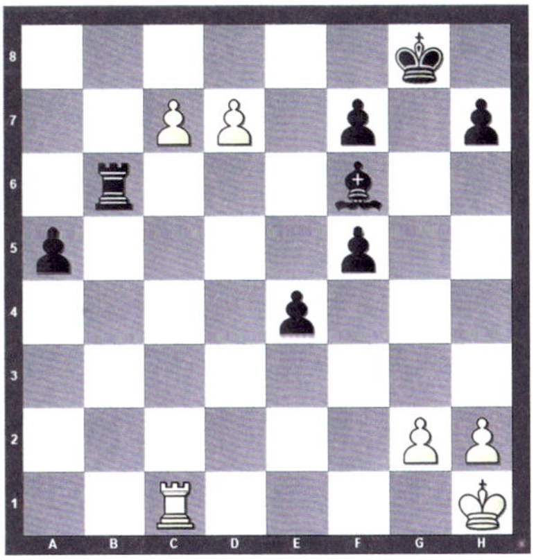

Schwarz kann nicht verhindern, dass ein Bauer seine Grundreihe erreicht .

In der Partie GM Artemiev (2704) gegen IM Murzin (2502) (FIDE World Cup 2021) ist der weiße Freibauer d6 schon recht weit vorangekommen. Weiß hat dank dieses starken Freibauern und der schwachen schwarzen Grundreihe bereits entscheidenden Vorteil.

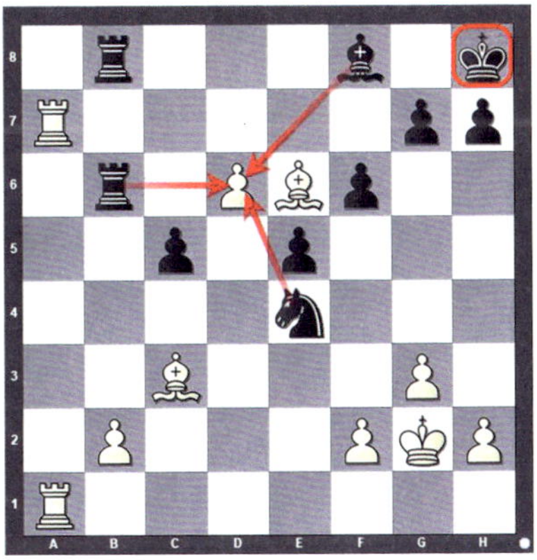

Der Freibauer läuft gern weiter! Die Chance auf vorteilhafte taktische Wendungen steigt mit einem Freibauern auf der siebten Reihe sprunghaft an.

1. **d6-d7**	Se4×c3
2. **Ta7-c7!**	

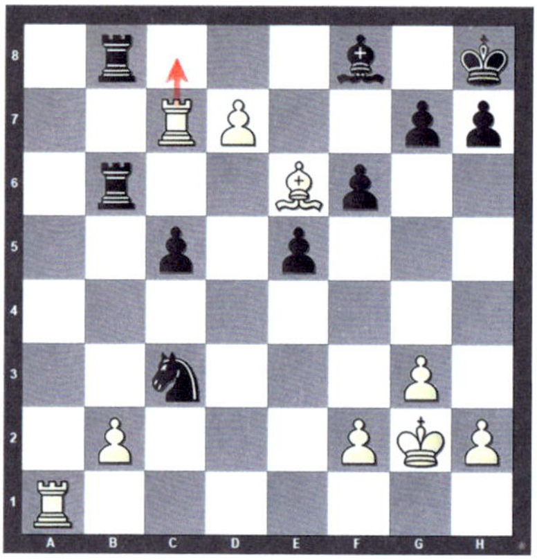

Weiß schlägt den Springer nicht zurück, sondern stellt die Drohung Tc7–c8 auf. Den Läufer e6 sollte Schwarz jetzt nicht schlagen: 2. … Tb6×e6 3. Tc7–c8 Te6–d6 4. Tc8×b8 Td6×d7 5. Tb8×f8#.

2. … **Tb8–d8**

Schwarz blockiert den Bauern.

3. **Ta1–a8!**

Stark! Weiß hat bereits eine Figur geopfert, der Läufer auf e6 hängt und nun bietet sich auch noch der Turm a1 an. Auf a8 lenkt der Turm den schwarzen Turm d8 vom Blockadefeld des Bauern ab.

3. … **Td8×a8**
4. **Tc7–c8**

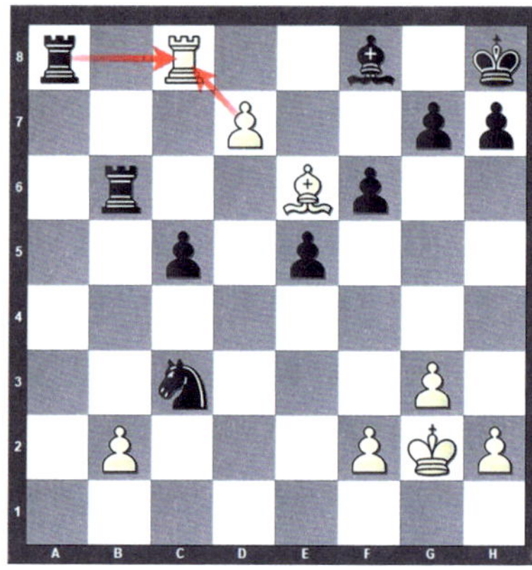

4. … **Tb6–d6**
5. **Tc8×a8**

Weiß nutzt die Schwäche der schwarzen Grundreihe aus. Schwarz wird entweder matt oder der Bauer erreicht das Feld d8 bzw. bei einem Turmtausch das Feld c8. Schwarz müsste mit einem zu großen Materialnachteil weiterspielen und gab daher lieber auf.

In der folgenden Schnellschachpartie zweier Großmeister Dominguez Perez, L. (2758) – Mamedyarow, S. (2782), GCT St. Louis Rapid 8/21 unterstützten die taktischen Motive „Zwischenzug“, die gegnerische Grundreihenschwäche sowie die aktiveren schwarzen Figuren den Freibauern d4 höchst effektiv:

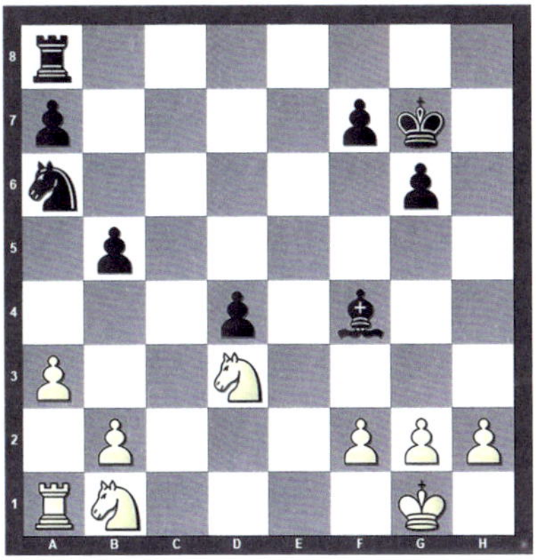

Weiß hatte zuletzt mit dem Springerzug nach d3 den Läufer f4 angegriffen.

1. … Ta8-c8!

Ein überraschender Zwischenzug! Schwarz kümmert sich nicht um seinen hängenden Läufer, der nun aufgrund der Grundreihenschwäche nicht geschlagen werden kann.

2. Kg1-f1?

Besser wäre es gewesen, die folgende gegnerische Springeraktivierung mit b2-b4! zu verhindern. Schwarz würde nur leicht besser stehen.

2. … Sa6-c5!
3. Sd3×f4 Sc5-b3

Der Springer treibt den Turm auf ein äußerst passives Feld.

4. Ta1-a2 Tc8-c1+

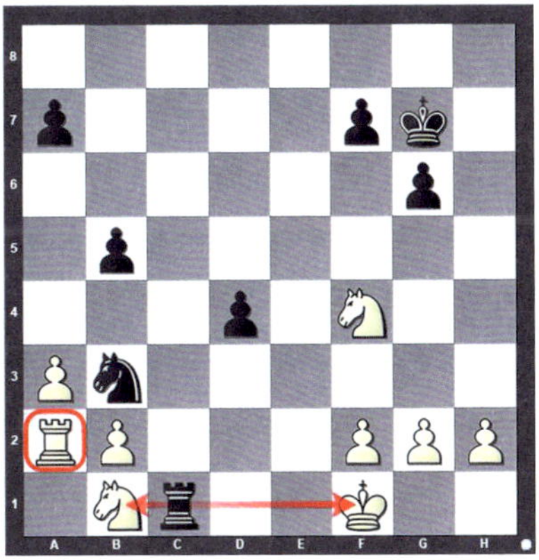

Mit diesem Doppelangriff gewinnt Schwarz eine Figur zurück.

5. Kf1-e2 Tc1×b1
6. Sf4-d3 a7-a5
7. g2-g4

(7. a3-a4 b5-b4 Schwarz öffnet die a-Linie nicht.)

7. … a5-a4

Weiß fehlt es an sinnvollen Zügen.

8. Ke2-f3 Tb1-d1
9. Sd3-b4 d4-d3

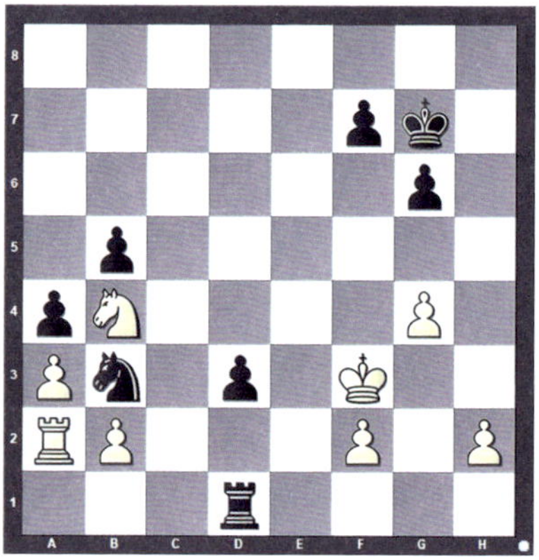

Weiß gab auf. Der Freibauer ist nicht ohne Springeropfer aufzuhalten.

Der Turm a2 ist ein exzellentes Beispiel für eine passive Figur.

Studien sind Schachkompositionen, die ein bestimmtes Thema auf künstlerisch anspruchsvolle und spektakuläre Weise zeigen. Es kann viel Freude bereiten, sich Studien anzuschauen und dabei gleichzeitig die eigene Taktik oder die Berechnung von Varianten zu trainieren. Die folgenden Studien zeigen taktische Motive, die zur Umwandlung von Freibauern führen.

Wie kann Weiß seine Bauern in dieser Studie von M. Lewitt (aus dem Jahr 1930) gewinnbringend laufen lassen?

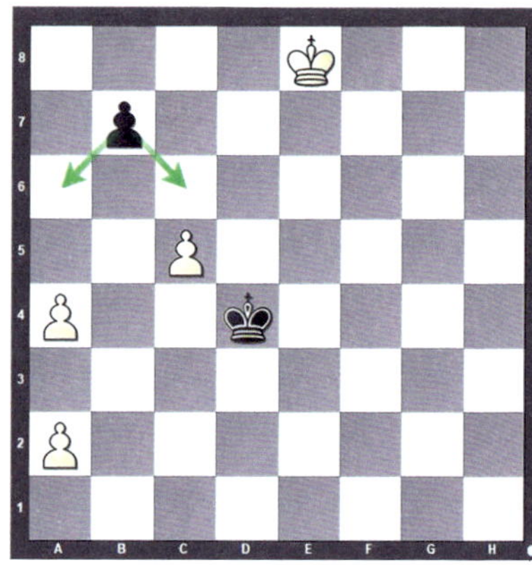

Der Bauer b7 kontrolliert die Felder a6 und c6, der schwarze König steht bereit, die Bauern abzuholen.

1. c5-c6! b7×c6

Ablenkung des störenden Bauern.

2. a4-a5 Kd4-c5
3. a2-a4

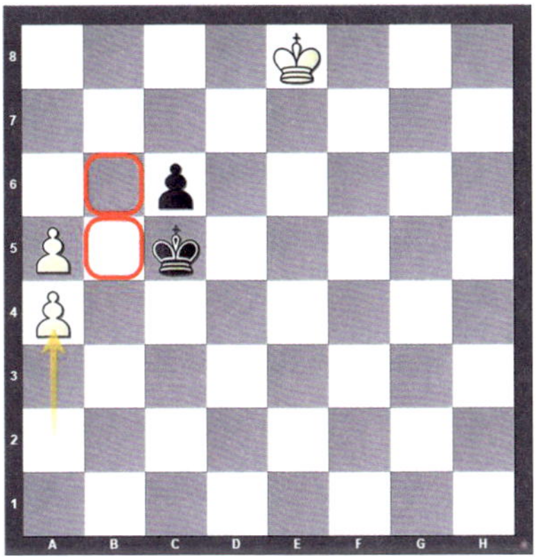

Die weißen Bauern bilden eine Schutzmauer, die der Bauer c6 vervollständigt. Der schwarze König kommt nicht an die Bauern heran. Er versucht einen Umweg über d6-c7:

3.	...	Kc5-d6
4.	Ke8-d8	

Jetzt passt der weiße König auf, dass der gegnerische König nicht über c7 die Umwandlung des Freibauern verhindert. Die weißen Figuren sind meisterhaft koordiniert!

4.	...	c6-c5
5.	a5-a6	Kd6-c6
6.	a4-a5	

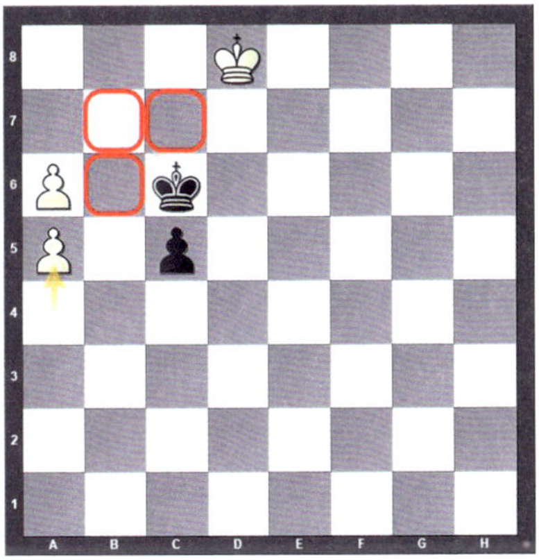

Erneut bietet der hintere Bauer dem vorderen Bauern den wichtigen seitlichen Schutz.

6.	...	c5-c4
7.	Kd8-c8	c4-c3
8.	a6-a7	

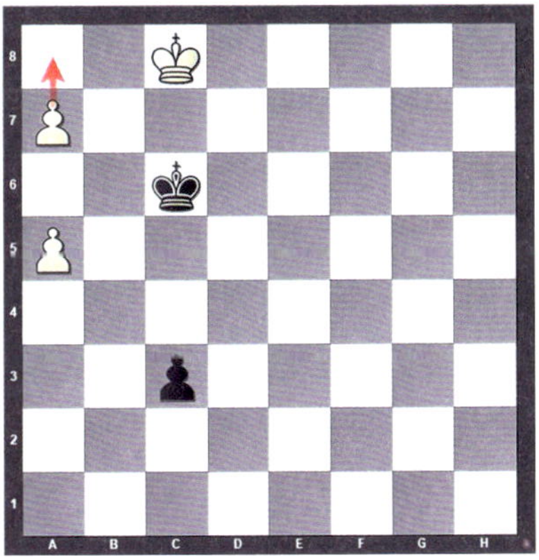

Der weiße Freibauer ist schneller als der schwarze. Er zieht mit Schach ein und hält den schwarzen Freibauern auf.

Weiß steht auf Gewinn.

In der folgenden Studie von P. Heuäcker (Deutsche Schachblätter 1937) ist es für Weiß nicht einfach, das Potenzial eines Freibauern zu nutzen, denn auch Schwarz besitzt einen schnellen Freibauern.

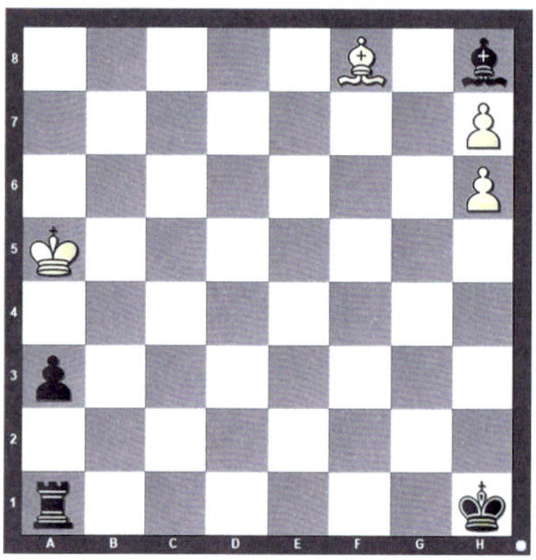

1.	Lf8-g7	a3-a2

Weiß möchte den blockierenden Läufer von h8 weglocken, aber Schwarz kümmert sich nicht darum und lässt seinen eigenen Bauern laufen.

2.	Lg7×h8	Ta1-e1
3.	Lh8-a1!!	

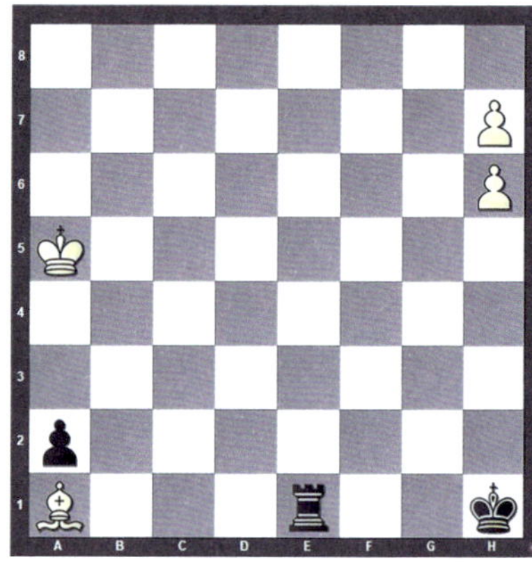

Nur dieser Räumungszug gewinnt für Weiß. Der Läufer opfert sich so, dass der Turm seinen eigenen Bauern blockiert. Gleichzeitig wird das Feld h8 für den eigenen Freibauern geräumt.

3.	...	Te1×a1
4.	h7-h8D	Ta1-b1
5.	Da8-a1!!	

Brillant!

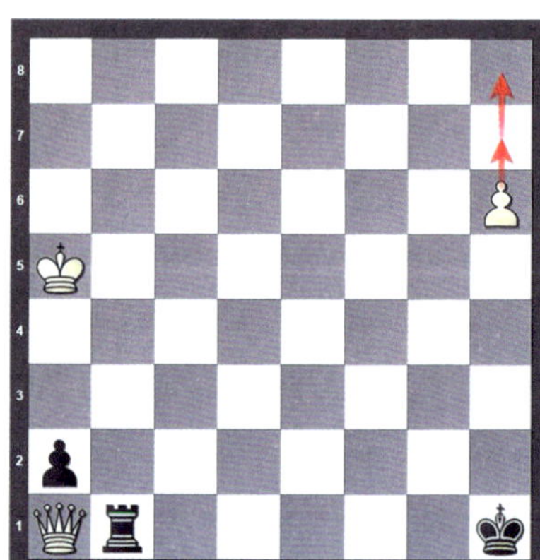

5. ... Tb1×a1

Das Spiel wiederholt sich. Dieses Mal opfert sich die Dame auf a1 für einen Tempogewinn.

6. h6-h7 Ta1-b1
7. h7-h8D+

Der gewinnbringende Unterschied: Jetzt zieht Weiß mit Schach ein.

7. ... K beliebig
8. Dh8-g8+

Doppelangriff, die Dame gewinnt den Bauern a2.

Weiß steht auf Gewinn.

Wie gewann eigentlich Beth Harmon im großen Finale der Netflix-Fernsehserie „**Damengambit**" gegen den fiktiven Weltmeister Vasily Borgov? In der letzten Partie des Films wird zwischen Beth Harmon und Borgov eine Partie (ein Damengambit) gespielt, die bis zum 36. Zug der Partie Vassily Ivanchuk – Patrick Wolff (Biel, 1993) folgt. Beth Harmon verbessert das Spiel von Ivanchuk und findet eine glanzvolle Gewinnvariante. Dieser unzählige Zuschauer bewegende Sieg gelang der sympathischen Hauptdarstellerin Beth mit Hilfe einer Bauernumwandlung!

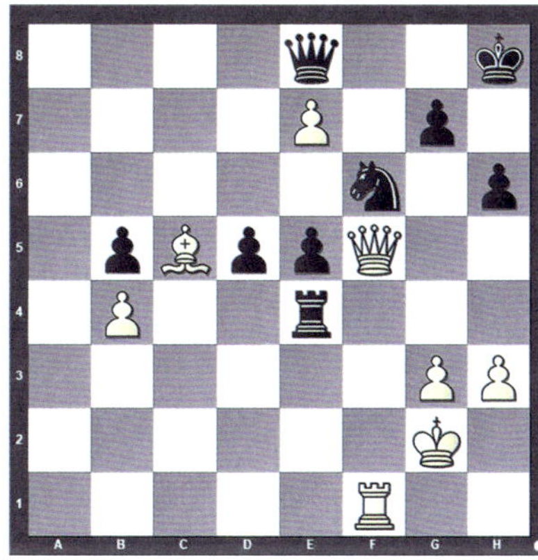

Beth Harmon hat mit Weiß einen starken Freibauern auf e7, der im Moment noch durch die Dame e8 blockiert ist. Auch der Springer f6 kontrolliert das Umwandlungsfeld des Bauern.

Weiß beseitigt diesen für die Verteidigung wichtigen Springer mit einem (vorübergehenden) Damenopfer:

1. Df5×f6! g7×f6
2. Tf1×f6

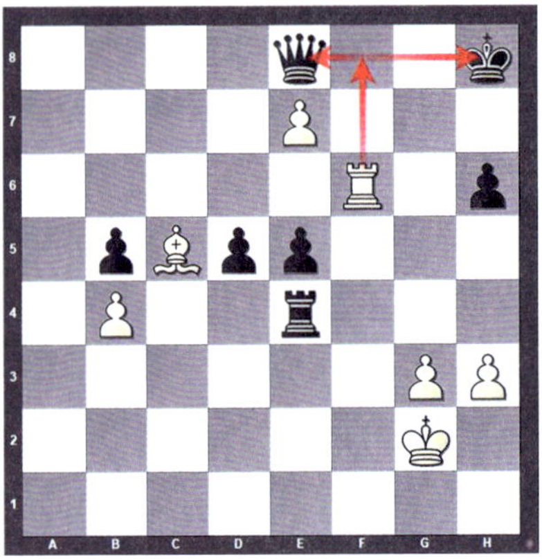

Es droht der Doppelangriff Tf6-f8 mit Schach und Damengewinn. Schwarz kann außerdem das Feld e8 nicht mehr verteidigen – die Dame ist eine schlechte Blockadefigur.

2. …	De8-h5
3. Tf6-f8+	Kh8-g7
4. e7-e8D	

Weiß steht klar auf Gewinn. Schwarz versucht noch ein paar Schachs, um ein Dauerschach zu erreichen:

4. …	Te4-e2+
5. Kg2-f1	Dh5×h3+
6. Kf1×e2	Dh3-g2+
7. Tf8-f2	Dg2-e4+
8. Ke2-d2	

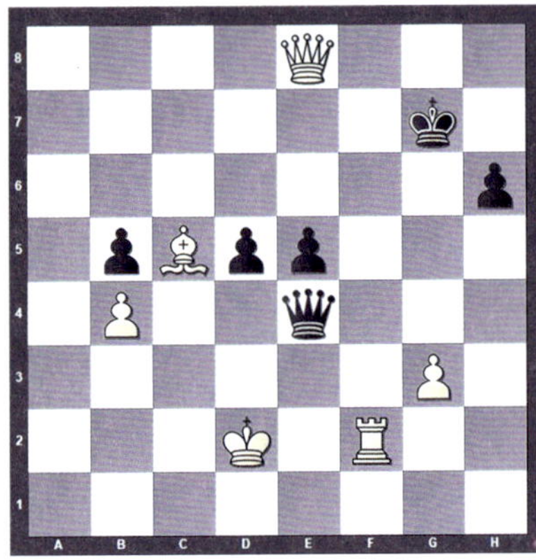

Jetzt gibt es kein sinnvolles Schach mehr. Weiß wird die Initiative übernehmen und Schwarz in wenigen Zügen matt setzen.

Nach diesem Zug steht Borgov im Film auf, gratuliert und applaudiert. Die Zuschauer im Saal sind überwältigt. Gänsehautstimmung pur. Beth Harmon hat es geschafft, sie hat den Weltmeister besiegt!

TIPP

Sucht auch im Endspiel bei der Bildung und Verwertung von Freibauern nach taktischen Motiven.

Ich fasse die Goldenen Regeln abschließend zusammen:

Immer und überall gilt im Schach

- Beachtet die Drohungen eurer Gegner.
- Vermeidet Schwächen in eurer Stellung.

Speziell in der Eröffnung gilt

- Stellt einen Bauern in das Zentrum.
- Entwickelt eure Leichtfiguren (Läufer und Springer) in Richtung Zentrum.
- Rochiert schnell.

Spätestens im Mittelspiel sind diese Regeln hilfreich

- Stellt eure Figuren so aktiv auf wie möglich und schränkt die gegnerischen Figuren ein.
- Achtet auf eine gesunde, nicht zersplitterte, Bauernstruktur ohne schwache Bauern.
- Nutzt die schwachen Felder des Gegners aus und vermeidet möglichst eigene schwache Felder im Zentrum oder in der Königsstellung.

Im Endspiel seid ihr mit diesen Tipps erfolgreich

- Ein aktiver König ist ein starker König.
- Stellt eure Türme hinter die Freibauern. Eigene Bauern werden so gepusht, gegnerische Bauern werden kontrolliert.
- Nutzt das gewaltige Potenzial der Freibauern.

Schauen wir uns nun an, wie diese Regeln in Partien umgesetzt worden sind.

5 PARTIEN

Abschließend zeige ich euch, wie sich die bisher analysierten Elemente wie Taktik, Mattbilder und Strategien in den einzelnen Phasen einer Schachpartie in der Praxis zusammenfügen und manchmal zu einem einzigen Kunstwerk werden.

In diesem lehrreichen Beispiel zweier Amateure seht ihr, welchen überfallartigen, wenn auch häufig zweifelhaften Angriffen, ihr im fortgeschrittenen Einsteigerlevel ausgesetzt sein könnt und wie ihr dem am besten begegnet.

N.N. (1440 auf lichess) – Ronja (1521 auf lichess)
HSK Girls Cup Arena, 5/2021

1.	e2-e4	e7-e5
2.	Lf1-c4	Sg8-f6
3.	d2-d3	Lf8-c5
4.	g2-g4?	

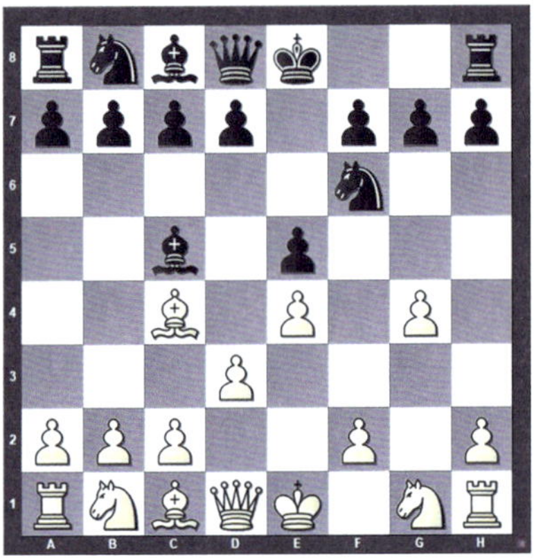

Vor einem Bauernangriff am Königsflügel sollten Figuren entwickelt werden und der eigene König sicher stehen. Besser ist 4. Sg1-f3.

4.	...	d7-d5!

Stark gekontert!

TIPP

Auf einen Angriff am Flügel ist ein Gegenschlag im Zentrum die richtige Idee.

Schwarz sollte so energisch wie möglich reagieren und seinen Springer f6 nicht durch g5 zurückdrängen lassen.

5. **e4×d5** **Sf6×d5**
6. **Dd1-f3**

Weiß greift das Feld f7 und den Springer d5 ein zweites Mal an. Nach einem fehlerhaften Rückzug des Springers z.B. nach b6 folgt D×f7 matt.

6. ... **Sd5-f4**

Ein wenig ungenau. Eine gute Alternative ist hier 6.... Lc8-e6. Schwarz entwickelt eine Figur, die auch mitspielen möchte. Die Nachziehende steht nach Le6 etwas besser.

7. **Sg1-h3**

Direkt 7. Lc1×f4 war stärker, denn der Springer steht auf f4 zu gefährlich.

7. ... **0-0**

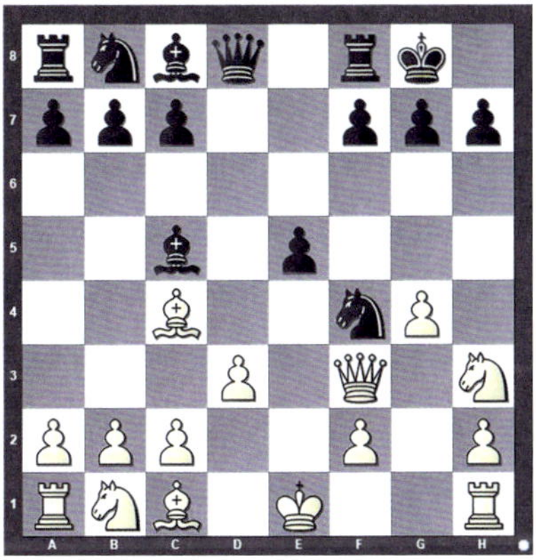

Schwarz bringt seinen König in Sicherheit und opfert einen Bauern. Aufgrund der sicheren Königsstellung steht Schwarz etwas besser.

Plan für Schwarz: Aktivierung der noch nicht entwickelten Figuren, Besetzung der e-Linie, Königsangriff.

Plan für Weiß: Entwicklung der Leichtfiguren (Sb1, Lc1), lange Rochade, da der Bauernzug g2-g4 die Felder am Königsflügel geschwächt hat, Figurenabtausch als Verteidigungsmaßnahme (Schwarz hat Entwicklungsvorsprung und steht zu einem Angriff bereit) und Erreichung eines vorteilhaften Endspiels, falls der Mehrbauer gehalten werden kann.

8. **Sh3×f4** **e5×f4**
9. **Df3×f4?!**

Besser ist die Läuferentwicklung mit Lc1×f4.

9. … Tf8-e8+
10. Ke1-f1?!

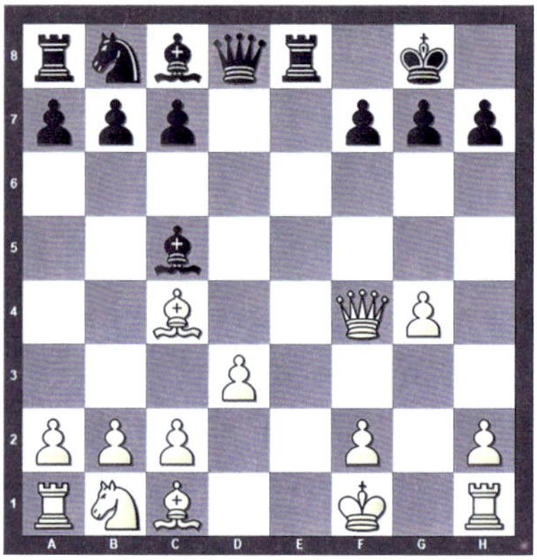

Die Läuferentwicklung 10. Lc1-e3 bringt Weiß der Rochade einen Schritt näher und war vorzuziehen.

10. … Dd8-e7
11. d3-d4 Lc5-d6

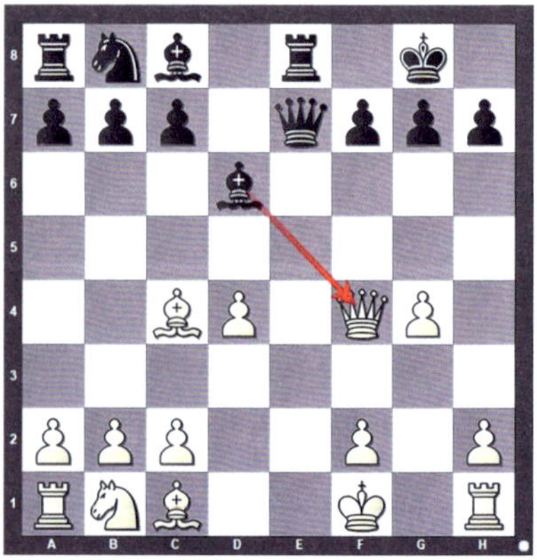

Schwarz spielt druckvoll, versucht, die Initiative nicht aus der Hand zu geben. Ein Angriff folgt auf den nächsten.

12. Df4-f3 Sb8-c6
13. Lc4-d3?

Weiß hat, wie wir sehen werden, ein Mattbild im Sinn und gibt daher nicht auf die gegnerischen Drohungen acht. Schwarz hat mit seinem letzten Zug den Bauern d4 angegriffen. Der stärkere Zug 13. Lc1-e3 befestigt das Zentrumsfeld d4 und entwickelt eine Figur.

13. … Sc6×d4

Nach dem Verlust des Bauern d4 hat Schwarz entscheidenden Vorteil, den er auch nicht wieder hergibt.

14. Df3-h3

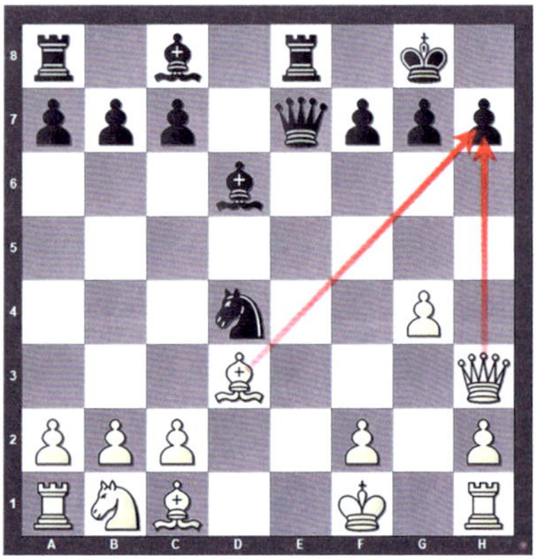

Weiß droht Matt in zwei Zügen.

14.	...	g7-g6

Drohung erkannt!

15.	Lc1-d2	h7-h5!

Der Bauer g4 ist gefesselt. Schwarz greift ihn mit dem Bauernzug h7-h5 noch einmal an. Linien und Diagonalen zu öffnen, ist mit dem gegnerischen König in der Mitte ein guter Plan.

16. Sb1-c3

Der Bauer g4 kann nicht gut mit f3 gedeckt werden, weil sich dann die f-Linie gegen den weißen König öffnet: 16. f2-f3 h5×g4 17. f3×g4 De7-f6+ Schwarz steht klar auf Gewinn.

16.	...	Lc8×g4
17.	Dh3-g2	Lg4-f3

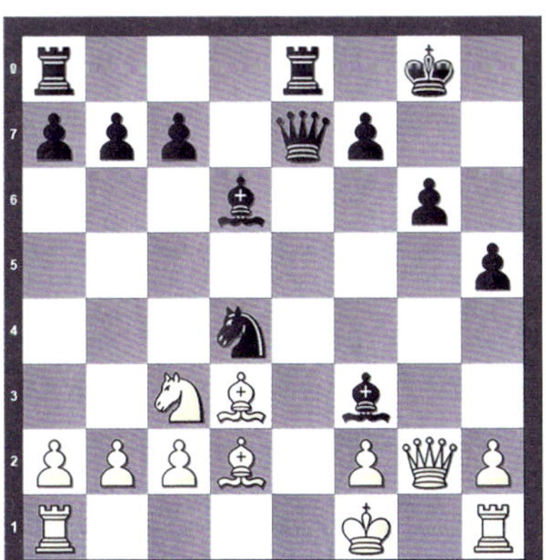

Das taktische Motiv „Spieß“ bringt Schwarz den ersten größeren Materialgewinn.

18.	Dg2-h3	Lf3×h1
19.	Kf1-g1	Lh1-c6
20.	Ld3×g6	f7×g6

Auf der Suche nach Gegenspiel opfert Weiß den Läufer.

21.	Ld2-h6	Sd4-f3+
22.	Kg1-f1	Sf3×h2+

Schwarz verpasst ein Matt in drei Zügen, beginnend mit 22. ... De7-e1+. Der schwarze König kommt jedoch nicht davon.

23.	Kf1-g1	De7-e1+!

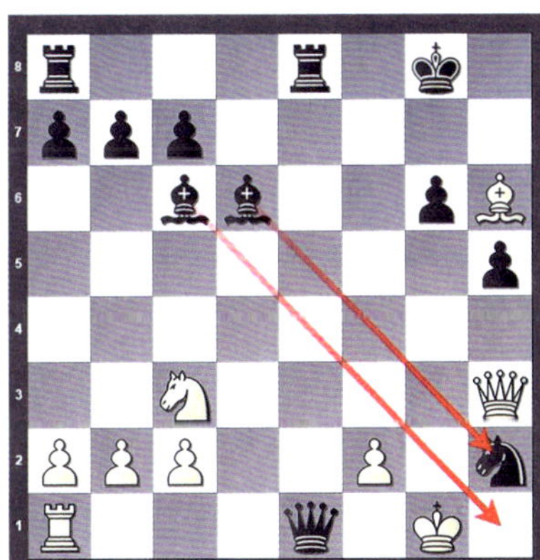

Jetzt erkennt Schwarz ein Matt und bringt das entscheidende Damenopfer.

24.	Ta1×e1	Te8×e1+
25.	Dh3-f1	Te1×f1#

0:1

Themen in dieser Partie: Verstoß gegen die Eröffnungsregeln – zu früher Bauernangriff, Konter im Zentrum gegen einen Angriff am Flügel, Besetzung der offenen Linie, Ausnutzung des schwachen Feldes f3 am Königsflügel, (Matt)-Drohung des Gegners beachten, Taktik: Ausnutzen einer Fesselung, Spieß, Mattkombination.

Der spätere Weltmeister Magnus Carlsen widerlegt in der nächsten Partie einen Verstoß gegen die Eröffnungsregeln mit einem Springeropfer.

Carlsen, Magnus (2528) – Gronn, Atle (2394)
Sandnes, Norwegische Meisterschaft, 2005

1.	Sg1-f3	d7-d5
2.	d2-d4	Sg8-f6
3.	c2-c4	c7-c6
4.	Sb1-c3	e7-e6

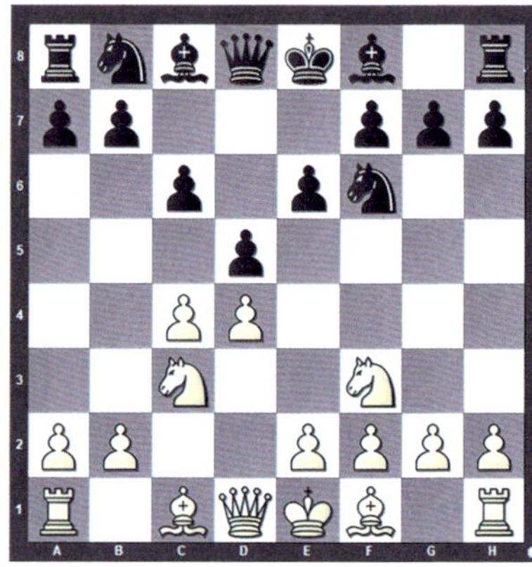

Durch Umstellung der Züge ist ein Damengambit entstanden, in dem sich Schwarz für eine sehr kompakte Verteidigung mit c6 und e6 entschieden hat. Schwarz sichert zunächst sein Zentrum, rochiert, stellt seine Figuren aktiv auf und bereitet den Zug c6-c5 vor. Weiß schließt mit den nächsten Zügen seine Eröffnung ab.

5.	Lc1-g5	h7-h6
6.	Lg5-h4	Dd8-b6?!

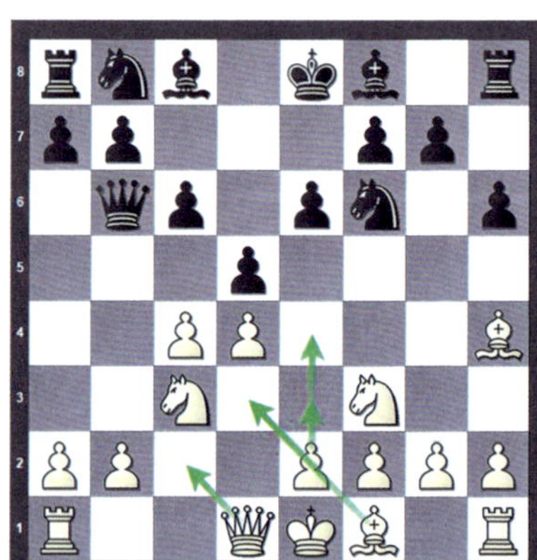

Nach diesem Zug steht Weiß besser. Schwarz hätte auf c4 nehmen sollen, mit einer weiterhin ausgeglichenen Stellung.

7.	**Dd1-c2**	**Sf6-e4**
8.	**e2-e3**	**Lf8-b4**

Schwarz verfolgt mit der Fesselung des Springers c3 die falsche Idee, wie sich zeigen wird.

9.	**Lf1-d3**	**Db6-a5**

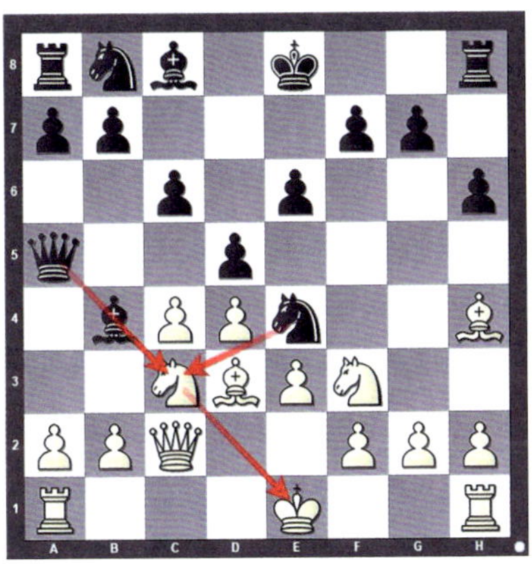

Die Dame zieht zum zweiten Mal, bevor der König rochiert hat. Weiß wird einen Bauern verlieren, aber was werden die Konsequenzen dafür sein, dass Schwarz noch nicht rochiert hat? Wir werden sehen ...

10.	**0-0**

Weiß rochiert unbeeindruckt, er bringt seinen König aus der Gefahrenzone und hat damit die Entwicklung abgeschlossen. Sein Entwicklungsvorsprung ist deutlich: Der schwarze König steht noch in der Mitte und sämtliche Figuren des schwarzen Damenflügels spielen noch nicht mit.

10.	**...**	**Se4×c3**
11.	**b2×c3**	**Lb4×c3**

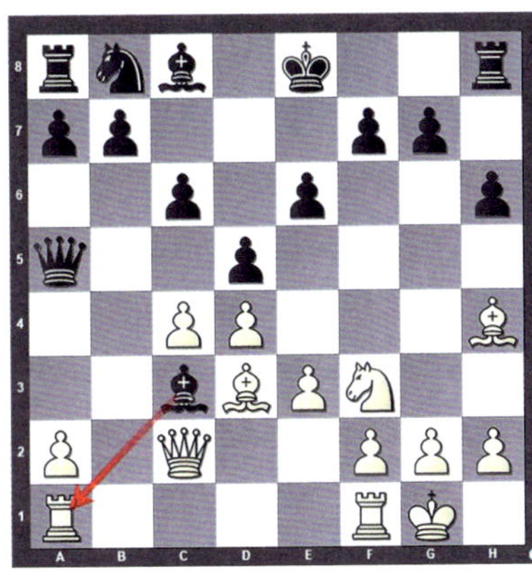

Schwarz hat einen Bauern gewonnen. Diesen Bauern opferte der junge Carlsen sicher gern, denn er hat einige Tempi dafür gewonnen. Schwarz wird weitere Züge brauchen, um seinen Läufer von c3 wieder zurück in seine Stellung zu befördern.

12.	**Ta1-b1**	**d5×c4**
13.	**Ld3×c4**	**Lc3-b4**
14.	**Sf3-e5**	**Lb4-d6**

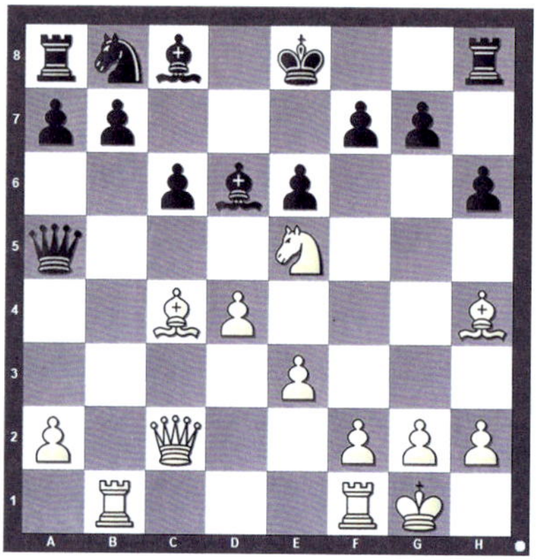

Der Läufer kommt nach seinem vierten Zug auf d6 an (Lf8-b4×c3-b4-d6). Schwarz hat zwar einen Bauern gewonnen, dafür aber großen Entwicklungsrückstand. Die weißen Figuren stehen viel aktiver als die schwarzen. Weiß hat bereits entscheidenden Vorteil.

Plan für Weiß: Die aktiven Figuren für einen Königsangriff nutzen, Linien gegen den König öffnen.

Plan für Schwarz: Entwicklung abschließen, rochieren, Figurenabtausch.

Schwarz hätte hier besser rochieren sollen.

15. f2-f4 Da5-c7
16. Dc2-e4?!

Entwicklungsvorsprung verpflichtet zum entschiedenen Vorgehen. Weiß hätte die schwarze Königsstellung schon jetzt durch ein Springeropfer zerschlagen können. Nach 16. Se5×f7! geht es ähnlich wie in der Partie weiter, denn Schwarz nimmt seine beste Chance nicht wahr und bringt mit 16. ... f7-f5

17. De4-f3 0-0 seinen König nicht in Sicherheit. Aber auch hier steht Weiß deutlich besser.

16. ... b7-b6?
17. Se5×f7!

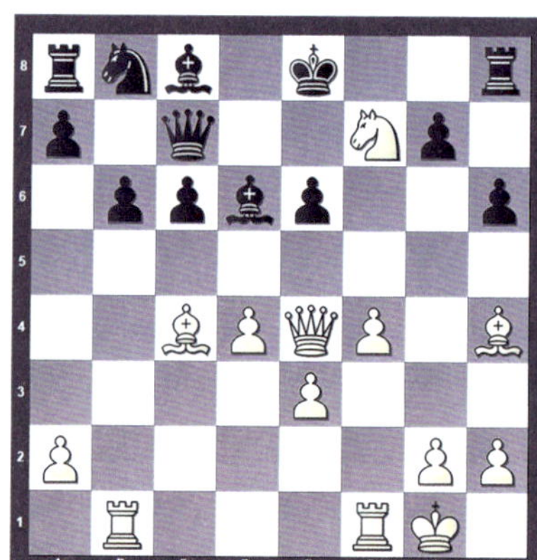

Jetzt kommen taktische Motive ins Spiel, die die verfehlte schwarze Eröffnungsstrategie widerlegen. Die Beseitigung des Bauern f7 schwächt die Felder e6 und g6.

17. ... Dc7×f7

(17. ... Ke8×f7 ist nicht stärker, wie in der Partie folgt 18. f4-f5 mit einem starken Angriff).

18. f4-f5!

TIPP

Wenn sich der gegnerische König noch in der Mitte des Brettes befindet, sollten zentrale Linien und Diagonalen geöffnet werden.

Weiß möchte hier die e- und f-Linie sowie die Diagonale a2-g8 für seine Figuren öffnen. Der schwarze e-Bauer ist gefesselt und darf auf f5 nicht schlagen. Der Bauer f5 wird so selbst zu einer Macht.

18.	...	Df7-h5
19.	Lc4×e6	Sb8-d7
20.	f5-f6	

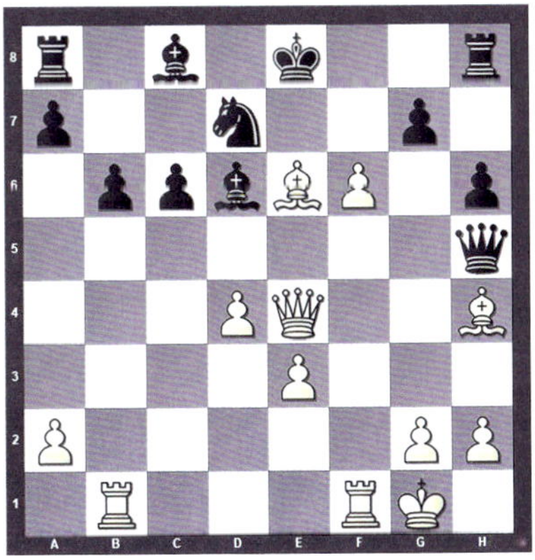

Carlsen öffnet auch noch die f-Linie! Es wird ungemütlich für den schwarzen König. Durch die Räumung der Diagonalen c8-h3 droht Weiß jetzt ein Abzugsschach mit Le6-g4, das die Dame gewinnt.

20.	...	Sd7×f6
21.	Tf1×f6	

Der Turm beseitigt einen wichtigen Verteidiger, den Springer f6. Wieder droht Le6-g4+ mit Damengewinn.

21.	...	Dh5×h4
22.	De4×c6+	

Weiß schlägt nicht die hängende Dame auf h4, sondern greift weiter an und möchte lieber matt setzen.

22.	...	Ke8-e7
23.	Tf6-f7+	Ke7×e6
24.	Dc6-c4#	

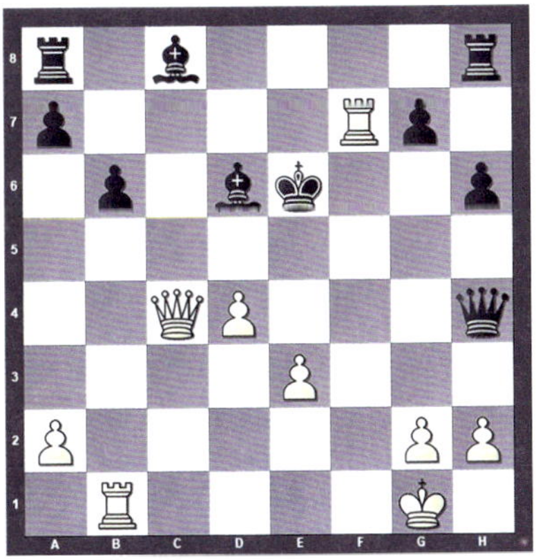

Ein schönes Mattbild rundet diese Partie ab.

1:0

Themen dieser Partie: Verstoß gegen die Eröffnungsregeln (mehrfaches Ziehen mit einer Figur), Entwicklungsvorsprung, Linienöffnung gegen den in der Mitte stehenden König, Taktik: Beseitigung der Verteidigung, Abzugsangriff, Fesselungen, Räumung, Mattangriff.

In dieser klassischen Partie entwickelt sich aus einer Isolani-Stellung heraus ein unwiderstehlicher Königsangriff.

Rossolimo, Nicolas – Reissmann, Paul
Puerto Rico, 1967

1.	e2-e4	e7-e5
2.	Sg1-f3	Sb8-c6
3.	Lf1-c4	Lf8-c5
4.	c2-c3	

In der Italienischen Eröffnung spielt Weiß statt Sb1-c3 häufig den Zug c2-c3, der d2-d4 vorbereitet.

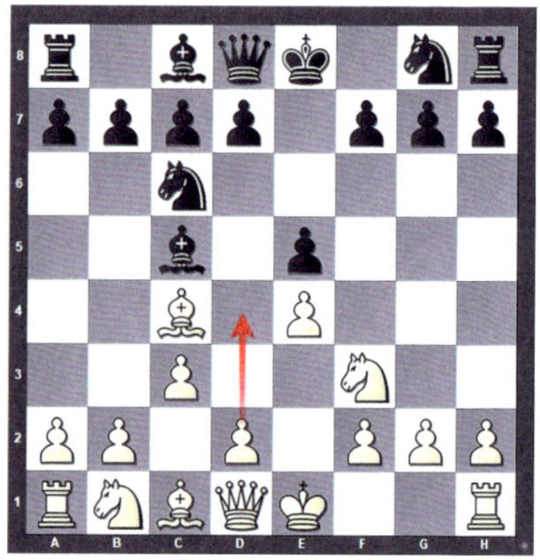

4.	…	Sg8-f6
5.	d2-d4	e5×d4
6.	c3×d4	Lc5-b4+
7.	Lc1-d2	Lb4×d2+
8.	Sb1×d2	d7-d5!

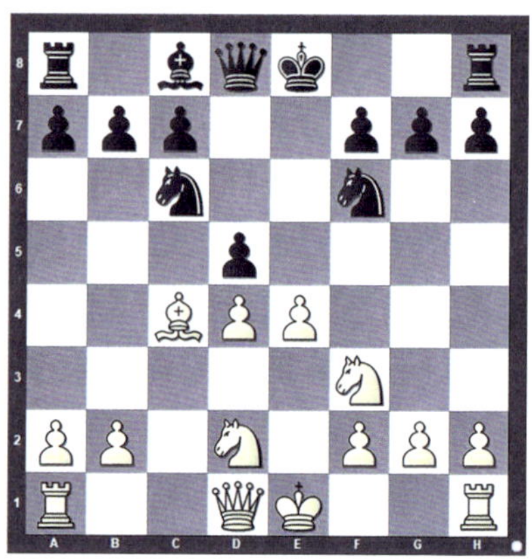

Weiß hat Entwicklungsvorsprung, aber genau dieser Zug hält die Partie im Gleichgewicht. Schwarz greift das weiße Zentrum an. Der Bauer d4 wird zum Isolani.

9.	e4×d5	Sf6×d5
10.	Dd1-b3	Sc6-e7

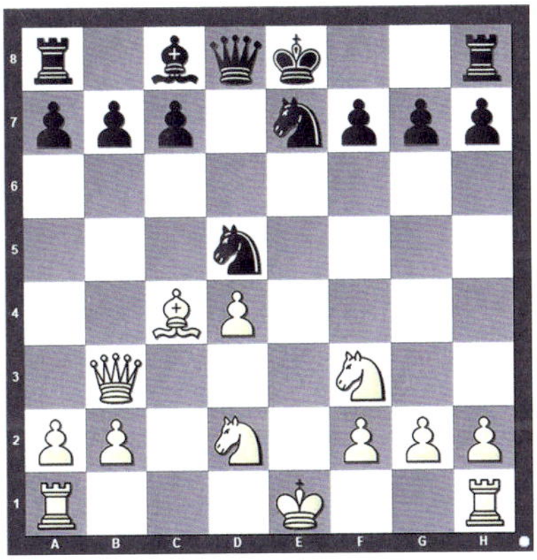

Die Partie folgt immer noch der aktuellen Hauptvariante, das heißt, den Zügen, die nach den in der Datenbank erfassten Partien am häufigsten gespielt werden. Daran kann man gut sehen, wie weit die Theorie von Italienisch bereits 1967 entwickelt war.

10. ...Sc6-a5!? (=) mit Angriff auf Läufer und Dame ist der zweithäufigste Zug und etwas stärker. Auf 11. Db3-a4+ geht der Springer wieder zurück nach c6, hat aber die Dame vom Angriff auf das Feld d5 abgelenkt. Der Springer würde zu gerne den starken Läufer c4 abtauschen – das kann er, wenn die Dame kein Schach auf a4 gibt.

11.	0-0	c7-c6

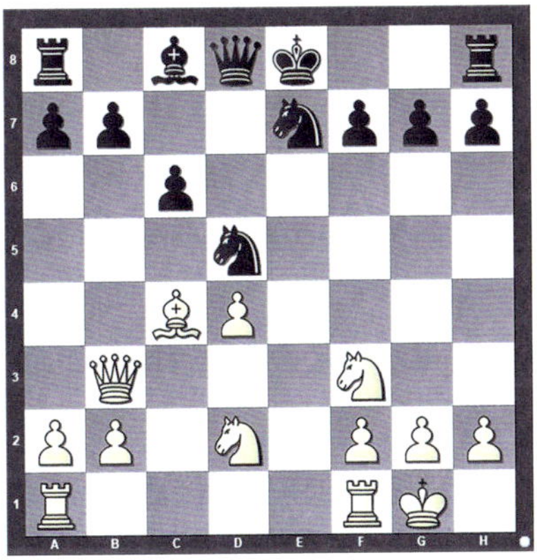

Schwarz befestigt seinen zentral stehenden Springer, der den isolierten Bauern d4 blockiert.

Weiß hat die Eröffnung bereits abgeschlossen und steht aufgrund seines kleinen Entwicklungsvorsprunges (der Läufer c8 spielt nicht mit, Schwarz hat noch nicht rochiert) etwas besser. Weiß ist jedoch zu einem erfolgreichen Angriff verpflichtet, denn ein Endspiel wäre eher für Schwarz vorteilhaft. Im Endspiel wäre der Bauer d4 eine ernste Schwäche.

Plan für Weiß: Königsangriff, schwache Felder in der schwarzen Königsstellung angreifen.

Plan für Schwarz: Figurenabtausch, Druck gegen den Bauern d4 aufbauen.

12.	Tf1-e1

Genau dorthin, auf die offene Linie, gehört der Turm. Weiß stellt seine Figuren noch aktiver auf.

12. ... 0-0
13. a2-a4

Dieser Zug verhindert b7-b5 und sichert somit die starke Stellung von Läufer und Dame auf der Diagonalen a2-g8.

13. ... b7-b6

Schwarz sollte den Plan verfolgen, Figuren abzutauschen. Aus diesem Grund wäre Dd8-b6 stark. Weicht Weiß dem Tausch aus, steht seine Dame nicht mehr so aktiv.

14. Sf3-e5

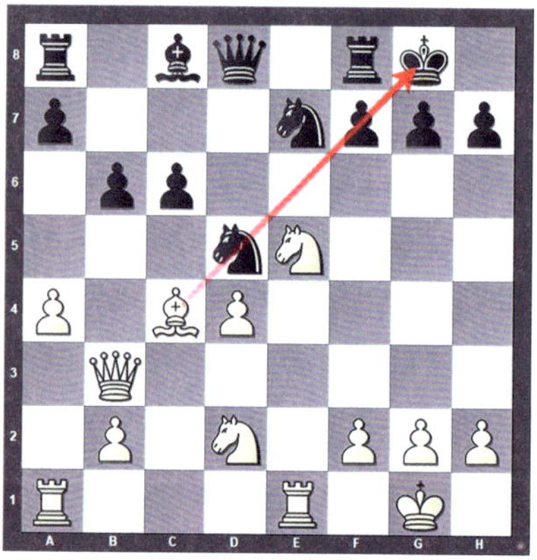

Ein typischer, starker Springervorposten in einer Isolani-Stellung. Der Springer kann nicht mit f6 vertrieben werden, weil der Druck von Weiß auf der Diagonalen a2-g8 zu stark ist.

14. ... Lc8-b7?

Der Läufer steht stärker auf e6, wo er den Springer unterstützt und auf der Diagonalen a2-g8 Kontra gibt. Die Stellung bleibt nach 14. ... Lc8-e6 im Gleichgewicht. Auf b7 steht der Läufer außerdem der weißen Dame ungedeckt gegenüber.

15. a4-a5 Ta8-c8
16. Sd2-e4 Dd8-c7
17. a5-a6 Lb7-a8
18. Db3-h3

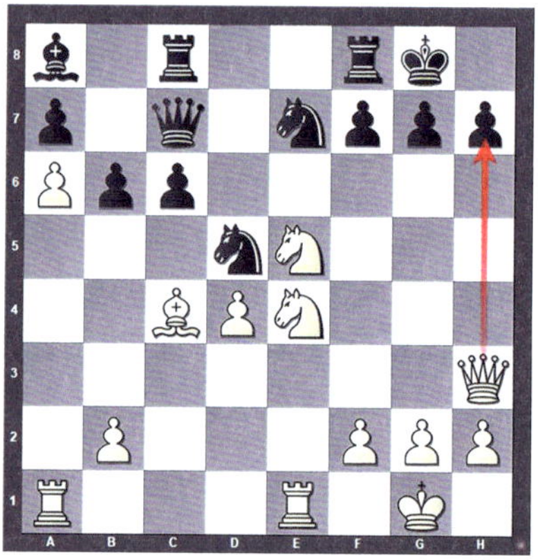

Weiß bringt die Dame mit einem Schwenk zum Königsflügel in eine stärkere Angriffsposition.

18. ... Sd5-f4
19. Dh3-g4 Se7-d5
20. Ta1-a3

Auch der Turm a1, die weiße Figur, die bisher noch am schlechtesten platziert war, möchte über die dritte Reihe am Angriff auf den schwarzen König teilnehmen. Erste Mattbilder kommen uns in den Sinn: Die Dame setzt Matt auf g7, gedeckt vom Turm auf g3.

20. ... Sf4-e6?

Besser wäre c6-c5 mit Gegenspiel am Damenflügel und auf der Diagonalen a8-h1.

21. Lc4×d5 c6×d5
22. Se4-f6+

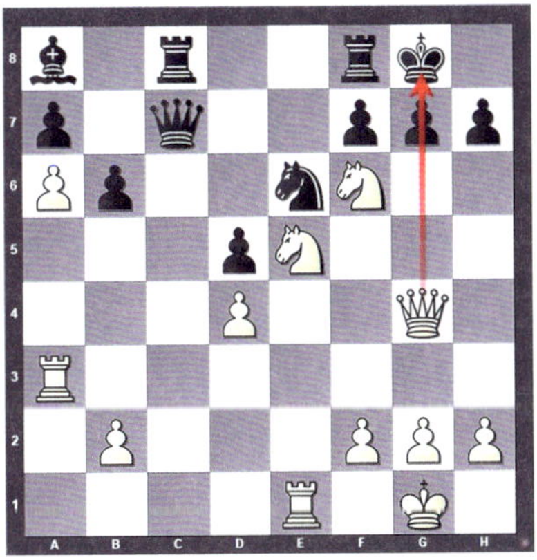

Weiß hat seine Figuren strategisch gut aufgestellt und gut miteinander koordiniert. Die Springer arbeiten perfekt mit der Dame und den Türmen zusammen. Jetzt beginnt die taktische Phase. Der weiße Springer nutzt die Fesselung des Bauern g7 aus.

22. ... Kg8-h8
23. Dg4-g6!!

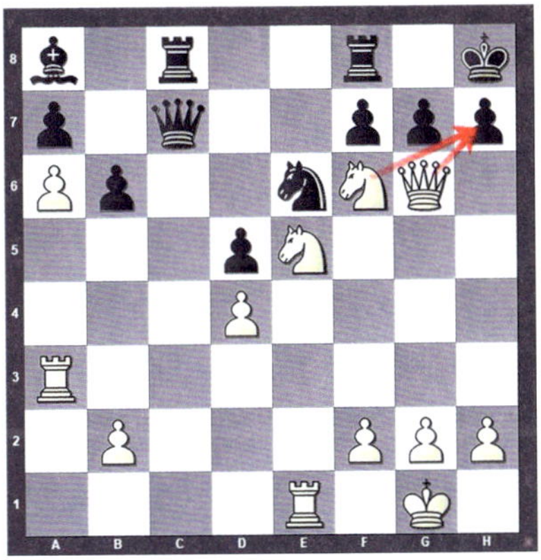

Ein Hammerzug! Wahrscheinlich einer der spektakulärsten Züge in der Geschichte des Schachs überhaupt, möglich durch die aktiv stehenden weißen Figuren und einem Matt auf der h-Linie, das möglich wäre, wenn der Bauer h7 nicht wäre...! Die weiße Dame droht zunächst einzügig Matt auf h7 und darf wegen schnellem Matt auf der h-Linie nicht geschlagen werden:

Auf 23. ... h7×g6 folgt 24. Ta3-h3#.

Auch 23. ... f7×g6 ergibt ein schnelles Matt. Zunächst öffnet der Springer e5 die h-Linie durch eine Ablenkung des Bauern h7: 24. Se5×g6+ h7×g6 (der Bauer muss schlagen) und wieder setzt Weiß matt mit 25. Ta3-h3#.

Es scheitert ebenso: 23. ... g7×f6 24. Dg6×f6+ Se6-g7 25. Ta3-g3 Tf8-g8 26. Se5×f7+ mit Gewinn der schwarzen Dame. Weiß steht klar auf Gewinn.

23. ... Dc7-c2
24. Ta3-h3

1:0

Schwarz gibt auf. Er könnte das drohende Matt Th3×h7# nur unter Opfern aufschieben:

24. ... Se6-g5
25. Dg6×g5 g7×f6

Weiß hat schwache Felder in der schwarzen Königsstellung taktisch erzwungen. Aufgrund der Mattdrohung auf h7 muss Schwarz den Springer auf f6 schlagen.

26. Dg5×f6+ Kh8-g8
27. Se5-g4

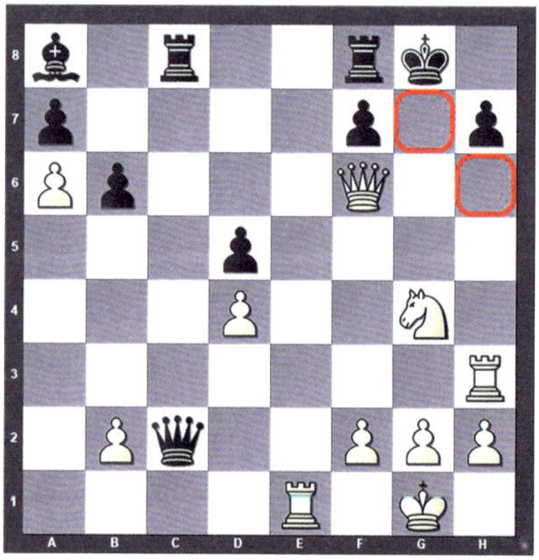

27. Th3-g3+ gewinnt auch.

Der Springer droht auf dem schwachen Feld h6 matt zu setzen.

27. ... h7-h5
28. Th3×h5 Dc2-h7
29. Sg4-h6+ Dh7×h6
30. Th5×h6

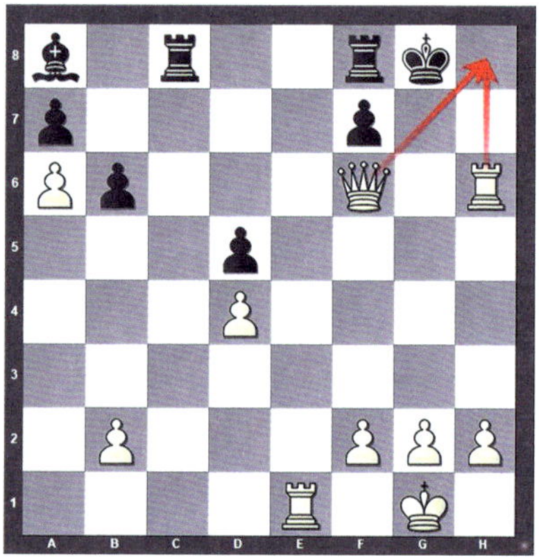

nebst Th6-h8#

1:0

Themen dieser Partie: Eröffnungswissen Italienisch, Pläne im Spiel mit Isolani (Angriff gegen den König, Figurenaktivität, Springervorposten, offene Linie) und gegen den Isolani (Blockade, Figurenabtausch), Ausnutzung von schwachen Feldern in der Königsstellung, Taktik: Fesselung, Ablenkung, Matt.

Schwarz nutzt in der nächsten Partie die schwachen Felder am Königsflügel aus.

Abdrlauf, Elham (2338) – Hauge, Lars Oskar (2482)
Oslo, Norwegische Meisterschaft (7/2021)

1.	e2–e4	e7–e5
2.	Sb1–c3	Sb8–c6
3.	Lf1–c4	Sg8–f6
4.	d2–d3	Lf8–c5
5.	Sg1–f3	0–0
6.	0–0	

Durch eine Umstellung der Züge haben wir die Italienische Eröffnung erreicht.

6. … a7–a6?!

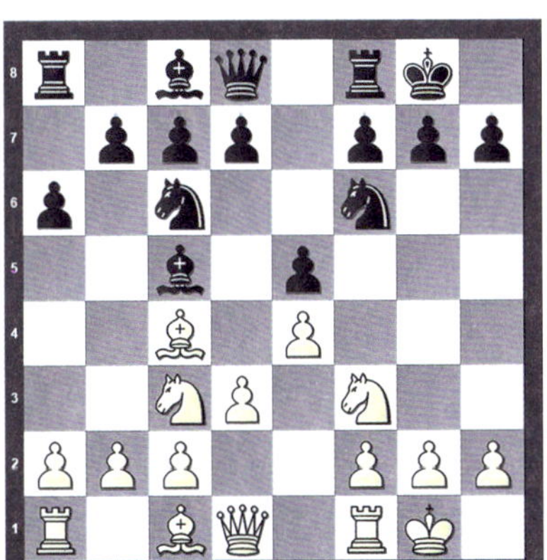

Dieser Zug ist nicht unbedingt notwendig. Besser ist es, das Feld g5 mit h6 zu verteidigen.

7. Sc3–d5

Lc1–g5 ist etwas unangenehmer für Schwarz. Schwarz verhindert jetzt die typische Läuferentwicklung nach g5:

7.	…	h7–h6
8.	c2–c3	

Weiß sichert das Feld d4 und bereitet b2–b4 oder d3–d4 mit Raumgewinn vor.

8.	…	d7–d6
9.	b2–b4	Lc5–a7
10.	a2–a4	Sf6×d5
11.	e4×d5	Sc6–e7
12.	d3–d4	Se7–g6
13.	d4×e5	d6×e5

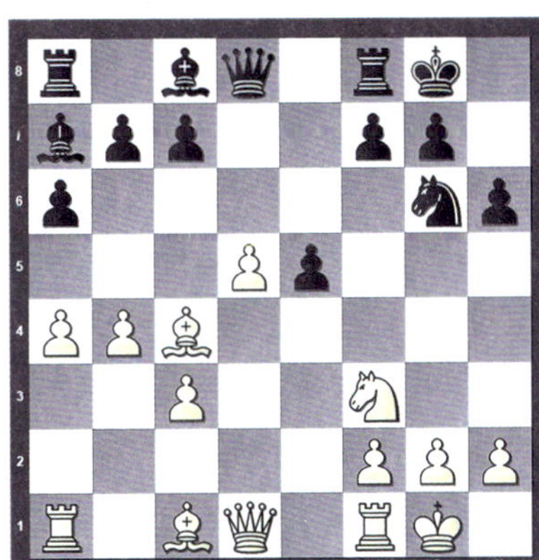

Durch die Tauschaktionen im Zentrum erhielt Weiß eine Bauernmehrheit von 4 gegen 3 Bauern am Damenflügel, Schwarz besitzt 4 gegen 3 Bauern am Königsflügel.

Plan für Weiß: Weitere Aktivierung der Figuren, (Dd1-c2, Tf1-e1, Lc4-b3, Abtausch des Lc1 gegen den stark stehenden Läufer a7 auf e3), weiterer Raumgewinn am Damenflügel, falls der Angriff von Schwarz zu mächtig wird: Abtausch der angreifenden Figuren.

Plan für Schwarz: Angriff am Königsflügel.

14. Lc1-e3 e5-e4
15. Le3×a7?

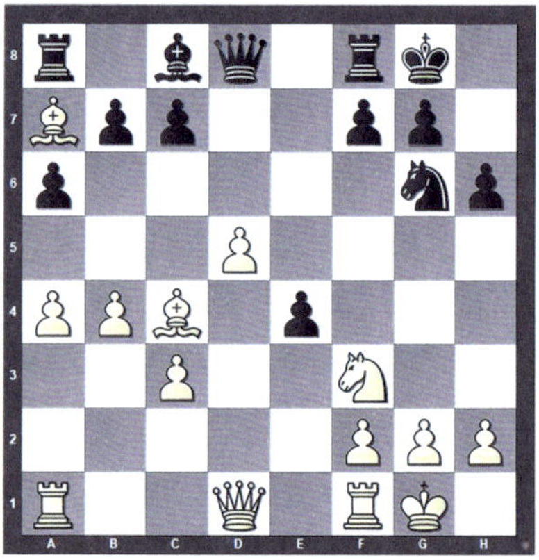

Dieser Zug führt zu Schwächen in der weißen Königsstellung. Besser ist Sf3-d2 oder Sf3-d4 mit einer ausgeglichenen Stellung.

15. ... e4×f3
16. La7-d4 f3×g2
17. Tf1-e1

Weiß kann den lästigen Bauern g2 schlecht wieder nehmen: 17. Kg1×g2 Lc8-f5 nebst Dd8-g5+ und Sg6 nach f4 oder h4 und Weiß steht noch schlechter als in der Partie.

Durch die Beseitigung des Bauern g2 sind die Felder f3 und h3 unangenehm schwach. Schwarz deckt zunächst seinen starken Bauern g2:

17. ... Dd8-g5
18. Te1-e3?!

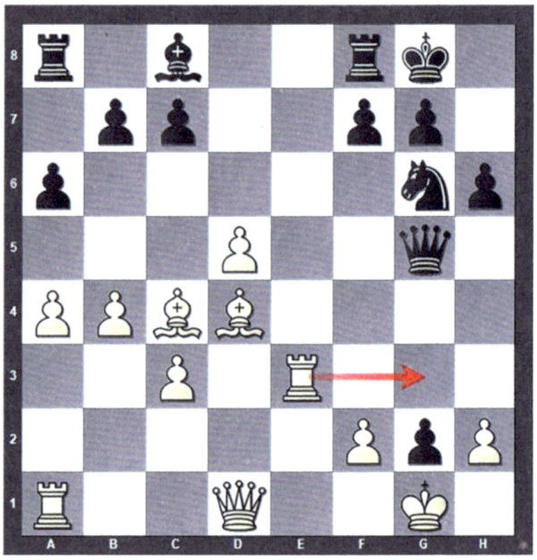

Der Plan von Weiß sollte jetzt Figurentausch, vor allem ein Damentausch, sein, um den Angriff von Schwarz zu überleben. Im Endspiel macht sich die geschwächte Königsstellung nicht so sehr bemerkbar. Daher wäre: 18. Dd1-d3! mit der Idee, auf Sg6-h4 19. Dd3-e3 zu spielen, sinnvoll.

18. … Lc8-g4
19. Dd1-e1 Sg6-h4
20. f2-f4 Dg5-h5
21. h2-h3?!

Weiß sollte besser mit Lc4-e2 das Feld f3 decken und die Springergabel verhindern. Schwarz steht in diesem Fall trotzdem deutlich besser.

21. … Sh4-f3+
22. Te3×f3 Lg4×f3
23. De1-g3

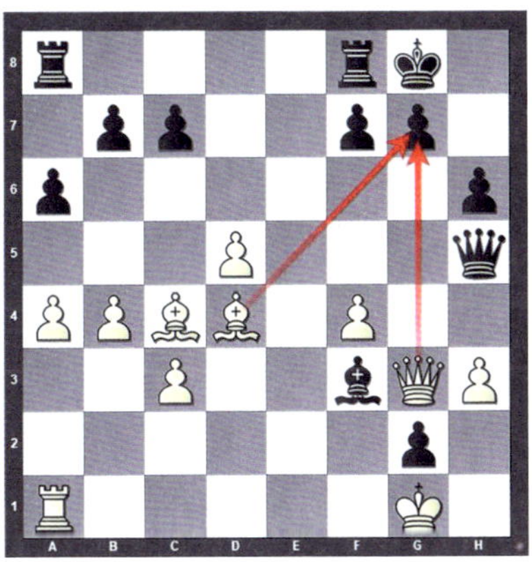

Wahrscheinlich hat Weiß die Qualität geopfert, um den unangenehmen Springer loszuwerden und Gegenspiel zu erlangen. Jetzt droht Weiß Matt auf g7, das Schwarz aber leicht abwenden kann.

23. … f7-f6
24. Ta1-e1 Lf3×d5
25. Te1-e7

Weiß droht Matt mit Dg3×g7.

25. … Dh5-d1+
26. Te7-e1

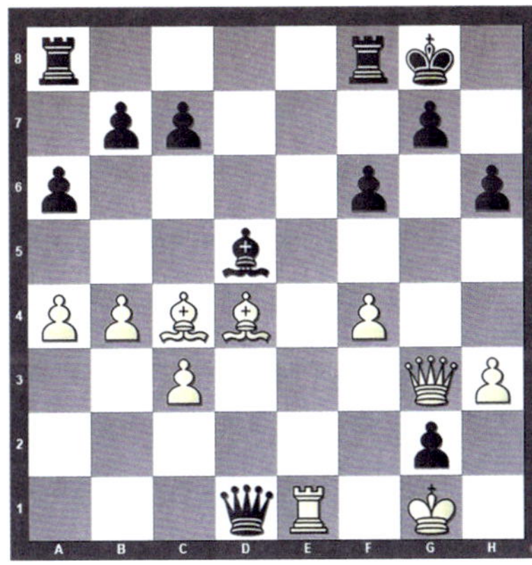

26. … Dd1×e1+

Das ist der einfachste Weg, den Vorteil von Schwarz festzuhalten.

27. Dg3×e1 Ld5×c4

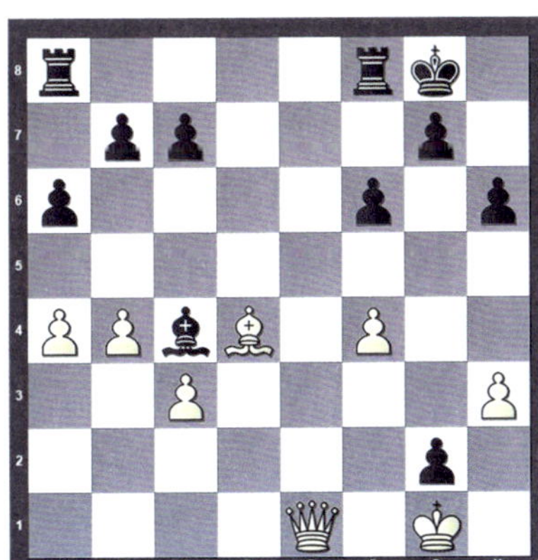

Schwarz besitzt jetzt zwei Türme für die Dame. Materiell wäre das für Weiß in Ordnung, aber Schwarz besitzt die Initiative. Er kann seine Figuren mit Tempo aktivieren und die offene Linie besetzen. Seine Figuren harmonieren perfekt, Weiß hat keine Chance mehr.

28.	Kg1×g2	Ta8-e8
29.	De1-h4	Te8-e2+

Schwarz verdoppelt die Türme mit Schach. Weiß hat keine Zeit, Drohungen mit seinen Figuren aufzustellen.

30.	Kg2-f3	Tf8-e8

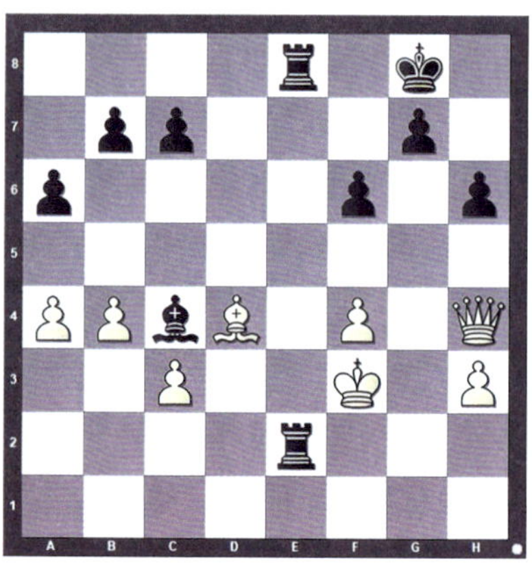

Vergleicht man die beiden letzten Diagramme, sieht man schön, wie viel aktiver die schwarzen Figuren jetzt stehen – dank der Initiative von Schwarz.

31.	Dh4-h5	Lc4-f7
32.	Dh5-c5	c7-c6

Dieser Bauer deckt das Feld d5, das Traumfeld des schwarzen Läufers.

33.	Kf3-g3	Lf7-d5

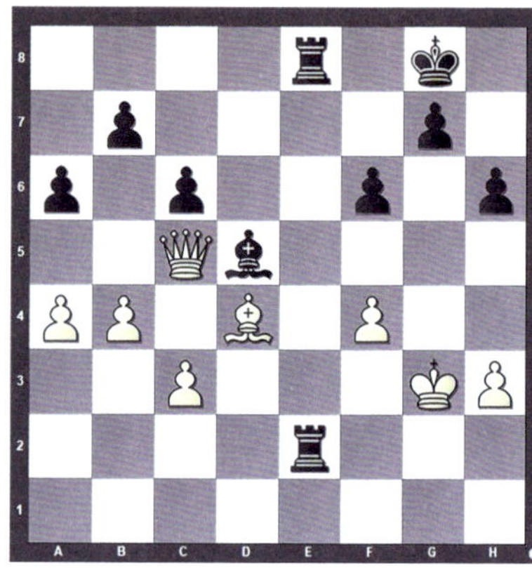

33. c3-c4 mit der Idee, das Feld d5 zu schützen, hätte auch nicht mehr geholfen: Nach Te2-c2 fällt der Bauer c4.

34.	Dc5-d6	

Nach 34. Ld4-f2 wird Weiß nicht zwangsläufig Matt, steht aber auch glatt auf Verlust.

34.	...	Te2-g2+
35.	Kg3-h4	Ld5-f7

Weiß gab auf. Es droht ein Matt in zwei Zügen mit g7-g5 nebst einem Tausch der Bauern auf g5, das nicht mehr abzuwenden ist.

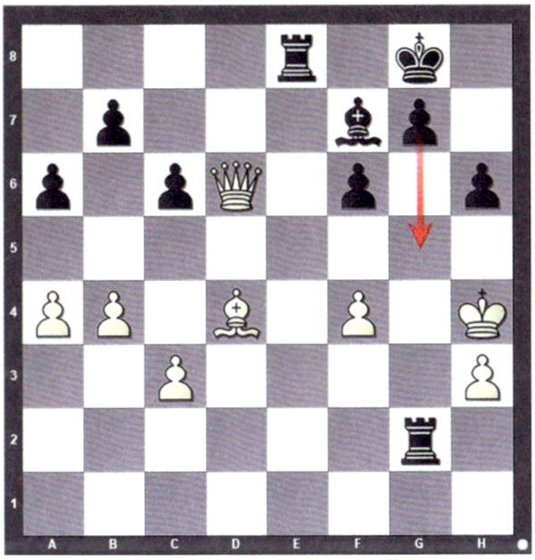

0:1

z. B.:

36. Ld4-c5 g7-g5+
37. f4×g5 h6×g5#.

Themen dieser Partie: Schwache Felder in der Königsstellung, Verteidigung: Figurenabtausch, Abwehr eines Gegenangriffes; Bedeutung der Initiative, Offene Linie, Taktik: Doppelangriff, Mattangriff.

Weiß bestraft in der folgenden Partie die Tempoverluste von Schwarz in der Eröffnungsphase mit einem Feuerwerk taktischer Ideen im Königsangriff.

GM Karjakin, Sergey (2523) – GM Malinin Vasily B. (2434)
Sudak, 2002

1. e2-e4 Sb8-c6
2. d2-d4 e7-e5

Dem eher ungebräuchlichen zweiten Zug von Schwarz könnte man auch mit 3. d4-d5 begegnen. Weiß steht aufgrund des Raumvorteiles dann etwas besser.

3. Sg1-f3 e5×d4
4. Sf3×d4

Durch Zugumstellung haben wir die Schottische Partie erreicht, die häufiger über diese Zugfolge erreicht wird:

1. e2-e4 e7-e5
2. Sg1-f3 Sb8-c6
3. d2-d4 e5×d4
4. Sf3×d4

Neben Italienisch kann ich euch auch diese Eröffnung für euer Weißrepertoire empfehlen. Zurück zur Partie:

4. ... Dd8-h4

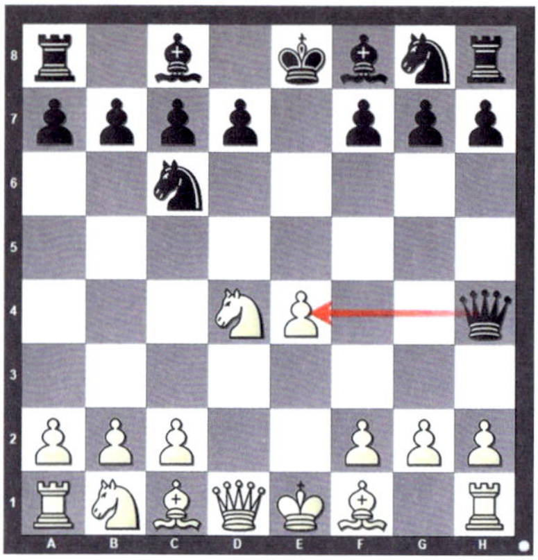

Schwarz wählt eine Nebenvariante, vielleicht mit der Absicht, den Gegner zu überraschen. Wenn ihr mit Weiß Schottisch spielt, solltet ihr diese Variante kennen, denn Weiß bekommt Probleme mit seinem e-Bauern, der meist für gutes Gegenspiel geopfert wird.

5. Sb1-c3 Lf8-b4

Wieder hängt der Bauer e4, weil der Sc3 jetzt gefesselt ist.

6. Lf1-e2 Sg8-f6

Weiß kümmert sich jedoch nicht darum und Schwarz verschmäht den Bauern e4. Zu Recht, denn solch ein Bauernraub in der Eröffnung geht selten gut:

6. ... Dh4×e4
7. Sd4-b5

droht eine Springergabel auf c7

7. ... Lb4×c3+
8. b2×c3 Ke8-d8
9. 0-0 +/-

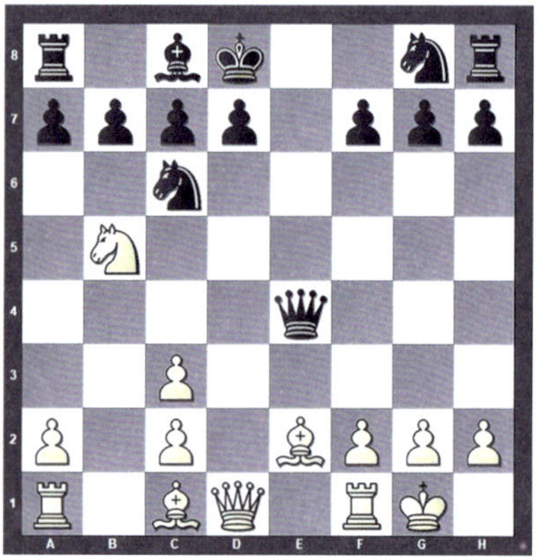

Auch hier wiegt ein Doppelbauer weniger als der Entwicklungsvorsprung von Weiß und die ungünstige Stellung des schwarzen Königs. Die schwarze Dame ist die aktivste Figur von Schwarz, das ist im frühen Mittelspiel nicht gut. Weiß steht besser.

Folgen wir wieder der Partie:

7. 0-0

Weiß hat die Eröffnung fast abgeschlossen und Entwicklungsvorsprung. Deshalb opfert er den Bauern e4. Dafür bekommt Weiß die Initiative, Schwarz erhält keine Atempause und seine Figuren am Damenflügel werden kaum die Chance bekommen, richtig am Spiel teilzunehmen. Weiß steht besser.

7. ... Lb4×c3
8. Sd4-f5

Weiß schlägt nicht sofort den Läufer wieder, sondern bringt einen Zwischenzug.

8. ... Dh4×e4
9. Le2-d3

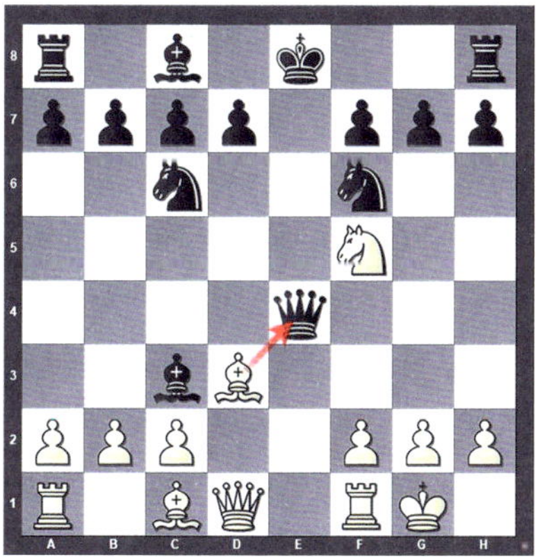

Ein weiterer Zwischenzug. Weiß aktiviert seine Figuren mit Tempo.

9. ... De4-g4
10. f2-f3

Einen dritten Zwischenzug in Folge sieht man nicht oft.

10. ... Dg4-a4
11. b2×c3

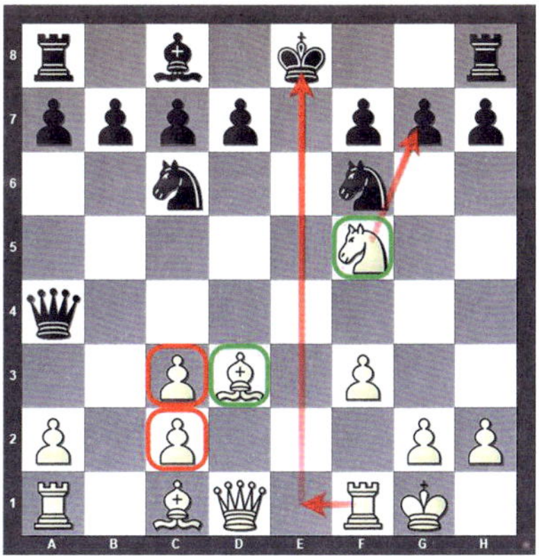

In dieser Stellung wirkt sich ein weißer Doppelbauer auf der c-Linie nicht nachteilig aus, weil Weiß so überaus aktive Figuren (Ld3, Sf5) hat und weiterhin die Initiative besitzt. Schwarz wird es kaum bis ins Endspiel schaffen, wo er diese Bauernschwäche ausnutzen könnte.

Plan für Weiß: Figurenangriff auf den König.

Plan für Schwarz: Sicherstellung des Königs und Entwicklung seiner Figuren.

11. ... 0-0?

Dies ist ein Schlüsselmoment in der Partie. Es ist menschlich, dass Schwarz die schwarze Drohung nicht erkannt hat. Nur eine Engine findet hier wahrscheinlich die einzige Verteidigung 12. ... Ke8-f8!. Der Turm wird auf h8 noch gebraucht. Weiß steht etwas besser, da es für Schwarz nicht so leicht ist, die Figuren zu aktivieren. Aber erst einmal kann sich der Nachziehende noch halten.

12. **Sf5×g7!!**

Weiß gelingt die taktische Bestrafung des ungenauen schwarzen Spiels, es folgt eine knallharte Beseitigung des Bauern g7, wodurch schwache Felder entstehen. Jetzt steht Weiß auf Gewinn.

12.	...	**Kg8×g7**
13.	**Lc1-h6+!**	

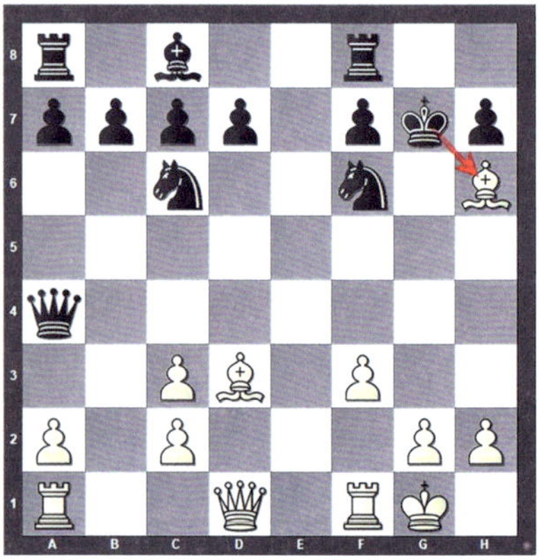

Hinlenkung

Der König wird auf ein für ihn unangenehmes Feld gelenkt. Weiß kann seine Dame mit Schach am Angriff teilnehmen lassen und dadurch die Initiative behalten.

13.	...	**Kg7×h6**
14.	**Dd1-d2+**	**Kh6-h5**

(Leider kann sich der König nicht zurückziehen: 14. ... Kh6-g7 wird matt:

15.	**Dd2-g5+**	**Kg7-h8**
16.	**Dg5×f6+**	**Kh8-g8**
17.	**Df6-g5+**	**Kg8-h8**
18.	**Dg5-h6**	

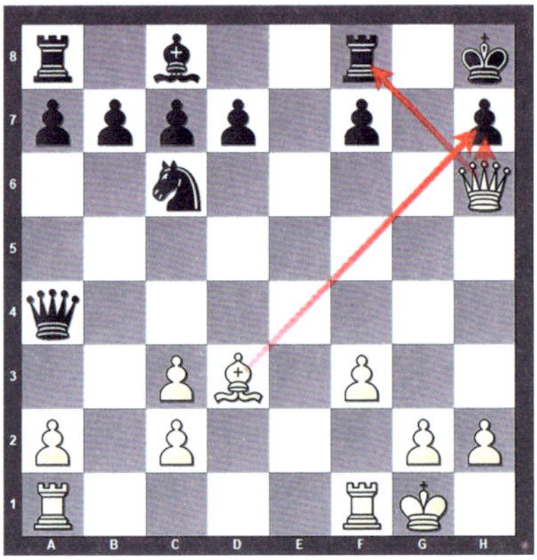

Nebst matt in wenigen Zügen. Der Doppelangriff auf h7 und f8 entscheidet die Partie.)

15. **g2-g4+**

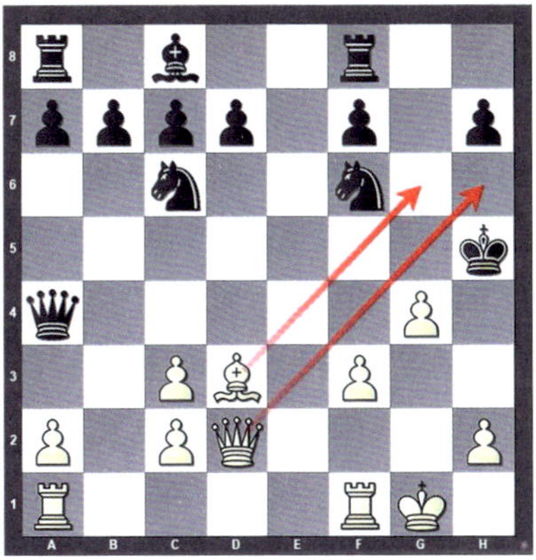

Dem König ist der Rückweg abgeschnitten.

15. … Sf6×g4

Der Springer muss sich opfern, um das Matt nach 15.… Kh5-h4 16. Dd2-h6+ Sf6-h5 17. Dh6×h5# zu verhindern.

16. f3×g4+ Da4×g4+

Schwarz darf auch einmal etwas drohen. Der weiße König ist jedoch auf h1 sicher und die g-Linie hat sich für einen weißen Turmeinsatz geöffnet.

17. Kg1-h1 d7-d6
18. Tf1-f6

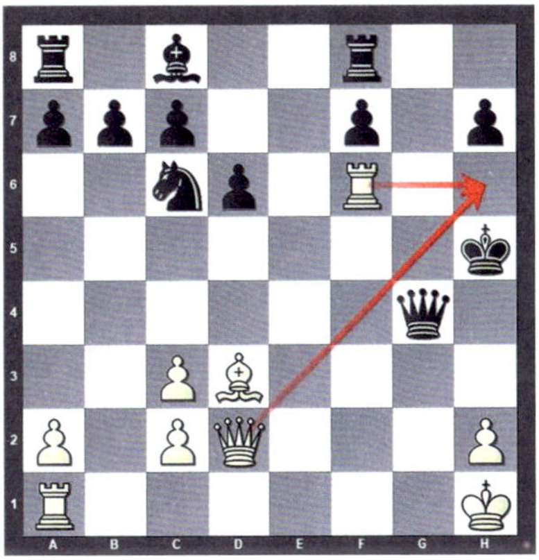

Weiß droht Matt mit Tf6-h6.

18. … Dg4-g5
19. Ld3-e2+ Lc8-g4
20. Le2×g4+

Schwarz gab auf.

Der Läufer ist wegen Matt (Tf6-h6) nicht durch die Dame zu schlagen. Nimmt der König den Läufer g4, folgt ein Treppenmatt in drei Zügen, beginnend mit Ta1-g1. Weicht der König nach h4 aus, gibt es ein Matt in fünf Zügen:

20. … Kh5-h4
21. Dd2-f2+ Kh4×g4
22. Ta1-g1+ Kg4-h5
23. Tg1×g5+ Kh5×g5
24. Df2-f4+ Kg5-h5
25. Tf6-h6#

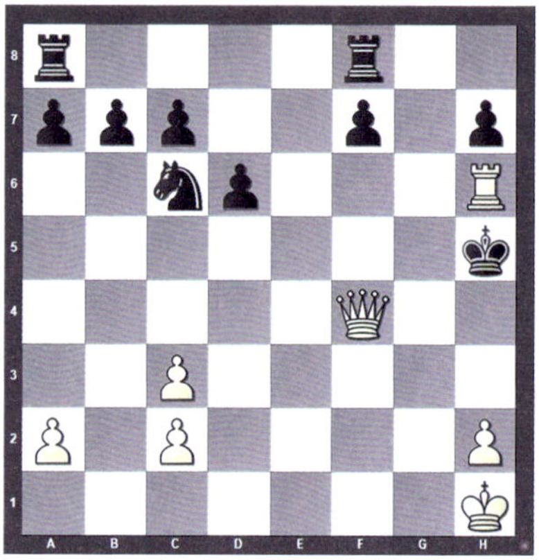

Themen in dieser Partie: Verstoß gegen die Eröffnungsregeln, Bauernopfer für Initiative und Entwicklungsvorsprung, schwache Felder in der Königsstellung, Taktik: Zwischenzug, Beseitigung der Verteidigung, Hinlenkung, Mattangriff.

Abschließend zeige ich euch in diesem Kapitel noch eine Glanzleistung von Lubomir Kavalek, der mit viel Mut zum Risiko ein wahres Meisterwerk schuf.

GM Eduard Gufeld – GM Lubomur Kavalek Marianske Lazne
(CSR) 1962

1.	**e2-e4**	**e7-e5**
2.	**Sg1-f3**	**Sb8-c6**
3.	**Lf1-b5**	**Lf8-c5**
4.	**c2-c3**	**f7-f5**

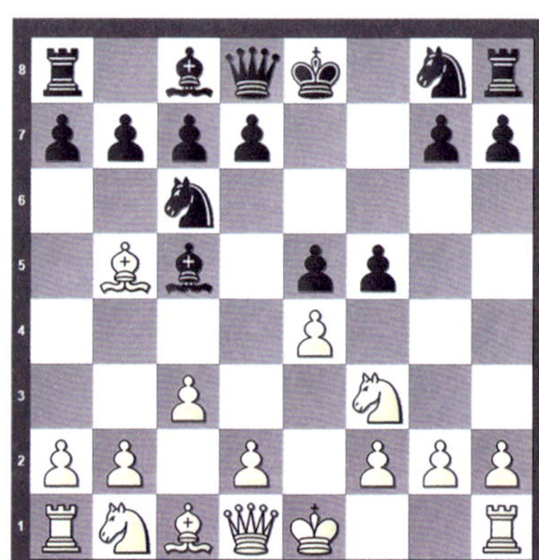

Schwarz entscheidet sich in dieser Spanischen Eröffnung für einen zweischneidigen Angriffszug. Üblicher ist 4. ... Sg8-f6.

5. **d2-d4** **f5×e4**
6. **Sf3-g5** **Lc5-b6**
7. **d4-d5** **e4-e3!?**

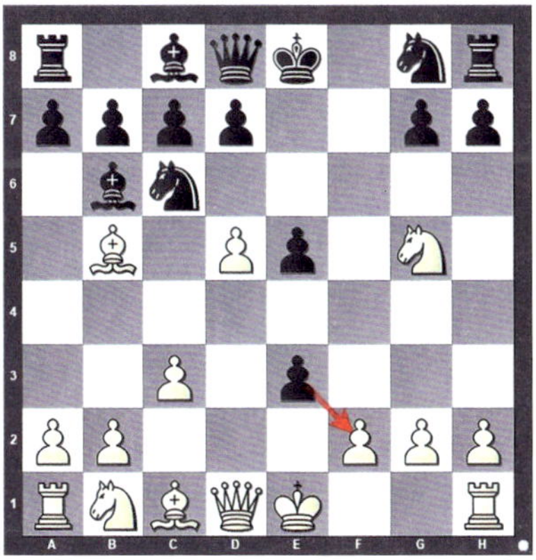

Wieder wählt Schwarz die schärfste Fortsetzung und opfert den Springer c6. Ein Rückzug des Springers nach e7 kommt nicht infrage: Weiß gewinnt nach Sg5-e6 aufgrund der Fesselung des d-Bauern die Dame.

8. **Sg5-e4?!**

Weiß hätte den Bauern e3 schlagen sollen: 8. Lc1×e3 (=), aber dann hätten wir keine spannende Partie sehen können!

8. **...** **Dd8-h4**

Jetzt ist der Bauer f2 gefesselt und 9. Lc1×e3 funktioniert nicht mehr, weil der Bauer f2 nach 9. ... Lb6×e3 auf e3 nicht zurücknehmen darf.

9. **Dd1-f3** **Sg8-f6**
10. **Se4×f6+** **g7×f6**

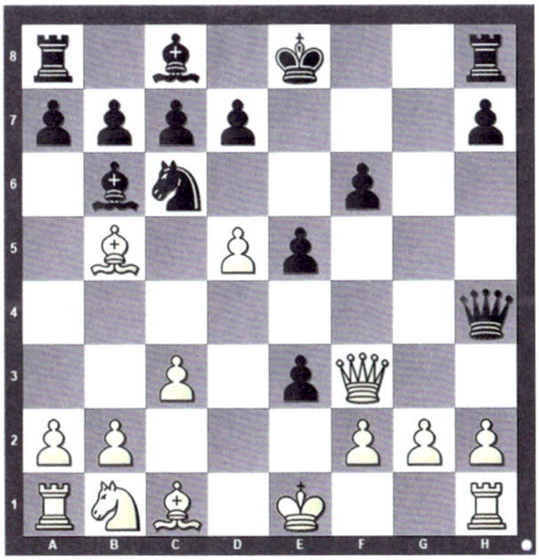

Schwarz vermeidet den Damentausch, er möchte weiter angreifen.

11. **d5×c6?!**

Der Schlüsselmoment dieser Partie. Weiß geht ein hohes Risiko ein und schlägt den bedrohten Springer. Hier war die letzte Chance, den Bauern e3 zu nehmen. Schwarz erhält nun eine gewaltige Kompensation für den geopferten Springer, denn der Bauer e3 schlägt nach f2 und wird sich als äußerst unangenehm für Weiß erweisen. Schwarz steht besser.

11. **...** **e3×f2+**
12. **Ke1-d1?**

Die falsche Wahl. Stärker ist: 12. Ke1-f1 d7×c6 13. Lb5-e2 Th8-g8 14. Df3-h5+ Dh4×h5 15. Le2×h5+ Ke8-e7 16. Sb1-d2 Lc8-f5. Schwarz steht nur etwas besser.

12. ... d7×c6!

Schwarz droht mit Lc8-g4 einen Spieß.

13. Lb5-e2 Lc8-e6

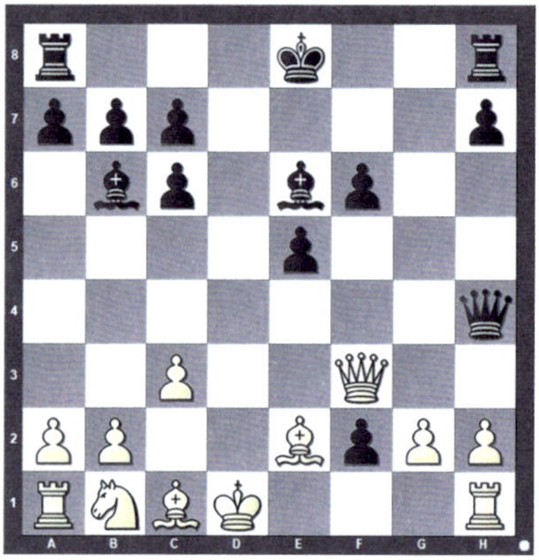

Schwarz beabsichtigt mit der langen Rochade den Turm a8 ins Spiel zu bringen. Weiß sieht sich mit seinem ungeschützten König in der Brettmitte zu einem Damentausch gezwungen. Aber das nun entstehende Endspiel wird keine Erleichterung bringen.

14. Df3-h5+ Dh4×h5
15. Le2×h5+ Ke8-e7

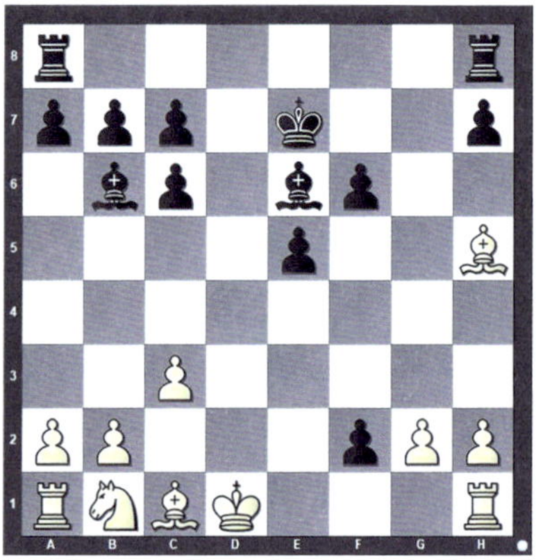

Weiß hat eine Mehrfigur, dafür besitzt Schwarz aber drei Bauern, die sehr gefährlich werden können.

Plan für Weiß: Blockade der schwarzen Freibauern, Abtausch des Läufers b6, Eroberung des Bauern f2.

Plan für Schwarz: Aktivierung der Figuren inkl. des Königs, Vormarsch der Freibauern, Schutz des Bauern f2.

16. b2-b3 Le6-d5

Schwarz fesselt den Bauern g2 und räumt das Feld e6 für den König.

17. Lc1-a3+ Ke7-e6
18. Lh5-g4+ f6-f5
19. Lg4-h3

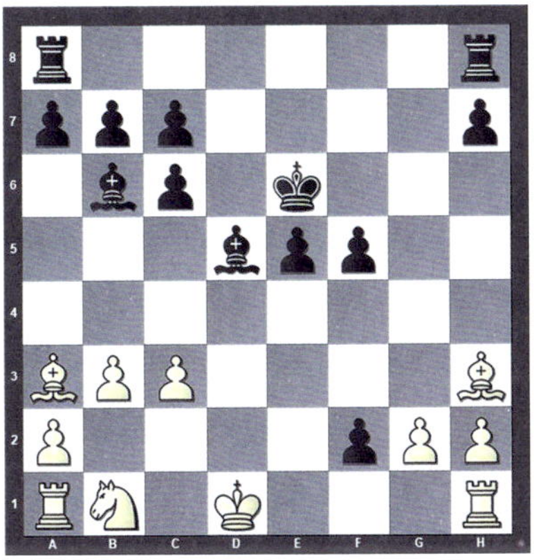

Mit dem Tempogewinn durch das Schach kann der Läufer den Bauern g2 rechtzeitig decken. Weiß ist jedoch machtlos gegen den erneuten Angriff von Schwarz auf diese Schwäche:

19.	...	**Th8-g8**
20.	**Sb1-d2**	**Ld5×g2**
21.	**Lh3×g2**	**Tg8×g2**
22.	**Th1-f1**	**Ta8-d8**

Jetzt spielen alle Figuren von Schwarz mit. Der Turm d8 fesselt den Springer d2.

23. **Kd1-e2**

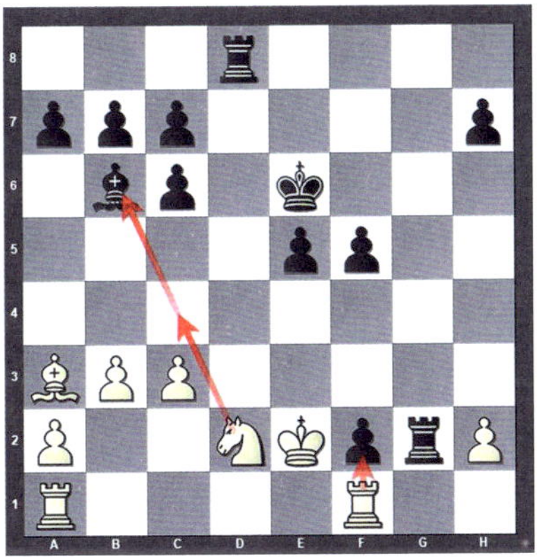

Weiß möchte den Bauern f2 gewinnen. Dafür muss er zunächst den Läufer b6 abtauschen. Der Königszug entfesselt den Springer, der jetzt das Feld c4 anstrebt.

23. ... **Td8×d2+!?**

Schwarz erkennt und durchkreuzt den weißen Plan, indem er den Springer schlägt. Schwarz besitzt jetzt vier Bauern für einen Turm, das ist ein sehr seltenes Materialverhältnis.

24. **Ke2×d2** **e5-e4**

Der Bauer f2 soll Verstärkung erhalten.

25. **La3-f8!?**

Weiß spielt kreativ gegen den Lb6: er plant b3-b4 nebst Lf8-c5, um den Läufer b6 vom Spiel auszuschließen. Schwarz muss äußerst genau spielen, um seinen Vorteil nicht zu verlieren.

25.	...	f5-f4
26.	b3-b4	

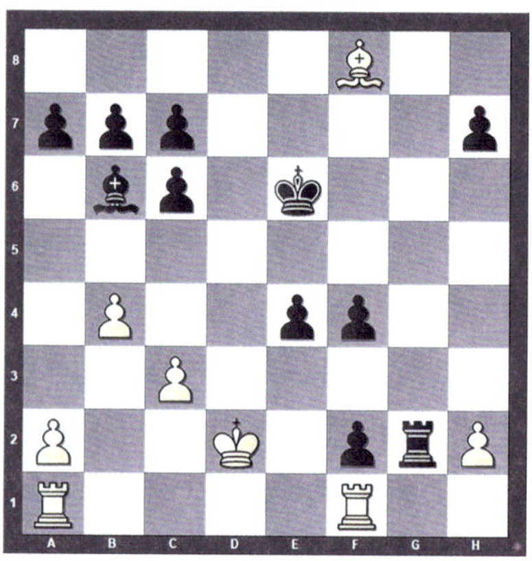

26.	...	Tg2-g5

Wieder durchkreuzt Schwarz den Plan von Weiß!

27.	Lf8-c5	Tg5×c5!

Schwarz bringt ein zweites Qualitätsopfer! Der Läufer b6 ist in dieser Stellung stärker als der Turm.

28.	b4×c5	Lb6×c5

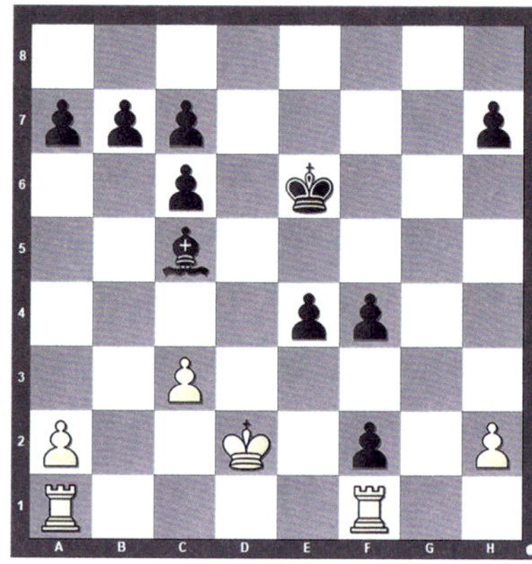

Jetzt kann den Läufer so schnell nichts mehr gefährden. Das Materialverhältnis, zwei Türme gegen einen Läufer und fünf Bauern, ist ziemlich einmalig. Wären die Bauern keine gefährlichen Freibauern, würde Weiß auf Gewinn stehen.

29.	Ta1-b1	f4-f3
30.	Tb1-b4	Ke6-f5!

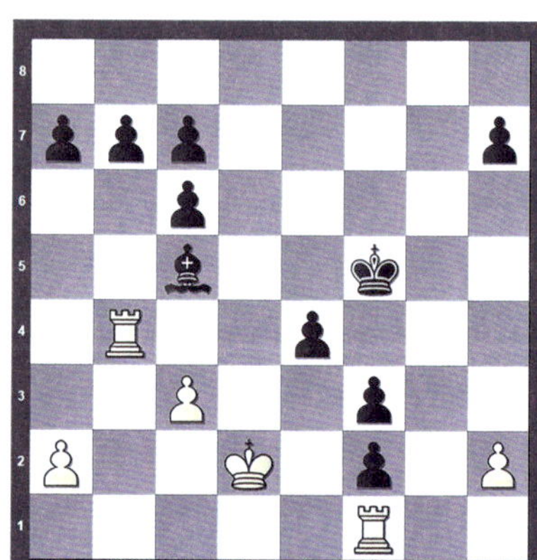

Der aktive König unterbindet jedes Gegenspiel.

31. Tb4-d4

Weiß versperrt nun endlich die Diagonale a7-g1, aber es ist bereits zu spät: Die Freibauern werden nun aktiv vom König unterstützt.

31. ... Lc5×d4
32. c3×d4 Kf5-f4

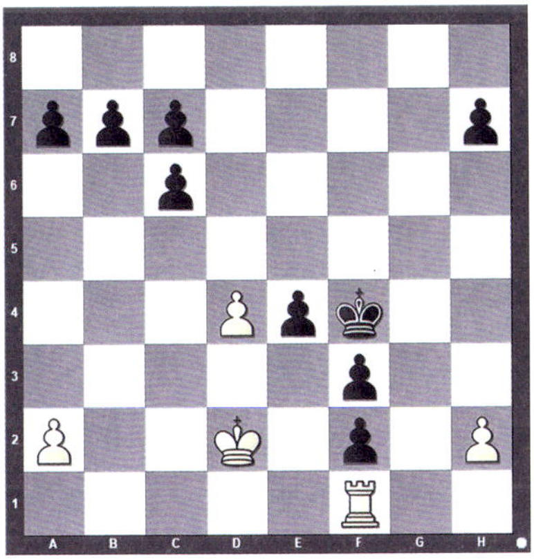

Eine faszinierende Stellung: Schwarz hat einen Turm weniger, dafür besitzt er fünf Bauern, die optimal vom König unterstützt werden. Weiß ist absolut hilflos.

0:1

Weiß gab auf, denn der Bauer f2 ist tabu:

33. Tf1×f2 e4-e3+

Die Bauerngabel gewinnt den Turm, das Bauernendspiel ist jetzt leicht gewonnen für Schwarz.

34. Kd2-e1 e3×f2
35. Ke1×f2 b7-b5

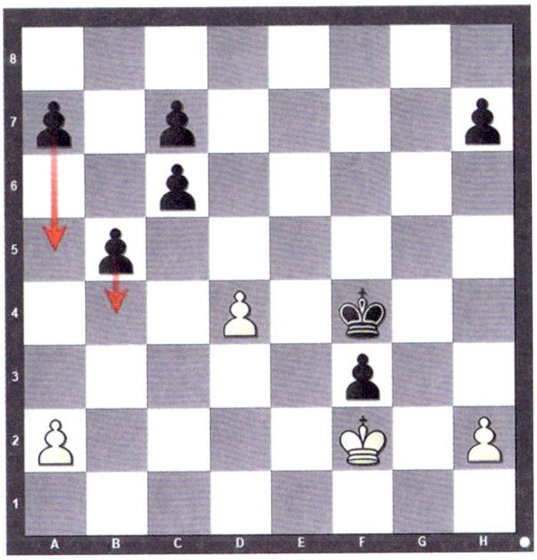

Schwarz bildet einfach einen weiteren Freibauern.

Themen in dieser Partie: Figurenopfer für Kompensation (Freibauern), Drohungen beachten und die Pläne des Gegners durchkreuzen, Aktiver König im Endspiel, Taktik: Spieß, Fesselungen, Doppelangriff.

Euer Ziel ist es, mehr Partien zu gewinnen. Ihr kommt diesem Ziel schneller näher, wenn ihr euch nach jeder Partie überlegt, welche Schlüsselmomente es gab. Schlüsselmomente entstehen z. B. nach fehlerhaften Zügen. Auf einmal ist eine Stellung nicht mehr ausgeglichen, sondern gewonnen für eine Seite. Die große Frage, die wir uns stellen und beantworten sollten, lautet: Warum?

Ganz besonders wichtig ist die Suche nach Fehlern nach verlorenen Partien. Das macht oft keinen Spaß, weil man vielleicht unzufrieden ist und lieber sofort eine neue Chance sucht, sein Selbstvertrauen wieder aufzubauen. Ich versuche in solchen Momenten, meine Emotionen beiseite zu schieben und mit wissenschaftlichem Interesse zu analysieren. Das gelingt mir aber auch nicht immer.

Schachserver, wie z. B. lichess.org oder der ChessBase-Server auf chessbase.com, bieten Engines an, die sehr nützlich sind. Mit ihrer Hilfe könnt ihr Partien analysieren und Schlüsselmomente erkennen.

TIPP

Durch die Analyse einer Partie fallen uns Fehler auf, die wir abstellen können. Das macht uns stärker.

Ich habe mit einem Zitat begonnen, ich möchte mit einem Zitat enden:

„Die Natur hat uns das Schachbrett gegeben, aus dem wir nicht hinauswirken können, noch wollen; sie hat uns die Steine geschnitzt, deren Wert, Bewegung und Vermögen nach und nach bekannt werden; nun ist es an uns, Züge zu tun, von denen wir uns Gewinn versprechen.“

Johann Wolfgang von Goethe

Also dann: Viel Spaß und Erfolg bei der Anwendung der Goldenen Regeln in eurem Spiel, liebe Schachfreund*innen!

Vielleicht gebt ihr mir auch ein Feedback, das ihr mir über meine Website zukommen lassen könnt: www.schach-onlinetraining.de.

Ich würde mich freuen!

ERKLÄRUNGEN UND ABKÜRZUNGEN

Bauernminorität Schwarz oder Weiß besitzt auf einem Flügel weniger Bauern als der Gegner.

Bauernmajorität Schwarz oder Weiß besitzt auf einem Flügel mehr Bauern als der Gegner.

Damenflügel Auf dem Schachbrett bezeichnet man die a-, b- und c-Linien als Damenflügel.

Elo-Zahl Die international verbreitete Elozahl ist eine Wertungszahl für die Spielstärke von Schachspielern. Die Elo-Zahl des aktuellen Weltmeisters, Magnus Carlsen, beträgt im März 2023 um die 2850.
In meinen aufgeführten Stellungen habe ich die Elozahlen in Klammern hinter den Spielernamen eingefügt.
Die Ratingzahlen bei lichess sind im Vergleich zur Elo-Zahl etwa 200–300 weniger Punkte wert.

Engine Eine Engine ist ein Computerprogramm, das Schach spielen kann. Gute Engines sind stärker als die besten Spieler der Welt. Mit einer Engine können Schachpartien analysiert oder neue Ideen in der Eröffnungstheorie entwickelt und überprüft werden.

Forcierte Variante Eine Variante ist forciert, wenn es auf einen Zug nur eine sinnvolle Antwort gibt. Sie ist leichter zu berechnen als eine verzweigte Variante, bei der man mehrere sinnvolle Zugmöglichkeiten bedenken muss.

Freibauer Bauer, der auf seinem Weg zum Umwandlungsfeld von keinem gegnerischen Bauern aufgehalten werden kann.

Gambit Eine Eröffnung, in der Material (ein Bauer oder eine Figur) für eine bestimmte Kompensation (z. B. Entwicklungsvorsprung oder ein starkes Bauernzentrum) gegeben wird.

GM Großmeister des Schachs.

Hängen Eine Figur oder ein Bauer hängt, wenn der Stein nicht oder nicht ausreichend gedeckt ist und vom Gegner geschlagen werden kann, ohne dass eine Gegenleistung damit verbunden ist, wie zum Beispiel beim Tausch von Figuren.

Hauptvariante Eine Hauptvariante nennt man die am häufigsten gespielte Variante in der Eröffnungstheorie. Auch bei der Variantenberechnung verwendet man diesen Begriff für die Variante mit den stärksten Zügen für Weiß und für Schwarz. Die Hauptvariante kennzeichne ich in meinen Partienotationen durch fett gedruckte Schrift.

IM Internationaler Meister des Schachs.

Königsflügel Auf dem Schachbrett bezeichnet man die f-, g- und h-Linien als Königsflügel.

Läuferfianchetto Ein weißer Läufer wird auf die längste Diagonale des Schachbrettes nach g2 oder b2 entwickelt, ein schwarzer Läufer nach g7 oder b7.

Leichtfiguren Als Leichtfiguren bezeichnen wir Springer und Läufer.

Minoritätsangriff Die Bauernminorität greift die Bauernmajorität an mit dem Ziel, die Bauernstruktur des Gegners zu schwächen. In der Praxis liegt meist ein Angriff der a- und b-Bauern gegen die a-, b- und c-Bauern des Gegners vor.

Notation einer Schachpartie Schachpartien werden notiert, um sie nachvollziehen zu können. Folgende Abkürzungen werden verwendet:

K	König
D	Dame
L	Läufer
S	Springer

Bauernzüge werden ohne Buchstaben notiert, z. B. bedeutet e2-e4, dass ein weißer Bauer von e2 nach e4 gezogen wird.

0-0	kurze Rochade
0-0-0	lange Rochade
=	Remis oder Ausgleich
+	Schach
×	schlägt
#	Matt
!	starker Zug
!!	einziger Gewinnzug
?	schwacher Zug
??	grober Patzer
!?	interessanter Zug
?!	zweifelhafter Zug
1. ...	fehlender Zug

Ein Zug wird notiert durch eine Kombination von Großbuchstaben (für Figuren) und Feldnamen. Z. B. meint 2. Sg1-f3: Der Springer zieht von g1 nach f3. Häufig wird nur das Endfeld des Zuges notiert: 2. Sf3.

Pfeile In den Diagrammen kennzeichnen rote Pfeile Besonderheiten in der Stellung, wie z. B. Gegenüberstellungen von Figuren und Angriffslinien. Grüne Pfeile weisen auf Verteidigungslinien oder auf Züge hin.

QR-Code Scannt ihr diesen Code, könnt ihr die Partien und die Analysen mit einem Endgerät im Web durchspielen.

Qualität Die „Qualität" nennt man im Schach den materiellen Unterschied zwischen Turm und Läufer oder Turm und Springer. Ein Qualitätsgewinn bedeutet, dass man einen gegnerischen Turm für einen eigenen Springer oder Läufer erbeutet hat.

Raumvorteil Eine Seite hat mehr Raum auf dem Brett zur Verfügung als die andere Seite, z. B. durch weit vorgerückte Bauern. Raumvorteil ist ein positioneller Vorteil im Schach, der den Figuren viel Platz für eine optimale Koordination lässt und die gegnerischen Figuren in ihrer Bewegungsfreiheit einschränkt.

Schwerfiguren Türme und Damen sind die Schwerfiguren im Schach.

Zentrum Das Zentrum des Schachbrettes umfasst die Felder d4, e4, d5 und e5. Die Kontrolle des Zentrums ist ein wichtiger positioneller Faktor.

QUELLENVERZEICHNIS

„Kombinationen“, Kurt Richter, 2002, 8. Auflage.

“Secrets of spectacular chess” Jonathan Leviit und David Friedgood, 2008, 2. Auflage.

„Praktische Mittelspieltipps“ Edmar Mednis, 2000, 1. Auflage.

„Unglaubliche Schachpartien“, Martin Rieger, 2020, 2. Auflage.

Chess Structures, A Grandmaster Guide, Mauricio Flores Rios, 2015, 1. Auflage.

Tigersprung auf DWZ 1500 Bände 1-3, Artur Jussupow, 2009, 2. Auflage.

Stellungsbeurteilung und Plan“, Anatoli Karpow, Anatoli Mazukewitsch, 1987, 1. Auflage.

„Das systematische Schachtraining“ Offizielles Lehrbuch des Deutschen Schachbundes, Sergiu Samarian, 1987, 1. Auflage.

Grundlagen der Schachendspiele, Karsten Müller, 2013, 1. Auflage.

„Schachtaktik: Teste und verbessere Deine taktischen Fähigkeiten“, Karsten Müller, 2017, 1. Auflage.

Rochade Europa, Schachzeitung.

Königsbauerspiele – unterhaltsam und verständlich erklärt!

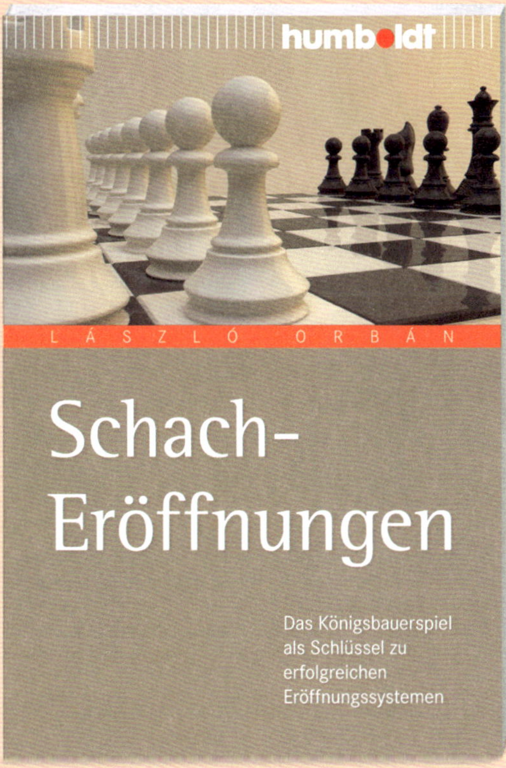

- Unterhaltsame, lehrreiche und leicht verständliche Partiensammlung
- Für Schachfreunde, die zur Unterhaltung spielen und ihre Spielstärke steigern möchten

Stand 2026. Änderungen vorbehalten.

László Orbán

Schach-Eröffnungen

5. Auflage
384 Seiten, Softcover
11,8 x 17,0 cm
ISBN 978-3-86910-152-1
€ 18,00 (D)

Der Ratgeber ist auch als eBook erhältlich.

humboldt
... bringt es auf den Punkt.

Bibliografische Information der Deutschen Nationalbibliothek
Die Deutsche Nationalbibliothek verzeichnet diese Publikation in der Deutschen Nationalbibliografie; detaillierte bibliografische Daten sind im Internet über https://dnb.de abrufbar.

ISBN 978-3-8426-6803-4 (Print)
ISBN 978-3-8426-6804-1 (PDF)
ISBN 978-3-8426-6805-8 (EPUB)

Die QR-Code-Verknüpfung mit Diagrammstellungen zum Nachspielen im Web wurde von ChessBase bereitgestellt.
Wir bedanken uns für die Unterstützung bei der ChessBase GmbH, www.chessbase.de.

3. Auflage

Die Ratgebermarke der Schlütersche Fachmedien GmbH
Hans-Böckler-Allee 7, 30173 Hannover
www.humboldt.de
buchvertrieb@schluetersche.de
www.schluetersche.de

Aus Gründen der besseren Lesbarkeit wurde in diesem Buch die männliche Form gewählt, nichtsdestoweniger beziehen sich Personenbezeichnungen gleichermaßen auf Angehörige des männlichen und weiblichen Geschlechts sowie auf Menschen, die sich keinem Geschlecht zugehörig fühlen.
Autorin und Verlag haben dieses Buch sorgfältig erstellt und geprüft. Für eventuelle Fehler kann dennoch keine Gewähr übernommen werden.

Gedruckt mit mineralölfrei hergestellten Druckfarben und Strom aus erneuerbaren Energien. Die eingesetzten Klebe- und Bindestoffe entsprechen den derzeitigen Umweltstandards, die vom RAL-Institut für Gütesicherung und Kennzeichnung geprüft wurden.

Lektorat: Dr. Oliver Höpfner, Bremen
Korrektorat: Miriam Buchmann, Hannover
Covergestaltung: ZERO, München
Covermotiv: Shutterstock / Johnstocker Production
Autorinnenfoto: Torsten Szobries
Satz: PER MEDIEN & MARKETING GmbH, Braunschweig
Druck und Bindung: gutenberg beuys feindruckerei GmbH, Langenhagen